자료분석방법

송 필 준 저

대구대학교출판부

저자소개

- 송필준
  - 대구대학교 자연과학대학 전산통계학과 교수

발행일 | 2011년 7월 5일
지은이 | 송필준
펴낸이 | 홍덕률
펴낸곳 | 대구대학교출판부
경북 경산시 진량읍 대구대로 201
전화 053) 850-5661~3 | 팩스 053) 850-5669
http://press.daegu.ac.kr/
찍은곳 | 14,000원
ISBN 978-89-7794-567-8-93410
정가 | 동아문화사

머리말

우리가 생활하는 사회에서는 알고 싶은 사건들이 많이 존재하고 있다. 이때 알고 싶은 사건 중에서 적은 양의 자료를 이용하여 많은 정보를 보다 정확성을 가지고 알고 싶을 때는 통계기법을 이용하는 경향이 있다.

통계학을 강의하면서 많은 학생들이 어렵게 자료를 수집하였을 때, 수집한 자료를 이용하여 정확하게 자료를 분석하는데 많은 노력과 시간을 필요로 하였다. 그러므로 정확한 정보를 얻기 위해서는 보다 쉽게 통계학에 접근하여 자료를 분석하고 해석할 수 있도록 통계 package SPSS을 이용하여 많은 자료를 분석하고 정리하도록 하였다.

자료를 분석하고 정리하기 위해서는 통계학의 이론은 반드시 필요로 하고 있다. 그러나 이 책에서는 통계학의 이론은 간단하게 축약하여 정리하였으므로 통계학의 이론은 다른 통계학 책에서 충분히 보충하기를 바란다. 이 책의 내용은 통계학의 이론을 충분히 이해한 다음 실제적으로 나타나는 자료를 적절한 통계방법을 이용하여 정리하고 요약하고 분석하는데 집중하였다. 그리고 각각의 문제 풀이는 전공에 알맞은 전공용어로 풀이를 하지 않았으므로 필요한 전공용어는 독자스스로 정리하여 자료를 분석하면 훌륭한 결과를 얻을 수 있을 것이다. 그러므로 이 책은 전공에 관계없이 학부와 대학원 학생 그리고 사회에서 자료분석을 필요로 하는 일반인들에게도 많은 도움이 있을 것으로 생각된다.

이 책의 구성은 제 0장에서는 일변량 분석 위주로 정리된 데이터분석방법에 있는 문제만을 전개하였고, 제 1장부터는 질적변수를 중심으로 자료를 분석하였다.

끝으로 이 책이 통계자료 분석을 필요로 하는 많은 사람들에게 도움이 되기를 바랍니다. 그리고 대학강의 30년을 기념하여 이 책이 나오도록 많이 도와주시고 인쇄와 교정을 위해 수고하여 주신 모든 분들에게 감사를 드립니다.

2011. 5

저자 송 필 준

차례

제 0 장 보조문제

보조 0-1 소표본에서 모분산을 모르는 경우.

다음은 17명의 운동선수들이 운동전의 근력을 조사한 값이다.

35 19 40 35 51 41 27 23 29 41 31 46 37 36 55 52 32

1. 모평균 μ의 95% 신뢰구간을 구하라.
2. 유의수준 0.05에서 평균점수가 42점과 다른가에 대하여 검정하시오.
3. 유의수준 0.05에서 평균점수가 42보다 작은가에 대하여 검정하시오.

보조 0-2 2변량 모평균 검정 (소표본)

어떤 조립공장에서 신입사원 성인남자 15명과 성인여성 12명을 채용하여 3주 동안 훈련을 시켜서 남녀별로 제품의 조립시간을 조사하였다. 조립시간이 성별에 따라 차이가 있는가를 알고자 한다. 남자와 여자의 조립시간은 정규분포를 따른다고 가정한다.

남자와 여자의 평균조립시간은 다르다고 할 수 있는지 5%의 유의수준에서 검정하시오.

남자 : 98 102 90 120 95 100 130 110 92 96 105 84 88 108 103
여자 : 120 103 99 90 87 112 95 105 100 95 125 102

보조 0-3 2변량 모평균 검정 (대응비교)

A와 B의 두 가지 약이 혈압에 미치는 효과에 차이가 있는지를 알고 싶어서 환자의 특성에 따른 영향을 제거하기 위해서 동일한 환자에게 두 가지 약을 일정한 간격을 두어 투약하였다. 환자는 10명으로 하였고 투약한 후에 일정한 시간이 경과한 다음 이완기 혈압을 측정한 결과 다음과 같다.

A와 B 두 가지 약이 혈압에 미치는 효과의 차에 대한 95% 신뢰구간을 구하고 유의수준 0.05에서 A약이 혈압에 미치는 효과가 B약 보다 크다고 할 수 있는지 검정하라.

환자	1	2	3	4	5	6	7	8	9	10
A약 투여 후	75	80	72	76	70	80	78	82	90	85
B약 투여 후	70	78	75	70	65	80	70	80	85	86

보조 0-4 상관분석

다음과 같은 자료에서 교통사고건수와 차량대수, 교통사고건수와 교통경찰관수의 관계를 조사하라.

도시	교통사고건수	차량대수	교통경찰관수
1	1	4	20
2	4	10	6
3	5	15	2
4	4	12	8
5	3	8	9
6	4	16	8
7	2	5	12
8	1	7	15
9	4	9	10
10	2	10	10

보조 0-5 일원배치법

반응측도를 조사하는데 있어서 아래의 3가지 종류의 도구에 따라 학생들의 학업 성취도 (예, 집중도 조사)에 차이가 있는지를 알아보기 위해서 실험을 하였다.

수학능력이 비슷한 학생 24명을 선발하여 8명 씩 랜덤으로 세 그룹으로 나누고 각 그룹에 대하여 임의로 (1)강의식, (2)발표식, (3)토론식의 방법을 배당하여 일정 기간 수업을 하고 학업 성취에 대한 평가를 조사한 결과 다음과 같은 자료를 얻었다. 과연 수업 방식에 따라 학업성취도에 차이가 있는지 알아보자.

수업방식에 따른 학업성취도 평가

강의식	3 5 2 4 8 4 3 9
발표식	4 4 3 8 7 4 2 5
토론식	6 7 8 6 7 9 10 9

보조 0-6 반복이 없는 이원배치법

다음은 어떤 농산물에 3종류의 살충제와 전체 경작지 중에서 임의로 서로 다른 4곳의 실험구를 선정하여 수확한 농산물 양이다. 살충제의 효과와 실험구의 효과에 대하여 검정하시오.

	경작지 1	경작지 2	경작지 3	경작지 4
살충제 1	56	49	65	60
살충제 2	84	78	94	93
살충제 3	80	72	83	85

보조 0-7 반복이 있는 이원배치법

어떤 공장에서는 시멘트 분쇄공정에서 시멘트 강도에 영향을 주는 여러 인자 중에서 우선적으로 석고의 종류(A)와 석고 첨가량으로 사용되는 황산의 함량(B)이 어떤 영향을 주고, 각 인자의 어떤 수준조합에서 높은 강도를 주는가를 실험하였다. 인자의 수준은 다음과 같이 정하여 주었다. 임의로 실험순서를 정하여 얻은 실험자료는 다음과 같다. 어떤 종류의 시멘트를 생산하는 것이 가장 좋은 가를 분석하시오.

석고의 종류(A) : A1 : 화학석고 , A2 : 분말석고 , A3 : 혼합석고
석고 첨가량(B) : B1 : 1.6% , B2 : 2.0% , B3 : 2.4% ,
B4 : 2.8% , B5 : 3.2% , B6 : 3.6%

	A1	A2	A3
B1	305 , 302	322 , 325	320 , 322
B2	335 , 337	350 , 348	342 , 344
B3	366 , 364	326 , 324	338 , 336
B4	372 , 374	330 , 330	348 , 348
B5	376 , 373	327 , 330	350 , 350
B6	348 , 350	310 , 308	330 , 328

보조 0-8 개체 간 요인이 하나있는 단일 반복요인 측정

자료는 어린이들을 대상으로 나이에 따라 턱뼈가 커 가는 정도를 조사한 것이다. 나이가 들어감에 따라 남녀 간에 차이가 있는지 어떤지 성장 패턴이 보이는지에 관심이 있다. 분석하라.

성별	개체	나이			
		8세	10세	12세	14세
남	1	26.0	25.0	29.0	31.0
	2	21.5	22.5	23.0	26.6
	3	23.0	22.5	24.0	27.5
	4	25.5	27.5	26.5	27.0
	5	20.0	23.5	22.5	26.0
	6	24.5	25.5	27.0	28.5
	7	22.0	22.0	24.5	26.5
	8	24.0	21.5	24.5	25.5
	9	23.0	20.5	31.0	26.0
	10	27.5	28.0	31.0	31.5
	11	23.0	23.0	23.5	25.0
	12	21.5	23.5	24.0	28.0
	13	17.0	24.5	26.0	29.5
	14	22.5	25.5	25.5	26.0
	15	23.0	24.5	26.0	30.0
	16	22.0	21.5	23.5	25.0
여	1	21.0	20.0	21.5	23.0
	2	21.0	21.5	24.0	25.5
	3	20.5	24.0	24.5	26.0
	4	23.5	24.5	25.0	26.5
	5	21.5	23.0	22.5	23.5
	6	20.0	21.0	21.0	22.5
	7	21.5	22.5	23.0	25.0
	8	23.0	23.0	23.5	24.0
	9	20.0	21.0	22.0	21.5
	10	16.5	19.0	19.0	19.5
	11	24.5	25.0	28.0	28.0

보조 0-9 반복요인이 둘인 경우

운동할 때 근육 피로도를 평가하기 위하여 남녀 각각 10명을 선발하여 위팔 두갈래근과 가쪽 넓은근으로 나누어서 매일 30분 운동 후 근육에 피로를 주는 주파수를 조사하였다. 통계 분석하시오. 자료는 부록에 있음.

보조 0-10 단순회귀분석

어떤 특수한 종류의 상품을 팔고 있는 상점을 중심으로 광고가 판매량에 미치는 관계를 알아보기 위하여 비슷한 여건 하에 있는 많은 상점들 중에서 10개의 상점을 표본으로 추출하여, 상점들의 연간 광고료와 총 판매량을 알아보니 다음과 같다. 자료를 분석하여라.

번호	1	2	3	4	5	6	7	8	9	10
광고료	4	8	9	8	8	12	6	10	6	9
총 판매액	9	20	22	15	17	30	18	25	10	20

보조 0-11 다중회귀분석

하나의 독립변수를 광고료로 두고 상점의 크기를 새로운 독립변수로 추가하여 발생하는 총 판매액과의 관계를 조사하고자 한다. 자료는 다음과 같다. 분석하라.

총 판매액의 자료

상점번호	광고료(x_1)	상점크기(x_2)	총 판매액(y)
1	4	4	9
2	8	10	20
3	9	8	22
4	8	5	15
5	8	10	17
6	12	15	30
7	6	8	18
8	10	13	25
9	6	5	10
10	9	12	20

보조 0-12 설문지

식혜음료를 선택하는 속성 중에 **가격(a1), 당도(a2), 상표이미지(a3), 미용(건강)(a4), 갈증해소(a5), 쌀이 십히는 맛(a6)**이 식혜의 **만족도(b1)**에 어떤 영향을 주는지 알아보고자 한다. 아래의 설문지를 분석하라. (자료는 부록에 있음.)

설문지

♥ 식혜음료의 사항입니다. ♥

	전혀 중요 하지 않다.	중요 하지 않다	보통 이다	중요 하다	매우 중요 하다
a1. 귀하께서는 가격을 어떻게 생각합니까.	1	2	3	4	5
a2. 귀하께서는 당도를 어떻게 생각합니까.	1	2	3	4	5
a3. 귀하께서는 상표이미지 어떻게 생각합니까.	1	2	3	4	5
a4. 귀하께서는 갈증 해소를 어떻게 생각합니까.	1	2	3	4	5
a5. 귀하께서는 갈증해소를 어떻게 생각합니까.	1	2	3	4	5
a6. 귀하께서는 쌀이 십히는 맛을 어떻게 생각합니까.	1	2	3	4	5
b1. 귀하께서 전반적으로 식혜의 만족도를 어떻게 생각합니까.	1	2	3	4	5

보조 0-13 더미변수

회사에서 직원들의 경력이 연봉에 어떤 영향을 주는지 알아보기 위하여 조사하였다. 자료를 이용하여 분석하여라.
경력에서 1은 1-5년 경력이하, 2는 5-10년 이하, 3은 10-15년 이하이다.

연봉	95	100	105	90	93	97	85	80	87	77	75	70	60	63	68	50	55	57
경력	2	3	3	2	2	3	3	1	3	2	2	1	1	2	2	1	2	1

보조 0-14 양적변수 + 질적변수

어떤 회사에서 현재급여를 반응(종속, 목적)변수로 하여 회귀모형을 만들어 분석하고자 한다. 현재급여에 영향을 미치는 설명(독립)변수로서 비율척도(양적변수)인 피교육(년), 최초급여, 근무월수(개월), 경력(개월)변수와 명목척도(질적변수)인 성별, 직종, 소수민족 변수를 고려하였다. 자료를 분석하라. (자료는 부록에 있음.)

1. 소수민족은 범주값이 "0 = 아니오, 1 = 예"로 되어 있다.
2. 성별은 "남자인 경우는 1, 여자인 경우는 2"로 되어 있다.
3. 직종은 사무직은 1, 관리직은 2, 경영직은 3"으로 되어 있다.

보조 0-15 로지스틱분석

자료는 3년 전에 25개 회사의 회계치중 X1(현금 유통), X2(현재 신용도)를 조사한 것이다. 3년 후 회사를 확인 한 결과 도산한 회사는 10개와 건전한 회사는 15개이었다. 이 자료를 분석함으로 다른 회사들이 3년 후 도산 여부를 판단하는 의사결정에 도움을 줄 수 있다. 통계분석을 하라.

기업 자료

x1	x2	상태
−0.1421	0.7066	도산
0.0351	1.5046	도산
−0.0653	1.3737	도산
0.0724	1.3723	도산
−0.1353	1.4196	도산
−0.2298	0.3310	도산
0.0713	1.3124	도산
0.0109	1.1495	도산
−0.2777	1.1918	도산
0.1454	1.8762	도산
−0.2843	2.2722	건전
0.5135	2.4871	건전
−0.0769	2.0069	건전
0.3776	3.2651	건전
0.1933	2.2506	건전
0.3248	4.2401	건전
−0.3132	4.4500	건전
0.1184	2.5210	건전
−0.0179	2.0538	건전
0.2169	2.3489	건전
0.1703	1.7973	건전
0.1460	2.1692	건전
−0.0985	2.5029	건전
0.1398	1.4611	건전
−0.1379	2.6123	건전

보조 0-16 프로빗분석

정찰제를 시행하던 유명한 구둣방에서 불경기 동안 할인판매를 실시하였다.

1주째에는 정가의 5%를 할인하여 판매한 결과 손님 400명중에 64명이 구두를 샀고 2주째에는 정가의 10%를 할인하여 판매한 결과 손님 400명중에 102명이 구두를 샀다. 이렇게하여 5주간에 걸쳐 점차적으로 할인율을 올린 결과 다음과 같다.

판매율에 대한 반응함수가 로지스틱 반응함수로 가정하고 자료를 사용하여 이를 적합하라.

할인판매 실적 데이터

주	할인율(%)	손님수(선착순)	구입한 손님수
j	x_j	n_j	r_j
1	5	400	64
2	10	400	102
3	15	400	140
4	20	400	206
5	30	400	296

보조 0-17 프로빗분석

자료는 3종류의 살충제에 의한 해충구의 효과를 조사한 것이다. 통계 분석하라.

3종류의 살충제에 의한 해충구제

No	약의 종류	약의 농도	살포시간	관측수	사망수
1	A 약제	10.23	4	50	44
2	A 약제	7.76	3	49	42
3	A 약제	5.13	3	46	24
4	A 약제	3.80	2	48	16
5	A 약제	2.57	1	50	6

6	B 약제	50.12	5	48	48
7	B 약제	40.74	5	50	47
8	B 약제	30.20	5	49	47
9	B 약제	20.42	2	48	34
10	B 약제	10.00	1	48	18
11	혼합제	25.12	5	50	48
12	혼합제	20.42	4	46	43
13	혼합제	15.14	3	48	38
14	혼합제	10.00	2	46	27

보조 0-18 공분산분석

20명의 사람을 10명씩 두 그룹으로 나누었다. A그룹(비교그룹)에는 기존의 방법으로 교육을 실시하고, B그룹(실험그룹)에는 새로운 방법으로 교육을 실시한 후 특별한 심리검사를 이용하여 심리점수를 얻은 것이다. 통계 분석하라.

심리점수 자료

A	나이	31	28	25	34	39	26	30	26	31	23	$\bar{x}_1$ = 29.3
	심리점수	30	0	10	40	55	20	65	5	40	0	$\bar{y}_1$ = 26.5
B	나이	36	33	31	29	41	32	36	32	27	32	$\bar{x}_2$ = 32.9
	심리점수	65	50	90	25	99	25	60	80	5	99	$\bar{y}_2$ = 59.8

보조 0-19 일반선형모형 (GLM)

교육학에서 새로 도입된 교육방법의 효과를 측정하기 위하여 실험과정을 하였다.

임의과정을 통하여 실험대상(80명)의 절반(40명)은 처리그룹(1)으로 선정하고 나머지 반(40명)은 대조그룹(0)으로 선정하였다.

처리그룹에 새로운 교육방법을 실시하기 전에 모두에게 일정한 테스트를 통해 점수를 측정하였다(사전측정). 이후 처리그룹에게만 새로운 교육방법으로 수업을 진행하고 대조그룹은 기존의 교육방법으로 수업을 하였다. 일정한 시간이 지난 후, 사전 측정과 유사한 수준의 테스트를 통해 다시 점수를 측정하였다(사후측정).

이때 새로 도입된 교육방법은 효과가 있는지를 조사하자.

수업의 효과측정 자료

그 룹	0	0	0	0	0	0	0	0	0	0	0	0	0	0	0	0	0	0	0	0
사전점수	8	11	10	9	13	8	6	10	2	13	11	6	6	7	8	10	10	18	9	9
사후점수	11	13	12	11	15	10	15	13	6	15	13	9	13	9	9	14	13	20	11	12

그 룹	0	0	0	0	0	0	0	0	0	0	0	0	0	0	0	0	0	0	0	0
사전점수	13	11	13	8	9	10	15	13	3	7	15	9	11	13	13	15	3	6	4	13
사후점수	16	12	15	13	11	11	17	15	5	8	16	11	13	15	15	17	9	11	10	15

그 룹	1	1	1	1	1	1	1	1	1	1	1	1	1	1	1	1	1	1	1	1
사전점수	16	11	12	10	11	6	6	6	3	5	11	6	9	11	11	11	15	13	6	17
사후점수	20	14	15	14	16	11	10	10	6	6	19	14	10	12	15	14	17	14	11	19

그 룹	1	1	1	1	1	1	1	1	1	1	1	1	1	1	1	1	1	1	1	1
사전점수	9	4	7	5	7	7	4	6	9	6	8	4	13	4	10	7	10	13	7	8
사후점수	15	11	15	15	14	10	15	17	15	15	9	8	12	12	13	11	14	12	12	14

제 1 장 행렬의 기초이론

다변량 분산분석을 체계적으로 이해하려면 행렬의 사용은 필수적이다. 그러므로 기초적인 행렬을 간단히 정리한다.

1. 행렬의 정의

mn개의 원소 a_{ij}를 다음과 같이 나열한 것을 $m \times n$ 행렬이라 한다.

(단, $i = 1, 2, \cdots, m$, $j = 1, 2, \cdots, n$)

$$\begin{pmatrix} a_{11} & a_{12} & \cdots & a_{1n} \\ a_{21} & a_{22} & \cdots & a_{2n} \\ \vdots & \vdots & & \vdots \\ a_{m1} & a_{m2} & \cdots & a_{mn} \end{pmatrix}$$

여기서 원소 a_{ij}는 i번째 행(row)과 j번째 열(column)의 원소를 나타내고, 위의 행렬을 대문자 A, B, C, 등으로 표시한다. 그리고 간단히 다음과 같이 표시한다.

$$A = (a_{ij}) \qquad (\text{단}, i = 1, 2, \cdots, m \ , \ j = 1, 2, \cdots, n)$$

행과 열의 수를 나타내는 $m \times n$을 행렬의 차원(dimension)이라한다.

2. 정방행렬(square matrix)

행과 열의 수가 같은 행렬을 정방행렬이라 한다. 즉, $n \times n$ 행렬을 정방행렬이라 한다. n을 이 행렬의 차수(order)라 한다.

3. 대칭행렬(symmetric matrix)

정방행렬 A = (a_{ij})에서 모든 i , j 에 대하여 a_{ij} = a_{ji}가 성립할 때 A를 대칭행렬이라 한다.

(예)

$$A = \begin{pmatrix} 1 & 2 & 3 \\ 2 & 3 & 2 \\ 3 & 2 & 1 \end{pmatrix}$$

4. 단위행렬(unit matrix)

n차의 행렬에서 대각선 원소가 모두 1이고 나머지 원소는 모두 0일 때, 이 행렬을 n차 단위행렬이라 하고 I 혹은 I_n 으로 표시한다.

(예)

$$I = \begin{pmatrix} 1 & 0 & 0 \\ 0 & 1 & 0 \\ 0 & 0 & 1 \end{pmatrix}$$

5. 대각선행렬(diagonal matrix)

대각선 원소만 모두 0이 아니고 대각선 이외원소는 모두 0일 때, 이 행렬을 대각선행렬이라고 한다.

(예)

$$A = \begin{pmatrix} 5 & 0 & 0 \\ 0 & 1 & 0 \\ 0 & 0 & 2 \end{pmatrix}$$

6. 전치행렬(transpose matrix)

행렬 A의 행을 열로 하고, 열을 행으로 한 행렬을 A'(또는 A^t)로 표시하고 A'을 A의 전치행렬이라고 한다. 이때 A는 A'의 전치행렬이이기도 한다.

(예)

$$A = \begin{pmatrix} 1 & 2 & 3 \\ 4 & 5 & 6 \\ 7 & 8 & 9 \end{pmatrix}$$ 이면

A의 전치행렬 A'는 다음과 같다.

$$A' = \begin{pmatrix} 1 & 4 & 7 \\ 2 & 5 & 8 \\ 3 & 6 & 9 \end{pmatrix}$$

7. 벡터(vector)

$n \times 1$행렬을 n차 행벡터(row vector)라 하고 $1 \times n$ 행렬을 n차 열벡터(column vector)라 한다.

8. 행렬의 합

각자 정리 바람

9. 행렬의 곱

각자 정리 바람

10. 스칼라 배

각자 정리 바람

11. 행렬식(determinant)

정방행렬 A = (a_{ij})의 행렬식은 | A | 혹은 det(A)로 표시한다.

(1). A가 1×1행렬이면 | A | = a_{11} 이다.

(2). A가 2×2행렬이면

$$|A| = \begin{vmatrix} a_{11} & a_{12} \\ a_{21} & a_{22} \end{vmatrix} = a_{11}a_{22} - a_{12}a_{21}$$ 이다.

(3). A가 $n \times n$행렬이면 $|A| = \sum_{j=1}^{n} a_{ij} A_{ij}$ 이다.

단, $i = 1, 2, \cdots, n$

여기서 A_{ij} : a_{ij}의 여인수(cofactor)라 한다.

$A_{ij} = (-1)^{i+j} M_{ij}$

M_{ij} : $n \times n$ 행렬에서 i번째 행과 j번째 열을 제외한 나머지 $(n-1) \times (n-1)$행렬의 행렬식이라 하고 a_{ij}의 소행렬식 (minor)이라 한다.

*. 행렬 A, B, C가 $n \times n$ 정방행렬이고, α가 스칼라일 때 아래식이 성립한다.

(정리 1) $|AB| = |BA| = |A| |B|$

(정리 2) $|A| = |A'|$

(정리 3) $|\alpha A| = \alpha^n |A|$

12. 트레이스(trace)

n차 정방행렬 A의 트레이스를 tr(A)로 표시하고, tr(A)는 행렬 A의 대각선 원소들의 합이다.

즉, $tr(A) = \sum_{i=1}^{n} a_{ii}$

(예) $A = \begin{pmatrix} 1 & 2 & 3 \\ 4 & 5 & 6 \\ 7 & 8 & 9 \end{pmatrix}$ 이면 $tr(A) = 1 + 5 + 9 = 15$ 이다.

(정리 4) $tr(A \pm B) = tr(A) \pm tr(B)$

(정리 5) $tr(\alpha A) = \alpha\, tr(A)$

(정리 6) $tr(I_n) = n$

(정리 7) $tr(AB) = tr(BA)$

$tr(ABC) = tr(BCA) = tr(CAB)$

13. 역행렬(inverse matrix)

행렬 A가 n차 정방행렬이고 행렬식이 0이 아니면 $A\,A^{-1} = A^{-1}A = I_n$을 만족하는 행렬 A^{-1}가 존재할 때, 행렬 A^{-1}을 행렬 A의 역행렬이라 한다.

*. 행렬 A, B가 $n \times n$ 정방행렬이고 $|A| \neq 0$, $|B| \neq 0$이고, α(≠0)가 스칼라일 때, 아래식이 성립한다.

(정리 8) $(A^{-1})^{-1} = A$

(정리 9) $(A')^{-1} = (A^{-1})'$

(정리 10) $(A\,B)^{-1} = B^{-1}A^{-1}$

(정리 11) $(\alpha A)^{-1} = \dfrac{1}{\alpha} A^{-1}$

(정리 12) $|A^{-1}| = \dfrac{1}{|A|}$

14. 직교행렬(orthogonal matrix)

정방행렬 A가 $A' = A^{-1}$이 성립하면, 행렬 A를 직교행렬이라 한다. 즉, 전치행렬과 역행렬이 일치하는 행렬은 직교행렬이다. 그러므로 $A\,A' = A'A = I$ 이 성립한다.

(예) $A = \begin{pmatrix} \frac{1}{\sqrt{2}} & -\frac{1}{\sqrt{2}} \\ \frac{1}{\sqrt{2}} & \frac{1}{\sqrt{2}} \end{pmatrix}$ 는 직교행렬이다.

(확인) (i). $A' = A^{-1} = \begin{pmatrix} \frac{1}{\sqrt{2}} & \frac{1}{\sqrt{2}} \\ -\frac{1}{\sqrt{2}} & \frac{1}{\sqrt{2}} \end{pmatrix}$이기 때문이다.

(ii). $A\,A' = A'A = \begin{pmatrix} 1 & 0 \\ 0 & 1 \end{pmatrix}$이 성립한다.

*. 행렬 A가 $n \times n$ 정방행렬이고, P가 직교행렬이면 아래식이 성립한다.

(정리 13) $tr(P'AP) = tr(A)$

(정리 14) $|P'AP| = |A|$

(정리 15) $|P| = 1$ 이거나 $|P| = -1$ 이다.

15. 멱등행렬(idempotent matrix)

정방행렬 A가 $AA = A$이 성립되면 행렬 A를 멱등행렬이라 한다.

16. 선형독립과 선형종속

$v_1, v_2, \cdots, v_k$는 k개의 $n \times 1$ 벡터이고, $c_1, c_2, \cdots, c_k$는 임의의 상수일 때, 식 $\sum_{i=1}^{k} c_i v_i = 0$ 이 아래의 조건에 의하여 만족한다.

(1). 모든 c_i의 값이 전부 0일 때만 성립한다면
벡터 $v_1, v_2, \cdots, v_k$는 서로 선형독립이라 한다.

(2). 모든 c_i의 값이 전부 0이 아닐 때에도 성립한다면
벡터 $v_1, v_2, \cdots, v_k$는 서로 선형종속이라 한다.

17. $m \times n$ 행렬 A에서 선형독립인 행의 최대 계수를 행 계수(row rank)라 하고, 선형독립인 열의 최대 계수를 열 계수(column rank)라 하고, 행의 계수와 열의 계수가 같을 때 행렬 A의 계수라 하고 $r(A)$로 나타낸다.

18. $n \times n$ 행렬 A가 $r(A) = k$ 일 때,

(1) $n = k$ 이면 행렬 A를 정칙행렬(nonsingular matrix)이라 한다.

(2) $n > k$ 이면 행렬 A를 비정칙행렬(singular matrix)이라 한다.

(정리 16) $r(AB) \le r(A)$
$r(AB) \le r(B)$

(정리 17) $r(A+B) \le r(A) + r(B)$

(정리 18) $n \times n$ 행렬 A가 $r(A) = k\ (< n)$일 때,
선형독립인 행과 열의 수는 각각 k개이고 $|A| = 0$ 이다.
즉, $|A| = 0$ 이면 $r(A) < n$ 이다.

(정리 19) $r(AA') = r(A'A) = r(A) = r(A')$

19. 고유치와 고유벡터

n차의 정방행렬 A와 스칼라(scalar) λ로 행렬식 $f(\lambda) = |A - \lambda I_n|$ 을 만들면 함수 $f(\lambda)$를 행렬 A에 대한 특성함수(characteristic function)라 한다.

$$f(\lambda) = |A - \lambda I_n| = 0$$

$f(\lambda) = 0$ 을 만족시키는 λ의 값을 행렬 A의 고유치(eigenvalues, 특성치)라고 한다. n차 정방행렬에서는 고유치 λ_1, λ_2, $\cdots$, λ_n이 존재한다.

어떤 고유치 λ에 대하여 다음을 만족하는 연립방정식을 만들었을 때

$$(A - \lambda I_n) = 0$$

연립방정식을 만족시키는 벡터 x를 주어진 고유치 λ에 대응하는 고유벡터(eigen vector)라 한다. 0벡터는 위의 연립방정식을 만족하지만 고유벡터로 취급하지 않는다. n개의 고유치가 있으므로 n개의 고유벡터가 존재한다.

(예) 행렬 $A = \begin{pmatrix} 2 & \sqrt{6} \\ \sqrt{6} & 1 \end{pmatrix}$의 고유치와 고유벡터를 유도하면 다음과 같다.

(풀이)

1. 고유치 계산

$$f(\lambda) = |A - \lambda I_n|$$
$$= \begin{vmatrix} 2-\lambda & \sqrt{6} \\ \sqrt{6} & 1-\lambda \end{vmatrix} = (\lambda - 4)(\lambda + 1) = 0$$

그러므로 A 의 고유치는 $\lambda=4$, $\lambda=-1$이다.

2. 고유벡터 계산

(1). $\lambda=4$에 대한 고유벡터

연립방정식 ($A-\ \lambda I_n$) = 0을 만족하는 벡터 x를 유도한다.

$$\begin{pmatrix} 2-4 & \sqrt{6} \\ \sqrt{6} & 1-4 \end{pmatrix}\begin{pmatrix} x_1 \\ x_2 \end{pmatrix} = \begin{pmatrix} 0 \\ 0 \end{pmatrix}$$

$$\Rightarrow \begin{pmatrix} -2 & \sqrt{6} \\ \sqrt{6} & -3 \end{pmatrix}\begin{pmatrix} x_1 \\ x_2 \end{pmatrix} = \begin{pmatrix} 0 \\ 0 \end{pmatrix}$$

$$\Rightarrow \begin{aligned} -2x_1 + \sqrt{6}\,x_2 &= 0 \\ \sqrt{6}\,x_1 - 3x_2 &= 0 \end{aligned}$$

위의 방정식을 풀이하면 고유벡터는 다음과 같다.

$$x = \begin{pmatrix} x_1 \\ x_2 \end{pmatrix} = \begin{pmatrix} \sqrt{3/5} \\ \sqrt{2/5} \end{pmatrix}$$

(2). $\lambda=-1$에 대한 고유벡터

같은 방법으로 정리하면 고유벡터는 다음과 같다.

$$x = \begin{pmatrix} x_1 \\ x_2 \end{pmatrix} = \begin{pmatrix} -\sqrt{2/5} \\ \sqrt{3/5} \end{pmatrix}$$

(정리 20) 대칭행렬의 고유치는 모두 실수(real number)이다.

(정리 21) 행렬 A에서 0이 아닌 고유치의 개수는 r(A)와 같다.

(정리 22) 멱등행렬의 고유치는 0 또는 1이다.

(정리 23) $n \times n$행렬 **A**의 고유치가 λ_1, λ_2, $\cdots$, λ_n이면 다음식이 성립한다.

(1) $tr(A) = \sum_{i=1}^{n} \lambda_i$

(2) $tr(A'A) = \sum_{i=1}^{n} \lambda_i^2$

(3) $tr(A^{-1}) = \sum_{i=1}^{n} \lambda_i^{-1}$

(4) $|A| = \lambda_1 \times \lambda_2 \times \cdots \times \lambda_n = \prod_{i=1}^{n} \lambda_i$

제 2 장 다변량 분석유형

1. 다변량분석 분류

연구자가 다변량 분석의 적용에 대하여 고민이 생기는 경우 다양한 다변량 분석 방법들의 종류와 분류기준은 연구목적과 원시자료에 대한 기준에 따라 이루어진다. 이것을 근거로 다변량 분석기법을 정리하면 다음과 같다.

첫째, 이론적인 근거에 의해 분석변수를 독립변수와 종속변수로 구분할 수 있는가?
둘째, 단일분석에서 종속변수는 몇 개로 고려할 것인가?
셋째, 얼마나 많은 변수들이 독립변수와 종속변수로 측정되었는가?

첫 번째 기준 "변수들을 독립변수와 종속변수로 구분할 수 있는가?"에 따라 분석기법은 달라진다. 독립변수와 종속변수로 구분하는 경우는 종속적인 기법이다. 그리고 독립변수와 종속변수를 구별하지 않고 전체변수를 대상으로 분석하는 기법이 상호의존적인 기법이다.

두 번째로 변수들 간에 종속적인 관계가 있다면 종속변수의 수가 몇 개인가를 고려하여야 한다. 종속변수의 수에 따라 분석기법이 달라진다. 종속변수가 하나인 경우는 다중회귀분석과 판별분석이 해당된다. 종속변수가 두 개 이상인 경우는 정준상관분석과 다변량분석이 이용된다.

세 번째 종속변수가 정량적변수 또는 질적변수 여부에 따라 분석기법을 달리한다. 2개 이상의 정량적인 독립변수에 1개의 정량적인 종속변수로 구성되어 있는 자료는 다중회귀분석이 가능하다. 종속변수가 질적변수이면서 독립변수가 정량적인 변수이면 판별분석이 가능하다. 그리고 정량적인 독립변수와 정량적인 종속변수의 수가 2개 이상인 경우는 정준상관분석을 이용할 수 있다. 정량적인 종속변수 2개 이상, 비정량적인 독립변수 2개 이상인 경우 다변량분석을 이용하면 된다.

종속변수와 독립변수로 구분하지 않는 경우는 상호의존적인 기법에 해당된다. 그리고 모든 변수들이 양적인 척도로 측정되었다면 요인분석, 다차원척도, 군집분석방법을 이용할 수 있다.

2. 다변량 분석기법의 유형

각 연구 및 통계분석에서 사용되는 다변량 통계기법은 다음과 같다.

(1). 다변량 분산분석과 다변량 공분산분석
(2). 회귀분석
(3). 요인분석
(4). 판별분석
(5). 컨조인트분석
(6). 정준상관분석
(7). 군집분석
(8). 다차원척도분석
(9). 대응일치분석
(10). 선형확률모형
(11). 구조방정식모형

위의 분석기법을 간단히 설명하면 다음과 같다.

(1). 다변량 분산분석과 다변량 공분산분석

다변량 분산분석은(MANOVA)은 두 개 이상의 모집단 사이의 평균벡터를 동시에 비교하는 분석기법이다. 다변량 분산분석은 분산분석(ANOVA)을 확장시킨 것으로 이해하면 된다.

다변량 공분산분석(MANCOVA)은 실험이 끝난 후 종속변수에 영향을 미치는 양적인 독립변수(일명 공변량)를 통제한 후 분석하는 방법이다. 이 분석방법은 상관분석에서 편상관분석(부분상관분석)과 유사하다.

$$Y_1 + Y_2 + \cdots + Y_n = X_1 + X_2 + \cdots + X_n$$

(양적) (질적)

(2). 회귀분석

회귀분석은 계량적인 독립변수와 계량적인 종속변수사이의 관계를 파악하는데 적합한 분석기법이다. 회귀분석을 식으로 표시하면 다음과 같다.

$$Y_1 = X_1 + X_2 + \cdots + X_n$$

(양적) (양적, 질적)

회귀분석은 기술적인 목적, 통계목적, 예측목적을 갖는다. 회귀분석은 단순회귀분석과 다중회귀분석으로 구분된다. 구분방법은 다음과 같다.

- 회귀분석 종류 -

구분	독립변수	종속변수
단순회귀분석	1개	1개
다중회귀분석	2개 이상	1개
일반선형분석	2개 이상	2개 이상

(3). 요인분석

주성분분석과 공통요인분석을 포함하는 요인분석은 여러 변수들 사이의 상관관계를 기초로 정보의 손실을 최소화하면서 자료 변수의 개수보다 적은 수의 요인(factor)을 설명하는 통계적인 기법이다.

요인분석을 통하여 연구자는 연구대상에 해당하는 변수들 사이에서 구조발견을 통하여 새로운 총합척도(summated scale)를 만들어낸다.

(4). 판별분석

판별분석은 기존의 자료를 이용하여 관찰개체들을 몇 개의 집단으로 분류하고자하는 경우에 사용한다. 판별분석은 등간척도나 비율척도로 이루어진 독립변수를 이용하여 여러개의 집단으로 분류하는 방법이다. 판별분석을 식으로 표시하면 다음과 같다.

$$Y_1 = X_1 + X_2 + \cdots + X_n$$

(질적)　　　　　(양적)

(5). 컨조인트분석

컨조인트분석은 제품과 서비스의 속성을 평가하는 종속적인 통계기법을 의미한다. 컴퓨터의 보급과 더불어 마케이팅 연구가들은 소비자의 행동과 관련된 정보를 입수함으로서 예측된 수의 조합을 통하여 소비자의 행동을 어느 정도 예측할 수 있다.

$$Y_1 = X_1 + X_2 + \cdots + X_n$$

(양적)　　　　　(질적)

(6). 정준상관분석

정준상관분석은 논리적으로는 다중회귀분석의 확장으로 볼 수 있다. 다중회귀분석은 2개 이상의 양적인 독립변수와 1개의 종속변수사이의 관계를 분석한다. 그러나 정준상관분석은 2개 이상의 독립변수군과 2개 이상의 양적인 종속변수군을 동시에 분석하는데 사용하는 기법이다.

정준상관분석의 기본원리는 독립변수군과 종속변수의 상관성을 최적화 시켜주는 선형조합을 발견하는데 있다.

$$Y_1 + Y_2 + \cdots + Y_n = X_1 + X_2 + \cdots + X_n$$

(양적)　　　　　(양적, 질적)

(7). 군집분석

군집분석은 개체 및 속성을 의미 있는 하위집단으로 분류하는 기법이다. 개체는 동질적인 집단으로 또는 베타적인 집단으로 분류될 수 있다.

군집분석과 판별분석의 차이점은 다음과 같다.

○ 군집분석 : 집단의 수를 미리 정하지 않고 분석을 실행한다.

○ 판별분석 : 집단의 수를 미리 정하고 분석을 실행한다.

(8). 다차원척도분석

다차원척도분석은 인지도분석이라고도 한다. 다차원척도분석은 속성들과 관련하여 개체들을 다차원에 나타내어주어 포지셔닝 및 제품화 전략에 유용하게 사용되는 기법하다. 즉, 대상들 간의 복잡한 관계를 적은 차원의 공간으로 단순화 시키는 기법이다.

(9). 대응일치분석

대응일치분석은 다차원척도분석의 방법으로 행과 열의 분할표에 대한 것을 분석하는 기법이다. 여기서 분할표는 자료를 행과 열의 형태로 배열한 테이블을 말한다.

(10). 선형확률모형

선형확률모형은 다중회귀분석과 다중 판별분석의 결합으로 로짓분석이라고도 한다. 이 분석은 1개 또는 2개 이상의 독립변수를 통하여 1개의 종속변수를 예측하는 기법으로 회귀분석과 유사하다.

선형확률모형이 회귀분석과 다른 점은 종속변수가 판별분석처럼 질벅변수로 구성되어 있는 점이다.

(11). 구조방정식모형

구조방정식모형은 요인분석과 회귀분석의 적절한 조합을 통하여 여러 변수군의 관계를 동시에 효율적으로 분석할 수 있는 분석법이다.

제 3 장 다변량 분산분석

일변량에 대한 분산분석은 3개 이상의 그룹(처리)간 평균차를 검정하기위한 목적으로 사용된다. 예로서 TV 프로그램의 A 연속극에 대해 10대, 20대, 30대 간에 대하여 1주일간의 평균 시청시간에 있어 차이가 있는가에 관심이 있는 경우, 일변량에 대한 분산분석으로 연령대별 평균 차 검정을 할 수 있다.

산림 생태계 연구에서 질소와 인이 소나무, 낙엽송 묘목의 성장과 양분이용 효율에 미치는 영향을 분석할 때, 어린 묘목에 대하여 적절히 질소와 인의 양을 달리하면서 비료를 만든 후 질소와 인의 변화에 따라 총 성장량의 차이를 비교하고자 할 것이다. 이때 실험은 잎, 줄기, 뿌리 등 식물의 여러 부분으로 나누어 반응을 측정한다. 이유는 각 부위마다 흡수력이 다를 수 있기 때문이다.

잎, 줄기, 뿌리에서의 총 성장량을 각각 y1, y2, y3라고 하자.
이 경우 y1, y2, y3는 완전 독립이 아니다. 서로 상관이 있게 된다.
잎, 줄기, 뿌리를 각각 하나씩 본다면 일변량 분산분석으로 해결할 수 있다.
다변량 반응을 각각의 일변량 반응으로 분석하면 자료특성을 충분히 분석할 수 없다. 그러므로 일변량 분산분석을 확장하여 다변량분석을 유도한다.

다변량 분산분석의
　종속변수는 연속형 : Y_1 , Y_2 , $\cdots$, Y_m
　독립(설명)변수는 범주형 : X_1 , X_2 , $\cdots$, X_n 에 적용되는 선형모형이라고 한다.

분류형 변수가 1개이면 1원 다변량 분산분석.
　　　　　　　2개이면 2원 다변량 분산분석이라 한다.
선형회귀모형에서 반응변수가 2개 이상 확장된 경우 다변량 선형회귀모형이라 한다.

1. 1원 다변량 분산분석(MANOVA)

분산분석이 적용되는 대표적인 대상은 비교실험이다.
가장 간단한 비교실험 설계인 1원 설계는 처리요인이 하나인 경우에 세워진다.

*. 1원 설계 : 처리 수준의 수가 I 인 경우.

(1). 임의화에 의하여 피험자를 I 개의 그룹으로 나눈다.
단, 각 그룹의 크기는 가급적 같게 한다.

(2). 각 그룹에 해당하는 처리를 한다.

(3). 동일한 방식으로 각 피험자의 다변량적 반응을 측정한다.

결과로 다음과 같은 자료를 얻는다.

$$\{ y_{k:ij} \ , k=1,2,\cdots,p \ , i=1,2,\cdots,I \ , j=1,2,\cdots,n_i \}$$

$k\,(=1,2,\cdots,p)$: 변수 (k=1이면 1원배치 분산분석)

$i\,(=1,2,\cdots,I)$: 처리 수준

$j\,(=1,2,\cdots,n_i)$: 각 처리에서 반복수

*. 1원 다변량 분산분석 모형

각 반응변수 y_k 에 대하여 ($k=1,2,\cdots,p$) 모형은 다음과 같다.

$$y_{k:ij} = \mu_k + \alpha_{k:i} + \epsilon_{k:ij}$$

$$i=1,2,\cdots,I \ , \quad j=1,2,\cdots,n_i$$

여기서, μ_k : 평균

$\alpha_{k:i}$: 처리수준 i의 효과

$\epsilon_{k:ij}$: 오차를 나타내는 독립적인 확률변수이다.

($\epsilon_{k:ij} \sim N(0, \sigma_k^2)$)

*. 모형에서 "반응이 처리수준에 따라 차이가 있는가?" 을 검정하는 방법은 다음과 같다.

(1). $H_0 : \alpha_{k:1} = \cdots = \alpha_{k:I}$

$H_1 : H_0$ 가 아니다.

(2). 유의수준 $\alpha = 0.05$

(3). 검정통계량은 전체 제곱합을 처리(그룹)간 제곱합 B_k와 처리(그룹)내 제곱합 W_k 로 분해하고 그 비를 이용한다. 즉, F － 검정통계량은 각 반응변수 y_k 에 대하여 정리한다. ($k = 1, 2, \cdots, p$)

$$F = \frac{B_k / (I-1)}{W_k / (N-1)} \sim F(I-1, N-1)$$

$$\text{단, } B_k = \sum_{i=1}^{I} n_i (\bar{y}_{k;i.} - \bar{y}_{k;..})^2$$

$$W_k = \sum_{i=1}^{I} \sum_{j=1}^{n_i} n_i (y_{k;ij} - \bar{y}_{k;i.})^2$$

피험자 반응이 다변량인 경우 일변량의 분산분석의 문제점은 총체적으로는 그룹 간 차이가 유의한 데도 불구하고 각각의 변량에 있어서는 그룹 간 유의한 차이가 유의하지 않을 수 있다

(예 1). 호흡훈련을 받는 그룹과 대조그룹을 비교하는 경우이다.
두 그룹이 영어에 있어서 유의한 차이가 없고, 수학에 있어서도 유의한 차이가 없는 경우에서 "영어+수학"에서는 유의한 차이가 있을 수 있다는 것이다.

(예 2). 총체적(다변량적)으로는 그룹 간 차이가 유의하지 않은데도 불구하고, 일변량 분산분석에서는 산발적(개별 변량적)인 그룹 간 차이를 과다하게 해석할 위험이 있다.

위의 (예 1)과 (예 2)를 분석하는 방법으로 다변량 분산분석으로 자료 분석하는 것이 원칙이다.

1-요인실험 자료에 대한 다변량 분산분석 모형과 귀무가설은 다음과 같다.

*. 다변량 분산분석모형

$$\begin{pmatrix} y_{1:ij} \\ y_{2:ij} \\ \vdots \\ y_{p:ij} \end{pmatrix} = \begin{pmatrix} \mu_1 \\ \mu_2 \\ \vdots \\ \mu_p \end{pmatrix} + \begin{pmatrix} \alpha_{1:i} \\ \alpha_{2:i} \\ \vdots \\ \alpha_{p:i} \end{pmatrix} + \begin{pmatrix} \epsilon_{1:ij} \\ \epsilon_{2:ij} \\ \vdots \\ \epsilon_{p:ij} \end{pmatrix}$$

여기서 $\begin{pmatrix} \epsilon_{1:ij} \\ \epsilon_{2:ij} \\ \vdots \\ \epsilon_{p:ij} \end{pmatrix}$ ~ 독립적으로 $N_p(0, \Sigma)$

Σ 는 $p \times p$ 공분산 행렬.

*. 다변량 가설

$$H_0 : \begin{pmatrix} \alpha_{1:1} \\ \alpha_{2:1} \\ \vdots \\ \alpha_{p:1} \end{pmatrix} = \cdots = \begin{pmatrix} \alpha_{1:I} \\ \alpha_{2:I} \\ \vdots \\ \alpha_{p:I} \end{pmatrix}$$

$H_1 : H_0$ 가 아니다.

처리효과에 관한 귀무가설 H_0을 검정하는 방법은 일변량 방법을 확장하는 것이다.

*. 다변량 관측을 y_{ij} 라 하여 정리하면 다음과 같다.

$$y_{ij} = \begin{pmatrix} y_{1:ij} \\ y_{2:ij} \\ \vdots \\ y_{p:ij} \end{pmatrix} \qquad i = 1, 2, \cdots, I \qquad j = 1, 2, \cdots, n_i$$

B : 처리(그룹)간 교차곱 행렬

W : 처리(그룹)내 교차곱 행렬

$$\mathrm{B} = \sum_{i=1}^{I} n_i (\bar{y}_{i.} - \bar{y}_{..})(\bar{y}_{i.} - \bar{y}_{..})^t \quad : \ p \times p \text{ 행렬.}$$

$$\mathrm{W} = \sum_{i=1}^{I} \sum_{j=1}^{n_i} (\bar{y}_{ij} - \bar{y}_{i.})(\bar{y}_{ij} - \bar{y}_{i.})^t \quad : \ p \times p \text{ 행렬.}$$

H_0에서는 처리간 교차곱 행렬 B가 커지기 어렵다.

그러나 H_0가 옳지 않을수록 행렬 B가 자연스럽게 커지게 된다.

처리내 교차곱 행렬 W가 기준이므로 H_0의 검정을 위해 $W^{-1}B$ 의 고유값 $\lambda_1, \lambda_2, \cdots, \lambda_p$를 활용한다.

*. MANOVA 검정통계량

(1). 윌크스 람다 (wilks lambda)

$$= \det(\mathrm{W}) / \mathrm{dat}(\mathrm{B} + \mathrm{W}) = \prod_{k=1}^{p} 1/(1+\lambda_k)$$

(2). 필라이 대각합 (phillars trace)

$$= \mathrm{trace}(\mathrm{B}(\mathrm{B} + \mathrm{W})^{-1}) = \sum_{k=1}^{p} \lambda_k/(1+\lambda_k)$$

(3). 호텔링-로리 대각합 (hotelling-lawley trace)

$$= \mathrm{trace}(W^{-1}B) = \sum_{k=1}^{p} \lambda_k$$

(4). 로이 최대근 (roys maximum root)

$$= \lambda_1 \ (= \max_k(\lambda_k))$$

검정통계량의 분포는 귀무가설 H_0에서 어떤 경우는 근사적으로 또는 어떤 경우는 정확하게 F - 분포를 따른다.

2. 2요인 실험자료의 MANOVA

2-요인실험(two-factor experiment)이란 비교요인을 2개로 하는 실험이다. 처리요인은 A와 B이고 두요인의 수준수가 I와 J인 경우 기본적인 설계방법은 다음과 같다.

1. 임의화에 의하여 실험개체(피험자)를 I × J 개의 그룹으로 나눈다. 이때 각 처리그룹의 크기를 동일하게 한다. (= n)
2. 각 그룹에 해당하는 처리를 한다.
3. 동일한 방식으로 각 실험개체의 다변량적 반응을 측정한다.

요인실험 자료분석에서 주안점은 요인간 상호작용 A*B를 추정하고 해석하는 데 있다.

*. 상호작용의 개념

2 × 2 실험에서 상호작용이 없는 경우와 있는 경우의 평균반응 프로파일을 정리한다.

(1). 상호작용이 없는 경우 B의 각 수준 평균반응 프로파일들이 평행하고

(2). 상호작용이 있는 경우 B의 각 수준 평균반응 프로파일들 대각선으로 서로 교차되어 있거나 평행하게 연결되어 있지 않다.

*. 2 요인실험 자료를 다음과 같이 표시하자.

$$\{ y_{k:ijl} , k = 1, 2, \cdots , p , i = 1, 2, \cdots , I , \\ j = 1, 2, \cdots , J , l = 1, 2, \cdots , n \}$$

단, $k\,(= 1, 2, \cdots, p)$: 변수
$i\,(= 1, 2, \cdots, I)$: 요인 A의 처리 수준
$j\,(= 1, 2, \cdots, J)$: 요인 B의 처리 수준
$l\,(= 1, 2, \cdots, n)$: 각 처리(요인조합)에서 반복수

*. 2원 다변량 분산분석 모형

각 반응변수 Y_k 에 대하여 ($k = 1, 2, \cdots, p$) 모형은 다음과 같다.

$$y_{k:ijl} = \mu_k + \alpha_{k:i} + \beta_{k:j} + (\alpha\beta)_{k:ij} + \epsilon_{k:ijl}$$

단, $\epsilon_{k:ijl} \sim N(0, \sigma_k^2)$
$i = 1, 2, \cdots, I$
$j = 1, 2, \cdots, J$
$l = 1, 2, \cdots, n$
μ_k : 평균
$\alpha_{k:i}$: 요인 A의 주효과
$\beta_{k:j}$: 요인 B의 주효과
$(\alpha\beta)_{k:ij}$: 두 요인 A와 B 사이의 상호작용

*. 모형에서 "요인 A 와 B 사이에 상호작용이 있는가?"를 검정하는 방법은 다음과 같다.

H_0 : $(\alpha\beta)_{k:11} = \cdots = (\alpha\beta)_{k:ij}$ (= 0)
H_1 : H_0 가 아니다.

*. 상호작용에 대한 F 검정

각 반응변수 Y_k에 대하여 ($k = 1, 2, \cdots, p$) H_0하에서 검정통계량 F 는 다음과 같다.

$$F = \frac{H_{A\times B:k} / (I-1)(J-1)}{W_k / IJ(n-1)} \sim \mathrm{F}\,(\,(I-1)(J-1),\, IJ(n-1)\,)$$

단, $H_{A\times B:k}$ 은 상호작용 제곱합.
W_k 은 처리(그룹)내 제곱합

즉, $H_{A\times B:k} = \sum_{i=1}^{I}\sum_{j=1}^{J} n(\bar{y}_{k:ij.} - \bar{y}_{k:i..} - \bar{y}_{k:.j.} + \bar{y}_{k:...})^2$

$$W_k = \sum_{i=1}^{I}\sum_{j=1}^{J}\sum_{l=1}^{n}(y_{k:ijl} - \bar{y}_{k:ij.})^2$$

2-요인실험 자료에 대한 다변량 분산분석 모형과 상호작용에 대한 귀무가설은 다음과 같다.

*. 다변량 분산분석 모형

$$\begin{pmatrix} y_{1:ijl} \\ y_{2:ijl} \\ \vdots \\ y_{p:ijl} \end{pmatrix} = \begin{pmatrix} \mu_1 \\ \mu_2 \\ \vdots \\ \mu_p \end{pmatrix} + \begin{pmatrix} \alpha_{1:i} \\ \alpha_{2:i} \\ \vdots \\ \alpha_{p:i} \end{pmatrix} + \begin{pmatrix} \beta_{1:j} \\ \beta_{2:j} \\ \vdots \\ \beta_{p:j} \end{pmatrix} + \begin{pmatrix} (\alpha\beta)_{1:ij} \\ (\alpha\beta)_{2:ij} \\ \vdots \\ (\alpha\beta)_{p:ij} \end{pmatrix} + \begin{pmatrix} \epsilon_{1:ijl} \\ \epsilon_{2:ijl} \\ \vdots \\ \epsilon_{p:ijl} \end{pmatrix}$$

여기서, $\epsilon_{ijl} = \begin{pmatrix} \epsilon_{1:ijl} \\ \epsilon_{2:ijl} \\ \vdots \\ \epsilon_{p:ijl} \end{pmatrix}$ ~ 독립적으로 $N_p(0, \Sigma)$

Σ 는 $p\times p$ 공분산 행렬.

*. 다변량 상호작용 가설

H_0 : $\begin{pmatrix} (\alpha\beta)_{1:ij} \\ (\alpha\beta)_{2:ij} \\ \vdots \\ (\alpha\beta)_{p:ij} \end{pmatrix} = \begin{pmatrix} 0 \\ 0 \\ \vdots \\ 0 \end{pmatrix}$ (단, 모든 i와 j에 대하여 성립한다.)

H_1 : H_0 가 아니다.

다변량 관측을 y_{ijl} 라 하여 정리하면 다음과 같다.

$$y_{ijl} = \begin{pmatrix} y_{1:ijl} \\ y_{2:ijl} \\ \vdots \\ y_{p:ijl} \end{pmatrix}$$

여기서 ; $i = 1, 2, \cdots, I$, $j = 1, 2, \cdots, J$
$l = 1, 2, \cdots, n$

$H_{A \times B}$: 상호작용 교차곱 $p \times p$ 행렬
W : 처리(그룹)내 교차곱 $p \times p$ 행렬

$$H_{A \times B} = \sum_{i=1}^{I} \sum_{j=1}^{J} n(\bar{y}_{ij.} - \bar{y}_{i..} - \bar{y}_{.j.} + \bar{y}_{...})(\bar{y}_{ij.} - \bar{y}_{i..} - \bar{y}_{.j.} + \bar{y}_{...})^t$$

$$\mathrm{W} = \sum_{i=1}^{I} \sum_{j=1}^{J} \sum_{l=1}^{n} (y_{ijl} - \bar{y}_{ij.})(y_{ijl} - \bar{y}_{ij.})^t$$

상호작용에 대한 귀무가설 H_0의 검정을 위해 $W^{-1} H_{A \times B}$의 고유값 $\lambda_1, \lambda_2, \cdots, \lambda_p$를 활용한다.

*. 상호작용에 대한 MANOVA 검정통계량

(1). 윌크스 람다 (wilks lambda)

$$= \det(\mathrm{W}) / \mathrm{dat}(H_{A \times B} + \mathrm{W}) = \prod_{k=1}^{p} 1/(1+\lambda_k)$$

(2). 필라이 대각합 (phillars trace)

$$= \mathrm{trace}(H_{A \times B}(H_{A \times B} + \mathrm{W})^{-1}) = \sum_{k=1}^{p} \lambda_k/(1+\lambda_k)$$

(3). 호텔링-로리 대각합 (hotelling-lawley trace)

$$= \mathrm{trace}(W^{-1} H_{A \times B}) = \sum_{k=1}^{p} \lambda_k$$

(4). 로이 최대근 (roys maximum root)

$$= \lambda_1 \; (= \max_k(\lambda_k))$$

검정통계량의 분포는 귀무가설 H_0에서 어떤 경우는 근사적으로 또는 어떤 경우는 정확하게 F - 분포를 따른다.

요인 A의 주효과와 요인 B의 주효과에 대한 MANOVA 검정도 유사하게 한다.

3. 다변량 선형회귀

반응변수(종속변수) Y_1, Y_2, $\cdots$, Y_m 각각에 대한 선형회귀모형은 다음과 같다.

$$Y_1 = \beta_{01} + \beta_{11} X_1 + \cdots + \beta_{p1} X_p + \epsilon_1 , \quad \epsilon_1 \sim N(0, \sigma_1^2)$$

$$\vdots$$

$$Y_m = \beta_{0m} + \beta_{1m} X_1 + \cdots + \beta_{pm} X_p + \epsilon_m , \quad \epsilon_m \sim N(0, \sigma_m^2)$$

회귀계수 β_1, β_2, $\cdots$, β_m에 대하여 최소제곱 추정값을 정리하면 다음과 같다.

$$\beta_1 = \begin{pmatrix} \beta_{01} \\ \beta_{11} \\ \vdots \\ \beta_{p1} \end{pmatrix}, \quad \cdots \quad , \beta_m = \begin{pmatrix} \beta_{0m} \\ \beta_{1m} \\ \vdots \\ \beta_{pm} \end{pmatrix}$$

$$\Rightarrow \widehat{\beta}_1 = (X' X)^{-1} X' y_1 , \quad \cdots , \widehat{\beta}_m = (X' X)^{-1} X' y_m$$

단, $X = (x_{ij})$, $y_1 = (y_{i1})$, $\cdots$, $y_m = (y_{im})$

즉, $X = (x_{ij})$는 상수항 및 p개 설명(독립)변수로 이루어진 $n \times (1+p)$자료 행렬

$y_1 = (y_{i1})$은 첫 번째 종속변수의 $n \times 1$ 자료 벡터.

$\vdots$

$y_m = (y_{im})$은 m 번째 종속변수의 $n \times 1$ 자료 벡터.

각 식에서 오차변량 ϵ_1, ϵ_2, $\cdots$, ϵ_m의 상관구조는 다음과 같다.

$$\epsilon = \begin{pmatrix} \epsilon_1 \\ \epsilon_2 \\ \vdots \\ \epsilon_m \end{pmatrix} \sim N_m\ (\ 0\ ,\ \Sigma)$$

단, $\Sigma = (\sigma_{ij})$는 $m \times m$ 공분산행렬

$\sigma_{jj} = \sigma_j^{\ 2}\ ,\ j = 1,\ 2,\ \cdots,\ m$

오차변량의 공분산행렬 $\Sigma = (\sigma_{ij})$의 추정값은 다음과 같다.

$$\widehat{\Sigma} = \frac{1}{n-p-1} \sum_{i=1}^{n} \begin{pmatrix} y_{i1} - x_i^t\ \widehat{\beta_1} \\ \vdots \\ y_{im} - x_i^t\ \widehat{\beta_m} \end{pmatrix} \begin{pmatrix} y_{i1} - x_i^t\ \widehat{\beta_1} \\ \vdots \\ y_{im} - x_i^t\ \widehat{\beta_m} \end{pmatrix}^t$$

여기서 $x_i^t = (\ 1,\ x_{i1},\ x_{i2},\ \cdots,\ x_{ip}\ )$는 i번째 관측의 설명변수벡터이다.

*. 모형 Y_1 , Y_2 , $\cdots$, Y_m의 각각에서 설명변수 X_p에 대한 검정은 각각 $t-$검정을 이용한다.

귀무가설 $H_0 : \beta_{p1} = 0\ ,\ \cdots\ ,\ H_0 : \beta_{pm} = 0$

그러므로 설명변수 X_p에 대한 다변량 귀무가설을 검정할 수 있다.

귀무가설 $H_0 : \beta_{p1} = 0\ ,\ \cdots\ ,\ \beta_{pm} = 0$

여기서 귀무가설 H_0는 변수 X_p가 Y_1 , Y_2 , $\cdots$, Y_m을 설명, 예측하는 데는 전혀 관련이 없다.

$\hat{\beta}_1$, $\hat{\beta}_2$, $\cdots$, $\hat{\beta}_m$ 은 β_1 , β_2 , $\cdots$, β_m 에 대한 최소제곱 추정값으로 행렬 H와 E가 유도된다. (H : $m \times m$행렬, E : $m \times m$행렬) 그러므로 귀무가설 H_0의

검정을 위해 $E^{-1}H$의 고유값 $\lambda_1, \lambda_2, \cdots, \lambda_m$을 활용한다.

선형회귀분석의 목적은 관심이 되는 (종속)변수를 몇 개의 다른 변수로서 설명하고 예측하는 것이다. 그런데 관심이 되는 변수가 다수인 경우가 있다. 이런 경우 다변량 선형회귀분석이 적용된다.

*. MANOVA 검정통계량

(1). 윌크스 람다 (wilks lambda)

$$= \det(E) / \det(H + E) = \prod_{k=1}^{m} 1/(1+\lambda_k)$$

(2). 필라이 대각합 (phillars trace)

$$= \mathrm{trace}(H(H+E)^{-1}) = \sum_{k=1}^{m} \lambda_k/(1+\lambda_k)$$

(3). 호텔링 – 로리 대각합 (hotelling-lawley trace)

$$= \mathrm{trace}(E^{-1}H) = \sum_{k=1}^{m} \lambda_k$$

(4). 로이 최대근 (roys maximum root)

$$= \lambda_1 \; (= \max_k(\lambda_k))$$

검정통계량의 분포는 귀무가설 H_0에서 어떤 경우는 근사적으로 또는 어떤 경우는 정확하게 F - 분포를 따른다.

4. 참고

다변량 분산분석은 한 개체로부터 2번 이상 반복해서 측정해야하는 실험자료의 분산분석과 밀접한 관련이 있다. 한 개체에서 반복측정이 행하여지는 경우 반복측정 수만큼의 다변량 측정이라고 볼 수 있다. 이것은 다변량 간의 상관관계를 완전 독립적이라고 판단하기 어렵기 때문이다. 즉, 다변량 간의 상관을 고려하여 주효과나 상호작용 효과를 검정해야만 보다 정확한 검정이 이루어 질 수 있게 된다.

문제 3-1 올챙이 폭

다음 자료는 아프리카 발톱개구리 올챙이의 등지느러미 폭의 비율, 근육부분 폭의 비율, 배지느러미 폭의 비율에 대하여 4개의 단계에 대하여 조사한 것이다. 분석하라.

아프리카 발톱개구리 올챙이의 각 부분의 길이

발생단계	등지느러미 폭	근육부분 폭	배지느러미 폭
1	2.6	2.6	1.9
	2.2	2.4	1.4
	2.4	2.8	1.9
	2.7	3.5	2.6
2	2.3	2.2	1.3
	2.6	2.8	1.8
	2.5	2.9	2.3
	2.2	2.4	1.9
3	2.4	2.6	1.5
	1.8	2.2	1.1
	1.4	2.1	1.3
	1.2	1.8	0.8
4	1.2	1.2	0.9
	1.8	2.0	1.4
	1.1	1.7	1.0
	1.8	2.1	1.3

*. 6종류의 풀이를 비교한다.

(풀이 1). 일변량 분산분석 풀이

< 주의 : 단계 1, 단계 2, 단계 3, 단계 4는 서로 독립임을 확인하여야 한다. >

*. 근육부분폭의 비율을 기준으로 **일원배치분산분석**을 실시하면 다음과 같다.

1. S P S S에 자료를 입력한다.

	단계	등지느러	근육부분	배지느러
1	1	2.6	2.6	1.9
2	1	2.2	2.4	1.4
3	1	2.4	2.8	1.9
4	1	2.7	3.5	2.6
5	2	2.3	2.2	1.3
6	2	2.6	2.8	1.8

2. 분석 > 평균비교 > 일원배치 분산분석을 클릭한다.

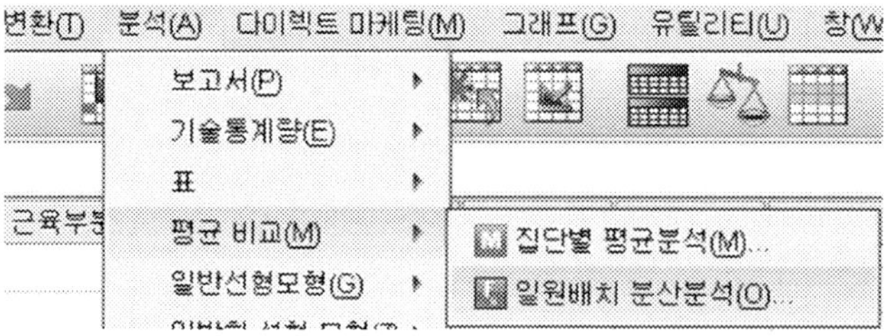

3. 대화상자에서 종속변수에는 근육부분 폭, 요인분석에는 단계를 입력한다.

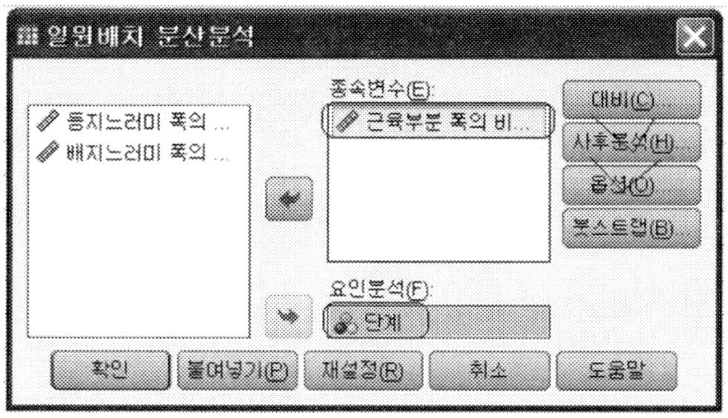

4. 사후분석에서 LSD와 duncan을 선택한다.
 근육부분의 어느 단계와 어느 단계 사이에 차이를 조사하기 위하여 **다중비교**를 한다.

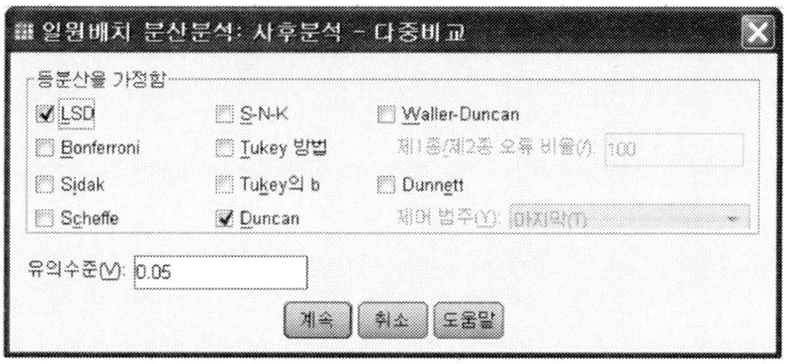

5. 옵션에서 분산 동질성 검정과 평균도표를 선택한다.

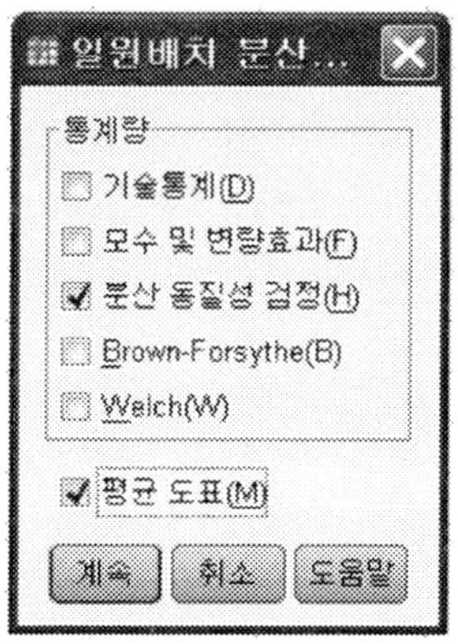

S P S S 결과

일원배치 분산분석

분산의 동질성 검정

근육부분 폭의 비율

Levene 통계량	df1	df2	유의확률
.209	3	12	.888

분산분석

근육부분 폭의 비율

	제곱합	df	평균 제곱	거짓	유의확률
집단-간	2.662	3	.887	5.810	.011
집단-내	1.833	12	.153		
합계	4.494	15			

(1) levene의 등분산성에 대한 검정

귀무가설 H_0 : 근육부분 폭의 비율 4단계의 분산은 서로 같다.

검정통계량 F = 0.209이고, 유의확률 P = 0.888은 유의수준 0.05보다 크므로 귀무가설은 기각되지 않는다.

따라서 근육부분 폭의 비율 4단계의 각 분산은 서로 동등하다고 판단할 수 있다. (정규성은 각자 확인바람)

(2) 분산분석은 다음을 검정한다.

귀무가설 H_0 : 근육부분 폭 4단계의 비율은 서로 같다.

일원배치법의 검정통계량 F = 5.810, 유의확률 P = 0.011은 유의수준 = 0.05 보다 적으므로 귀무가설은 기각된다.

따라서 근육부분 폭 4단계의 비율에는 차이가 있다는 것을 알 수 있다.

사후검정 동일 집단군

다중 비교

종속 변수:근육부분 폭의 비율

	(I) 단계	(J) 단계	평균차(I-J)	표준오차	유의확률	95% 신뢰구간 하한값	95% 신뢰구간 상한값
LSD	단계 1	단계 2	.2500	.2763	.383	-.352	.852
		단계 3	.6500*	.2763	.037	.048	1.252
		단계 4	1.0750*	.2763	.002	.473	1.677
	단계 2	단계 3	.4000	.2763	.173	-.202	1.002
		단계 4	.8250*	.2763	.011	.223	1.427
	단계 3	단계 4	.4250	.2763	.150	-.177	1.027

*. 평균차는 0.05 수준에서 유의합니다.

근육부분 폭의 비율

	단계	N	유의수준 = 0.05에 대한 부집단		
			1	2	3
Duncan[a]	단계 4	4	1.750		
	단계 3	4	2.175	2.175	
	단계 2	4		2.575	2.575
	단계 1	4			2.825
	유의확률		.150	.173	.383

동일 집단군에 있는 집단에 대한 평균이 표시됩니다.

a. 조화평균 표본 크기 4.000을(를) 사용합니다.

평균 도표

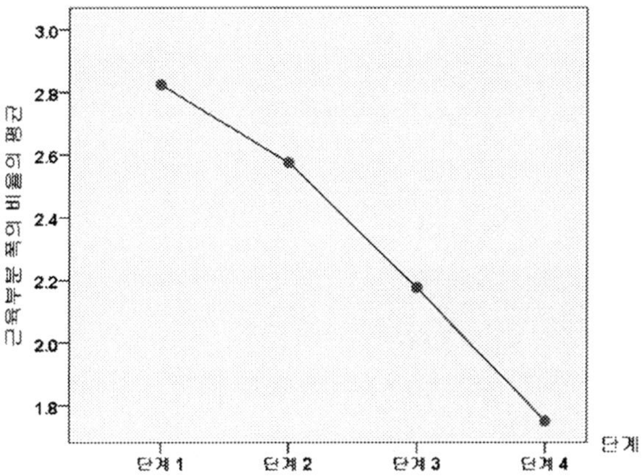

분석 :

단계 1과 단계 4의 유의확률이 0.002이므로 유의한 차이가 있음을 확인할 수 있다. 단계 2와 단계 4의 유의확률이 0.011이므로 유의한 차이가 있음을 확인할 수 있다. 이것은 다중비교와 도표에서 확인할 수 있다.

(풀이 2). **다변량 분산분석 풀이**

< 주의 : 단계 1, 단계 2, 단계 3, 단계 4는 서로 독립임을 확인하여야 한다. >

*. 등지느러미, 근육부분, 배지느러미 폭의 비율에 대하여 단계를 기준으로 **다변량 분산분석**을 실시하면 다음과 같다.

1. S P S S에 자료를 입력한다.

	단계	등지느러	근육부분	배지느러
1	1	2.6	2.6	1.9
2	1	2.2	2.4	1.4
3	1	2.4	2.8	1.9
4	1	2.7	3.5	2.6
5	2	2.3	2.2	1.3
6	2	2.6	2.8	1.8

2. 분석 > 일반선형모형 > 다변량을 클릭한다.

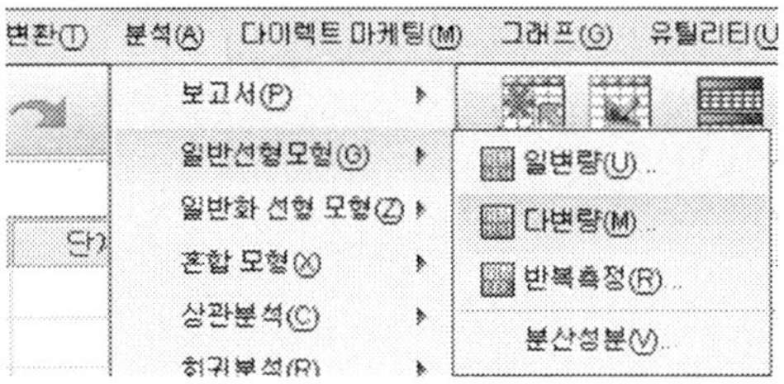

3. 대화상자에 종속변수에는 등지느러미 폭, 근육부분 폭, 배지느러미 폭을 모수요인에는 단계를 입력한다.

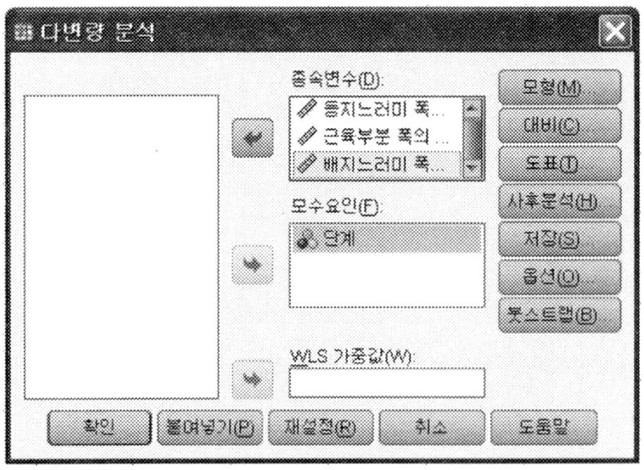

4. 도표, 사후분석, 옵션을 클릭하여 정리한다.

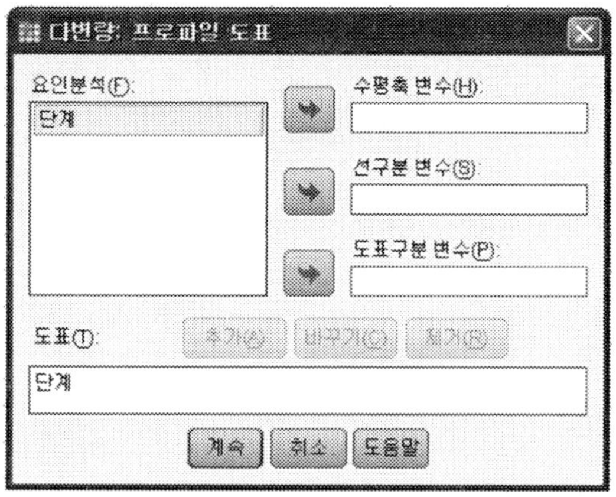

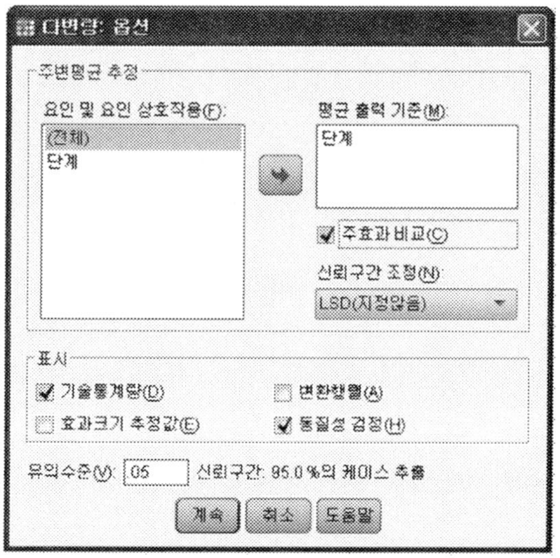

S P S S 결과

1. 다변량 분석 1

개체-간 요인

		변수값 설명	N
단계	1	단계 1	4
	2	단계 2	4
	3	단계 3	4
	4	단계 4	4

공분산행렬에 대한 Box의 동일성 검정[a]

Box의 M	54.113
F	1.543
df1	18
df2	508.859
유의확률	.071

여러 집단에서 종속변수의 관측 공분산행렬이 동일한 영가설을 검정합니다.

a. Design: 절편 + 단계

(1) "공분산 행렬에 대한 BOX의 동일성 검정"이란 분산공분산행렬의 검정이다.

즉, 귀무가설 H_0 : $\sum^{(1)} = \sum^{(2)} = \sum^{(3)} = \sum^{(4)}$ 을 검정한다.

여기서, $\sum^{(1)}$ 는 단계 1의 모분산 공분산행렬이다.

$\sum^{(4)}$ 는 단계 4의 모분산 공분산행렬이다.

유의확률 P = 0.071은 유의수준 0.05보다 크다.

그러므로 귀무가설 H_0는 기각 되지 않는다.

즉, 4개의 모분산 공분산행렬은 서로 같다고 가정하여도 좋다고 할 수 있다.

다변량 검정[c]

효과		값	F	가설 자유도	오차 자유도	유의확률
절편	Pillai의 트레이스	.983	194.628[a]	3.000	10.000	.000
	Wilks의 람다	.017	194.628[a]	3.000	10.000	.000
	Hotelling의 트레이스	58.389	194.628[a]	3.000	10.000	.000
	Roy의 최대근	58.389	194.628[a]	3.000	10.000	.000
단계	Pillai의 트레이스	1.198	2.660	9.000	36.000	.018
	Wilks의 람다	.158	3.083	9.000	24.488	.013
	Hotelling의 트레이스	3.123	3.007	9.000	26.000	.013
	Roy의 최대근	2.126	8.504[b]	3.000	12.000	.003

a. 정확한 통계량

b. 해당 유의수준에서 하한값을 발생하는 통계량은 F에서 상한값입니다.

c. Design: 절편 + 단계

(2) 평균벡터의 검정으로 **다변량 검정**의 가설은 다음과 같다.

귀무가설 H_0 : 각 단계의 평균벡터는 같다.

$$귀무가설\ H_0 : (\mu_1^{(1)}, \mu_2^{(1)}, \mu_3^{(1)}) = (\mu_1^{(2)}, \mu_2^{(2)}, \mu_3^{(2)})$$
$$= (\mu_1^{(3)}, \mu_2^{(3)}, \mu_3^{(3)}) = (\mu_1^{(4)}, \mu_2^{(4)}, \mu_3^{(4)})$$

여기서, $(\mu_1^{(1)}, \mu_2^{(1)}, \mu_3^{(1)})$는 단계1의 모평균 벡터이다.

$(\mu_1^{(2)}, \mu_2^{(2)}, \mu_3^{(2)})$는 단계2의 모평균 벡터이다.

$(\mu_1^{(3)}, \mu_2^{(3)}, \mu_3^{(3)})$는 단계3의 모평균 벡터이다.

$(\mu_1^{(4)}, \mu_2^{(4)}, \mu_3^{(4)})$는 단계4의 모평균 벡터이다.

단, $(\mu_1^{(i)}, \mu_2^{(i)}, \mu_3^{(i)})$

= (등지느러미의 모평균, 근육부분의 모평균, 배지느러미의 모평균)

단계에서 Wilks 람다의 유의확률 0.013은 유의수준 0.05보다 작으므로 각 단계의 평균 벡터가 같다는 귀무가설 H_0는 기각된다. 그러므로 단계에 따라 올챙이 폭의 비율은 차이가 있다.

즉, 단계 1, 단계 2, 단계 3, 단계 4의 사이에 차이가 있다는 것을 알았다.

2. 다변량 분석 2

오차 분산의 동일성에 대한 Levene의 검정[a]

	F	df1	df2	유의확률
등지느러미 폭의 비율	2.875	3	12	.080
근육부분 폭의 비율	.209	3	12	.888
배지느러미 폭의 비율	.251	3	12	.859

여러 집단에서 종속변수의 오차 분산이 동일한 영가설을 검정합니다.

a. Design: 절편 + 단계

(3) "오차분산의 동일성에 대한 Levene의 검정"은 각 변수마다의 Levene의 등분산성에 대한 검정을 말한다.

귀무가설 H_0 : 4단계의 분산은 서로 같다.

등지느러미 폭의 유의확률 P = 0.080은 유의수준 0.05보다 크다.

근육부분 폭의 유의확률 P = 0.888은 유의수준 0.05보다 크다.

배지느러미 폭의 유의확률 P = 0.859는 유의수준 0.05보다 크다.

그러므로 귀무가설은 채택된다.
따라서 각 단계의 비율에는 차이가 없다고 할 수 있다.
즉, 등분산성이 성립된다.

개체-간 효과 검정

소스	종속 변수	제 III 유형 제곱합	자유도	평균 제곱	F	유의확률
단계	등지느러미 폭의 비율	3.003	3	1.001	7.927	.004
	근육부분 폭의 비율	2.662	3	.887	5.810	.011
	배지느러미 폭의 비율	2.135	3	.712	5.099	.017
오차	등지느러미 폭의 비율	1.515	12	.126		
	근육부분 폭의 비율	1.832	12	.153		
	배지느러미 폭의 비율	1.675	12	.140		
수정 합계	등지느러미 폭의 비율	4.517	15			
	근육부분 폭의 비율	4.494	15			
	배지느러미 폭의 비율	3.810	15			

(4) "개체-간 효과 검정"은 각 변수마다 일원배치 분산분석을 실시하고 있다.
등지느러미 폭의 유의확률 P = 0.004은 유의수준 0.05보다 작다.
근육부분 폭의 유의확률 P = 0.011은 유의수준 0.05보다 작다.
배지느러미 폭의 유의확률 P = 0.017는 유의수준 0.05보다 작다.
그러므로 귀무가설은 기각된다.
따라서 등지느러미 폭, 근육부분 폭, 배지느러미 폭의 비율은 유의수준 0.05에서 각각 유의하다고 할 수 있다.
즉, 차이가 있다고 할 수 있다.

추정된 주변평균

추정값

종속 변수	단계	평균	표준오차	95% 신뢰구간 하한값	95% 신뢰구간 상한값
등지느러미 폭의 비율	단계 1	2.475	.178	2.088	2.862
	단계 2	2.400	.178	2.013	2.787
	단계 3	1.700	.178	1.313	2.087
	단계 4	1.475	.178	1.088	1.862

근육부분 폭의 비율	단계 1	2.825	.195	2.399	3.251
	단계 2	2.575	.195	2.149	3.001
	단계 3	2.175	.195	1.749	2.601
	단계 4	1.750	.195	1.324	2.176
배지느러미 폭의 비율	단계 1	1.950	.187	1.543	2.357
	단계 2	1.825	.187	1.418	2.232
	단계 3	1.175	.187	.768	1.582
	단계 4	1.150	.187	.743	1.557

(5) 각 단계별로 평균을 추정하였다. 일반적으로 단계 1에서 평균값이 가장 크고 점점 단계가 증가할수록 평균값은 작아져서 단계 4에서 가장 작은 평균값이 나타났다.

사후검정 단계

다중 비교

Tukey HSD

종속 변수	(I) 단계	(J) 단계	평균차(I-J)	표준오차	유의확률	95% 신뢰구간 하한값	95% 신뢰구간 상한값
등지느러미 폭의 비율	단계 1	단계 2	.075	.2512	.990	-.671	.821
		단계 3	.775*	.2512	.041	.029	1.521
		단계 4	1.000*	.2512	.009	.254	1.746
	단계 2	단계 3	.700	.2512	.068	-.046	1.446
		단계 4	.925*	.2512	.014	.179	1.671
	단계 3	단계 4	.225	.2512	.807	-.521	.971
근육부분 폭의 비율	단계 1	단계 2	.250	.2763	.803	-.570	1.070
		단계 3	.650	.2763	.140	-.170	1.470
		단계 4	1.075*	.2763	.010	.255	1.895
	단계 2	단계 3	.400	.2763	.496	-.420	1.220
		단계 4	.825*	.2763	.049	.005	1.645
	단계 3	단계 4	.425	.2763	.447	-.395	1.245
배지느러미 폭의 비율	단계 1	단계 2	.125	.2642	.964	-.659	.909
		단계 3	.775	.2642	.053	-.009	1.559
		단계 4	.800*	.2642	.045	.016	1.584
	단계 2	단계 3	.650	.2642	.118	-.134	1.434
		단계 4	.675	.2642	.101	-.109	1.459
	단계 3	단계 4	.025	.2642	1.000	-.759	.809

관측평균을 기준으로 합니다.
오류 조건은 평균 제곱(오류) = .140입니다.
*. 평균차는 .05 수준에서 유의합니다.

(6) ① 등지느러미 폭에서 유의한 단계는 [(1 , 3) (1 , 4) (2 , 4)]이다.

즉, 유의하지 않는 단계는 [(1 , 2) (2 , 3) (3 , 4)]이다.

② 근육부분 폭에서 유의한 단계는 [(1 , 4) (2 , 4)]이다.

즉, 유의하지 않는 단계는 [(1 , 2) (1 , 3) (2 , 3) (3 , 4)]이다.

③ 배지느러미 폭에서 유의한 단계는 [(1 , 4)]이다.

즉, 유의하지 않는 단계는 [(1 , 2) (1 , 3) (2 , 3) (2 , 4) (3 , 4)]이다.

동일집단군

등지느러미 폭의 비율

Tukey HSD[a,b,c]

단계	N	집단군 1	집단군 2	집단군 3
단계 4	4	1.475		
단계 3	4	1.700	1.700	
단계 2	4		2.400	2.400
단계 1	4			2.475
유의확률		.807	.068	.990

동일 집단군에 있는 집단에 대한 평균이 표시됩니다.
관측평균을 기준으로 합니다.
오류 조건은 평균 제곱(오류) = .126입니다.

a. 조화평균 표본 크기 4.000을(를) 사용합니다.

b. 집단 크기가 동일하지 않습니다. 집단 크기의 조화평균이 사용됩니다. I 유형 오차 수준은 보장되지 않습니다.

c. 유의수준 = .05.

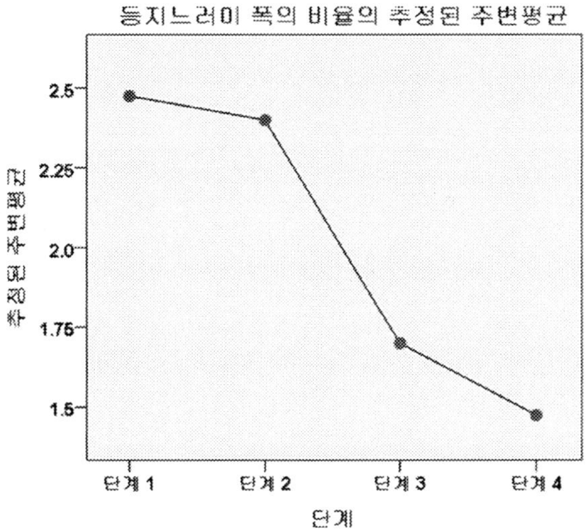

(7) 단계 (4 , 3)와 (3 , 2)와 (2 , 1)는 서로 다른 집단군에 있으므로 서로 차이가 있다고 할 수 있다.

여기서 단계 (a , b)의 a 와 b는 차이가 없다고 할 수 있다.

유의성 검정에서 유의하지 않는 것은 집단군에서 나타나는 결과와 동일함을 알 수 있다.

근육부분 폭의 비율

Tukey HSD[a,b,c]

단계	N	집단군 1	집단군 2
단계 4	4	1.750	
단계 3	4	2.175	2.175
단계 2	4		2.575
단계 1	4		2.825
유의확률		.447	.140

동일 집단군에 있는 집단에 대한 평균이 표시됩니다.
관측평균을 기준으로 합니다.
오류 조건은 평균 제곱(오류) = .153입니다.

a. 조화평균 표본 크기 4.000을(를) 사용합니다.

b. 집단 크기가 동일하지 않습니다. 집단 크기의 조화평균이 사용됩니다. I 유형 오차 수준은 보장되지 않습니다.

c. 유의수준 = .05.

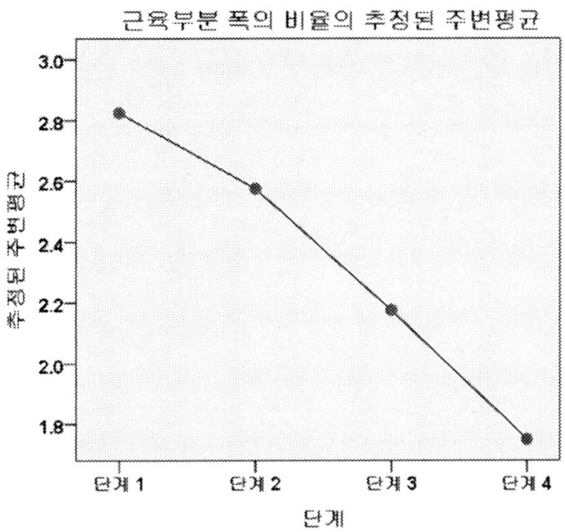

(8) 단계(4 , 3)와 (3 , 2 , 1)는 서로 다른 집다눈에 있으므로 서로 차이가 있다고 할 수 있다.

단계 4와 3은 차이가 없고, 단계 3과 2와 1은 차이가 없다고 할 수 있다.

배지느러미 폭의 비율

Tukey HSD[a,b,c]

단계	N	집단군 1	집단군 2
단계 4	4	1.150	
단계 3	4	1.175	1.175
단계 2	4	1.825	1.825
단계 1	4		1.950
유의확률		.101	.053

동일 집단군에 있는 집단에 대한 평균이 표시됩니다.
관측평균을 기준으로 합니다.
오류 조건은 평균 제곱(오류) = .140입니다.

a. 조화평균 표본 크기 4.000을(를) 사용합니다.

b. 집단 크기가 동일하지 않습니다. 집단 크기의 조화평균이 사용됩니다. I 유형 오차 수준은 보장되지 않습니다.

c. 유의수준 = .05.

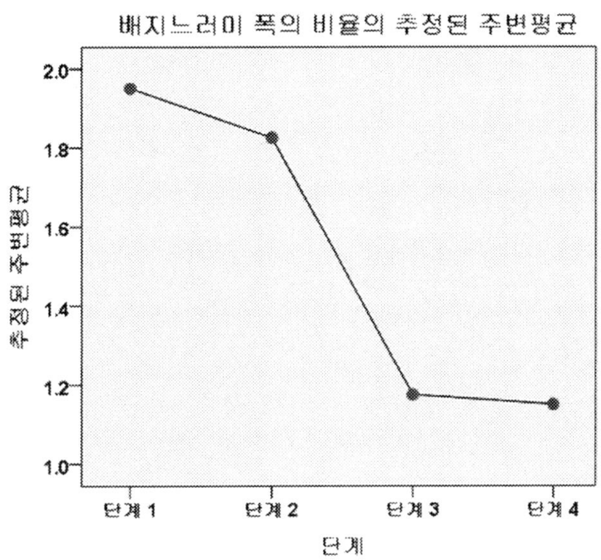

(9) 단계 (4 , 3 , 2)와 (3 , 2 , 1)는 서로 다른 집단군에 있으므로 서로 차이가 있다고 할 수 있다.

단계 (a, b, c)의 a와 b와 c는 차이가 없다고 할 수 있다.

기술통계량

	단계	평균	표준편차	N
등지느러미 폭의 비율	단계 1	2.475	.2217	4
	단계 2	2.400	.1826	4
	단계 3	1.700	.5292	4
	단계 4	1.475	.3775	4
	합계	2.012	.5488	16
근육부분 폭의 비율	단계 1	2.825	.4787	4
	단계 2	2.575	.3304	4
	단계 3	2.175	.3304	4
	단계 4	1.750	.4041	4
	합계	2.331	.5474	16
배지느러미 폭의 비율	단계 1	1.950	.4933	4
	단계 2	1.825	.4113	4
	단계 3	1.175	.2986	4
	단계 4	1.150	.2380	4
	합계	1.525	.5040	16

(10) 단계가 증가할수록 등지느러미 폭의 비율, 근육부분 폭의 비율, 배지느러미 폭의 비율 평균값은 점점 작아지는 경향이 나타난다.

대응별 비교

종속 변수	(I) 단계	(J) 단계	평균차(I-J)	표준오차	유의확률[a]	차이에 대한 95% 신뢰구간[a] 하한값	상한값
등지느러미 폭의 비율	단계 1	단계 2	.075	.251	.770	-.472	.622
		단계 3	.775*	.251	.009	.228	1.322
		단계 4	1.000*	.251	.002	.453	1.547
	단계 2	단계 3	.700*	.251	.016	.153	1.247
		단계 4	.925*	.251	.003	.378	1.472
	단계 3	단계 4	.225	.251	.388	-.322	.772
근육부분 폭의 비율	단계 1	단계 2	.250	.276	.383	-.352	.852
		단계 3	.650*	.276	.037	.048	1.252
		단계 4	1.075*	.276	.002	.473	1.677
	단계 2	단계 3	.400	.276	.173	-.202	1.002
		단계 4	.825*	.276	.011	.223	1.427
	단계 3	단계 4	.425	.276	.150	-.177	1.027
배지느러미 폭의 비율	단계 1	단계 2	.125	.264	.645	-.451	.701
		단계 3	.775*	.264	.013	.199	1.351
		단계 4	.800*	.264	.011	.224	1.376
	단계 2	단계 3	.650*	.264	.030	.074	1.226
		단계 4	.675*	.264	.025	.099	1.251
	단계 3	단계 4	.025	.264	.926	-.551	.601

추정된 주변평균을 기준으로

a. 다중비교에 대한 조정: 최소유의차 (조정하지 않은 상태와 동일합니다.)

*. 평균차는 .05 수준에서 유의합니다.

(11) 다중비교 도표와 비교하기바람

다변량 검정

	값	F	가설 자유도	오차 자유도	유의확률
Pillai의 트레이스	1.198	2.660	9.000	36.000	.018
Wilks의 람다	.158	3.083	9.000	24.488	.013
Hotelling의 트레이스	3.123	3.007	9.000	26.000	.013
Roy의 최대근	2.126	8.504[a]	3.000	12.000	.003

각 F는 다변량 효과 단계을(를) 검정합니다. 이러한 검정은 추정된 주변평균 간의 선형 독립 대응별 비교를 기준으로 수행됩니다.

a. 해당 유의수준에서 하한값을 발생하는 통계량은 F에서 상한값입니다.

(12) 다변량 검정c에서 단계와 일치함을 알 수 있다.

일변량 검정

종속 변수		제곱합	자유도	평균 제곱	F	유의확률
등지느러미 폭의 비율	대비	3.003	3	1.001	7.927	.004
	오차	1.515	12	.126		
근육부분 폭의 비율	대비	2.662	3	.887	5.810	.011
	오차	1.832	12	.153		
배지느러미 폭의 비율	대비	2.135	3	.712	5.099	.017
	오차	1.675	12	.140		

F-검정으로 효과 단계을(를) 검정합니다. 이 검정은 추정되는 주변 평균 사이의 일차독립 대응별 비교에 기초합니다.

(13) 개체간 효과 검정의 단계부분의 검정을 일변량으로 분리하여 정리하였다.

*. 평균차이와 유의확률의 값은 일변량의 근육부분과 결과와 일치한다.

(풀이 3). 반복측정1 분산분석 풀이

<주의 : **(1). 단계 1, 단계 2, 단계 3, 단계 4는 서로 종속임을 확인하여야 한다.**>

(2). **단계 1, 단계 2, 단계 3, 단계 4의 주기적인 간격이 필요하다.** >

1. S P S S에 자료를 입력한다.

	비율	단계1	단계2	단계3	단계4
1	1	2.6	2.3	2.4	1.2
2	1	2.2	2.6	1.8	1.8
3	1	2.4	2.5	1.4	1.1
4	1	2.7	2.2	1.2	1.8
5	2	2.6	2.2	2.6	1.2
8	2	3.5	2.4	1.8	2.1
9	3	1.9	1.3	1.5	.9
12	3	2.6	1.9	.8	1.3

2. 분석 > 일반선형모형 > 반복측정을 클릭한다.

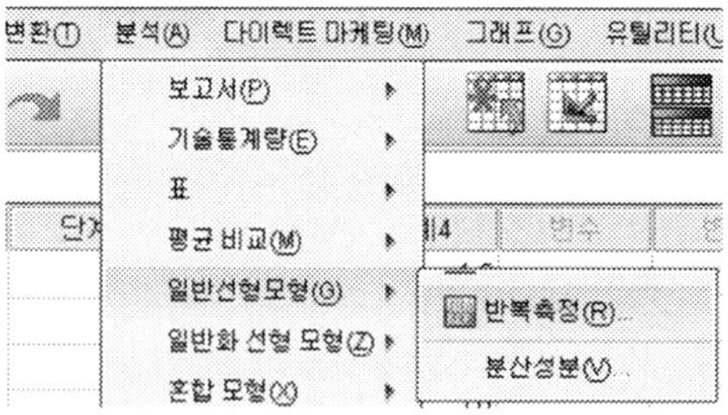

3. 대화상자에 요인이름에는 단계, 수준의 수에는 4

측정이름에는 율을 입력한다.

4. 정의를 클릭하여 대화상자를 정리한다.

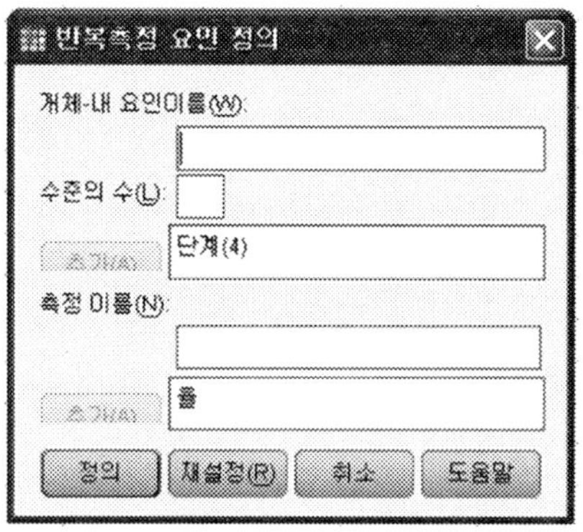

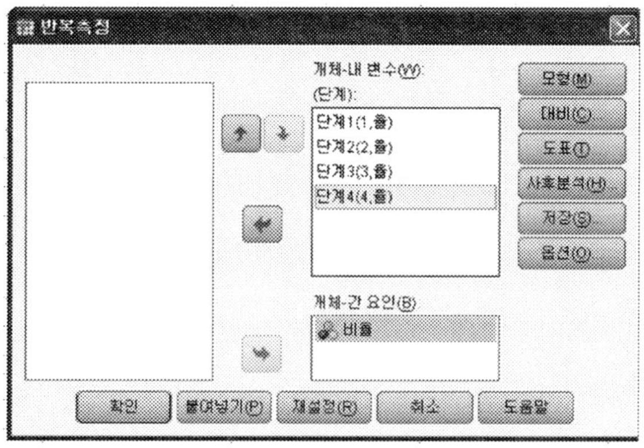

5. 대비, 도표, 옵션을 클릭하여 대화상자를 정리한다.

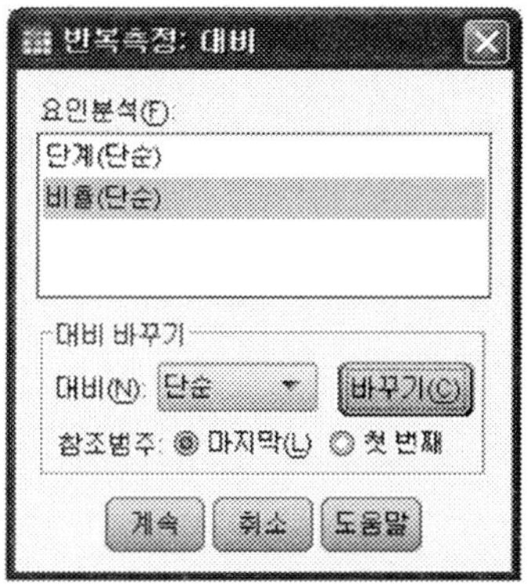

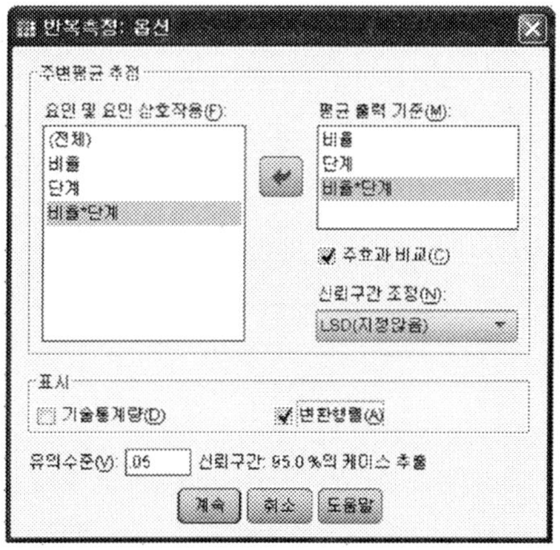

S P S S 결과

일반 선형 모델

개체-내 요인

측도: 율

단계	종속 변수
1	단계1
2	단계2
3	단계3
4	단계4

개체-간 요인

		변수값 설명	N
비율	1	등폭 비율	4
	2	근육폭 비율	4
	3	배폭 비율	4

Mauchly의 구형성 검정[b]

측도: 율

개체-내 효과	Mauchly의 W	근사 카이제곱	자유도	유의확률	엡실런[a] Greenhouse-Geisser	Huynh-Feldt	하한값
단계	.662	3.183	5	.674	.811	1.000	.333

정규화된 변형 종속변수의 오차 공분산행렬이 단위행렬에 비례하는 영가설을 검정합니다.

a. 유의성 평균검정의 자유도를 조절할 때 사용할 수 있습니다. 수정된 검정은 개체내 효과검정 표에 나타납니다.

b. Design: 절편 + 비율
개체-내 계획: 단계

(1) 유의확률 P = 0.674은 유의수준 0.05보다 크므로 일변량 분석방법을 택한다.

개체-내 효과 검정

측도: 율

소스		제 III 유형 제곱합	자유도	평균 제곱	F	유의확률
단계	구형성 가정	7.569	3	2.523	15.384	.000
	Greenhouse-Geisser	7.569	2.432	3.112	15.384	.000
	Huynh-Feldt	7.569	3.000	2.523	15.384	.000
	하한값	7.569	1.000	7.569	15.384	.003
단계 * 비율	구형성 가정	.230	6	.038	.234	.962
	Greenhouse-Geisser	.230	4.864	.047	.234	.940
	Huynh-Feldt	.230	6.000	.038	.234	.962
	하한값	.230	2.000	.115	.234	.796
오차(단계)	구형성 가정	4.428	27	.164		
	Greenhouse-Geisser	4.428	21.888	.202		
	Huynh-Feldt	4.428	27.000	.164		
	하한값	4.428	9.000	.492		

개체내 반복요인(단계)과 개체간요인(비율)간의 상호작용효과에 대한 유의성검정 :

(2) 구형성 가정에서 단계의 유의확률이 p=0.000이므로 매우 유의하다.
즉 단계별로 차이가 있음을 알 수 있다.

(3) 일변량 분석결과 표에서 개체내 반복요인(단계)은 종속변수이고 개체간요인(비율)은 독립변수이므로 상호작용의 효과는 의미가 없다.

<참고>

다변량 검정[c]

효과		값	F	가설 자유도	오차 자유도	유의확률
단계	Wilks의 람다	.088	24.090[a]	3.000	7.000	.000
단계 * 비율	Wilks의 람다	.835	.220[a]	6.000	14.000	.964

a. 정확한 통계량

① 단계에서 wilks의 람다의 유의확률은 P = 0.000으로 나타나므로 일변량 유의확률 P = 0.000과 동일함을 알 수 있다.

② 상호작용 단계*비율에서 wilks의 람다의 유의확률은 P = 0.964로 나타나므로 일변량 유의확률 P = 0.962와 매우 유사하게 나타남을 알 수 있다.

개체-내 대비 검정

측도: 율

소스	단계	제 III 유형 제곱합	자유도	평균 제곱	F	유의확률
단계	수준 1 및 수준 4	11.021	1	11.021	44.529	.000
	수준 2 및 수준 4	7.841	1	7.841	45.749	.000
	수준 3 및 수준 4	.607	1	.607	1.366	.273
단계 * 비율	수준 1 및 수준 4	.162	2	.081	.327	.730
	수준 2 및 수준 4	.127	2	.063	.370	.701
	수준 3 및 수준 4	.320	2	.160	.360	.707
오차(단계)	수준 1 및 수준 4	2.228	9	.248		
	수준 2 및 수준 4	1.542	9	.171		
	수준 3 및 수준 4	4.003	9	.445		

(4) 단계 1 과 4, 단계 2 와 4는 유의함을 알 수 있고, 단계 3 과 4는 유의하지 않다.

개체-내 대비 검정

측도: 율

소스	단계	제 III 유형 제곱합	자유도	평균 제곱	F	유의확률
단계	선형모형	7.176	1	7.176	66.181	.000
	2차모형	.017	1	.017	.080	.784
	3차모형	.376	1	.376	2.179	.174
단계 * 비율	선형모형	.051	2	.025	.233	.797
	2차모형	.046	2	.023	.110	.897
	3차모형	.134	2	.067	.387	.690
오차(단계)	선형모형	.976	9	.108		
	2차모형	1.899	9	.211		
	3차모형	1.553	9	.173		

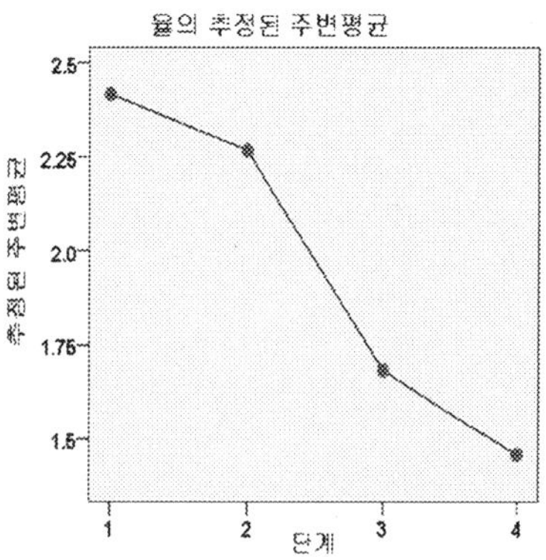

(6) 단계(반복처리)효과가 유의적인 결과를 보이고 있다.

관심은 단계가 변함에 따라 비율의 정도가 직선 또는 그이상의 추세를 보이느냐 하는 점이다. 그림으로 보면 선형적인 하강이 있어 보인다. 보다 정확한 추세를 알기 위해 "개체 내 대비 검정"을 보면 예상대로 선형추세(p-값 = 0.000)만이 있음을 알 수 있다.

대비결과(K 행렬)

비율 단순 대비[a]		평균변수
		율
수준 1 및 수준 3	대비 추정값	.488
	가설값	0
	차분(추정값 - 가설값)	.488
	표준오차	.091
	유의확률	.000
수준 2 및 수준 3	대비 추정값	.806
	가설값	0
	차분(추정값 - 가설값)	.806
	표준오차	.091
	유의확률	.000

a. 참조범주 = 3

(7) 단계 1과 3, 단계 2와 3은 매우 유의하다. (p=0.000)

대응별 비교

측도: 율

(I) 비율	(J) 비율				차이에 대한 95% 신뢰구간[a]	
		평균차(I-J)	표준오차	유의확률[a]	하한값	상한값
등폭 비율	근육폭 비율	-.319*	.091	.007	-.524	-.113
	배폭 비율	.488*	.091	.000	.282	.693
근육폭 비율	배폭 비율	.806*	.091	.000	.601	1.012

추정된 주변평균을 기준으로

*. 평균차는 .05 수준에서 유의합니다.

추정값

측도: 율

비율			95% 신뢰구간	
	평균	표준오차	하한값	상한값
등폭 비율	2.013	.064	1.867	2.158
근육폭 비율	2.331	.064	2.186	2.477
배폭 비율	1.525	.064	1.380	1.670

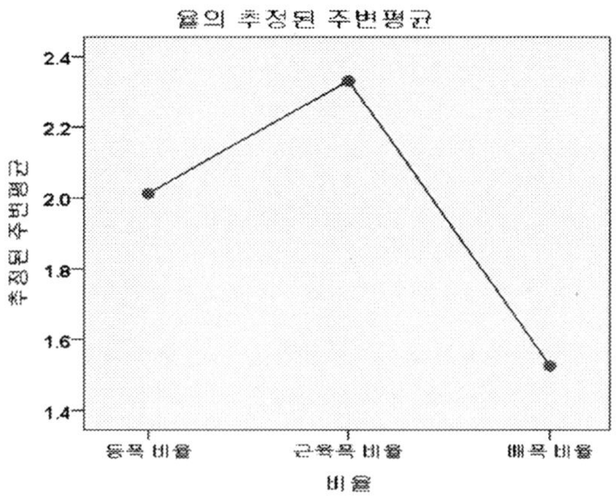

(8) 등폭, 근육폭, 배폭 비율 간에는 서로 모두 유의함을 알 수 있다.

대응별 비교

측도:율

(I) 단계	(J) 단계	평균차(I-J)	표준오차	유의확률[a]	차이에 대한 95% 신뢰구간[a]	
					하한값	상한값
1	2	.150	.163	.383	-.220	.520
	3	.733*	.198	.005	.286	1.181
	4	.958*	.144	.000	.633	1.283
2	3	.583*	.162	.006	.217	.950
	4	.808*	.120	.000	.538	1.079
3	4	.225	.193	.273	-.210	.660

추정된 주변평균을 기준으로

a. 다중비교에 대한 조정: 최소유의차 (조정하지 않은 상태와 동일합니다.)

*. 평균차는 .05 수준에서 유의합니다.

추정값

측도:율

단계	평균	표준오차	95% 신뢰구간	
			하한값	상한값
1	2.417	.120	2.144	2.689
2	2.267	.093	2.056	2.477
3	1.683	.115	1.423	1.944
4	1.458	.100	1.231	1.685

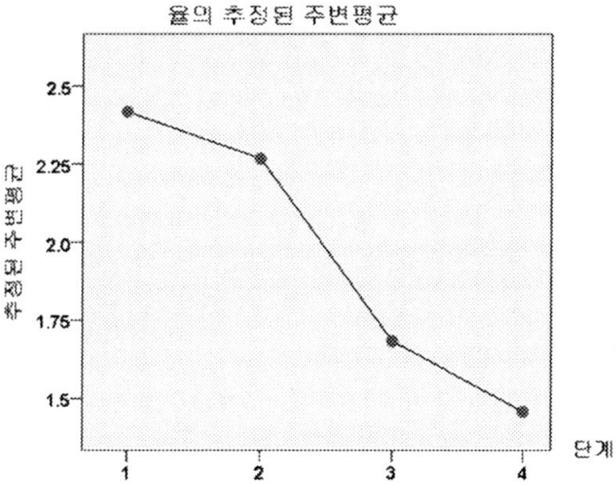

(9) 단계 1 과 2, 단계 3 과 4는 유의하지 않음을 알 수 있다.

(10) 단계 1 과 3, 단계 1 과 4, 단계 2 와 3, 단계 2 와 4는 매우 유의하다.

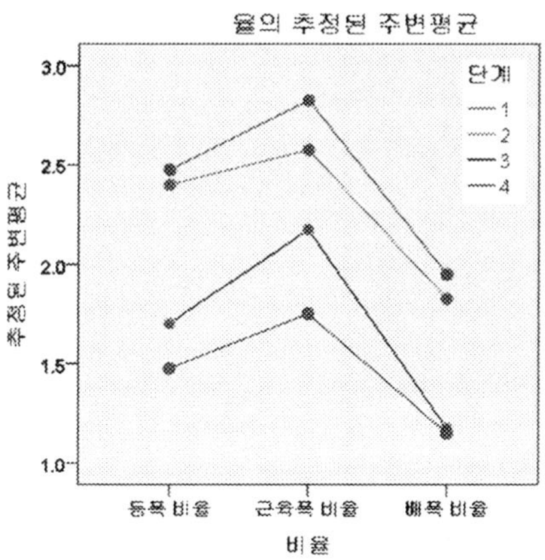

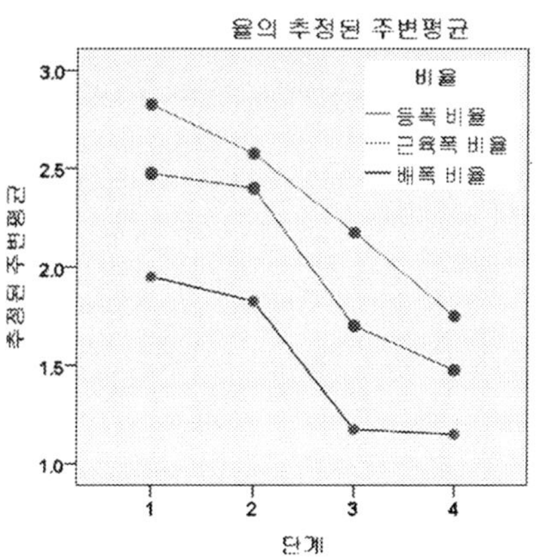

(11) 상호작용이 존재하지 않음을 확인 할 수 있다.

(풀이 4). 반복측정2 분산분석 풀이

< 주의 : (1) 등 1, 등 2, 등 3, 등 4는 서로 종속임을 확인하여야 한다. >

(2) **등 1, 등 2, 등 3, 등 4는 일정한 주기적인 간격이 필요하다. >**

(3) 등 1, 근 1, 배 1은 동시에 측정하여야한다. >

1. S P S S에 자료를 입력한다.

	등1	등2	등3	등4	근1	근2	근4	배1	배4
1	2.6	2.3	2.4	1.2	2.6	2.2	1.2	1.9	.9
2	2.2	2.6	1.8	1.8	2.4	2.8	2.0	1.4	1.4
3	2.4	2.5	1.4	1.1	2.8	2.9	1.7	1.9	1.0
4	2.7	2.2	1.2	1.8	3.5	2.4	2.1	2.6	1.3

2. 분석 > 일반선형모형 > 반복측정을 클릭한다.
3. 반복측정요인 정의 대화상자에 다음과 같이 입력하여 정의를 클릭한다.

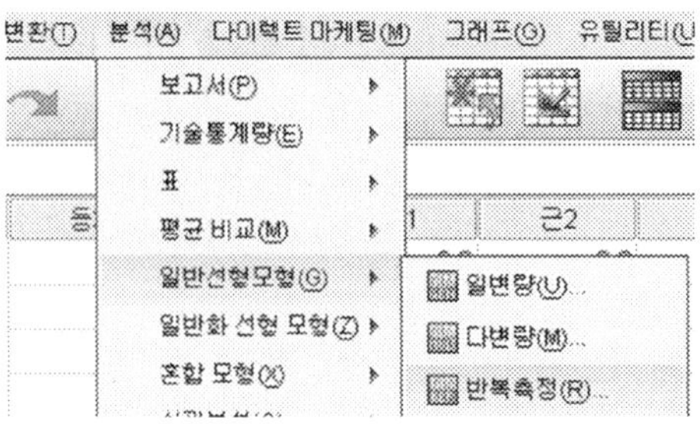

4. 반복측정 대화상자에서 개체내 변수를 정리한다.

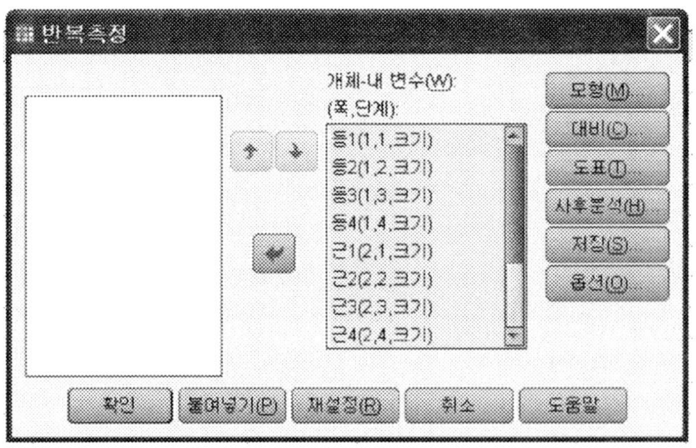

S P S S 결과

Mauchly의 구형성 검정[b]

측도:크기

개체-내 효과	Mauchly의 W	근사 카이제곱	자유도	유의확률	엡실런[a] Greenhouse-Geisser	Huynh-Feldt	하한값
폭	.289	2.482	2	.289	.585	.731	.500
단계	.575	.952	5	.971	.775	1.000	.333
폭 * 단계	.000		20	.	.307	.775	.167

정규화된 변형 종속변수의 오차 공분산행렬이 단위행렬에 비례하는 영가설을 검정합니다.

a. 유의성 평균검정의 자유도를 조절할 때 사용할 수 있습니다. 수정된 검정은 개체내 효과검정 표에 나타납니다.

b. Design: 절편
개체-내 계획: 폭 + 단계 + 폭 * 단계

(1) 구형성 검정에서 상호작용(폭*단계)의 유의확률이 존재하지 않는다. 그러므로 상호작용을 제외한 모형으로 설정하여 분석한다.

5. 반복측정 대화상자에서 개체내 변수를 정리하여 모형을 선택하고 모형의 대화상자에서 사용자정의를 선택하여 폭과 단계의 주효과만 설정한다.

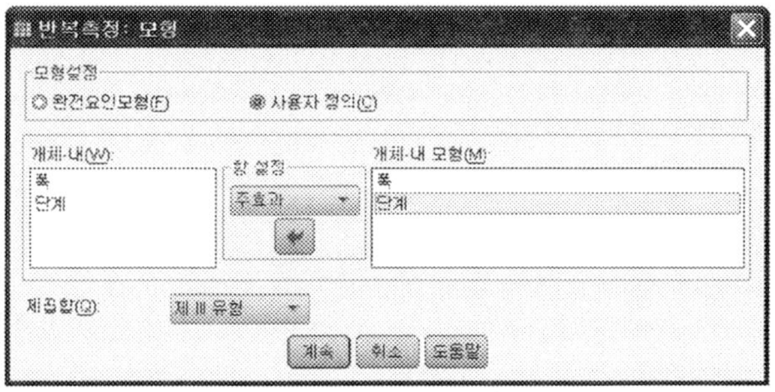

S P S S 결과

Mauchly의 구형성 검정[b]

측도:크기

개체-내 효과	Mauchly의 W	근사 카이제곱	자유도	유의확률	엡실런[a] Greenhouse-Geisser	Huynh-Feldt	하한값
폭	.289	2.482	2	.289	.585	.731	.500
단계	.575	.952	5	.971	.775	1.000	.333

정규화된 변형 종속변수의 오차 공분산행렬이 단위행렬에 비례하는 영가설을 검정합니다.

a. 유의성 평균검정의 자유도를 조절할 때 사용할 수 있습니다. 수정된 검정은 개체내 효과검정 표에 나타납니다.

b. Design: 절편
개체-내 계획: 폭 + 단계

(1) 구형성 검정에서 상호작용(폭*단계)은 존재하지 않는다.

(2) 구형성 검정에서 폭의 유의확률 0.289와 단계의 유의확률 0.971은 모두 유의수준 0.05보다 크므로 일변량 분석이 적합하다.

* (풀이 3)의 반복측정 분석과 동일하게 자료를 정리한다.

개체-내 효과 검정

측도:크기

소스		제 III 유형 제곱합	자유도	평균 제곱	F	유의확률
폭	구형성 가정	5.276	2	2.638	32.497	.001
오차(폭)	구형성 가정	.487	6	.081		
단계	구형성 가정	7.569	3	2.523	5.527	.020
오차(단계)	구형성 가정	4.109	9	.457		

(3) 폭의 유의확률 0.001과 단계의 유의확률 0.020은 유의수준 5%보다 작으므로 유의하다고 할 수 있다. 즉, 폭과 단계에서 각각 차이가 있음을 확인 할 수 있다.

개체-내 대비 검정

측도:크기

소스	폭	단계	제 III 유형 제곱합	자유도	평균 제곱	F	유의확률
폭	수준 1 및 수준 3		.951	1	.951	15.261	.030
	수준 2 및 수준 3		2.600	1	2.600	381.092	.000
오차(폭)	수준 1 및 수준 3		.187	3	.062		
	수준 2 및 수준 3		.020	3	.007		
단계		수준 1 및 수준 4	3.674	1	3.674	16.905	.026
		수준 2 및 수준 4	2.614	1	2.614	19.453	.022
		수준 3 및 수준 4	.203	1	.203	.480	.538
오차(단계)		수준 1 및 수준 4	.652	3	.217		
		수준 2 및 수준 4	.403	3	.134		
		수준 3 및 수준 4	1.265	3	.422		

(4) 각각의 폭과 단계에서 수준비교이다.

① 폭에서 수준1과 3, 수준2와 3의 유의확률은 모두 유의수준 5%보다 작으므로 유의함을 알 수 있다.

② 단계에서 수준1과 4, 수준2와 4의 유의확률은 모두 유의수준 5%보다 작으므로 유의하고, 수준3과 4는 유의하지 않음을 알 수 있다.

개체-내 대비 검정

측도: 크기

소스	폭	단계	제 III 유형 제곱합	자유도	평균 제곱	F	유의확률
폭	선형모형		1.901	1	1.901	15.261	.030
	2차모형		3.375	1	3.375	89.338	.003
오차(폭)	선형모형		.374	3	.125		
	2차모형		.113	3	.038		
단계		선형모형	7.176	1	7.176	25.696	.015
		2차모형	.017	1	.017	.029	.875
		3차모형	.376	1	.376	.736	.454
오차(단계)		선형모형	.838	3	.279		
		2차모형	1.739	3	.580		
		3차모형	1.532	3	.511		

(5) 폭의 도형은 2차모형의 유의확률이 0.003이므로 매우 유의하다. 그러므로 2차형의 그래프가 된다.

(6) 폭은 위로 볼록한 2차형의 곡선임을 알 수 있다.

(7) 단계의 도형은 유의확률이 0.015에서 유의하므로 1차형의 그래프 선형이 된다.

(8) 단계는 선형적으로 하강한다고 할 수 있다.

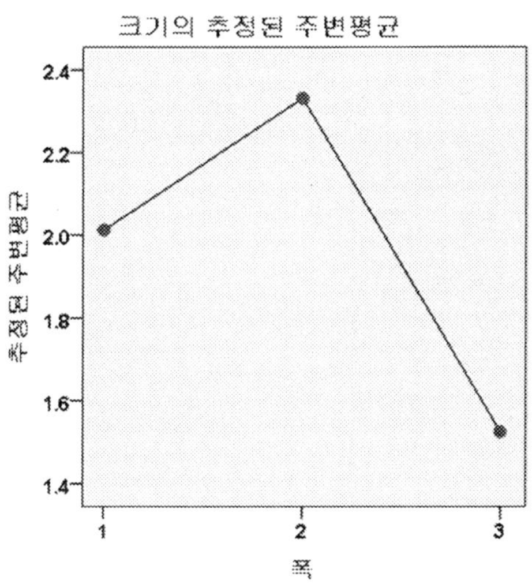

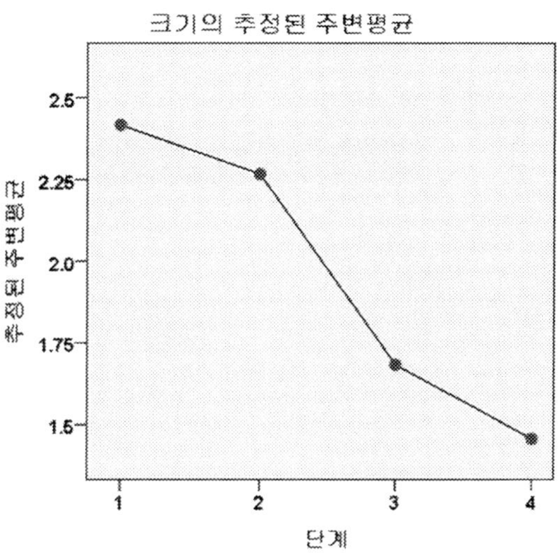

(9) SPSS에서 나타난 결과들을 본인이 직접 분석하기 바람.

< (풀이 1), (풀이 2), (풀이 3), (풀이 4)의 결과를 서로 비교하여 분석하기 바람. >

(풀이 5). 공분산분석 풀이

< 단계는 독립, 비율은 종속임이 필요하다.>

< 주의 : 단계 1, 단계 2, 단계 3, 단계 4는 서로 독립임을 확인한다. >

	단계	등지느러	근육부분	배지느러
1	1	2.6	2.6	1.9
2	1	2.2	2.4	1.4
3	1	2.4	2.8	1.9
4	1	2.7	3.5	2.6
5	2	2.3	2.2	1.3
8	2	2.2	2.4	1.9
9	3	2.4	2.6	1.5
12	3	1.2	1.8	.8
13	4	1.2	1.2	.9
16	4	1.8	2.1	1.3

[I]. 등지너러미, 근육부분, 배지너러미 폭의 비율을 상관분석한다.

1. 분석 > 상관분석 > 이변량 상관계수를 선택한다.

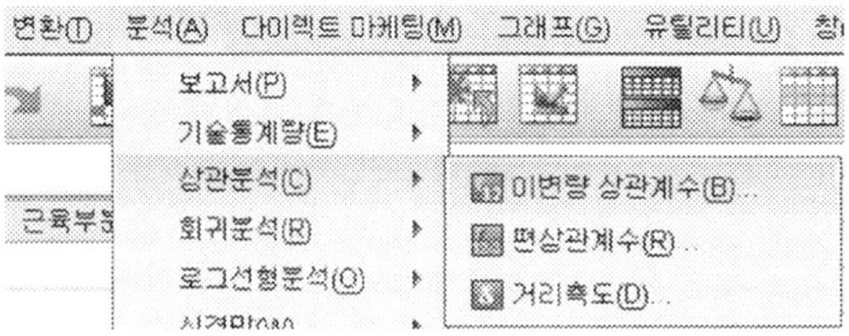

2. 이변량 상관계수상자에서 변수에는 등지너러미, 근육부분, 배지너러미를 입력한다.

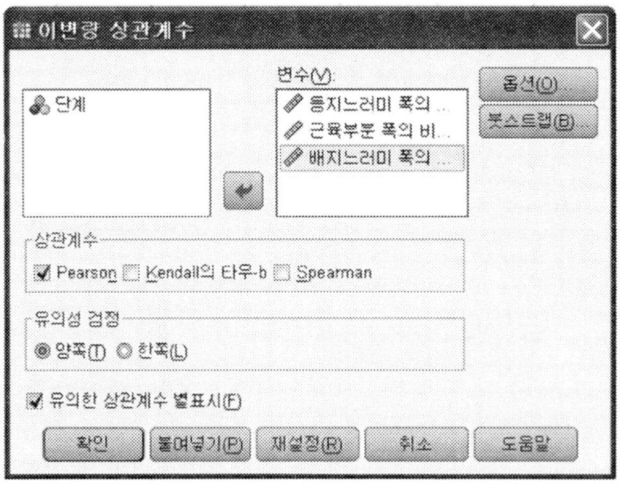

S P S S 결과

상관계수

상관계수

		등지느러미 폭의 비율	근육부분 폭의 비율	배지느러미 폭의 비율
등지느러미 폭의 비율	Pearson 상관계수	1	.889**	.842**
	유의확률 (양쪽)		.000	.000
	N	16	16	16
근육부분 폭의 비율	Pearson 상관계수	.889**	1	.910**
	유의확률 (양쪽)	.000		.000
	N	16	16	16
배지느러미 폭의 비율	Pearson 상관계수	.842**	.910**	1
	유의확률 (양쪽)	.000	.000	
	N	16	16	16

**. 상관계수는 0.01 수준(양쪽)에서 유의합니다.

(1) 등지너러미 폭의 비율, 근육부분 폭의 비율, 배지너러미 폭의 비율 각각에 대한 유의확률(p=0.000)이 모두 유의하므로 서로 종속임을 알 수 있다.

[Ⅱ]. 근육부분폭의 비율을 공분산분석 한다.

1. 분석 > 일반선형모형 > 일변량을 클릭한다.

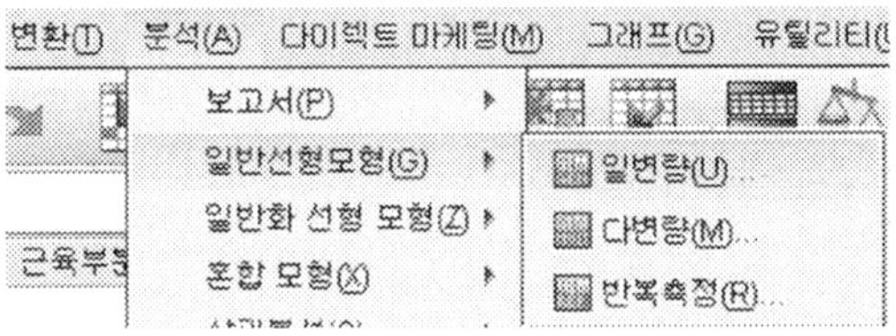

2. 일변량 상자에서 종속변수에는 근육부분, 모수요인에는 단계, 공변량에는 등폭과 배폭을 입력한다.

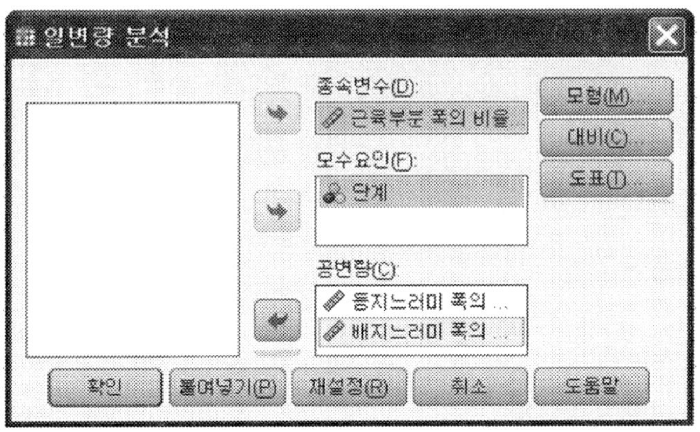

3-1. 완전요인모형으로 분석

3-2. 사용자정의를 선택하여 분석 (3-1과 3-2는 같은 결과이다)

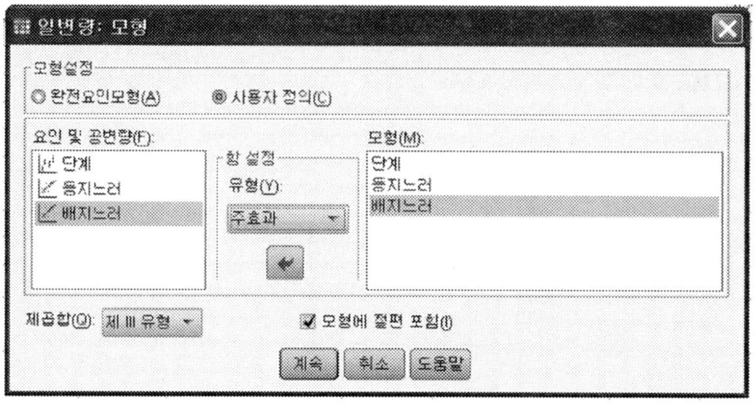

4. 도표상자에서 단계를 정리한다.

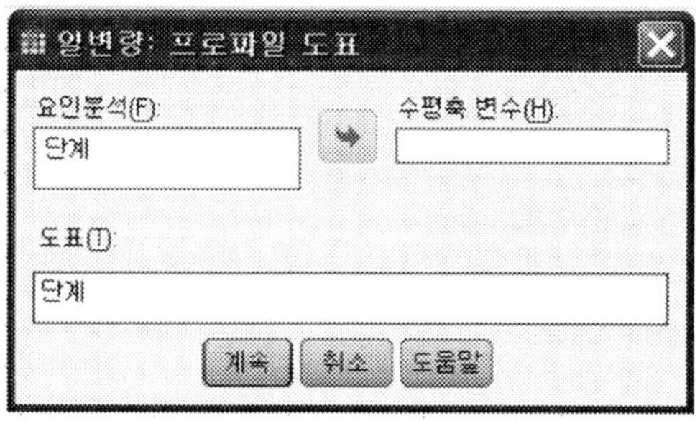

5. 옵션을 선택하여 정리한다.

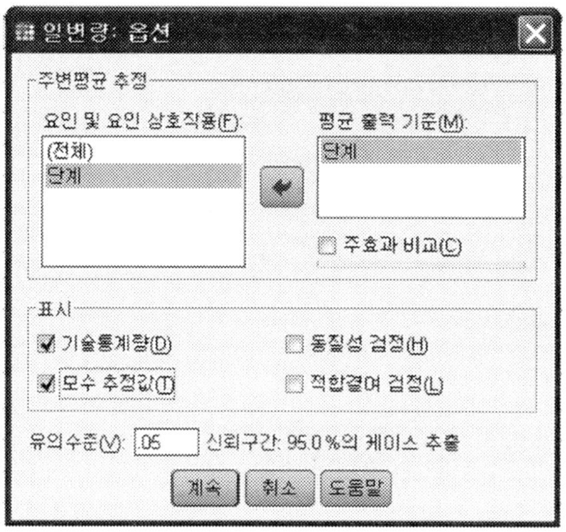

S P S S 결과

일변량 분산분석

기술통계량

종속 변수: 근육부분 폭의 비율

단계	평균	표준편차	N
단계 1	2.825	.4787	4
단계 2	2.575	.3304	4
단계 3	2.175	.3304	4
단계 4	1.750	.4041	4
합계	2.331	.5474	16

(1) 각 단계의 평균과 표준편차가 정리된다.

개체-간 효과 검정

종속 변수: 근육부분 폭의 비율

소스	제 III 유형 제곱합	자유도	평균 제곱	F	유의확률
수정 모형	4.217[a]	5	.843	30.372	.000
절편	.094	1	.094	3.381	.096
단계	.262	3	.087	3.151	.073
등지느러	.130	1	.130	4.673	.056
배지느러	.494	1	.494	17.805	.002
오차	.278	10	.028		
합계	91.450	16			
수정 합계	4.494	15			

a. R 제곱 = .938 (수정된 R 제곱 = .907)

(1) 단계에 대한 유의확률이 0.073이므로 단계별로는 유의한 차가 없다고 할 수 있다. 단, 일원배치법에서는 단계에 대한 유의확률은 0.011이므로 유의한 차가 있었다.

모수 추정값

종속 변수: 근육부분 폭의 비율

모수	B	표준오차	t	유의확률	95% 신뢰구간 하한값	95% 신뢰구간 상한값
절편	.393	.218	1.799	.102	-.094	.879
[단계=1]	.141	.181	.778	.455	-.263	.544
[단계=2]	.006	.172	.036	.972	-.378	.390
[단계=3]	.323	.123	2.617	.026	.048	.598
[단계=4]	0[a]	.	.	.	.	.
등지느러	.376	.174	2.162	.056	-.012	.763
배지느러	.698	.165	4.220	.002	.329	1.066

a. 이 모수는 중복되었으므로 0으로 설정됩니다.

(1) 공변량 등지너러미에 대한 공통 기울기가 $\hat{\beta_1}$ = 0.376와

배지느러미에 대한 공통 기울기가 $\hat{\beta_2}$ = 0.698으로 추정됨을 알 수 있다.

(2) 4단계에 대한 모수 추정식은 다음과 같다.

근육 단계 1 추정식 : $\hat{y_1} = 0.393 + 0.141 + 0.376\,(\text{등}) + 0.698\,(\text{배})$

$= 0.534 + 0.376\,(\text{등}) + 0.698\,(\text{배})$

근육 단계 2 추정식 : $\hat{y_2} = 0.393 + 0.006 + 0.376\,(\text{등}) + 0.698\,(\text{배})$

$= 0.399 + 0.376\,(\text{등}) + 0.698\,(\text{배})$

근육 단계 3 추정식 : $\hat{y_3} = 0.393 + 0.323 + 0.376\,(\text{등}) + 0.698\,(\text{배})$

$= 0.716 + 0.376\,(\text{등}) + 0.698\,(\text{배})$

근육 단계 4 추정식 : $\hat{y_4} = 0.393 + 0.000 + 0.376\,(\text{등}) + 0.698\,(\text{배})$

$= 0.393 + 0.376\,(\text{등}) + 0.698\,(\text{배})$

추정된 주변평균

단계

종속 변수:근육부분 폭의 비율

단계	평균	표준오차	95% 신뢰구간 하한값	95% 신뢰구간 상한값
단계 1	2.354[a]	.106	2.118	2.591
단계 2	2.220[a]	.099	2.000	2.440
단계 3	2.537[a]	.096	2.322	2.752
단계 4	2.214[a]	.111	1.967	2.460

a. 모형에 나타나는 공변량은 다음 값에 대해 계산됩니다.: 등지느러미 폭의 비율 = 2.013, 배지느러미 폭의 비율 = 1.525.

기술통계량

	N	평균	표준편차
등지느러미 폭의 비율	16	2.012	.5488
배지느러미 폭의 비율	16	1.525	.5040
유효수 (목록별)	16		

(1) 4단계의 최소제곱평균(각 단계별로 평균)이 정리된다.

등지너러미와 배지느러미의 단순평균 2.012와 1.525를 이용한다.

근육 단계1 추정식 : $\hat{y_1} = 0.534 + 0.376\,(\text{등}) + 0.698\,(\text{배})$

$= 0.534 + 0.376\,(2.012) + 0.698\,(1.525)$

$= 0.534 + 0.756512 + 1.06445 \quad = \mathbf{2.354962}$

근육 2단계 추정식 : $\hat{y_2} = 0.399 + 0.376\,(\text{등}) + 0.698\,(\text{배})$

$= 0.399 + 0.376\,(2.012) + 0.698\,(1.525)$

$= 0.399 + 0.756512 + 1.06445 \quad = \mathbf{2.219962}$

근육 3단계 추정식 : $\hat{y_3} = 0.716 + 0.376\,(\text{등}) + 0.698\,(\text{배})$

$= 0.716 + 0.376\,(2.012) + 0.698\,(1.525)$

$= 0.716 + 0.756512 + 1.06445 = \mathbf{2.536962}$

근육 4단계 추정식 : $\hat{y_4} = 0.393 + 0.376\,(\text{등}) + 0.698\,(\text{배})$

$= 0.393 + 0.376\,(2.012) + 0.698\,(1.525)$

$= 0.393 + 0.756512 + 1.06445 = \mathbf{2.213962}$

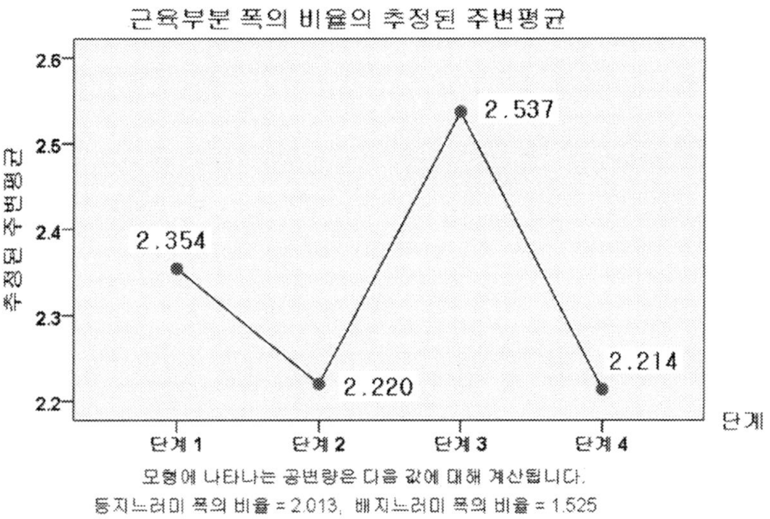

대비결과(K 행렬)

단계 단순 대비[a]		종속 변수
		근육부분 폭의 비율
수준 1 및 수준 4	대비 추정값	.141
	유의확률	.455
수준 2 및 수준 4	대비 추정값	.006
	유의확률	.972
수준 3 및 수준 4	대비 추정값	.323
	유의확률	.026

a. 참조범주 = 4

대비결과(K 행렬)

단계 다항대비[a]		종속 변수
		근육부분 폭의 비율
선형모형	대비 추정값	-.024
	유의확률	.871
2차모형	대비 추정값	-.094
	유의확률	.297
3차모형	대비 추정값	-.244
	유의확률	.023

a. 정량 = 1.000, 2.000, 3.000, 4.000

(1) 대비검정에서 단순을 하면 단계3과 단계4는 유의함을 알 수 있다. (p=0.026)

(2) 대비검정에서 다항을 하면 삼차형을 알 수 있다. (p=0.023)

(풀이 6). 다변량 공분산분석 풀이

<주의 : (1). 단계 1, 단계 2, 단계 3, 단계 4는 서로 독립임을 확인하여야 한다.>

	단계	등지느러	근육부분	배지느러
1	1	2.6	2.6	1.9
2	1	2.2	2.4	1.4
3	1	2.4	2.8	1.9
4	1	2.7	3.5	2.6
5	2	2.3	2.2	1.3
6	2	2.6	2.8	1.8

1. 분석 > 일반선형모형 > 일변량을 클릭한다.

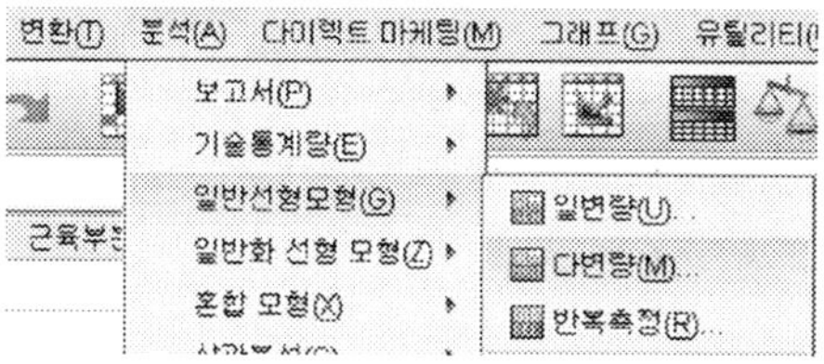

2. 일변량 상자에서 종속변수에는 등지느러미, 근육부분, 모수요인에는 단계, 공변량에는 배지너러미를 입력한다.

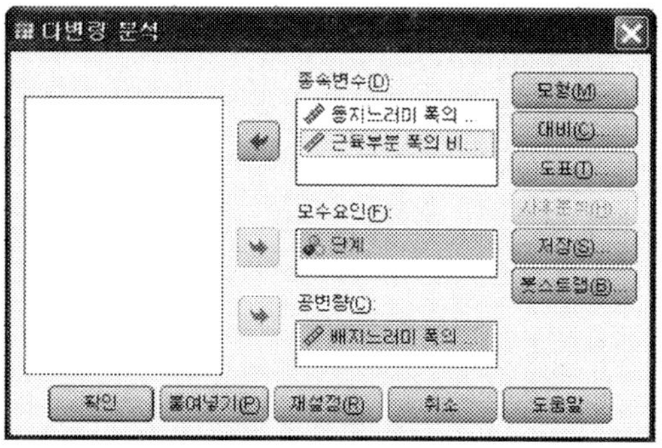

3-1. 모형은 완전요인모형으로 둔다.

3-2. 모형에서 사용자 정의를 선택할 때는 모형(M)으로 단계와 배지느러미를 이동하고 설정에서 주효과를 선택한다.

< 3-1과 3-2는 같은 결과를 얻는다.>

4. 도표에서 단계를 표시한다.

5. 옵션을 선택하여 정리한다.

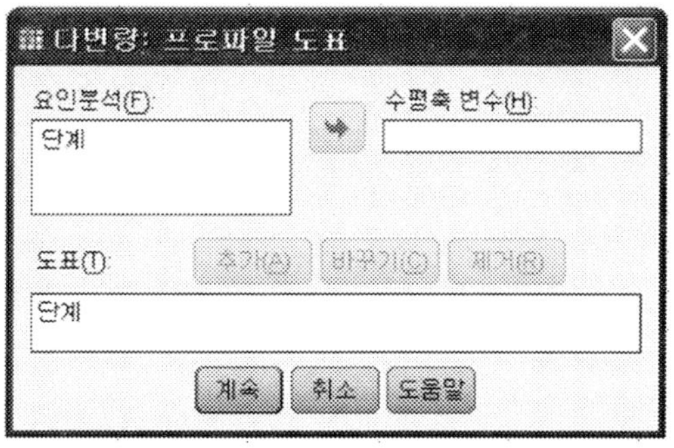

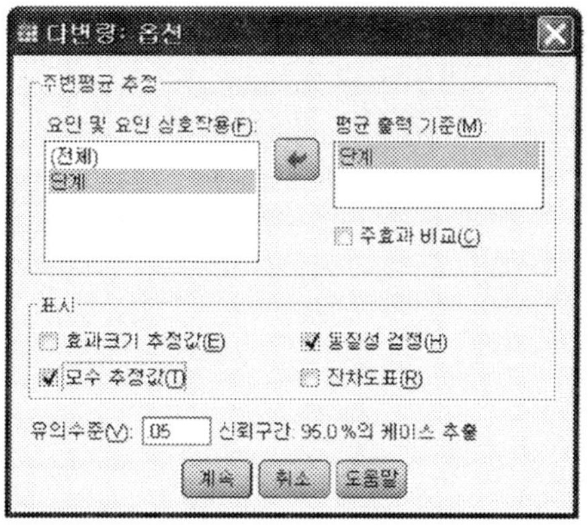

S P S S 결과

일반선형모형

공분산행렬에 대한 Box의 동일성 검정[a]

Box의 M	12.139
F	.936
df1	9
df2	1650.212
유의확률	.493

여러 집단에서 종속변수의 관측 공분산행렬이 동일한 영가설을 검정합니다.

a. Design: 절편 + 배지느러 + 단계

다변량 검정[c]

효과		값	F	가설 자유도	오차 자유도	유의확률
절편	Pillai의 트레이스	.609	7.791[a]	2.000	10.000	.009
	Wilks의 람다	.391	7.791[a]	2.000	10.000	.009
	Hotelling의 트레이스	1.558	7.791[a]	2.000	10.000	.009
	Roy의 최대근	1.558	7.791[a]	2.000	10.000	.009
배지느러	Pillai의 트레이스	.782	17.944[a]	2.000	10.000	.000
	Wilks의 람다	.218	17.944[a]	2.000	10.000	.000
	Hotelling의 트레이스	3.589	17.944[a]	2.000	10.000	.000
	Roy의 최대근	3.589	17.944[a]	2.000	10.000	.000
단계	Pillai의 트레이스	.783	2.359	6.000	22.000	.065
	Wilks의 람다	.360	2.223[a]	6.000	20.000	.083
	Hotelling의 트레이스	1.382	2.073	6.000	18.000	.108
	Roy의 최대근	.975	3.575[b]	3.000	11.000	.050

a. 정확한 통계량

b. 해당 유의수준에서 하한값을 발생하는 통계량은 F에서 상한값입니다.

c. Design: 절편 + 배지느러 + 단계

오차 분산의 동일성에 대한 Levene의 검정[a]

	F	df1	df2	유의확률
등지느러미 폭의 비율	3.983	3	12	.035
근육부분 폭의 비율	.858	3	12	.489

여러 집단에서 종속변수의 오차 분산이 동일한 영가설을 검정합니다.

a. Design: 절편 + 배지느러 + 단계

개체-간 효과 검정

소스	종속 변수	제 III 유형 제곱합	자유도	평균 제곱	F	유의확률
수정 모형	등지느러미 폭의 비율	3.600[a]	4	.900	10.783	.001
	근육부분 폭의 비율	4.087[b]	4	1.022	27.587	.000
절편	등지느러미 폭의 비율	.837	1	.837	10.030	.009
	근육부분 폭의 비율	.589	1	.589	15.908	.002
배지느러	등지느러미 폭의 비율	.597	1	.597	7.154	.022
	근육부분 폭의 비율	1.425	1	1.425	38.477	.000
단계	등지느러미 폭의 비율	.393	3	.131	1.572	.252
	근육부분 폭의 비율	.361	3	.120	3.253	.064
오차	등지느러미 폭의 비율	.918	11	.083		
	근육부분 폭의 비율	.407	11	.037		
합계	등지느러미 폭의 비율	69.320	16			
	근육부분 폭의 비율	91.450	16			
수정 합계	등지느러미 폭의 비율	4.517	15			
	근육부분 폭의 비율	4.494	15			

a. R 제곱 = .797 (수정된 R 제곱 = .723)

b. R 제곱 = .909 (수정된 R 제곱 = .876)

단계

종속 변수	단계	평균	표준오차	95% 신뢰구간 하한값	95% 신뢰구간 상한값
등지느러미 폭의 비율	단계 1	2.221[a]	.173	1.841	2.602
	단계 2	2.221[a]	.159	1.870	2.571
	단계 3	1.909[a]	.164	1.548	2.270
	단계 4	1.699[a]	.167	1.331	2.066
근육부분 폭의 비율	단계 1	2.433[a]	.115	2.180	2.686
	단계 2	2.298[a]	.106	2.065	2.532
	단계 3	2.498[a]	.109	2.257	2.739
	단계 4	2.096[a]	.111	1.851	2.341

a. 모형에 나타나는 공변량은 다음 값에 대해 계산됩니다.: 배지느러미 폭의 비율 = 1.525.

모수 추정값

종속 변수	모수	B	표준오차	t	유의확률	95% 신뢰구간 하한값	95% 신뢰구간 상한값
등지느러미 폭의 비율	절편	.788	.295	2.677	.022	.140	1.437
	배지느러	.597	.223	2.675	.022	.106	1.088
	[단계=1]	.522	.271	1.925	.080	-.075	1.120
	[단계=2]	.522	.254	2.057	.064	-.037	1.081
	[단계=3]	.210	.204	1.028	.326	-.240	.660
	[단계=4]	0[a]	.	.	.	.	.
근육부분 폭의 비율	절편	.689	.196	3.513	.005	.257	1.121
	배지느러	.922	.149	6.203	.000	.595	1.250
	[단계=1]	.337	.181	1.865	.089	-.061	.735
	[단계=2]	.202	.169	1.197	.257	-.170	.575
	[단계=3]	.402	.136	2.953	.013	.102	.702
	[단계=4]	0[a]	.	.	.	.	.

a. 이 모수는 중복되었으므로 0으로 설정됩니다.

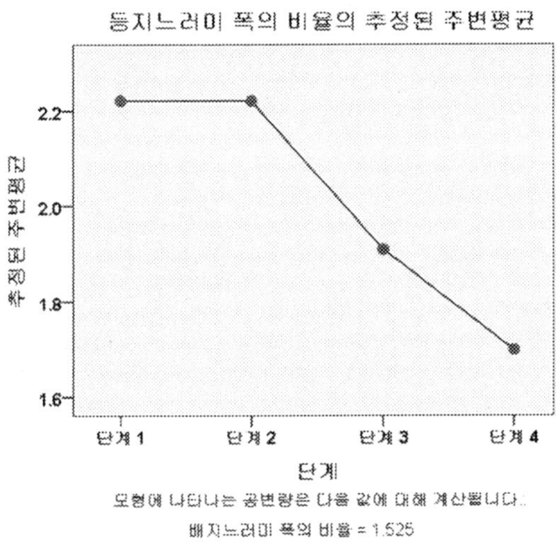

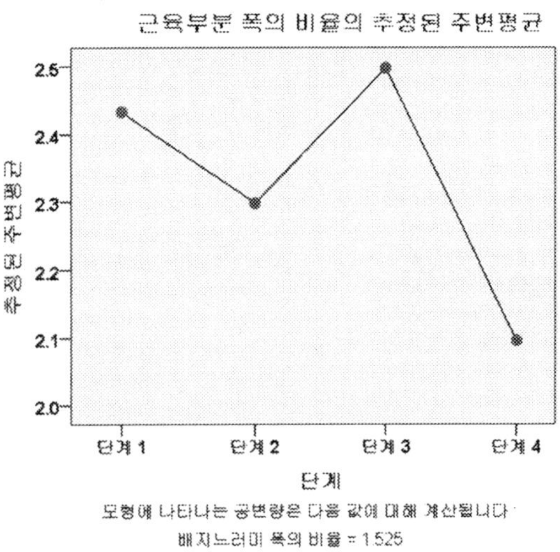

* 분석은 각자 정리바람.

* "[문제 3-1] **올챙이 폭의 비율**"을 (풀이 1)부터 (풀이 6)까지 분석한 결과를 비교 분석하여 독자의 전공에 적합한 통계모형을 선정하여 자료를 분석하여 정리하기 바람.

문제 3-2 광고종류

다음 자료는 신문, 라디오, TV의 매개체와 대조그룹을 비교하기 위해 20명의 피험자를 5명씩 4그룹으로 나누었다.

그룹 1에는 매체와 접촉을 금지. 그룹 2에는 신문만 읽는다.
그룹 3에는 라디오만 청취. 그룹 4에는 TV만 시청하였다.

그리고 나서 습득한 사회정보의 정확도(=Y1)와 동의정도(=Y2)를 측정하여 자료를 관측하였다. 여기서 처리변수 그룹은 1=무, 2=신문, 3=라디오, 4=TV의 4수준을 갖는다. 사회정보의 정확도(=Y1)와 동의정도(=Y2)는 각각 10점 만점으로 하였다.

사회정보의 수용에 있어서 매체 종류별로 다른 효과가 있는지 분석하라.

그룹	Y1	Y2
1 (무)	1 2 3 2 2	2 1 2 3 2
2 (신문)	8 9 7 8 8	9 8 9 9 10
3 (라디오)	2 3 3 3 4	4 2 3 5 6
4 (TV)	4 3 3 5 5	5 3 4 6 7

(풀이)

1. S P S S에 자료를 입력한다.

	그룹	y1	y2
1	1	1	2
2	1	2	1
3	1	3	2
4	1	2	3
5	1	2	2
6	2	8	9
7	2	9	8

2. 분석 > 일반선형모형 > 다변량을 클릭한다.

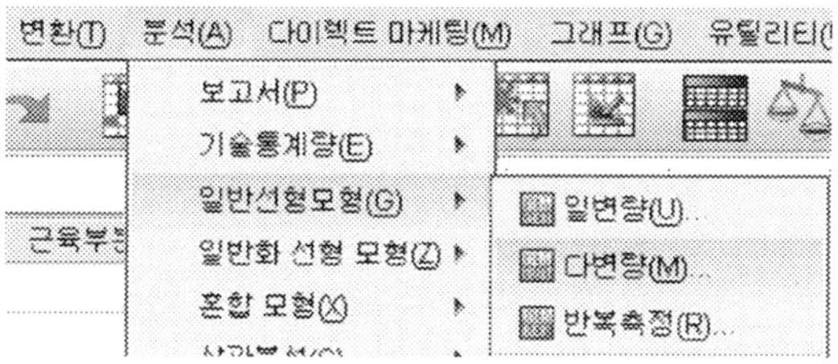

3. 변수의 관측성질에 따라 변수들을 종속변수, 모수(고정)요인, 공변량, 가중최소제곱을 위한 가중치로 분산시켜 옮겨놓을 수 있게 된다.

    ①. 이산변수는 모수요인에 입력한다.

    ②. 실험대상이 되었던 사람의 연령이 있으면 연령은 연속변수이다.
    이때는 공변량으로 지정한다.

    즉, 설명변수가 범주형 변수이면 모수요인에 지정한다.
    연속형 변수이면 공변량에 지정한다.

(1). 자료에서 정확도와 동의정도는 반응을 측정하므로 종속변수로 지정한다.

(2). 대조군을 포함시킨 그룹은 처리변수로서 모수(고정)요인으로 지정한다.
그러므로 대화상자에 종속변수에 Y1, Y2를 모수요인에는 그룹을 입력한다.

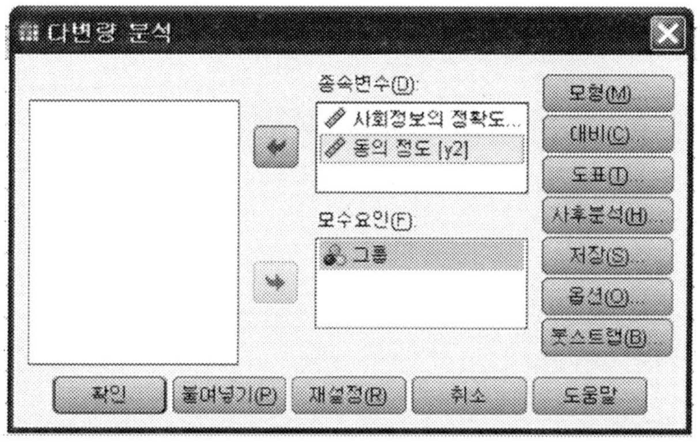

4. 모수인자(분류변수)가 1개인 경우,

*. 모형에서 완전요인모형 혹은 사용자 정의 어떤 것을 선택하여도 결과는 동일

5. 대비는 대조에 대한 검정으로 단항과 다항이 필요하다.

①. 단순은 각 수준과 마지막 수준과의 관계를 설명한다.

②. 다항은 선형적인 혹은 2차 곡선의 형태인지를 검증할 때 이용한다.

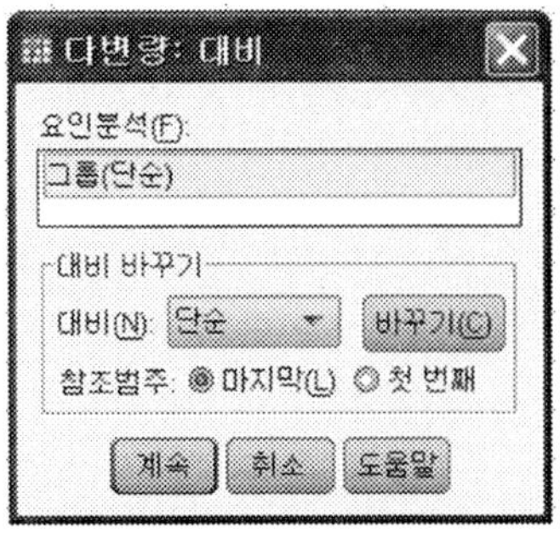

6. 도표를 통해 각 처리별 평균값에 대한 그래프를 작성 할 수 있다.

7. 사후분석은 모형에 대한 유의성 검정결과 처리 간에 차이가 통계적으로 유의하다는 결과를 얻은 후, 처리별로 구체적으로 어떻게 차이가 나는지를 분석한다.

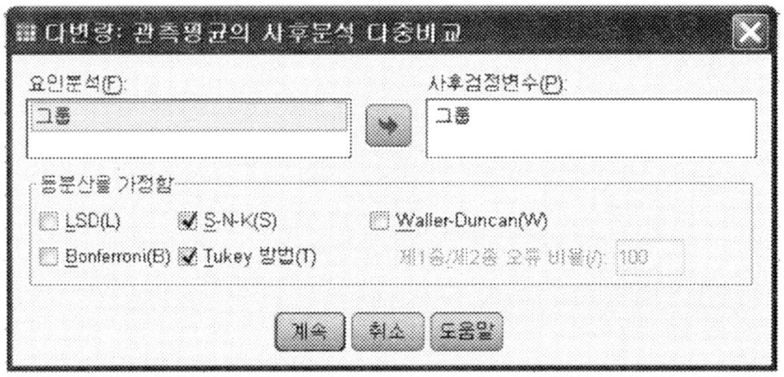

8. 저장은 다음과 같이 선택한다.
9. 옵션은 주효과의 비교, 기술통계량, 모수의 추정값, 분산의 동질성검정, 잔차 도표를 선택한다.

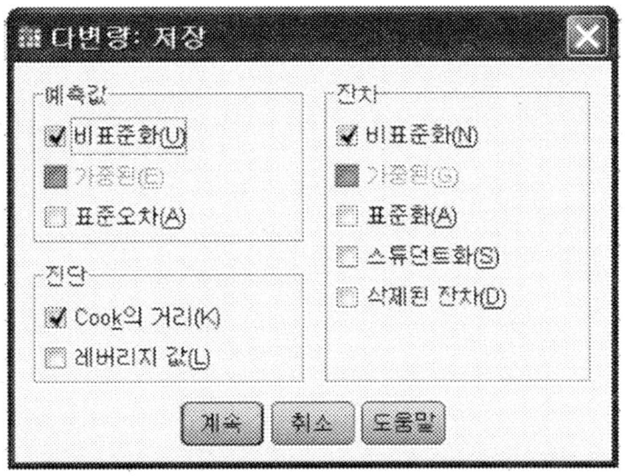

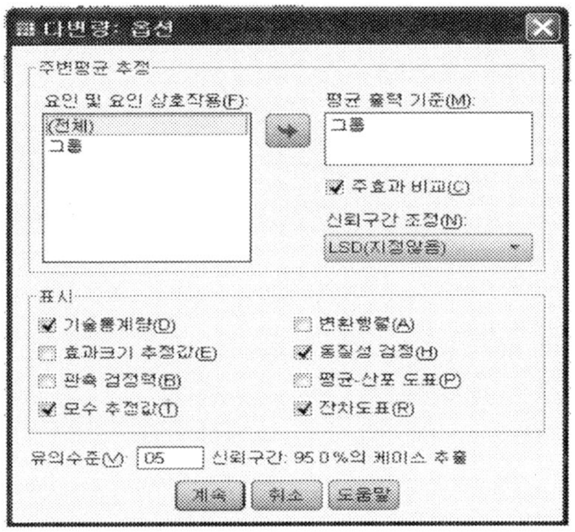

S P S S 결과

공분산행렬에 대한 Box의 동일성 검정[a]

Box의 M	13.100
F	1.123
df1	9
df2	2933.711
유의확률	.343

여러 집단에서 종속변수의 관측 공분산행렬이 동일한 영가설을 검정합니다.

a. Design: 절편 + 그룹

(1) 유의확률 p = 0.343은 유의수준 5%보다 크므로 2개의 모분산 공분산행렬은 서로 같다고 할 수 있다.

기술통계량

	그룹	평균	표준편차	N
사회정보의 정확도	무	2.00	.707	5
	신문	8.00	.707	5
	라디오	3.00	.707	5
	TV	4.00	1.000	5
	합계	4.25	2.447	20
동의 정도	무	2.00	.707	5
	신문	9.00	.707	5
	라디오	4.00	1.581	5
	TV	5.00	1.581	5
	합계	5.00	2.847	20

(2) 반응 변수들에 대하여 처리별 평균과 표준편차가 계산되었다. 대체로 정확도와 동의정도가 매체별로 비슷하게 분포되어 있다.

다변량 검정[c]

효과		값	F	가설 자유도	오차 자유도	유의확률
절편	Pillai의 트레이스	.976	303.141[a]	2.000	15.000	.000
	Wilks의 람다	.024	303.141[a]	2.000	15.000	.000
	Hotelling의 트레이스	40.419	303.141[a]	2.000	15.000	.000
	Roy의 최대근	40.419	303.141[a]	2.000	15.000	.000
그룹	Pillai의 트레이스	1.027	5.631	6.000	32.000	.000
	Wilks의 람다	.073	13.566[a]	6.000	30.000	.000
	Hotelling의 트레이스	11.414	26.632	6.000	28.000	.000
	Roy의 최대근	11.292	60.223[b]	3.000	16.000	.000

a. 정확한 통계량

b. 해당 유의수준에서 하한값을 발생하는 통계량은 F에서 상한값입니다.

c. Design: 절편 + 그룹

(3) 다변량 분산분석표를 보면 처리변수에 대하여 Pillai의 트레이스, Wilks의 람다. Hotelling의 트레이스, Roy의 최대근 모두 유의확률 p = 0.000이므로 검정결과 모두 5% 유의수준에서 통계적으로 의미가 있다. 이것은 4가지 매체종류에 따라 수용자가 각각 다른 영향(사회정보의 정확도와 동위정도)을 받는다는 것을 의미하지만 구체적으로 어떤 차이인지를 살펴보기 위해서 추가적인 자료분석이 필요하다.

오차 분산의 동일성에 대한 Levene의 검정[a]

	F	df1	df2	유의확률
사회정보의 정확도	.727	3	16	.551
동의 정도	2.133	3	16	.136

여러 집단에서 종속변수의 오차 분산이 동일한 영가설을 검정합니다.

a. Design: 절편 + 그룹

(4) Levene의 검정에서 유의확률은 모두 0.05보다 크다. 그러므로 Y1과 Y2의 각각 4종류의 분산에는 차이가 없다고 할 수 있다. 즉, 등분산성이 성립된다.

개체-간 효과 검정

소스	종속 변수	제 III 유형 제곱합	자유도	평균 제곱	F	유의확률
수정 모형	사회정보의 정확도	103.750[a]	3	34.583	55.333	.000
	동의 정도	130.000[b]	3	43.333	28.889	.000
절편	사회정보의 정확도	361.250	1	361.250	578.000	.000
	동의 정도	500.000	1	500.000	333.333	.000
그룹	사회정보의 정확도	103.750	3	34.583	55.333	.000
	동의 정도	130.000	3	43.333	28.889	.000
오차	사회정보의 정확도	10.000	16	.625		
	동의 정도	24.000	16	1.500		
합계	사회정보의 정확도	475.000	20			
	동의 정도	654.000	20			
수정 합계	사회정보의 정확도	113.750	19			
	동의 정도	154.000	19			

a. R 제곱 = .912 (수정된 R 제곱 = .896)

b. R 제곱 = .844 (수정된 R 제곱 = .815)

(5) 각 변수마다 일원배치 분산분석을 실시한다.

사회정보의 정확도에 따른 유의확률과 동의 정도에 따른 유의확률이 각각 0.000이므로 귀무가설이 기각된다. 따라서 사회정보의 정확도와 동의 정도는 각각 유의수준 5%에서 처리(무, 신문, 라디오, TV)간에는 유의하므로 차이가 있다고 할 수 있다.

모수 추정값

종속 변수	모수	B	표준오차	t	유의확률	95% 신뢰구간 하한값	95% 신뢰구간 상한값
사회정보의 정확도	절편	4.000	.354	11.314	.000	3.251	4.749
	[그룹=1]	-2.000	.500	-4.000	.001	-3.060	-.940
	[그룹=2]	4.000	.500	8.000	.000	2.940	5.060
	[그룹=3]	-1.000	.500	-2.000	.063	-2.060	.060
	[그룹=4]	0[a]	.	.	.	.	.
동의 정도	절편	5.000	.548	9.129	.000	3.839	6.161
	[그룹=1]	-3.000	.775	-3.873	.001	-4.642	-1.358
	[그룹=2]	4.000	.775	5.164	.000	2.358	5.642
	[그룹=3]	-1.000	.775	-1.291	.215	-2.642	.642
	[그룹=4]	0[a]	.	.	.	.	.

a. 이 모수는 중복되었으므로 0으로 설정됩니다.

(6) 사회정보 정확도와 동의 정도에서는 그룹2(＝신문)의 영향(＝4.000)을 가장 크게 받고 있음을 알 수 있다. (뒤의 11번에서도 확인이 가능하다.)

대비결과(K 행렬)

그룹 다항대비[a]		종속 변수: 사회정보의 정확도	동의 정도
선형모형	대비 추정값	.224	.894
	유의확률	.536	.122
2차모형	대비 추정값	-2.500	-3.000
	유의확률	.000	.000
3차모형	대비 추정값	3.801	4.025
	유의확률	.000	.000

a. 정량 = 1.000, 2.000, 3.000, 4.000

(7) 사회정보의 정확도 모형은 2차모형과 3차모형의 유의확률이 0.000이므로 대비 추정값을 비교한다. 2차형의 대비추정값은 －2.500이고 3차형의 대비 추정값은 3.801이므로 3차형의 대비추정값이 더 크다. 그러므로 그래프는 삼차형이라고 할 수 있다.

다변량 검정 결과

	값	F	가설 자유도	오차 자유도	유의확률
Pillai의 트레이스	1.027	5.631	6.000	32.000	.000
Wilks의 람다	.073	13.566[a]	6.000	30.000	.000
Hotelling의 트레이스	11.414	26.632	6.000	28.000	.000
Roy의 최대근	11.292	60.223[b]	3.000	16.000	.000

a. 정확한 통계량

b. 해당 유의수준에서 하한값을 발생하는 통계량은 F에서 상한값입니다.

(8) 다변량 검정c와 일치한다.

일변량 검정 결과

소스	종속 변수	제곱합	자유도	평균 제곱	F	유의확률
대비	사회정보의 정확도	103.750	3	34.583	55.333	.000
	동의 정도	130.000	3	43.333	28.889	.000
오차	사회정보의 정확도	10.000	16	.625		
	동의 정도	24.000	16	1.500		

(9) 일변량 검정결과 사회정보의 정확도와 동의정도 모두 유의하다는 결과를 얻는다.

*. 추정된 주변평균의 분석은 각자 정리바람.

추정값

종속 변수	그룹	평균	표준오차	95% 신뢰구간 하한값	95% 신뢰구간 상한값
사회정보의 정확도	무	2.000	.354	1.251	2.749
	신문	8.000	.354	7.251	8.749
	라디오	3.000	.354	2.251	3.749
	TV	4.000	.354	3.251	4.749
동의 정도	무	2.000	.548	.839	3.161
	신문	9.000	.548	7.839	10.161
	라디오	4.000	.548	2.839	5.161
	TV	5.000	.548	3.839	6.161

대응별 비교

종속 변수	(I) 그룹	(J) 그룹	평균차(I-J)	표준오차	유의확률[a]	차이에 대한 95% 신뢰구간[a] 하한값	차이에 대한 95% 신뢰구간[a] 상한값
사회정보의 정확도	무	신문	-6.000*	.500	.000	-7.060	-4.940
		라디오	-1.000	.500	.063	-2.060	.060
		TV	-2.000*	.500	.001	-3.060	-.940
	신문	무	6.000*	.500	.000	4.940	7.060
		라디오	5.000*	.500	.000	3.940	6.060
		TV	4.000*	.500	.000	2.940	5.060
	라디오	무	1.000	.500	.063	-.060	2.060
		신문	-5.000*	.500	.000	-6.060	-3.940
		TV	-1.000	.500	.063	-2.060	.060
	TV	무	2.000*	.500	.001	.940	3.060
		신문	-4.000*	.500	.000	-5.060	-2.940
		라디오	1.000	.500	.063	-.060	2.060

동의 정도	무	신문	-7.000*	.775	.000	-8.642	-5.358
		라디오	-2.000*	.775	.020	-3.642	-.358
		TV	-3.000*	.775	.001	-4.642	-1.358
	신문	무	7.000*	.775	.000	5.358	8.642
		라디오	5.000*	.775	.000	3.358	6.642
		TV	4.000*	.775	.000	2.358	5.642
	라디오	무	2.000*	.775	.020	.358	3.642
		신문	-5.000*	.775	.000	-6.642	-3.358
		TV	-1.000	.775	.215	-2.642	.642
	TV	무	3.000*	.775	.001	1.358	4.642
		신문	-4.000*	.775	.000	-5.642	-2.358
		라디오	1.000	.775	.215	-.642	2.642

추정된 주변평균을 기준으로

*. 평균차는 .05 수준에서 유의합니다.

a. 다중비교에 대한 조정: 최소유의차 (조정하지 않은 상태와 동일합니다.)

*. 매체종류별로 구체적으로 어떤 차이를 보이고 있는지 살펴보기 위해 사후검정을 한 결과이다. 여기서는 tukey의 다중비교 검정방법을 이용하였다.

사후검정

다중 비교

종속 변수		(I) 그룹	(J) 그룹	평균차(I-J)	표준오차	유의확률	95% 신뢰구간 하한값	95% 신뢰구간 상한값
사회정보의 정확도	Tukey HSD	무	신문	-6.00*	.500	.000	-7.43	-4.57
			라디오	-1.00	.500	.229	-2.43	.43
			TV	-2.00*	.500	.005	-3.43	-.57
		신문	무	6.00*	.500	.000	4.57	7.43
			라디오	5.00*	.500	.000	3.57	6.43
			TV	4.00*	.500	.000	2.57	5.43
		라디오	무	1.00	.500	.229	-.43	2.43
			신문	-5.00*	.500	.000	-6.43	-3.57
			TV	-1.00	.500	.229	-2.43	.43
		TV	무	2.00*	.500	.005	.57	3.43
			신문	-4.00*	.500	.000	-5.43	-2.57
			라디오	1.00	.500	.229	-.43	2.43

동의 정도	Tukey HSD	무	신문	-7.00*	.775	.000	-9.22	-4.78
			라디오	-2.00	.775	.084	-4.22	.22
			TV	-3.00*	.775	.007	-5.22	-.78
		신문	무	7.00*	.775	.000	4.78	9.22
			라디오	5.00*	.775	.000	2.78	7.22
			TV	4.00*	.775	.000	1.78	6.22
		라디오	무	2.00	.775	.084	-.22	4.22
			신문	-5.00*	.775	.000	-7.22	-2.78
			TV	-1.00	.775	.581	-3.22	1.22
		TV	무	3.00*	.775	.007	.78	5.22
			신문	-4.00*	.775	.000	-6.22	-1.78
			라디오	1.00	.775	.581	-1.22	3.22

관측평균을 기준으로 합니다.
오류 조건은 평균 제곱(오류) = 1.500입니다.

*. 평균차는 .05 수준에서 유의합니다.

(10) (1) 사회정보의 정확도에 있어서 { (무 처리) 와 (신문) }, { (무 처리) 와 (TV) }, { (신문) 과 (라디오) }, { (신문) 과 (TV) }처리 간에 차이가 있음을 알 수 있다.

(2) 동의 정도에 있어서 { (무 처리) 와 (신문) }, { (무 처리) 와 (TV) }, { (신문)과 (라디오) }, { (신문) 과 (TV) } 처리 간에 차이가 있음을 알 수 있다.

(3) 정확도나 동의정도에서는 { (무 처리) 와 (라디오) }, { (라디오) 와 (TV) }는 매체를 통한 5% 유의수준에서 통계적으로 유의하지 않다.

사회정보의 정확도

	그룹	N	집단군 1	2	3
Student-Newman-Keuls[a,b,c]	무	5	2.00		
	라디오	5	3.00	3.00	
	TV	5		4.00	
	신문	5			8.00
	유의확률		.063	.063	1.000
Tukey HSD[a,b,c]	무	5	2.00		
	라디오	5	3.00	3.00	
	TV	5		4.00	
	신문	5			8.00
	유의확률		.229	.229	1.000

동일 집단군에 있는 집단에 대한 평균이 표시됩니다.
관측평균을 기준으로 합니다.
오류 조건은 평균 제곱(오류) = .625입니다.

a. 조화평균 표본 크기 5.000을(를) 사용합니다.

b. 집단 크기가 동일하지 않습니다. 집단 크기의 조화평균이 사용됩니다. I 유형 오차 수준은 보장되지 않습니다.

c. 유의수준 = .05.

동의 정도

	그룹	N	집단군 1	2	3
Student-Newman-Keuls[a,b,c]	무	5	2.00		
	라디오	5		4.00	
	TV	5		5.00	
	신문	5			9.00
	유의확률		1.000	.215	1.000
Tukey HSD[a,b,c]	무	5	2.00		
	라디오	5	4.00	4.00	
	TV	5		5.00	
	신문	5			9.00
	유의확률		.084	.581	1.000

동일 집단군에 있는 집단에 대한 평균이 표시됩니다.
관측평균을 기준으로 합니다.
오류 조건은 평균 제곱(오류) = 1.500입니다.

a. 조화평균 표본 크기 5.000을(를) 사용합니다.

b. 집단 크기가 동일하지 않습니다. 집단 크기의 조화평균이 사용됩니다. I 유형 오차 수준은 보장되지 않습니다.

c. 유의수준 = .05.

*. 동일집단군으로 다중비교와 비교하여도 같은 결과로 나타난다.

관찰 * 예측 * 표준 잔차 도표

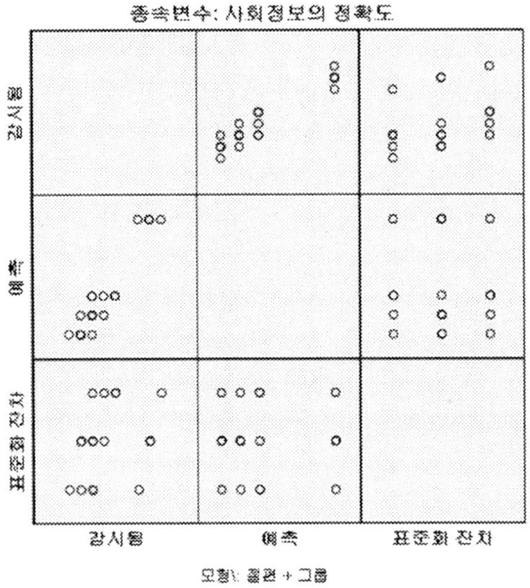

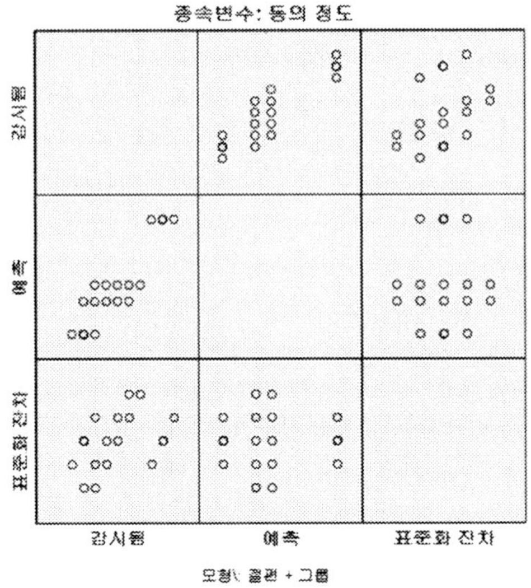

프로파일 도표

사회정보의 정확도

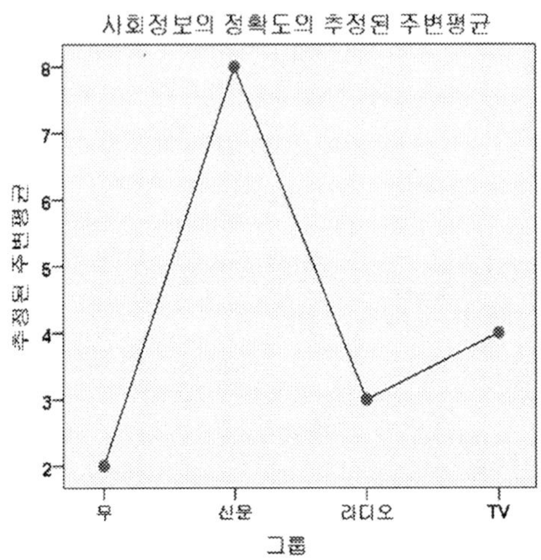

동의 정도

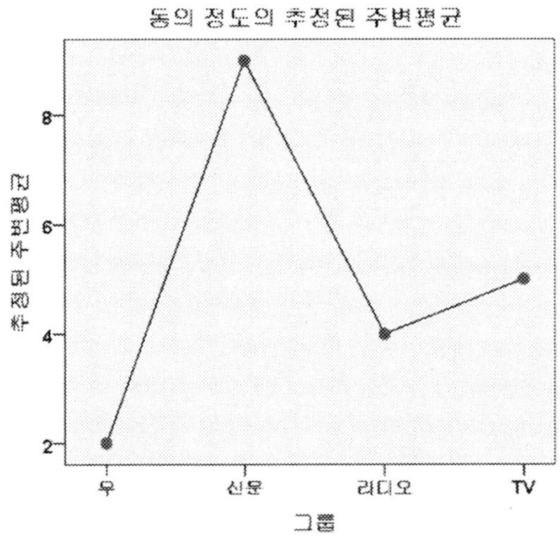

(11) 평균 반응 프로파일로부터 각 매체별 반응정도를 탐색적으로 파악할 수 있다. 사회정보의 정확도와 동의정도는 신문에서 가장 높은 값(영향)을 갖는다.

문제 3-3 광고효과

광고효과가 성별(요인 A ; 남, 여)과 광고종류(요인 B ; 코믹광고, 행동광고, 비교분석광고)에 의하여 어떻게 영향을 받는가를 알아보기 위하여 2×3 실험을 수행하였다.

측정방법은 2가지로서 첫 번째 변수(y1)는 "얼마나 정보가 전달되었는가?"

두 번째 변수(y2)는 "얼마나 믿을 만한가?"이다.

모두 11점 척도로 조사하였고, 각 처리에서 반복수는 4(=n)이다.

조사한 결과 자료는 다음과 같다. 분석하라.

광고효과에 대한 실험자료

구분		광고 종류		
		코믹광고	행동광고	비교분석광고
성별	남자(M)	8 , 6	5 , 3	2 , 1
		8 , 7	5 , 4	2 , 2
		10 , 9	7 , 6	4 , 3
		10 , 10	7 , 7	4 , 2
	여자(F)	2 , 1	4 , 2	10 , 10
		2 , 2	4 , 6	10 , 9
		4 , 2	2 , 3	8 , 6
		4 , 3	2 , 1	8 , 7

(풀이)

1. S P S S에 자료를 입력한다.

	성별	광고종류	y1	y2
7	1	2	7	6
8	1	2	7	7
9	1	3	2	1
10	1	3	2	2
11	1	3	4	3
12	1	3	4	2
13	2	1	2	1
14	2	1	2	2
15	2	1	4	2
16	2	1	4	3
17	2	2	4	2

2. 분석 > 일반선형모형 > 다변량을 클릭한다.

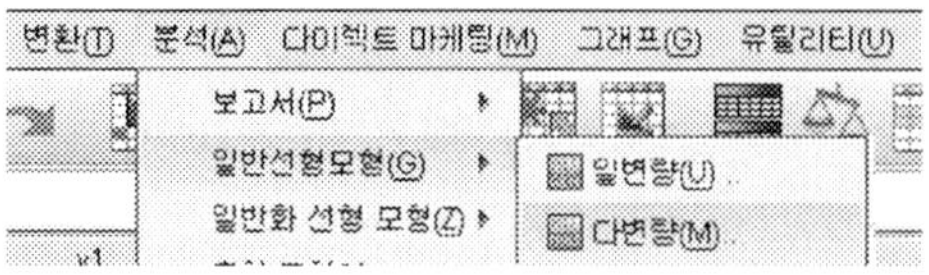

3. 다변량 대화상자에서 모수요인에는 성별과 광고종류를 종속변수에는 Y1, Y2를 입력한다. 즉, 모수인자가 2개인 반복이 있는 다변량 2원배치법이다.

4. 모형을 클릭하여 사용자 정의를 선택하여 아래와 같이 정리하거나 혹은 완전요인 모형을 선택한다. 즉, 결과는 같다.

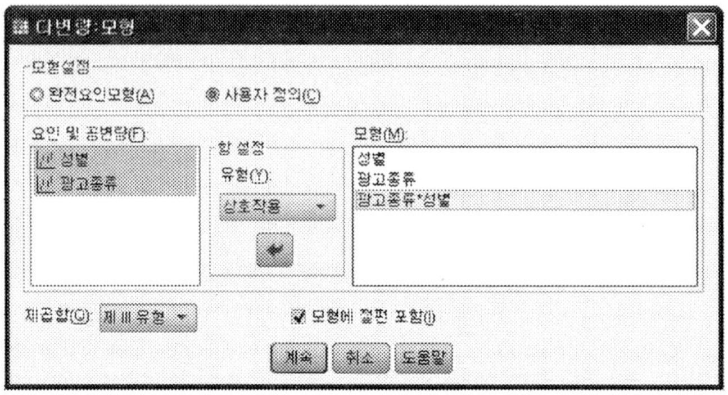

(1). 모수인자(분류변수)가 A, B 이고 완전요인모형을 지정하면,
이들 모수요인들의 주효과와 상호작용효과를 모두 고려한 모형설정을 의미한다.

$$y = \mu + \alpha_i + \beta_j + (\alpha\beta)_{ij} + \epsilon$$

(2). 모수인자(분류변수)가 A, B 이고 상호작용효과를 모형에 포함 시키고 싶지 않은 모형은 사용자 정의를 지정하고 모수인자 A, B만 이동하고 항설정에는 주효과를 선택한다.

$$y = \mu + \alpha_i + \beta_j + \epsilon$$

(3). 모수인자(분류변수)가 1개인 경우는 어떤 것을 선택하여도 결과는 동일하다.

5. 도표를 선택하여 정리한다.

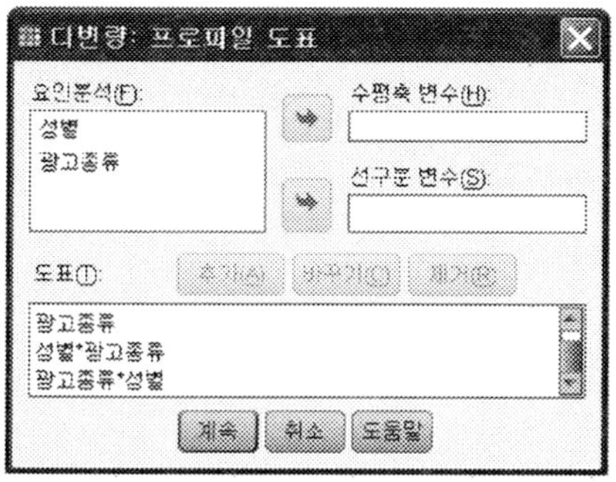

S P S S 결과

일반선형모형

다변량 검정[c]

효과		값	F	가설 자유도	오차 자유도	유의확률
절편	Pillai의 트레이스	.970	274.286[a]	2.000	17.000	.000
	Wilks의 람다	.030	274.286[a]	2.000	17.000	.000
	Hotelling의 트레이스	32.269	274.286[a]	2.000	17.000	.000
	Roy의 최대근	32.269	274.286[a]	2.000	17.000	.000
성별	Pillai의 트레이스	.232	2.571[a]	2.000	17.000	.106
	Wilks의 람다	.768	2.571[a]	2.000	17.000	.106
	Hotelling의 트레이스	.303	2.571[a]	2.000	17.000	.106
	Roy의 최대근	.303	2.571[a]	2.000	17.000	.106
광고종류	Pillai의 트레이스	.377	2.090	4.000	36.000	.102
	Wilks의 람다	.623	2.269[a]	4.000	34.000	.082
	Hotelling의 트레이스	.605	2.420	4.000	32.000	.069
	Roy의 최대근	.605	5.445[b]	2.000	18.000	.014
성별 * 광고종류	Pillai의 트레이스	.926	7.759	4.000	36.000	.000
	Wilks의 람다	.124	15.630[a]	4.000	34.000	.000
	Hotelling의 트레이스	6.655	26.622	4.000	32.000	.000
	Roy의 최대근	6.594	59.349[b]	2.000	18.000	.000

a. 정확한 통계량

b. 해당 유의수준에서 하한값을 발생하는 통계량은 F에서 상한값입니다.

c. Design: 절편 + 성별 + 광고종류 + 성별 * 광고종류

(1) (성별과 광고종류)의 상호작용이 Wilks의 람다에서 검정 통계량 F = 15.630, 유의 확률 P = 0.000 이므로 상호작용이 매우 유의함을 알 수 있다.

개체-간 효과 검정

소스	종속 변수	제 III 유형 제곱합	자유도	평균 제곱	F	유의확률
수정 모형	얼마나 정보가 전달되었는가?	174.000[a]	5	34.800	26.100	.000
	얼마나 믿을만 한가?	157.333[b]	5	31.467	11.800	.000
절편	얼마나 정보가 전달되었는가?	726.000	1	726.000	544.500	.000
	얼마나 믿을만 한가?	522.667	1	522.667	196.000	.000
성별	얼마나 정보가 전달되었는가?	6.000	1	6.000	4.500	.048
	얼마나 믿을만 한가?	2.667	1	2.667	1.000	.331
광고종류	얼마나 정보가 전달되었는가?	12.000	2	6.000	4.500	.026
	얼마나 믿을만 한가?	5.333	2	2.667	1.000	.387
성별 * 광고종류	얼마나 정보가 전달되었는가?	156.000	2	78.000	58.500	.000
	얼마나 믿을만 한가?	149.333	2	74.667	28.000	.000
오차	얼마나 정보가 전달되었는가?	24.000	18	1.333		
	얼마나 믿을만 한가?	48.000	18	2.667		
합계	얼마나 정보가 전달되었는가?	924.000	24			
	얼마나 믿을만 한가?	728.000	24			
수정 합계	얼마나 정보가 전달되었는가?	198.000	23			
	얼마나 믿을만 한가?	205.333	23			

a. R 제곱 = .879 (수정된 R 제곱 = .845)

b. R 제곱 = .766 (수정된 R 제곱 = .701)

(2) 개체 간 효과 검정에서 상호작용(성별과 광고종류)의 유의확률이 모두 0.000이므로 매우 유의함을 알 수 있다.

프로파일 도표

Y_1 : **얼마나 정보가 전달되었는가?**

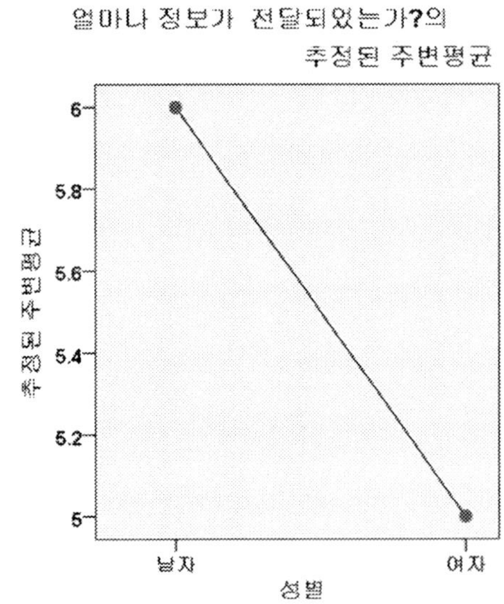

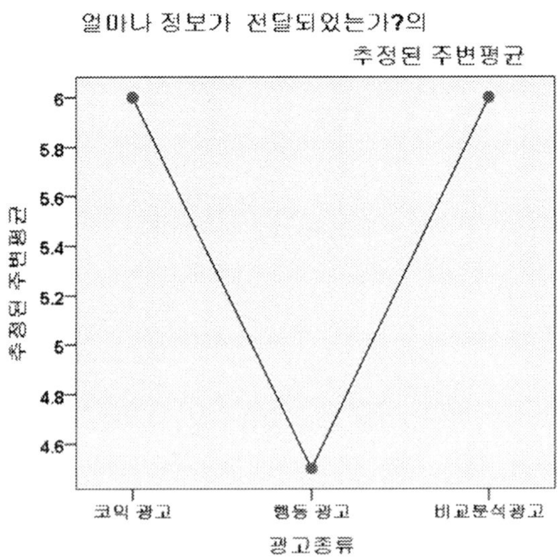

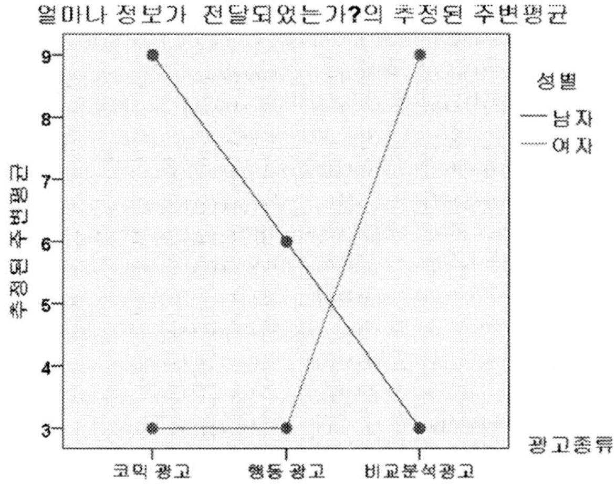
얼마나 정보가 전달되었는가?의 추정된 주변평균
추정된 주변평균
성별
남자
여자
광고종류
코믹광고
행동광고
비교분석광고

Y_2 : 얼마나 믿을만 한가?

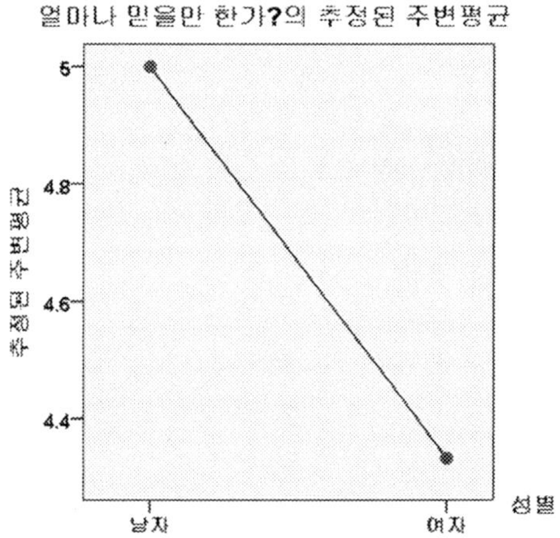
얼마나 믿을만 한가?의 추정된 주변평균
추정된 주변평균
성별
남자
여자

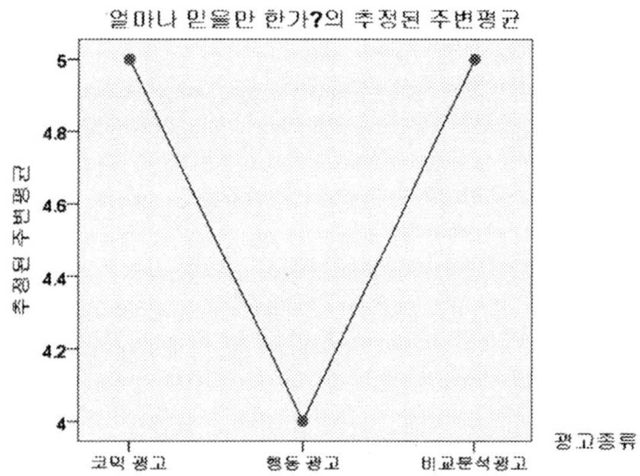
얼마나 믿을만 한가?의 추정된 주변평균
추정된 주변평균
광고종류
코믹광고
행동광고
비교분석광고

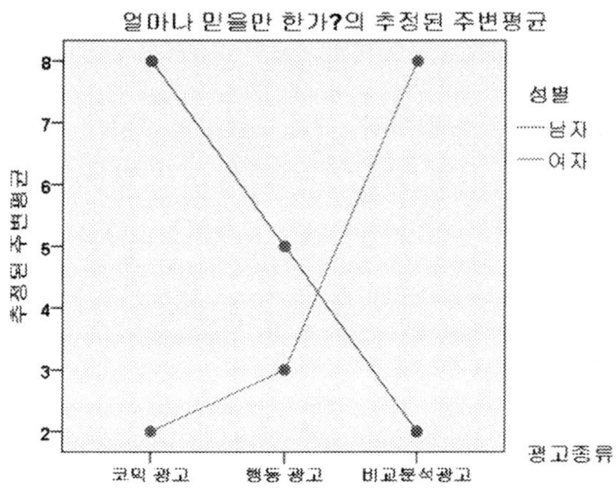
얼마나 믿을만 한가?의 추정된 주변평균
추정된 주변평균
성별
남자
여자
광고종류
코믹광고
행동광고
비교분석광고

(3) 두 변수 Y1 과 Y2의 상호작용 패턴을 시각적으로 확인 해 볼 수 있다.
즉, 다변량적으로 볼 때
여자(F)는 비교분석광고에 반응이 좋고,
남자(M)는 코믹광고에 좋은 반응을 보인다고 해석 할 수 있다.

<참고> 두 변수 Y1 과 Y2의 상관관계를 조사하면 다음과 같다.

1. 분석 > 상관분석 > 이변량 상관계수를 클릭한다.

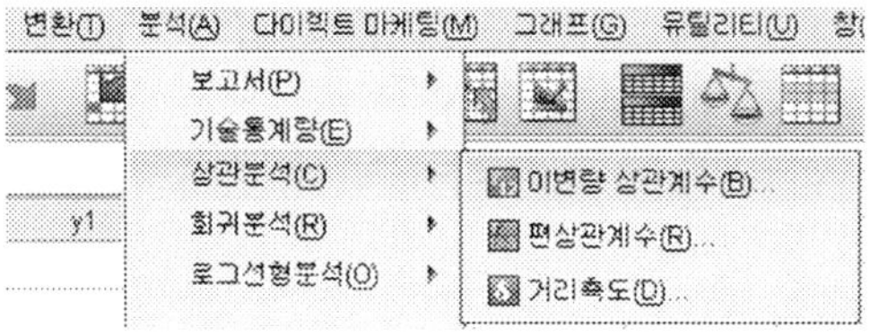

2. 이변량 상관계수 상자에서 변수 칸에 y1과 y2를 입력한다.

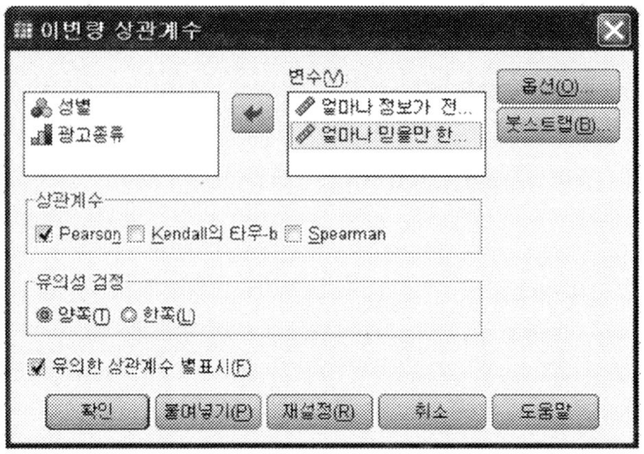

S P S S 결과

상관계수

		얼마나 정보가 전달되었는가?	얼마나 믿을만 한가?
얼마나 정보가 전달되었는가?	Pearson 상관계수	1	.942**
	유의확률 (양쪽)		.000
	N	24	24
얼마나 믿을만 한가?	Pearson 상관계수	.942**	1
	유의확률 (양쪽)	.000	
	N	24	24

**. 상관계수는 0.01 수준(양쪽)에서 유의합니다.

(1) 유의확률이 0.000으로서 귀무가설이 기각되어서 매우 유의함을 알 수 있다. 즉, Y1과 Y2는 종속이다. 고 할 수 있다.

① 귀무가설 : H_0 : ρ = 0 (두 변수 Y1 과 Y2는 서로 독립이다.)
   대립가설 : H_1 : ρ ≠ 0 (두 변수 Y1 과 Y2는 서로 독립이 아니다.)
② 유의수준 = 0.05
③ 유의확률 = 0.000
④ 유의수준 = 0.05 > 유의확률 = 0.000
⑤ 귀무가설을 기각한다.
⑥ Y1과 Y2는 서로 종속이다.고 할 수 있다.

Y1 과 Y2는 독립이라고 할 수 없으므로 종속이 된다. 그러나 다변량 분석에서는 Y1과 Y2는 완전한 독립이 아니다. 서로 상관이 있게 된다.
그러므로 다변량분석에서는 종속인 경우에도 분석하는 것이 가능하다.

* 반복측정 분산분석과 다변량 분산분석의 차이점을 정확하게 판단하기 바랍니다.

문제 3-4 성적추정

아래의 자료는 고교성적과 대학성적에 관한 것으로 변수들은 다음과 같다. 자료를 분석하라.

X1 = 고교 수리능력 시험성적　　X2 = 고교 언어능력 시험성적
X3 = 고교 창의력능력 시험성적

Y1 = 대학 수학평점　　Y2 = 대학 과학평점
Y3 = 대학 영어평점　　Y4 = 대학 인문학평점

고교 성적과 대학 성적

X1	X2	X3	Y1	Y2	Y3	Y4
27	62	46	2.5	2.0	2.9	1.4
21	38	76	2.4	1.3	2.3	2.1
27	65	57	0.9	4.0	0.1	3.3
45	68	49	1.0	3.1	2.4	2.7
15	55	58	0.5	2.9	1.6	1.8
54	66	66	3.8	2.1	4.0	3.4
64	61	61	2.0	2.3	3.4	3.1
67	78	43	2.0	2.8	3.1	4.0
77	59	28	1.0	3.9	0.0	1.6
55	46	56	4.0	2.9	2.2	0.0
60	64	36	3.9	2.2	2.3	2.4
48	52	22	2.2	2.3	1.4	1.4
53	39	61	2.5	2.1	2.2	3.2
75	89	43	0.3	4.0	0.3	4.0
29	65	48	1.9	3.3	0.2	2.5
16	36	68	0.5	3.9	0.0	2.5
39	41	59	3.5	2.9	1.9	2.5
3	47	57	0.9	3.1	0.6	2.8
44	57	15	2.6	2.0	2.5	1.5
31	43	81	2.4	1.3	3.5	2.6

1. 다변량 선형회귀분석
2. 편 상관계수 유도

(풀이) 1. 자료입력

	x1	x2	x3	y1	y2	y3	y4
1	27	62	46	2.5	2.0	2.9	1.4
2	21	38	76	2.4	1.3	2.3	2.1
3	27	65	57	.9	4.0	.1	3.3
4	45	68	49	1.0	3.1	2.4	2.7
5	15	55	58	.5	2.9	1.6	1.8
6	54	66	66	3.8	2.1	4.0	3.4

2. 분석 > 일반선형모형 > 다변량을 클릭한다.

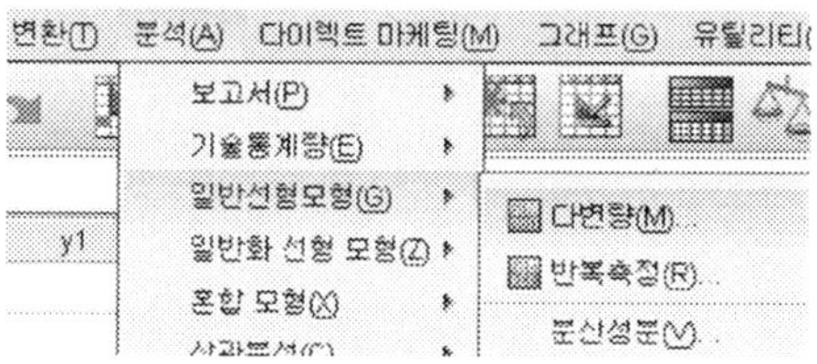

3. x1, x2, x3는 공변량으로 y1, y2, y3, y4는 종속변수로 한다.

공변량 x1, x2, x3는 범주형변수가 아닌 연속형변수이므로 3개의 변수는 공변량으로 취급한다.

즉, 모수인자가 없으므로 개체간 검정이 필요 없다.

그러므로 사후분석이 대화상자에서 나타나지 않는다.

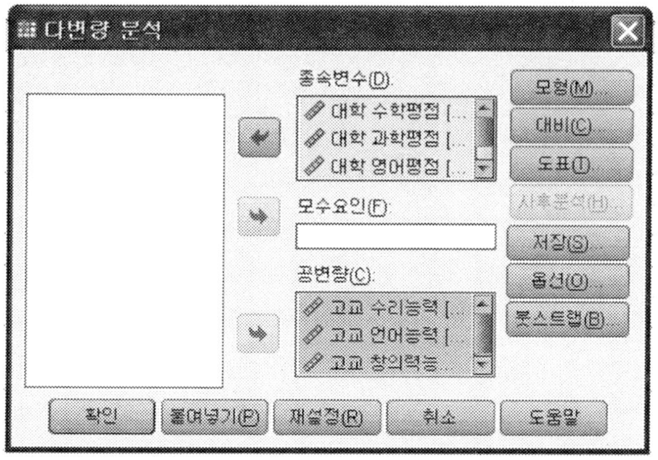

4. 모형을 클릭하여 대화상자를 정리한다.

사용자 정의를 선택한 후 설명변수 x1, x2, x3을 우측으로 이동하고 항 설정에는 주효과를 선택한다.

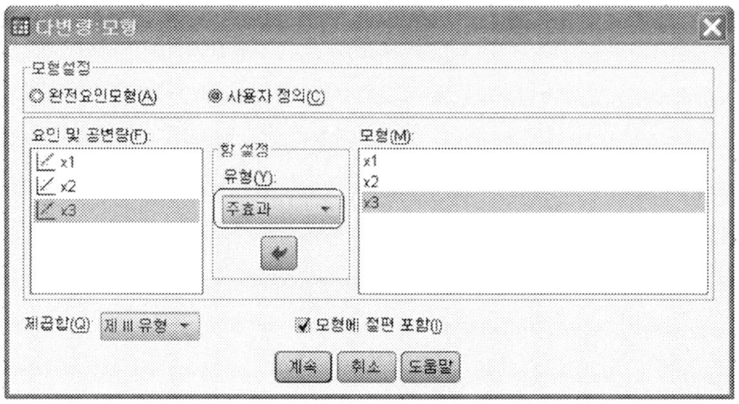

S P S S 결과

일반선형모형

다변량 검정[b]

효과		값	F	가설 자유도	오차 자유도	유의확률
절편	Pillai의 트레이스	.488	3.096[a]	4.000	13.000	.054
	Wilks의 람다	.512	3.096[a]	4.000	13.000	.054
	Hotelling의 트레이스	.953	3.096[a]	4.000	13.000	.054
	Roy의 최대근	.953	3.096[a]	4.000	13.000	.054
x1	Pillai의 트레이스	.295	1.359[a]	4.000	13.000	.301
	Wilks의 람다	.705	1.359[a]	4.000	13.000	.301
	Hotelling의 트레이스	.418	1.359[a]	4.000	13.000	.301
	Roy의 최대근	.418	1.359[a]	4.000	13.000	.301
x2	Pillai의 트레이스	.506	3.331[a]	4.000	13.000	.044
	Wilks의 람다	.494	3.331[a]	4.000	13.000	.044
	Hotelling의 트레이스	1.025	3.331[a]	4.000	13.000	.044
	Roy의 최대근	1.025	3.331[a]	4.000	13.000	.044
x3	Pillai의 트레이스	.462	2.791[a]	4.000	13.000	.071
	Wilks의 람다	.538	2.791[a]	4.000	13.000	.071
	Hotelling의 트레이스	.859	2.791[a]	4.000	13.000	.071
	Roy의 최대근	.859	2.791[a]	4.000	13.000	.071

a. 정확한 통계량

b. Design: 절편 + x1 + x2 + x3

(1) 다변량 검정 도표를 정리하면 다음과 같다.

도표에서 Wilks의 람다를 기준으로 설명한다.

설명변수 x1, x2, x3의 다변량 유의확률 P-값은 각각 0.301, 0.044, 0.071이다.

유의성의 기준은 일반적으로 5%를 적용하므로 설명변수 X1, X3는 다변량적 유의성 만큼은 인정되지 않는다.

그러므로 앞으로는 본 문제의 분석은 유의수준을 10%를 적용한다. 이때 설명변수 X1의 유의확률 30.1%는 유의수준 10%에서도 유의하지 않음을 알 수 있다. 이것은 다음 도표인 "일변량 선형회귀분석"결과에서도 확인할 수 있다.

개체-간 효과 검정

소스	종속 변수	제 III 유형 제곱합	자유도	평균 제곱	F	유의확률
수정 모형	대학 수학평점	5.770[a]	3	1.923	1.513	.249
	대학 과학평점	1.806[b]	3	.602	.842	.491
	대학 영어평점	4.734[c]	3	1.578	.974	.429
	대학 인문학평점	8.096[d]	3	2.699	4.356	.020
절편	대학 수학평점	3.536	1	3.536	2.781	.115
	대학 과학평점	1.573	1	1.573	2.199	.158
	대학 영어평점	.026	1	.026	.016	.901
	대학 인문학평점	1.546	1	1.546	2.495	.134
x1	대학 수학평점	4.321	1	4.321	3.399	.084
	대학 과학평점	.204	1	.204	.286	.600
	대학 영어평점	2.998	1	2.998	1.851	.193
	대학 인문학평점	.056	1	.056	.091	.767
x2	대학 수학평점	3.831	1	3.831	3.014	.102
	대학 과학평점	1.252	1	1.252	1.750	.204
	대학 영어평점	.057	1	.057	.035	.853
	대학 인문학평점	5.209	1	5.209	8.408	.010
x3	대학 수학평점	.019	1	.019	.015	.905
	대학 과학평점	.115	1	.115	.161	.694
	대학 영어평점	3.003	1	3.003	1.854	.192
	대학 인문학평점	4.415	1	4.415	7.126	.017
오차	대학 수학평점	20.338	16	1.271		
	대학 과학평점	11.446	16	.715		
	대학 영어평점	25.916	16	1.620		
	대학 인문학평점	9.912	16	.620		

합계	대학 수학평점	109.340	20
	대학 과학평점	161.220	20
	대학 영어평점	98.730	20
	대학 인문학평점	137.080	20
수정 합계	대학 수학평점	26.108	19
	대학 과학평점	13.252	19
	대학 영어평점	30.650	19
	대학 인문학평점	18.008	19

a. R 제곱 = .221 (수정된 R 제곱 = .075)

b. R 제곱 = .136 (수정된 R 제곱 = -.026)

c. R 제곱 = .154 (수정된 R 제곱 = -.004)

d. R 제곱 = .450 (수정된 R 제곱 = .346)

(2) 개체-간 효과 검정은 각 종속변수들을 일변량 선형회귀분석으로 간주하여 분석한 결과이다. 이유는 종속변수들간의 상관이 거의 없는 독립적일 때는 일변량 분석결과나 다변량 분석결과나 큰 차이는 나타나지 않는다.

(3) X1(=고교 수리능력)은 종속변수 대학 수학평점(=Y1)에만 유의하게 기여할 뿐 나머지 종속 변수 Y2, Y3, Y4에는 별로 기여하지 못함을 알 수 있다. (유의수준 10%)

그러므로 고교 수학성적은 대학의 일반 학업성적(수학 이외)에 뚜렷하게 영향을 미치지 않음을 알 수 있다.

(4) X2(=고교 언어능력)는 Y4(=대학 인문학평점)에 유의한 영향을 미침을 알 수 있다.

(5) X3(=고교 창의력능력)은 대학 인문학평점(=Y4)에 유의한 영향을 미침을 알 수 있다.

<참고>

(1). S P S S 화면에서 다음과 같이 실행한다.

① 분석 > 일반선형모형 > 일변량을 클릭한다.

② 일변량 대화상자에서 종속변수에는 Y1을
공변량에는 x1, x2, x3, x4를 입력한다.

(2). S P S S 화면에서 다음과 같이 실행한다.

① 분석 > 회귀분석 > 선형을 클릭한다.

② 선형 회귀분석 대화상자에서 종속변수에는 Y1을
독립변수에는 x1, x2, x3을 입력한다.

(3). (1)과 (2)의 결과에서 나타나는 도표의 값과 다변량 회귀분석에서 개체 간 효과 검정의 결과와 비교하기 바란다.

5. 다변량 선형회귀를 이용하여 Y1, Y2, Y3, Y4 사이의 편 상관계수를 구한다.
분석 > 상관분석 > 편 상관계수를 클릭한다.

6. 편 상관계수 대화상자에 다음과 같이 정리한다.

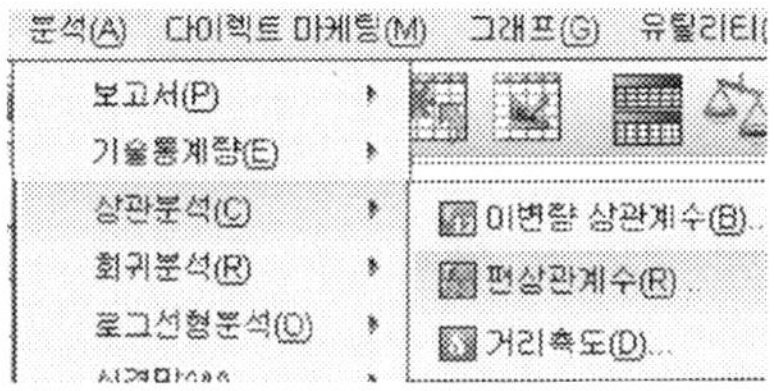

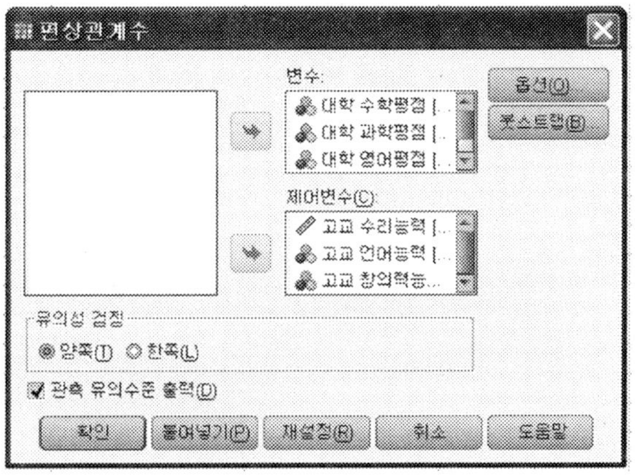

S P S S 결과

편상관계수

상관

통제변수			대학 수학평점	대학 과학평점	대학 영어평점	대학 인문학평점
고교 수리능력 & 고교 언어능력 & 고교 창의력능력	대학 수학 평점	상관	1.000	-.604	.645	-.290
		유의수준(양측)	.	.010	.005	.258
		df	0	15	15	15
	대학 과학 평점	상관	-.604	1.000	-.871	.099
		유의수준(양측)	.010	.	.000	.705
		df	15	0	15	15
	대학 영어 평점	상관	.645	-.871	1.000	-.158
		유의수준(양측)	.005	.000	.	.546
		df	15	15	0	15
	대학 인문 학평 점	상관	-.290	.099	-.158	1.000
		유의수준(양측)	.258	.705	.546	.
		df	15	15	15	0

(6) 대학 수학평점(=Y1)과 대학 과학평점(=Y2)의 편 상관계수가 -0.604이므로 상당히 크게 나타났다. (유의확률=0.010) 즉, 대학 수학평점과 대학 과학평점은 상당한 반비례 관계가 있음을 알 수 있다.

(7) 대학 과학평점(=Y2)과 대학 영어평점(=Y3)의 편 상관계수가 -0.871이므로 상당

히 크게 나타났다. (유의확률=0.000) 즉, 대학 과학평점과 대학 영어평점은 상당한 반비례 관계가 있음을 알 수 있다.

(8) 대학 영어평점(=Y3)과 대학 인문학평점(=Y4)의 편 상관계수가 −0.158이므로 무시 할만하다. (유의확률=0.548)

<참고> (1). S P S S 화면에서 다음과 같이 실행한다.

① 분석 > 상관분석 > 이변량 상관계수를 클릭한다.

② 이변량 상관계수 대화상자에서 변수 칸에 y1, y2, y3, y4를 입력한다.

(2). 편 상관계수와 이변량 상관계수의 결과와 비교분석하기 바람.

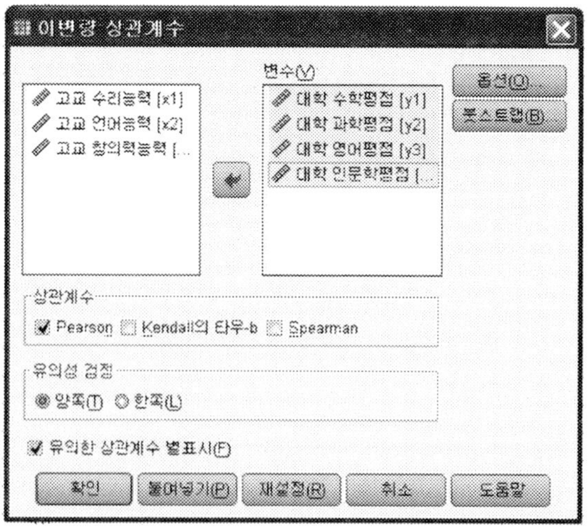

상관계수

		대학 수학평점	대학 과학평점	대학 영어평점	대학 인문학평점
대학 수학평점	Pearson 상관계수	1	-.616**	.633**	-.308
	유의확률 (양쪽)		.004	.003	.187
	N	20	20	20	20
대학 과학평점	Pearson 상관계수	-.616**	1	-.801**	.183
	유의확률 (양쪽)	.004		.000	.440
	N	20	20	20	20
대학 영어평점	Pearson 상관계수	.633**	-.801**	1	.025
	유의확률 (양쪽)	.003	.000		.917
	N	20	20	20	20
대학 인문학평점	Pearson 상관계수	-.308	.183	.025	1
	유의확률 (양쪽)	.187	.440	.917	
	N	20	20	20	20

**. 상관계수는 0.01 수준(양쪽)에서 유의합니다.

문제 3-5 성적비교

자료는 고교학생들을 성별에 따라 국어, 수학, 영어성적을 조사한 것이다. 성별에 따라 점수는 차이가 나는지를 분석하라. (자료는 부록에 있음.)

(풀이)

1. S P S S에 자료를 입력한다.

	성별	국어	수학	영어
1	2	66	56	83
2	2	76	71	65
3	1	70	81	87
4	2	92	87	74
5	2	78	50	45
6	2	86	52	41
7	2	84	76	73
8	2	76	91	85
9	2	90	90	75
10	2	15	33	15
11	1	30	30	5

2. 남녀별로 국어, 수학, 영어성적이 차이가 있는지를 알아보기 위해서 먼저 상자그림을 이용한다.

(1). 분석 > 기술통계량 > 데이터 탐색을 클릭한다.

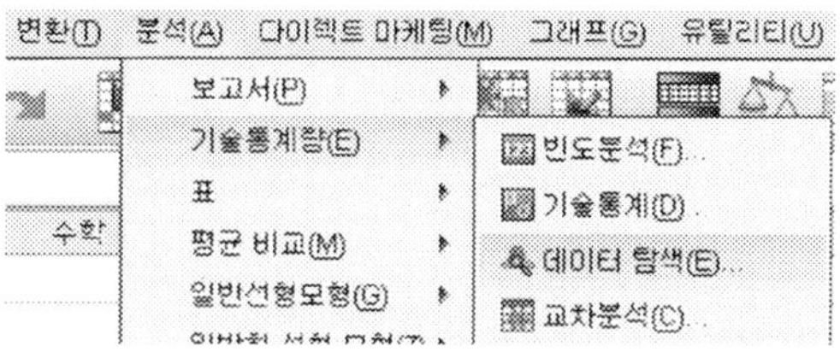

(2). 요인에는 성별, 종속변수에는 국어, 수학, 영어, 표시에는 도표를 선택한다.

S P S S 결과

국어점수상자그림

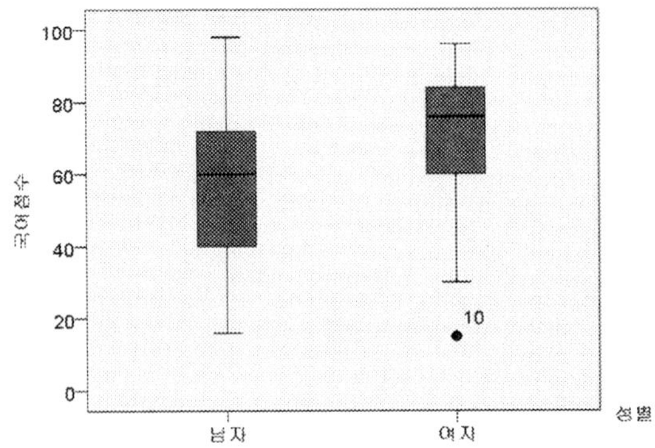

수학점수상자그림

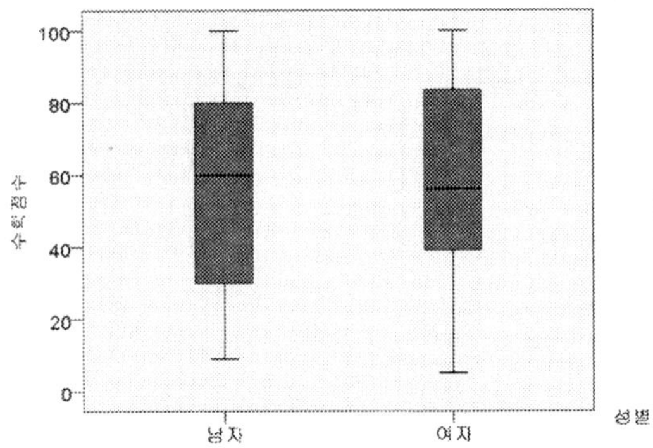

영어점수상자그림

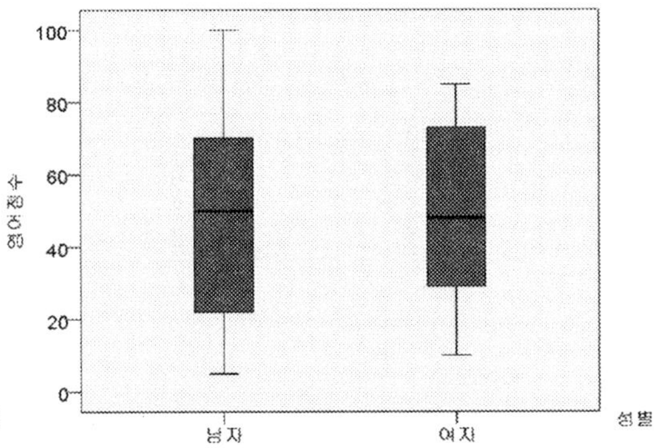

(1) 국어, 수학, 영어에 대하여 남녀별 상자그림을 보면

① 국어에서는 여자의 성적이 남자에 비해 높은 것 같다.

② 수학과 영어는 남녀별 점수 차이가 별로 나지 않는 것 같아 보인다.

3. 다변량 분산분석을 실시한다.

(1). 분석 > 일반선형모형 > 다변량을 클릭한다.

(2). 상자에서 종속변수에는 국어, 수학, 영어를 모수요인에는 성별을 선택한다.

(3). 옵션에서는 기술통계량과 동질성 검정을 선택한다.

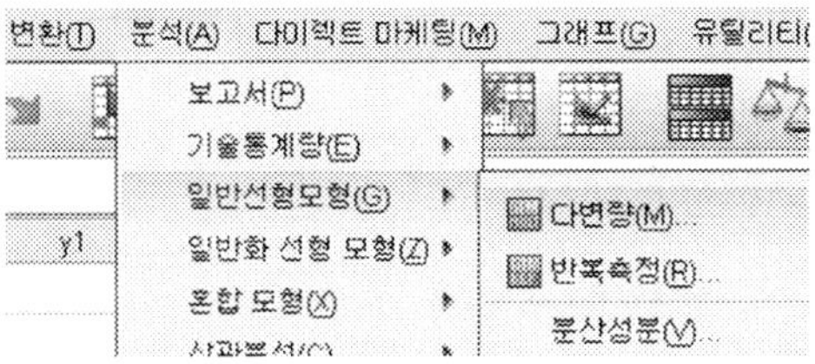

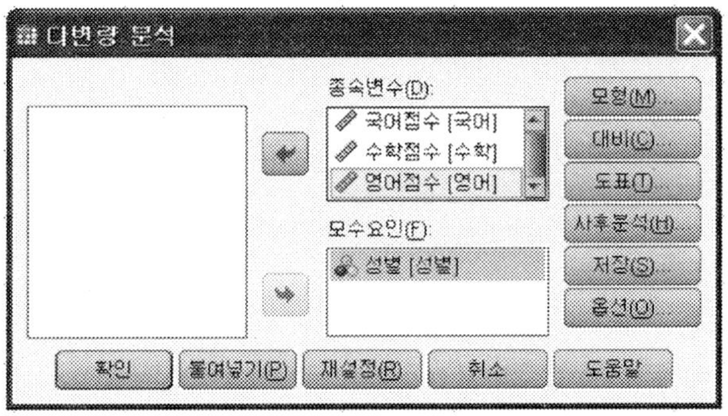

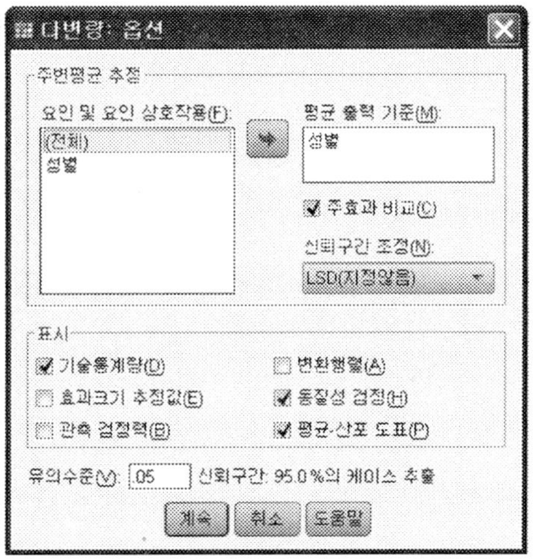

S P S S 결과

기술통계량

	성별	평균	표준편차	N
국어점수	남자	57.83	22.690	41
	여자	69.59	18.073	59
	합계	64.77	20.813	100
수학점수	남자	55.39	27.082	41
	여자	58.88	26.066	59
	합계	57.45	26.408	100
영어점수	남자	47.61	28.072	41
	여자	49.71	24.007	59
	합계	48.85	25.634	100

공분산행렬에 대한 Box의 동일성 검정[a]

Box의 M	9.095
F	1.463
df1	6
df2	50317.973
유의확률	.186

여러 집단에서 종속변수의 관측 공분산행렬이 동일한 영가설을 검정합니다.

a. Design: 절편 + 성별

(1) 3개의 종속변수 국어, 수학, 영어에 대한 기술 통계량이다.

① 국어는 남녀별 평균의 차이는 크고,

② 수학과 영어는 남녀별로 평균의 차이는 크지 않는 것으로 나타났다.

(2) 남녀별 종속변수의 공분산행렬이 동일한지를 검정한다.

유의확률이 0.186이므로 공분산행렬이 동일하다는 귀무가설이 채택된다.

그러므로 다변량 분산분석의 가정이 만족된다.

자료의 수가 크기(> 30) 때문에 정규성의 검정은 하지 않는다.

다변량 검정[b]

효과		값	F	가설 자유도	오차 자유도	유의확률
절편	Pillai의 트레이스	.911	328.816[a]	3.000	96.000	.000
	Wilks의 람다	.089	328.816[a]	3.000	96.000	.000
	Hotelling의 트레이스	10.275	328.816[a]	3.000	96.000	.000
	Roy의 최대근	10.275	328.816[a]	3.000	96.000	.000
성별	Pillai의 트레이스	.125	4.580[a]	3.000	96.000	.005
	Wilks의 람다	.875	4.580[a]	3.000	96.000	.005
	Hotelling의 트레이스	.143	4.580[a]	3.000	96.000	.005
	Roy의 최대근	.143	4.580[a]	3.000	96.000	.005

a. 정확한 통계량

b. Design: 절편 + 성별

(3) 다변량 검정결과에서 절편의 내용은 총 평균이 0인가를 검정한다.

Wilks의 람다 유의확률이 0.000이므로 "총 평균은 0이다."고 할 수 없다.

(4) 다변량 검정결과에서 성별의 내용은 "국어, 수학, 영어를 동시에 고려할 때 성별로 차이가 있는가?"를 검정하기 위한 것이다.

다변량 검정통계량에서 Wilks의 람다 유의확률이 0.005로서 국어, 수학, 영어의 평균이 성별로 다르다고 할 수 있다. 따라서 어느 종속변수에서 차이가 나는가를 알기위하여 일변량 분산분석이 필요하다.

오차 분산의 동일성에 대한 Levene의 검정[a]

	F	df1	df2	유의확률
국어점수	3.012	1	98	.086
수학점수	.135	1	98	.715
영어점수	2.455	1	98	.120

여러 집단에서 종속변수의 오차 분산이 동일한 영가설을 검정합니다.

a. Design: 절편 + 성별

(5) 일변량 분산분석을 위하여 일변량 분산분석의 가정인 정규성과 분산의 동일성이 필요하다.

① 먼저 집단의 수가 크므로($n_1 = 41$, $n_2 = 59$) 정규성의 검정은 필요하지 않는다.

② 다음으로 각 종속변수에 대한 집단(남여)별 분산의 동일성을 검정한 결과이다. 국어점수, 수학점수, 영어점수의 유의확률이 모두 0.05보다 크므로 분산이 동일하다고 할 수 있다.

개체-간 효과 검정

소스	종속 변수	제 III 유형 제곱합	자유도	평균 제곱	F	유의확률
수정 모형	국어점수	3347.668[a]	1	3347.668	8.298	.005
	수학점수	294.824[b]	1	294.824	.420	.518
	영어점수	106.892[c]	1	106.892	.161	.689
절편	국어점수	3.928E5	1	3.928E5	973.507	.000
	수학점수	3.159E5	1	3.159E5	450.289	.000
	영어점수	2.291E5	1	2.291E5	345.713	.000
성별	국어점수	3347.668	1	3347.668	8.298	.005
	수학점수	294.824	1	294.824	.420	.518
	영어점수	106.892	1	106.892	.161	.689
오차	국어점수	39538.042	98	403.449		
	수학점수	68745.926	98	701.489		
	영어점수	64947.858	98	662.733		
합계	국어점수	4.624E5	100			
	수학점수	3.991E5	100			
	영어점수	3.037E5	100			
수정 합계	국어점수	42885.710	99			
	수학점수	69040.750	99			
	영어점수	65054.750	99			

a. R 제곱 = .078 (수정된 R 제곱 = .069)

b. R 제곱 = .004 (수정된 R 제곱 = -.006)

c. R 제곱 = .002 (수정된 R 제곱 = -.009)

(6) ① 국어, 수학, 영어를 각각 정리한 분산분석이다.

② 성별의 내역에서 보면 국어점수의 유의확률이 0.005이므로 국어점수에서는 성별간 평균(성적)차이가 있다고 볼 수 있다.

③ 수학과 영어에서는 성별간 차이가 없다고 볼 수 있다.

<참고>

추정값

종속 변수	성별	평균	표준오차	95% 신뢰구간 하한값	95% 신뢰구간 상한값
국어점수	남자	57.829	3.137	51.604	64.054
	여자	69.593	2.615	64.404	74.783
수학점수	남자	55.390	4.136	47.182	63.599
	여자	58.881	3.448	52.039	65.724
영어점수	남자	47.610	4.020	39.631	55.588
	여자	49.712	3.352	43.061	56.363

(7) 국어점수의 경우

① 남자의 평균 점수는 57.829이고 표준편차는 3.137이다.

② 여자의 평균 점수는 69.593이고 표준편차는 2.615이다.

③ 남자모집단 평균점수의 95% 신뢰구간은 (51.604 , 64.054)이다.

④ 여자모집단 평균점수의 95% 신뢰구간은 (64.404 , 74.783)이다.

대응별 비교

종속 변수	(I) 성별	(J) 성별	평균차(I-J)	표준오차	유의확률[a]	차이에 대한 95% 신뢰구간[a] 하한값	차이에 대한 95% 신뢰구간[a] 상한값
국어점수	남자	여자	-11.764*	4.084	.005	-19.868	-3.660
수학점수	남자	여자	-3.491	5.385	.518	-14.178	7.195
영어점수	남자	여자	-2.102	5.234	.689	-12.489	8.285

추정된 주변평균을 기준으로

*. 평균차는 .05 수준에서 유의합니다.

a. 다중비교에 대한 조정: 최소유의차 (조정하지 않은 상태와 동일합니다.)

(8) 국어점수에서 남자와 여자의 점수 차이를 보면

① 평균의 차이는 −11.764이다. (여자의 점수가 높다)

② "차이가 있다." 라는 양측검정에 대한 유의확률이 0.005로 나타났기 때문에 성별간에는 차이가 있다. 라고 결론을 내릴 수 있다.

(단측검정인 경우에는 "여자가 남자보다 국어점수가 높다." 라고 결론을 내릴 수 있다.)

③ 남자와 여자의 평균 국어점수 차이에 대한 95% 신뢰구간은 (−19.868 , −3.660)이다. 즉 남학생과 여학생의 국어점수 평균값 차이의 참값은 −19.868과 −3.660 사이의 어떤 값이 된다.

(9) 추가적인 분석은 각자 정리바람.

제 4 장 신뢰도 분석

1. 원리

신뢰도 분석(reliability analysis)은 시간적 간격을 두고 동일한 조건에서 측정대상을 반복하여 측정하였을 때 각 반복측정치들 사이에 나타나는 일관성 정도를 의미한다.

신뢰도는 반복측정을 했을 때도 중요하지만 단 한번을 측정하였어도 비체계적인 오차를 줄이느냐가 중요한 문제이다. 비체계적인 오차는 개인적인 변화나 상황적인 변화(모집단의 변화, 측정과정의 변화)로 인해 반복측정에서 상이한 결과를 도출될 수 있는 것을 말한다. 즉, 한 검사가 측정대상이 되는 내용을 어느 정도의 안정성을 가지고 일관성 있게 측정하고 있느냐하는 것과 관련된 정확성을 말한다.

측정할 때는 크게 두 가지의 오류가 발생할 수 있다. 체계적인 오차와 비체계적인 오차 가 발생 할 수 있다. 체계적인 오차는 측정할 때마다 일정한 방향으로 발생하는 오류이고 비체계적인 오차는 측정할 때마다 방향이 일정하지 않는 오차로 무작위적으로 발생하는 오차를 말한다.

측정값을 나타내면 다음과 같다.

측정값 = 실제값(참값) + 측정오차
= 실제값(참값) + 체계적인 오차 + 비체계적인 오차

오차의 값이 전혀 없으면 신뢰도는 1이 되고 오차의 값이 크면 신뢰도는 0으로 가까워진다. 결국 신뢰도가 높다는 것은 측정오차가 작다고 할 수 있다.

$$\text{신뢰도} = \frac{\text{실제값}}{\text{측정값}} = \frac{\text{실제값}}{\text{실제값} + \text{측정오차}}$$

$$= \frac{\text{실제값}}{\text{실제값} + \text{체계적인 오차} + \text{비 체계적인 오차}}$$

신뢰성은 비체계적인 오차와 관련되고 타당성은 체계적인 오차와 관련된다. 타당성은 측정하고자 하는 개념이나 속성을 정확하게 측정하였는가를 의미한다. 타당성은 주로 설문을 작성할 때 조사자가 원하는 개념을 정확하게 측정하고 있는가와 같이 측정문항의 작성과 관련된다.

(1) 

(2) 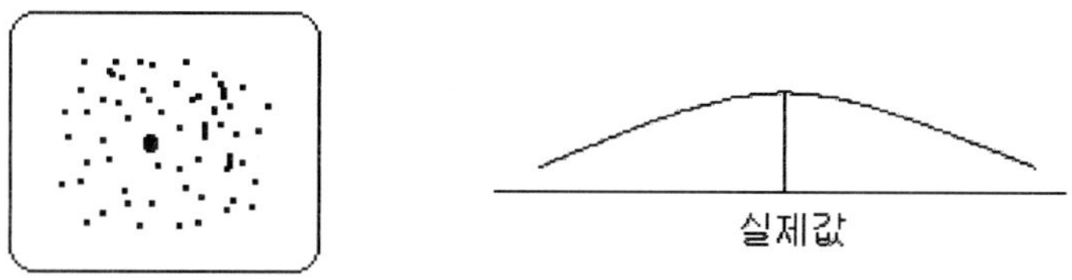

(3) 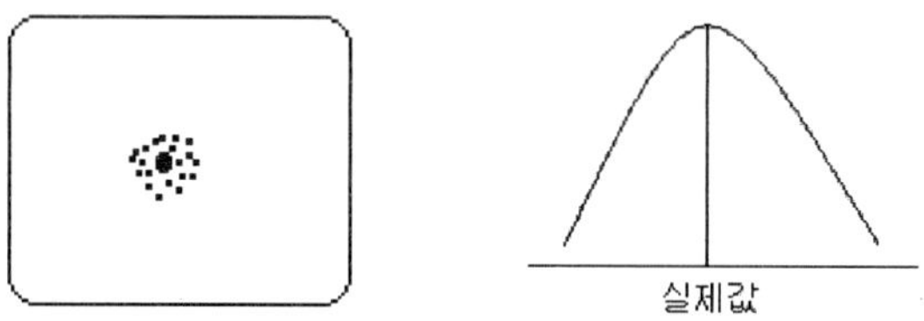

(1)의 경우는 신뢰성은 높으나 타당성이 없는 경우이다.
(2)의 경우는 타당성은 높으나 신뢰성이 낮은 경우이다.
(3)의 경우는 가장 이상적인 측정으로 신뢰성과 타당성이 좋은 경우이다.

2. 측정방법

(1) 재검사 신뢰도
(반복측정 신뢰도, test-retest reliability)
(2) 동형검사 신뢰도
(동등한 두 가지 측정도구에 의한 측정치의 신뢰도, equivalent form reliability)
(3) 반분 신뢰도
(반분에 의한 신뢰도, split-half reliability)
(4) **문항 내 적합차도**
(내적 일관성에 의한 신뢰도, inter-item consistency reliability)

측정방법에는 4종류가 있다, 일반적으로 신뢰도 측정은 "문항 내 적합차도"를 이용한다.

*. 문항 내 적합차도
한 개의 문항을 한 개의 설문지로 가정하여 분석한다. 즉, 동일한 개념을 여러 문항으로 질문하여 이러한 문항들이 유사한 값들을 갖는지를 측정하는 방법이다.
내적 일관성에 의한 신뢰도는 크론바하 알파(Cronbach's alpha)계수를 이용하여 측정한다. 이것은 개별 측정항목과 다른 측정항목들 간의 상관관계를 계산하여 어떤 항목이 다른 항목들과의 상관관계가 낮은 항목은 서로 다른 개념으로 문항을 측정한 것으로 간주하여 이를 제거함으로서 전체항목의 신뢰도를 높이도록 하는 것이다.

각 문항의 점수는 $x_1, x_2, \cdots, x_k$ 이고 동형의 문항점수는 $x'_1, x'_2, \cdots, x'_k$ 일 때 등분산성과 등공분산성이 만족한다고 가정한다.

$$\text{Cov}(x_1, x_2, \cdots, x_k, x'_1, x'_2, \cdots, x'_k) = k^2 \sigma_{12}$$

$$\text{Var}(x_1 + x_2 + \cdots + x_k) = \text{Var}(x'_1 + x'_2 + \cdots + x'_k)$$
$$= k\,\sigma_{12} + k(k-1)\,\sigma_{12}$$

단, $\sigma_{12} = Cov(x_i, x_j)$,
$\sigma^2 = Var(x_i)$

$$\text{Cov}(\ x_1 + x_2 + \cdots + x_k\ ,\ x'_1 + x'_2 + \cdots + x'_k\ )$$
$$= \frac{k}{k-1}\ [\ \text{Var}(\ x_1 + x_2 + \cdots + x_k\ )\ -\ \sum\text{Var}(\ x_i\ )\ ]$$

그러므로 신뢰도는 다음과 같다.

$$\alpha\ (\equiv \rho)\ =\ \text{Corr}(\ x_1 + x_2 + \cdots + x_k\ ,\ x'_1 + x'_2 + \cdots + x'_k\ )$$
$$= \frac{Cov(x_1 + x_2 + \cdots + x_k\ ,\ x'_1 + x'_2 + \cdots + x'_k)}{Var(x_1 + x_2 + \cdots + x_k)}$$
$$= \frac{k}{k-1}\ \frac{Var(x_1 + x_2 + \cdots + x_k) - \sum Var(x_i)}{Var(x_1 + x_2 + \cdots + x_k)}$$
$$= \frac{k}{k-1}\ [\ 1 - \frac{\sum Var\,(\,x_i\,)}{Var(\,\sum(\,x_i\,)\,)}\ ]$$
$$= \frac{k}{k-1}\ [\ 1\ -\ \frac{x_1\text{의 분산} + x_2\text{의 분산} + \cdots + x_k\text{의 분산}}{(\,x_1 + x_2 + \cdots + x_k\,)\text{의 분산}}\ ]$$

위의 식을 크롬바하 알파 혹은 알파 계수라고 한다.

문항간의 상관계수가 작다고 하더라도 문항수가 충분히 많으면 알파계수(신뢰도)는 1에 가깝게 커진다.

신뢰도의 값은 어느 정도일 때 정당한가는 일률적으로 기준은 없다. 일반적으로 0.8 이상이면 신뢰할 수 있다고 할 수 있다. 신뢰도가 0.6 이상이면 "아쉬운 데로 사용할만하다." 고 할 수 있다. 이하의 신뢰도에서는 측정방법을 개선하여야 할 것이다.

항목들 중에서 그 항목을 제외시켰을 때, 신뢰도가 전체 신뢰도보다 상당히 증가하는 항목이 존재하면 그런 항목은 신뢰성이 적은 항목으로서 제거하는 것이 좋다.

문제 4-1 PC-보유

PC를 보유하고 있는 대학생 29명에게 5점 척도로서 14개 문항을 질문하였다. (1)번은 1점, (2)번은 2점, (3)번은 3점, (4)번은 4점, (5)번은 5점으로 부여하였다, 부정적인 질문문항에 대하여는 반대로 점수를 부여하였다.
설문지를 신뢰도분석하라. 단, 29명의 자료는 부록에 있다.

보기

(1) 전혀 아니다. (2) 아니다. (3) 보통이다. (4) 그렇다. (5) 매우 그렇다.

1. 주위에 추천하고 싶다.
2. 최고의 제품이다.
3. 다음에도 같은 제품을 구입하겠다.
4. 주위에서 같은 제품을 산다면 만류하겠다.
5. 나에게 충분한 제품이다.
6. 기대이상의 성능을 가지고 있다.
7. 가끔 갖다버리고 싶도록 화가 난다.
8. 타인의 PC에 비하여 성능이 떨어진다.
9. 본 제품을 구매한 것을 후회한다.
10. 정말 매력적인 제품이다.
11. 생각보다 괜찮은 제품이다.
12. 타사의 제품광고에 관심이 있다.
13. 만족스럽다.
14. 역시 현명한 선택이었다.

(풀이)

1. S P S S에 자료를 입력한다.
   (흔글.txt로 전환하여 정리하면 편리하다.)

2. S P S S 화면에서 분석 > 척도 > 신뢰도분석을 클릭한다.

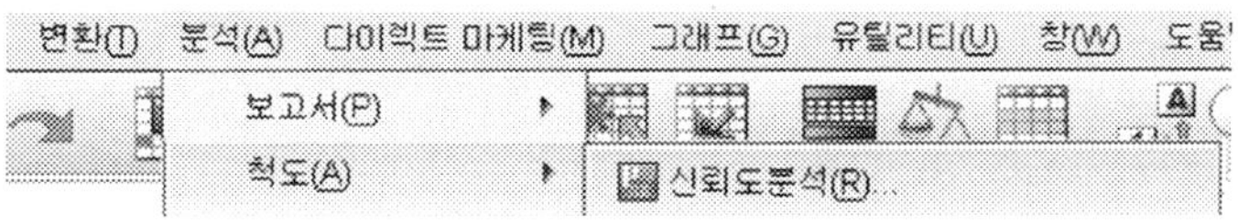

3. 신뢰도 분석 대화상자에 다음과 같이 정리한다.

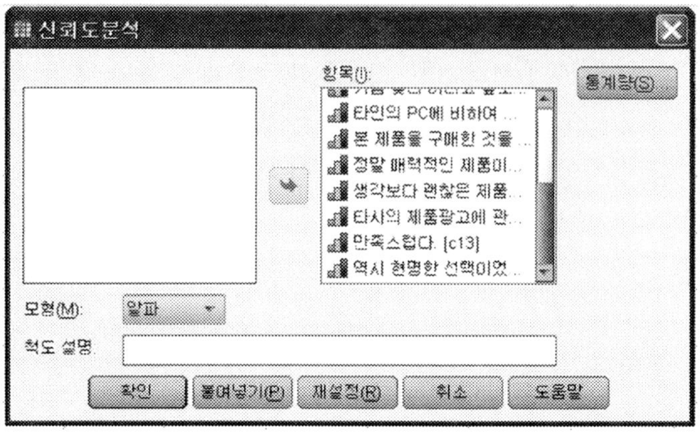

4. 통계량을 선택하여 항목제거 척도를 클릭한다.

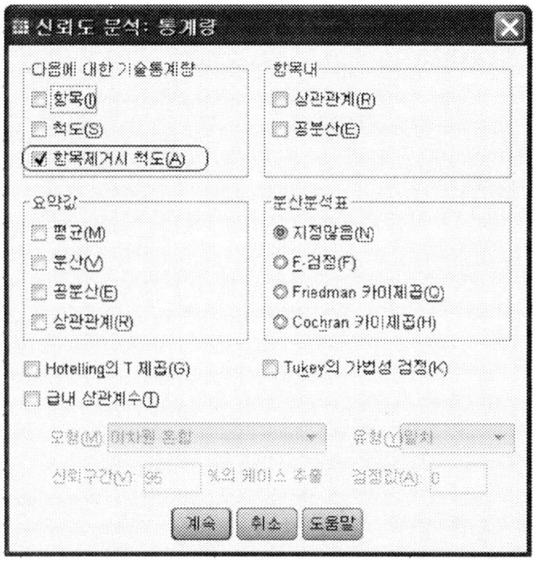

S P S S 결과

1. 1차 신뢰도분석

신뢰도 통계량

Cronbach의 알파	항목 수
.917	14

항목 총계 통계량

	항목이 삭제된 경우 척도 평균	항목이 삭제된 경우 척도 분산	수정된 항목-전체 상관관계	항목이 삭제된 경우 Cronbach 알파
1 주위에 추천하고 싶다.	38.55	60.613	.735	.908
2 최고의 제품이다.	38.69	59.865	.743	.907
3 다음에도 같은 회사제품을 구입하겠다.	38.55	60.613	.538	.917
4 주위에서 같은 제품을 산다면 만류하겠다.	38.34	58.377	.795	.905
5 나에게 충분한 제품이다.	38.31	63.436	.501	.916
6 기대 이상의 성능을 가지고 있다.	38.69	65.507	.655	.913
7 가끔 갖다 버리고 싶도록 화가 난다.	37.97	64.463	.426	.919
8 타인의 PC에 비하여 성능이 떨어진다.	38.38	58.458	.738	.907
9 본 제품을 구매한 것을 후회한다.	38.07	62.209	.685	.910
10 정말 매력적인 제품이다.	38.83	61.076	.736	.908
11 생각보다 괜찮은 제품이다.	38.48	62.044	.747	.908
12 타사의 제품광고에 관심이 있다.	38.97	65.177	.316	.924
13 만족스럽다.	38.45	60.613	.795	.906
14 역시 현명한 선택이었다.	38.55	62.328	.729	.909

분석

* 알파계수는 0.917으로 비교적 높게 나타났다.

항목이 삭제된 경우 Cronbach 알파는 해당문항을 제외하고 나머지 문항들만을 가지고 계산할 경우의 알파계수를 나타낸다.

그러므로 알파계수 0.917보다 큰 값은 전체 신뢰도에 좋지 않은 영향을 주는 문항으로 간주 할 수 있다.

즉, 문항7 과 문항12 는 전체 알파계수 보다 크므로 삭제하는 것이 바람직하다.

그러므로 문항7과 문항12를 삭제하여 다시 신뢰도분석을 실시한다.

2. 2차 신뢰도분석

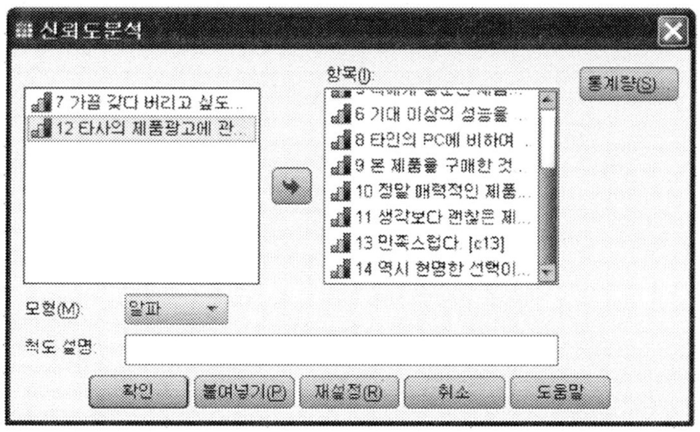

신뢰도 통계량

Cronbach의 알파	항목 수
.926	12

항목 총계 통계량

	항목이 삭제된 경우 척도 평균	항목이 삭제된 경우 척도 분산	수정된 항목-전체 상관관계	항목이 삭제된 경우 Cronbach 알파
1 주위에 추천하고 싶다.	32.59	48.751	.742	.917
2 최고의 제품이다.	32.72	47.921	.764	.916
3 다음에도 같은 회사제품을 구입하겠다.	32.59	48.966	.526	.929
4 주위에서 같은 제품을 산다면 만류하겠다.	32.38	46.815	.796	.915
5 나에게 충분한 제품이다.	32.34	51.091	.523	.926
6 기대 이상의 성능을 가지고 있다.	32.72	53.064	.682	.922
8 타인의 PC에 비하여 성능이 떨어진다.	32.41	46.537	.766	.916
9 본 제품을 구매한 것을 후회한다.	32.10	50.667	.646	.921
10 정말 매력적인 제품이다.	32.86	49.195	.742	.918
11 생각보다 괜찮은 제품이다.	32.52	50.330	.727	.919
13 만족스럽다.	32.48	48.973	.783	.916
14 역시 현명한 선택이었다.	32.59	50.537	.713	.919

분석

* 전체 알파계수는 0.917에서 0.926로 높아졌다.
알파계수가 0.926 보다 큰 값을 가지는 문항은 문항3과 문항5이다.
그러므로 이 두 문항을 삭제하고 다시 신뢰도분석을 한다.

3. 3차 신뢰도분석

항목 총계 통계량

	항목이 삭제된 경우 척도 평균	항목이 삭제된 경우 척도 분산	수정된 항목-전체 상관관계	항목이 삭제된 경우 Cronbach 알파
1 주위에 추천하고 싶다.	26.55	33.399	.774	.920
2 최고의 제품이다.	26.69	32.865	.777	.920
4 주위에서 같은 제품을 산다면 만류하겠다.	26.34	32.520	.750	.922
6 기대 이상의 성능을 가지고 있다.	26.69	37.436	.661	.928
8 타인의 PC에 비하여 성능이 떨어진다.	26.38	31.815	.768	.921
9 본 제품을 구매한 것을 후회한다.	26.07	35.138	.662	.926
10 정말 매력적인 제품이다.	26.83	34.148	.731	.922
11 생각보다 괜찮은 제품이다.	26.48	35.044	.722	.923
13 만족스럽다.	26.45	33.899	.780	.920
14 역시 현명한 선택이었다.	26.55	35.185	.712	.923

신뢰도 통계량	
Cronbach의 알파	항목 수
.930	10

분석

* 전체 알파계수는 0.926에서 0.930로 높아졌다.
알파계수가 0.930보다 큰 값을 가지는 문항은 없다.
이들 항목들은 전체 신뢰도에 좋지 않은 영향을 주는 문항은 없는 것으로 판단할 수 있다.
그러므로 각 문항과 전체점수와의 상관관계도 높게 나타났다.
최종 만족도 점수를 구하려면 새로운 변수계산 기능을 사용하여 문항에 대한 합산점수를 척도값으로 하면 된다.
(제외된 문항 : 문항3, 문항5, 문항7, 문항12)

4. 최종 신뢰도 분석

문항3, 문항5, 문항7, 문항12를 제외한 문항을 이용하여 신뢰도분석 한다.

(1). 분석 > 척도 > 신뢰도분석을 클릭한다.

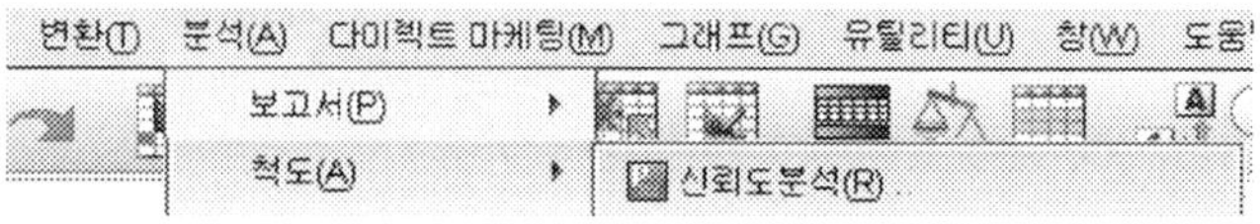

(2). 항목에는 문항3, 문항5, 문항7, 문항12를 제외한 문항을 입력한다.

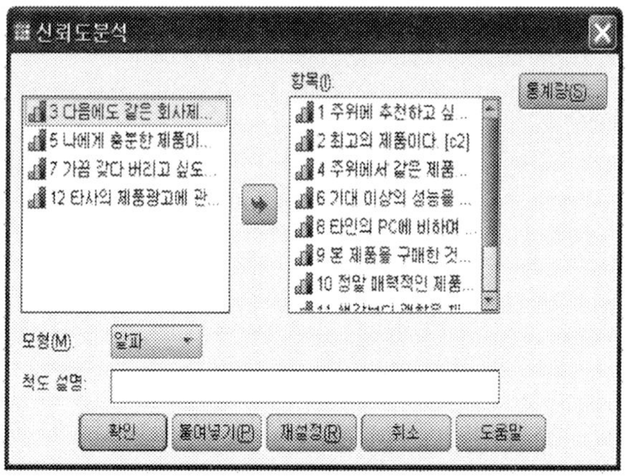

(3). 통계량에서 다음과 같이 선택한다.

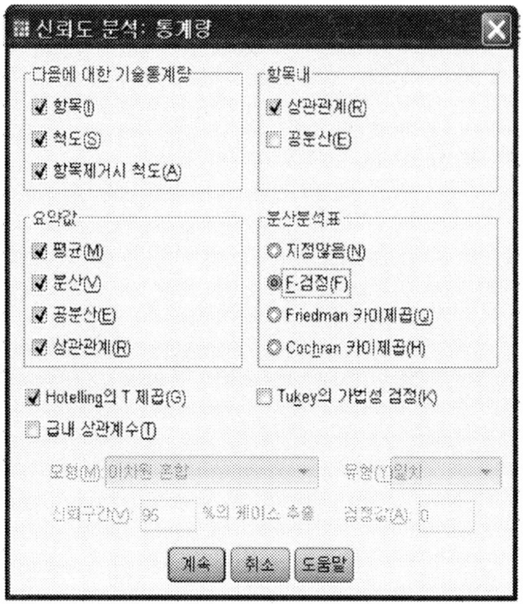

S P S S 결과

신뢰도분석

[신뢰성 분석의 기술통계]

항목 통계량

	평균	표준편차	N
1 주위에 추천하고 싶다.	2.90	.860	29
2 최고의 제품이다.	2.76	.912	29
4 주위에서 같은 제품을 산다면 만류하겠다.	3.10	.976	29
6 기대 이상의 성능을 가지고 있다.	2.76	.511	29
8 타인의 PC에 비하여 성능이 떨어진다.	3.07	1.033	29
9 본 제품을 구매한 것을 후회한다.	3.38	.775	29
10 정말 매력적인 제품이다.	2.62	.820	29
11 생각보다 괜찮은 제품이다.	2.97	.731	29
13 만족스럽다.	3.00	.802	29
14 역시 현명한 선택이었다.	2.90	.724	29

(1) 문항3, 문항5, 문항7, 문항12를 제외한 문항들을 분석하였다.

대상이 되는 변수 이름과 각 변수의 평균, 표준편차, 각 변수의 관찰 개수에 관한 통계량이다. 문항1의 평균은 2.90, 표준편차는 0.860, 관찰개수는 29개이다.

[변수들의 상관분석]

항목간 상관행렬

	1 주위에 추천하고 싶다.	2 최고의 제품이다.	4 주위에서 같은 제품을 산다면 만류하겠다.	6 기대 이상의 성능을 가지고 있다.	8 타인의 PC에 비하여 성능이 떨어진다.	9 본 제품을 구매한 것을 후회한다.	10 정말 매력적인 제품이다.	11 생각보다 괜찮은 제품이다.	13 만족스럽다.	14 역시 현명한 선택이었다.
1 주위에 추천하고 싶다.	1.000	.741	.694	.510	.652	.543	.652	.506	.570	.556
2 최고의 제품이다.	.741	1.000	.630	.560	.663	.538	.637	.576	.586	.555
4 주위에서 같은 제품을 산다면 만류하겠다.	.694	.630	1.000	.553	.595	.560	.675	.506	.547	.571
6 기대 이상의 성능을 가지고 있다.	.510	.560	.553	1.000	.439	.510	.626	.455	.610	.509
8 타인의 PC에 비하여 성능이 떨어진다.	.652	.663	.595	.439	1.000	.457	.580	.713	.690	.631
9 본 제품을 구매한 것을 후회한다.	.543	.538	.560	.510	.457	1.000	.515	.465	.632	.581
10 정말 매력적인 제품이다.	.652	.637	.675	.626	.580	.515	1.000	.514	.543	.473
11 생각보다 괜찮은 제품이다.	.506	.576	.506	.455	.713	.465	.514	1.000	.792	.600
13 만족스럽다.	.570	.586	.547	.610	.690	.632	.543	.792	1.00	.615
14 역시 현명한 선택이었다.	.556	.555	.571	.509	.631	.581	.473	.600	.615	1.000

(2) 분석대상 변수간의 상관관계를 나타낸다.

문항6과 문항8간의 상관관계가 0.439로 가장 적은 값이다.

문항11과 문항13간의 상관관계가 0.792로 가장 큰 값이다.

[스케일에 관한 통계]

척도 통계량

평균	분산	표준편차	항목 수
29.45	41.828	6.467	10

요약 항목 통계량

	평균	최소값	최대값	범위	최대값 / 최소값	분산	항목 수
항목 평균	2.945	2.621	3.379	.759	1.289	.046	10
항목 분산	.683	.261	1.067	.805	4.085	.053	10
항목간 공분산	.389	.170	.624	.454	3.674	.015	10
항목간 상관관계	.581	.439	.792	.353	1.805	.006	10

(3) 상관계수의 총합 $= 0.741 + 0.694 + \cdots + 0.615 = 26.126$

평균 $= 26.126/45 = 0.580577 \equiv 0.581$이다.

(4) 상관계수가 가장 낮은 값은 문항6과 문항8간의 상관계수 0.439이다.

(5) 상관계수가 가장 높은 값은 문항11과 문항13간의 상관계수 0.792이다.

상관계수의 범위는 $0.792 - 0.439 = 0.353$이다.

따라서 상관계수의 비율은 $0.792/0.439 = 1.805$이다.

(6) 상관계수의 분산은 0.006이다.

[스케일과 각 변수의 관계]

신뢰도 통계량

Cronbach의 알파	Cronbach's Alpha Based on Standardized Items	항목 수
.930	.933	10

항목 총계 통계량

	항목이 삭제된 경우 척도 평균	항목이 삭제된 경우 척도 분산	수정된 항목-전체 상관관계	제곱 다중 상관관계	항목이 삭제된 경우 Cronbach 알파
1 주위에 추천하고 싶다.	26.55	33.399	.774	.671	.920
2 최고의 제품이다.	26.69	32.865	.777	.654	.920
4 주위에서 같은 제품을 산다면 만류하겠다.	26.34	32.520	.750	.614	.922
6 기대 이상의 성능을 가지고 있다.	26.69	37.436	.661	.553	.928
8 타인의 PC에 비하여 성능이 떨어진다.	26.38	31.815	.768	.683	.921
9 본 제품을 구매한 것을 후회한다.	26.07	35.138	.662	.537	.926
10 정말 매력적인 제품이다.	26.83	34.148	.731	.615	.922
11 생각보다 괜찮은 제품이다.	26.48	35.044	.722	.705	.923
13 만족스럽다.	26.45	33.899	.780	.766	.920
14 역시 현명한 선택이었다.	26.55	35.185	.712	.558	.923

* [스케일과 각 변수의 관계]의 도표에서 1번째 행의 값을 유도하여 비교하고자 한다.

< 평균, 분산, 상관계수, 결정계수(R^2), 크론바하 알파 확인과정 >

*. 문항1을 제외한 나머지 변수들을 합한 변수를 $P1$으로 두면 아래와 같다.

$$P1 = C2 + C4 + C6 + C8 + C9 + C10 + C11 + C13 + C14$$

$P1$의 값을 정리하면 다음과 같다.

(C1　26.55　33.399　.774　.671　.920)

참고 : $P1$의 값 26.55 (= 평균)　　33.399 (= 분산)
.774 (= 상관계수)　　.671 (= 결정계수)
.920 (= 크론바하 알파)

1. $P1$의 값을 구하기 위하여 변수계산을 먼저 실행한다.

(1). 변환 > 변수계산을 클릭한다.

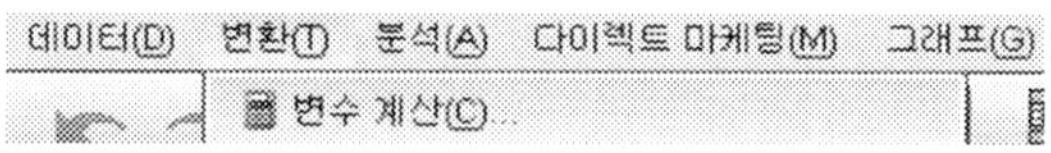

(2). 변수계산 대화상자에 대상변수에는 $P1$을

숫자표현식에는 sum(C2, C4, C6, C8, C9, C10, C11, C13, C14) 을 입력하여 정리한다.

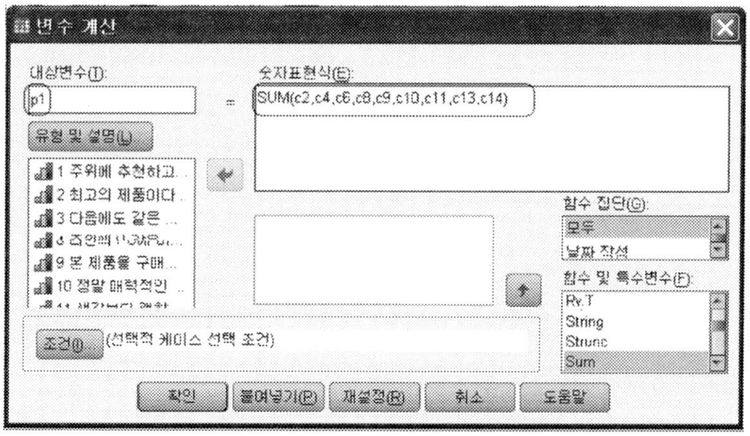

(3). S P S S 자료화면의 마지막 열에 $P1$의 값이 생성된다.

2. $P1$의 평균과 분산을 계산한다.

(1). 분산 > 기술통계량 > 기술통계를 클릭한다.

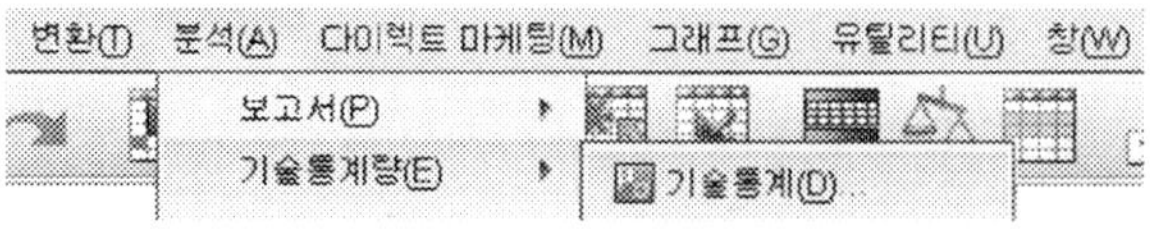

(2). 기술통계 대화상자의 변수란에 $P1$을 입력한다.

(3). 옵션을 선택하여 아래와 같이 정리한다.

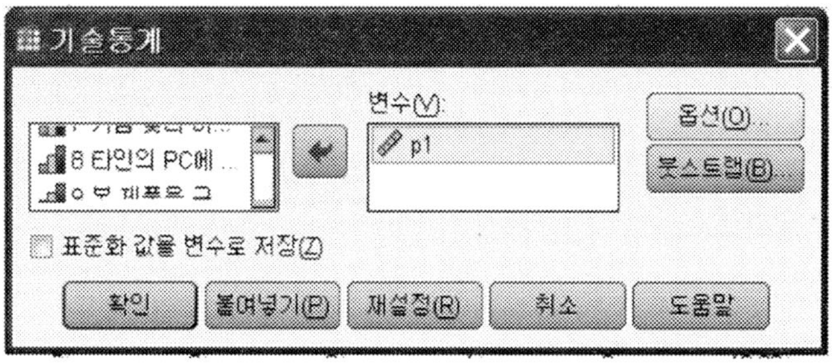

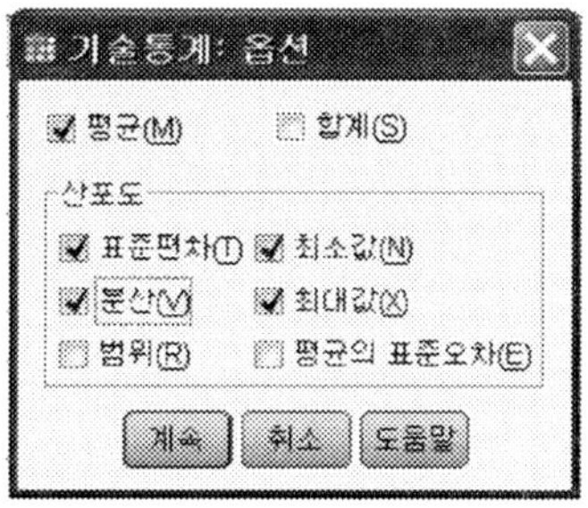

SPSS 결과

기술통계량

	N	최소값	최대값	평균	표준편차	분산
p1	29	16.00	44.00	26.5517	5.77919	33.399
유효수 (목록별)	29					

(7) 문항1을 제외한 $P1$의 평균은 **26.55** 이다. 도표에서는 26.55 이다.

(8) 문항1을 제외한 $P1$의 분산은 **33.399** 이다. 도표에서는 33.399 이다.

3. 상관계수 계산

(1). 분석 > 상관분석 > 이변량 상관계수를 클릭하여 정리한다.

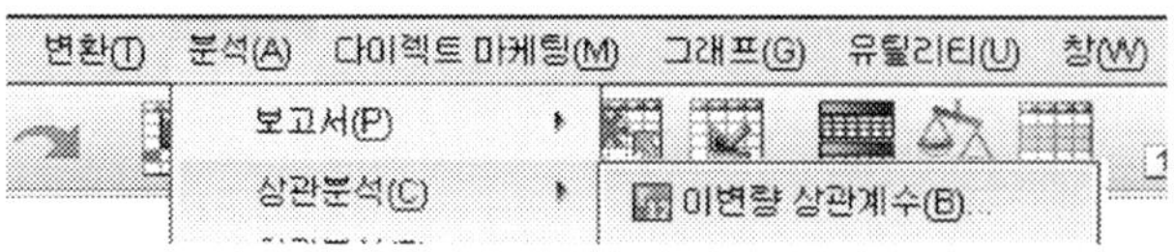

(2). 이변량 상관계수 상자에서 변수칸에는 문항1 " 주위에 추천하고 싶다." 와 "$P1$"을 입력한 다음 아래와 같이 정리한다.

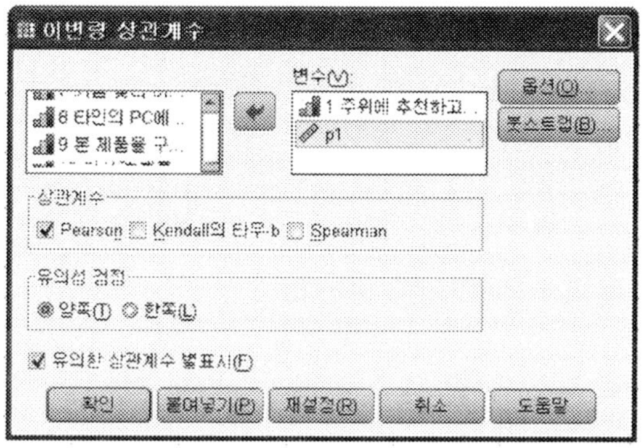

SPSS 결과

상관계수

		1 주위에 추천하고 싶다.	p1
1 주위에 추천하고 싶다.	Pearson 상관계수	1	.774**
	유의확률 (양쪽)		.000
	N	29	29
p1	Pearson 상관계수	.774**	1
	유의확률 (양쪽)	.000	
	N	29	29

**. 상관계수는 0.01 수준(양쪽)에서 유의합니다.

(9) 문항1과 $P1$의 상관계수는 **0.774**이다. 수정된 항목 전체 상관관계에서는 **.774** 이다.

4. 결정계수 계산

(1). 분석 > 회귀분석 > 선형을 클릭한다.

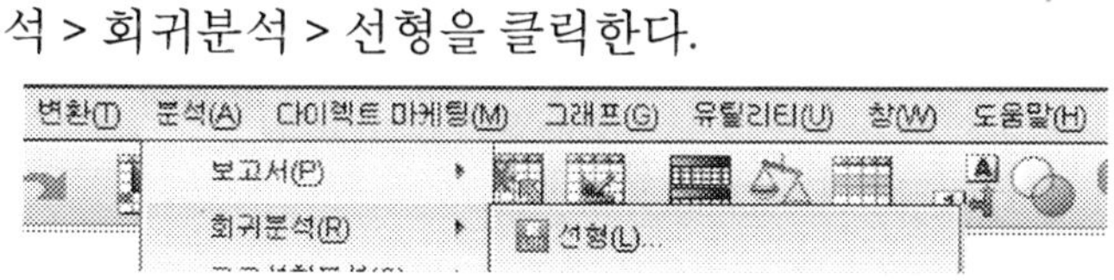

(2). 종속변수는 문항1, 나머지변수(9개)를 독립변수로 취급하여 회귀분석을 하면 다음과 같다. (제외 문항 : 3, 5, 7, 12)

SPSS 결과

선형회귀분석

모형 요약

모형	R	R 제곱	수정된 R 제곱	추정값의 표준오차
1	.819[a]	.671	.515	.599

a. 예측값: (상수), 14 역시 현명한 선택이었다., 10 정말 매력적인 제품이다., 9 본 제품을 구매한 것을 후회한다., 11 생각보다 괜찮은 제품이다., 6 기대 이상의 성능을 가지고 있다., 2 최고의 제품이다., 4 주위에서 같은 제품을 산다면 만류하겠다., 8 타인의 PC에 비하여 성능이 떨어진다., 13 만족스럽다.

(10) 결정계수 R 제곱 = **0.671**은 위의도표 제곱다중상관관계 의 값 **0.671**과 일치한다.

항목 총계 통계량

	항목이 삭제된 경우 척도 평균	항목이 삭제된 경우 척도 분산	수정된 항목-전체 상관관계	제곱 다중 상관관계	항목이 삭제된 경우 Cronbach 알파
1 주위에 추천하고 싶다.	26.55	33.399	.774	.671	.920
2 최고의 제품이다.	26.69	32.865	.777	.654	.920
4 주위에서 같은 제품을 산다면 만류하겠다.	26.34	32.520	.750	.614	.922
6 기대 이상의 성능을 가지고 있다.	26.69	37.436	.661	.553	.928
8 타인의 PC에 비하여 성능이 떨어진다.	26.38	31.815	.768	.683	.921
9 본 제품을 구매한 것을 후회한다.	26.07	35.138	.662	.537	.926
10 정말 매력적인 제품이다.	26.83	34.148	.731	.615	.922
11 생각보다 괜찮은 제품이다.	26.48	35.044	.722	.705	.923
13 만족스럽다.	26.45	33.899	.780	.766	.920
14 역시 현명한 선택이었다.	26.55	35.185	.712	.558	.923

분산분석[b]

모형		제곱합	자유도	평균 제곱	F	유의확률
1	회귀 모형	13.875	9	1.542	4.298	.004[a]
	잔차	6.815	19	.359		
	합계	20.690	28			

a. 예측값: (상수), 14 역시 현명한 선택이었다., 10 정말 매력적인 제품이다., 9 본 제품을 구매한 것을 후회한다., 11 생각보다 괜찮은 제품이다., 6 기대 이상의 성능을 가지고 있다., 2 최고의 제품이다., 4 주위에서 같은 제품을 산다면 만류하겠다., 8 타인의 PC에 비하여 성능이 떨어진다., 13 만족스럽다.

b. 종속변수: 1 주위에 추천하고 싶다.

(11) 분산분석 결과 유의확률이 0.004 로 회귀모형은 유의하다고 할 수 있다.

계수[a]

모형		비표준화 계수		표준화 계수		
		B	표준오차	베타	t	유의확률
1	(상수)	.454	.726		.625	.540
	2 최고의 제품이다.	.354	.195	.376	1.820	.085
	4 주위에서 같은 제품을 산다면 만류하겠다.	.213	.180	.242	1.184	.251
	6 기대 이상의 성능을 가지고 있다.	-.082	.331	-.049	-.249	.806
	8 타인의 PC에 비하여 성능이 떨어진다.	.144	.192	.174	.753	.461
	9 본 제품을 구매한 것을 후회한다.	.056	.214	.051	.262	.796
	10 정말 매력적인 제품이다.	.157	.219	.150	.715	.484
	11 생각보다 괜찮은 제품이다.	-.164	.283	-.139	-.580	.569
	13 만족스럽다.	.100	.291	.094	.345	.734
	14 역시 현명한 선택이었다.	.060	.235	.050	.254	.803

a. 종속변수: 1 주위에 추천하고 싶다.

(12) 회귀모형의 유의확률이 0.004로서 유의하다고 할 수 있다.
따라서 추정된 회귀식은 다음과 같다.

$$\hat{y}(=c1) = 0.454 + 0.354(c2) + 0.213(c4) - 0.082(c6) + \cdots + 0.100(c14)$$

(13) 그리고 개별 측정항목과 다른 측정항목들 간의 상관관계를 계산하여 어떤 항목이 다른 항목들과의 상관관계가 낮은 항목은 서로 다른 개념으로 문항을 측정한 것으로 간주하여 이를 제거함으로서 전체항목의 신뢰도를 높이도록 하는 것이다. 즉, 동일한 개념을 여러 문항으로 질문하여 이러한 문항들이 유사한 값들을 갖는지를 측정하는 방법이다.

그러므로 회귀모형에 해당하는 C2, C4, ⋯ , C14의 계수에 대한 유의확률이 모두 유의 수준 0.05보다 크지는 이유이다. 즉, 문항 C2, C4, ⋯ , C14는 서로 유사한 문항으로 구성되어 있으므로 유의한 차이가 없다.

5. 크론바하 알파값 계산

$$\alpha = \frac{N}{N-1}\left(1 - \frac{\sum \sigma_i^2}{\sigma_t^2}\right)$$

N : 문항 수 , σ_t^2 : 총 분산 , σ_i^2 : i 문항의 분산

(1). 분석 > 기술통계량 > 기술통계를 클릭한다.

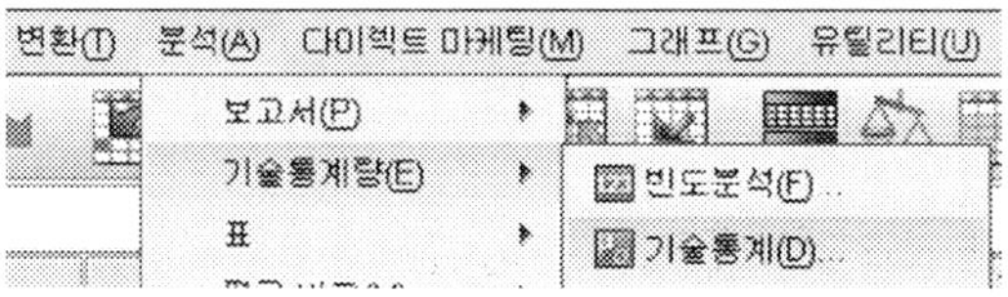

(2). 대화상자에서 문항 c3, c5, c7, c12을 제외한 문항과 $P1$을 변수 칸으로 이동한다.

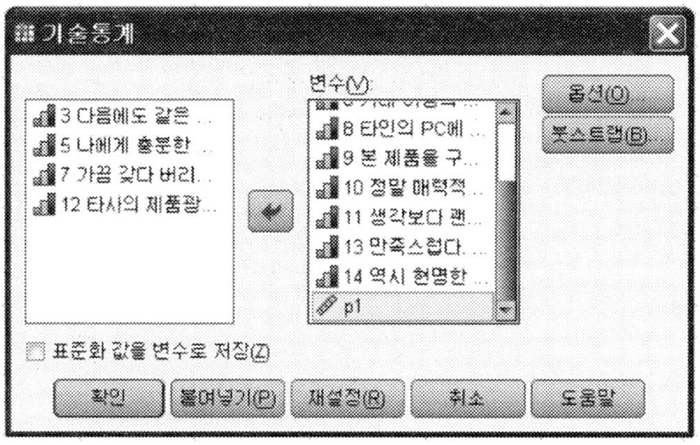

(3). 옵션을 클릭하여 나타난 대화상자에 다음과 같이 정리한다.

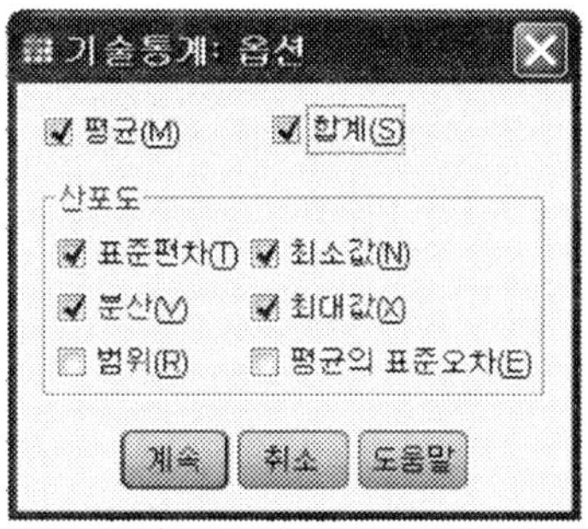

SPSS 결과

기술통계량

	N	최소값	최대값	합계	평균	표준편차	분산
1 주위에 추천하고 싶다.	29	1	5	84	2.90	.860	.739
2 최고의 제품이다.	29	1	5	80	2.76	.912	.833
4 주위에서 같은 제품을 산다면 만류하겠다.	29	1	5	90	3.10	.976	.953
6 기대 이상의 성능을 가지고 있다.	29	2	4	80	2.76	.511	.261
8 타인의 PC에 비하여 성능이 떨어진다.	29	1	5	89	3.07	1.033	1.067
9 본 제품을 구매한 것을 후회한다.	29	2	5	98	3.38	.775	.601
10 정말 매력적인 제품이다.	29	1	5	76	2.62	.820	.672
11 생각보다 괜찮은 제품이다.	29	2	5	86	2.97	.731	.534
13 만족스럽다.	29	1	5	87	3.00	.802	.643
14 역시 현명한 선택이었다.	29	2	5	84	2.90	.724	.525
p1	29	16.00	44.00	770.00	26.5517	5.77919	33.399
유효수 (목록별)	29						

N = 9 (= 문항 수)

$$\sum\sigma_i^2 = 0.833 + 0.953 + 0.261 + 1.067 + 0.601 + 0.672 + 0.534 + 0.643 + 0.525$$

$$= 6.089 \ (\equiv \text{i 문항의 분산 의 총합})$$

$$\sigma_t^2 = 33.399 (= \text{총 분산})$$

$$\alpha = \frac{N}{N-1}\left(1 - \frac{\sum\sigma_i^2}{\sigma_t^2}\right) = \frac{9}{9-1}\left(1 - \frac{6.089}{33.399}\right)$$

$$= 0.919900296$$

(14) 크론바하 알파값은 **0.919900296**로서 도표의 값 **0.920**와 일치한다.

6. 최종적으로 크론바하 알파값 **0.920를 만족하는 문항으로 신뢰도 분석을 실시한다.**

(1). 분석 > 척도 > 신뢰도분석을 클릭한다.

(2). 문항1, 2, 4, 6, 8, 9, 10, 11, 13, 14를 입력한다.(문항3, 5, 7, 12는 제외)

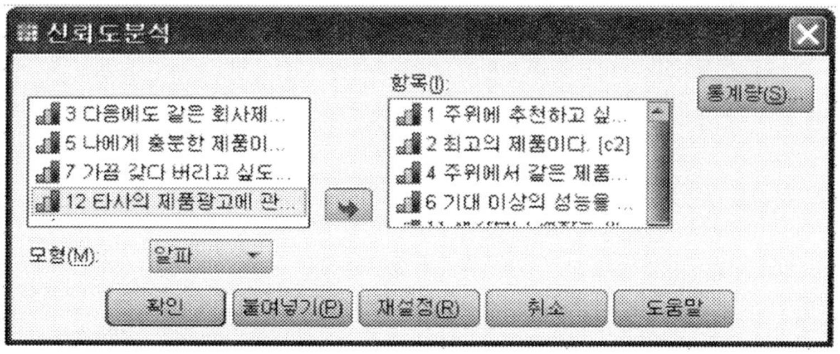

(3). 통계량 상자에서 다음과 같이 정리한다.

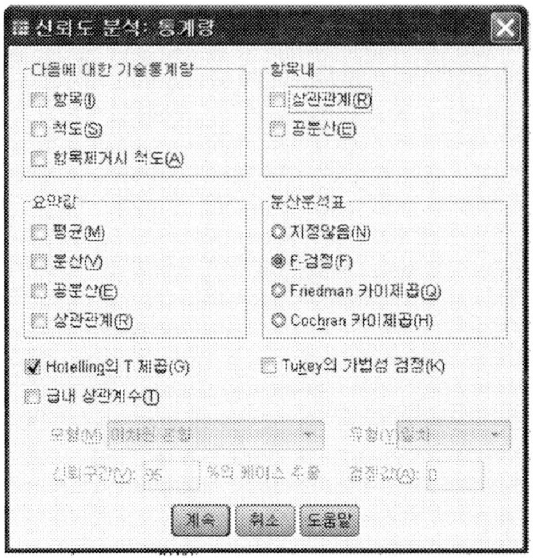

SPSS 결과

분산분석

		제곱합	자유도	평균 제곱	거짓	유의확률
사람 간		117.117	28	4.183		
사람 내	항목 간	11.945	9	1.327	4.516	.000
	잔차	74.055	252	.294		
	합계	86.000	261	.330		
합계		203.117	289	.703		

총 평균 = 2.94

(15) 분석 : ① 집단 간 제곱합 = 117.117

② 집단 내 제곱합 = 86.000

항목(측정) 간 제곱합 = 11.945

잔차 제곱합 = 74.055

(측정 간 제곱합 + 잔차 제곱합 = 11.945 + 74.055 = 86.000이 된다.)

(16) ① 10개 변수 간의 차이 여부를 검정하기 위한 것으로 표본의 자유도는 28 (= 29 − 1) 이다.

② 변수 간의 자유도는 9(= 10 − 1)이고, F-값은 4.5163이고 유의확률은 .0000 (< 0.05) 이므로 유의하다고 할 수 있다.

즉, 변수 간에는 차이가 없다는 귀무가설이 기각되므로 변수 간에는 차이가 있다. 고 할 수 있다. (표본 수 = 조사인원수 = 29 , 변수의 수 = 문항 수 = 10)

Hotelling T 제곱 검정

Hotelling의 T 제곱	거짓	df1	df2	유의확률
44.670	3.545	9	20	.009

(17) 변수(항목)간의 평균이 동일한지 여부를 검정하기 위한 것이다.

F = 3.545 , Prob. = .0009 (< 0.05)이므로 유의하다.

즉, 항목간의 평균이 동일하다는 귀무가설이 기각된다.

그러므로 신뢰성이 있는 측정이 이루어졌다고 할 수 없다.

신뢰도 통계량

Cronbach의 알파	Cronbach's Alpha Based on Standardized Items	항목 수
.930	.933	10

(1). 분석 > 기술통계량 > 기술통계를 클릭한다.

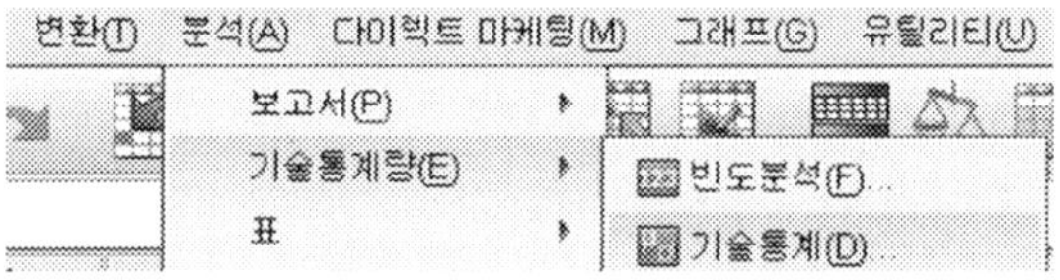

(2). 대화상자에서 문항 c3, c5, c7, c12를 제외한 문항과 $P1$을 변수칸으로 이동한다.

(3). 옵션을 클릭하여 나타난 대화상자에 다음과 같이 정리한다.

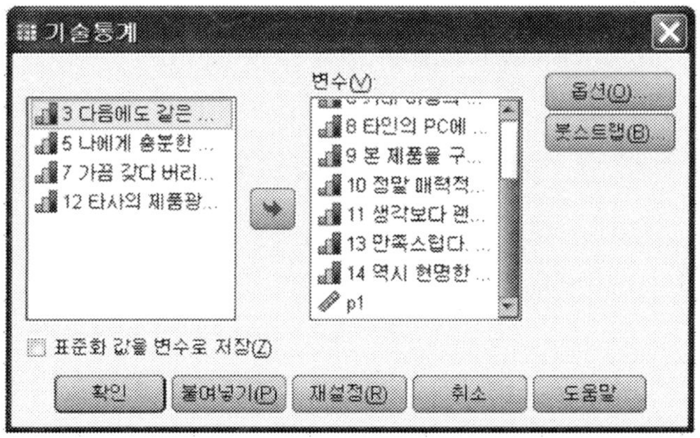

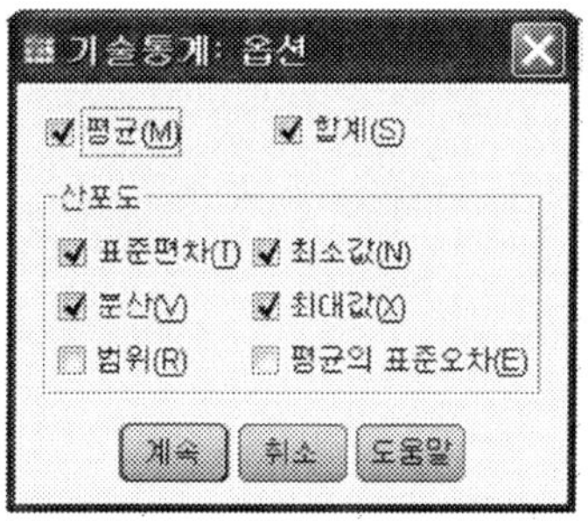

SPSS 결과

기술통계량

	N	최소값	최대값	합계	평균	표준편차	분산
1 주위에 추천하고 싶다.	29	1	5	84	2.90	.860	.739
2 최고의 제품이다.	29	1	5	80	2.76	.912	.833
4 주위에서 같은 제품을 산다면 만류하겠다.	29	1	5	90	3.10	.976	.953
6 기대 이상의 성능을 가지고 있다.	29	2	4	80	2.76	.511	.261
8 타인의 PC에 비하여 성능이 떨어진다.	29	1	5	89	3.07	1.033	1.067
9 본 제품을 구매한 것을 후회한다.	29	2	5	98	3.38	.775	.601
10 정말 매력적인 제품이다.	29	1	5	76	2.62	.820	.672
11 생각보다 괜찮은 제품이다.	29	2	5	86	2.97	.731	.534
13 만족스럽다.	29	1	5	87	3.00	.802	.643
14 역시 현명한 선택이었다.	29	2	5	84	2.90	.724	.525
p1	29	16.00	44.00	770.00	26.5517	5.77919	33.399
유효수 (목록별)	29						

(18) 전체 크론바하 알파값 계산.

N = 10 ,

$$\sum\sigma_i^2 = 0.739 + 0.833 + 0.953 + 0.261 + 1.067 + 0.601 + 0.672 + 0.534 + 0.643 + 0.525 = 6.828$$

문항1(= C1)을 포함한 나머지 변수들을 합한 변수를 $P2$로 두면 아래와 같다.

$$P2 = C1 + C2 + C4 + C6 + C8 + C9 + C10 + C11 + C13 + C14$$

$\Rightarrow\ \sigma_t^2 = 41.828$ (아래 사항에서 $P2$의 분산이 유도됨)

$$\alpha = \frac{N}{N-1}\left(1 - \frac{\sum\sigma_i^2}{\sigma_t^2}\right) = \frac{10}{10-1}\left(1 - \frac{6.828}{41.828}\right) = 0.929733$$

일반적으로 사회과학에서는 알파값이 0.6이상이면 신뢰성이 있다고 할 수 있다.

*. P2 분산 계산

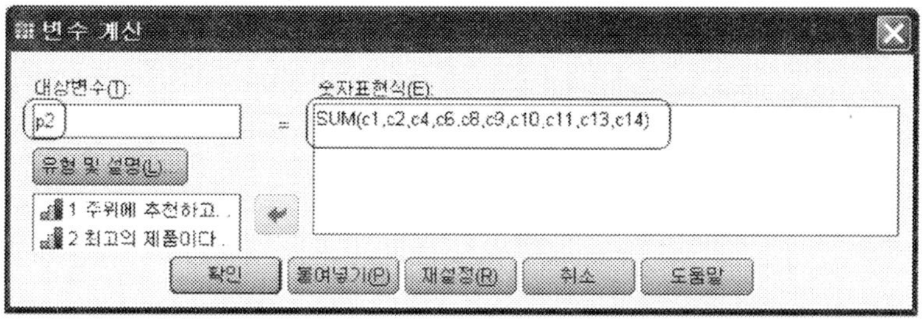

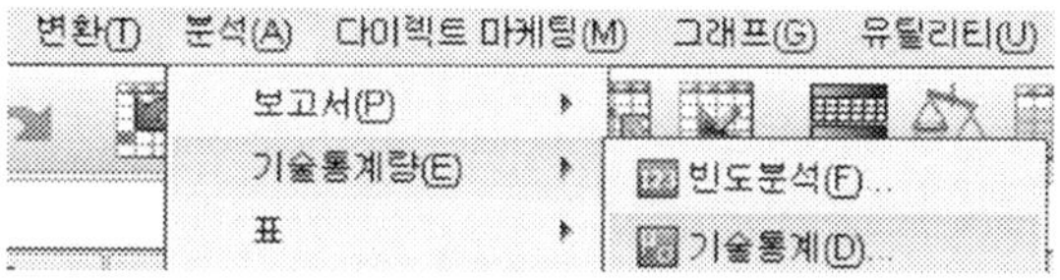

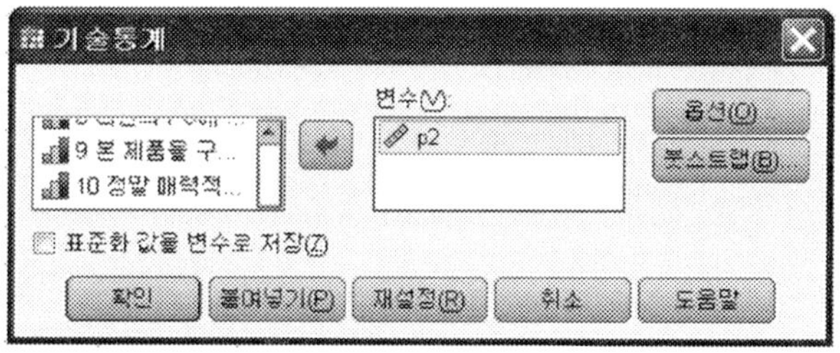

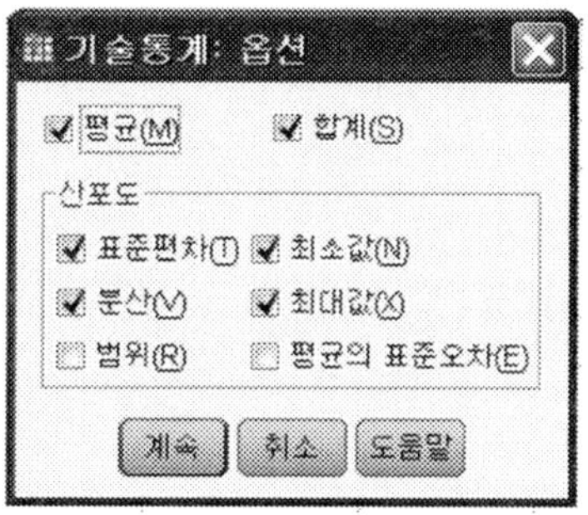

기술통계량

	N	최소값	최대값	합계	평균	표준편차	분산
p2	29	17.00	49.00	854.00	29.4483	6.46743	41.828
유효수 (목록별)	29						

(19) P2의 분산은 41.828로 나타났다.

문제 4-2 성격유형

대학생들의 3가지 성격 유형(적극성, 사교성, 독창성)에 대하여 조사하였다. 각각의 문항을 6, 5, 6개 문항을 구성하여 질문하였다. 질문 내용과 처리는 다음과 같다.

*. 배경변수

1. 나는 대학교 (1 , 2 , 3 , 4)학년입니다.
2. 나는 (남자 , 여자)입니다.

a. 적극성

1. 어떤 작업을 할 때, 꾸준하게 끝까지 해내는 편이다.
2. 일반적으로 어떤 일에 대하여 다른 사람보다 더 열성적인 편이다.
3. 해야 할 일이 있으면 그때 바로 즉시 처리하는 편이다.
4. 대화 도중에 당혹한 상황에 처했을 때는 잘 대처하는 편이다.
5. 의지가 굳은 편이다.
6. 여러 사람이 관여하는 어떤 계획을 세워 내가 주도적으로 추진하는 것을 좋아한다.

b. 사교성

1. 대체로 다른 사람들과 쉽게 어울리는 편이다.
2. 처음만난 사람도 마음이 맞으면 내 자신에 대한 이야기를 솔직하게 말하는 편이다.
3. 내 친구 중에서 다른 사람들에 대한 소식이나 소문에 밝은 편이다.
4. 평소에 나의 감정과 느낌을 자유롭게 표현하는 편이다.
5. 다른 사람들이 나를 쉽게 사귈 수 있는 사람이다.

c. 독창성

1. 여럿이 모여 노는 것보다 혼자서 책을 읽거나 사색하는 것을 좋아하는 편이다.
2. 일상적인 일을 관습에 따라 처리하는 것보다 독창적으로 처리방법을 생각해내는 것을 더 좋아한다.
3. 생활양식은 다른 보통사람들과는 다르다고 생각한다.
4. 일반적으로 비판적인 편이다.
5. 현실보다 이상을 추구하는 편이다.
6. 남이 간섭하는 것을 싫어한다.

보기

(1) 매우 그렇다. (2) 그렇다. (3) 보통이다. (4) 그렇지 않다. (5) 매우 그렇지 않다.

변수이름은 학년부터 정리하였다.

학년(1=1학년, 2=2학년, 3=3학년, 4=4학년),
성별(1=남자 , 2=여자)
a1, a2, a3, a4, a5, a6 (= 적극성)
b1, b2, b3, b4, b5 (= 사교성)
c1, c2, c3, c4, c5, c6 (= 독창성)

(1)번은 1점, (2)번은 2점, (3)번은 3점, (4)번은 4점, (5)번은 5점으로 부여하였다,
부정적인 질문문항에 대하여는 반대로 점수를 부여하였다.
설문지를 신뢰도분석하라.
자료는 책 뒤의 부록에 있다.

(풀이)

1. S P S S 에 자료를 입력한다.

	학년	성별	a1	a2	a3
1	3	2	4	2	4
2	3	2	2	3	3
3	3	2	3	4	4
4	3	2	3	4	4
5	3	2	2	2	1
6	3	2	3	2	4
7	3	2	2	5	2
8	3	2	2	4	2

2. 분석 > 척도 > 신뢰도분석을 클릭한다.

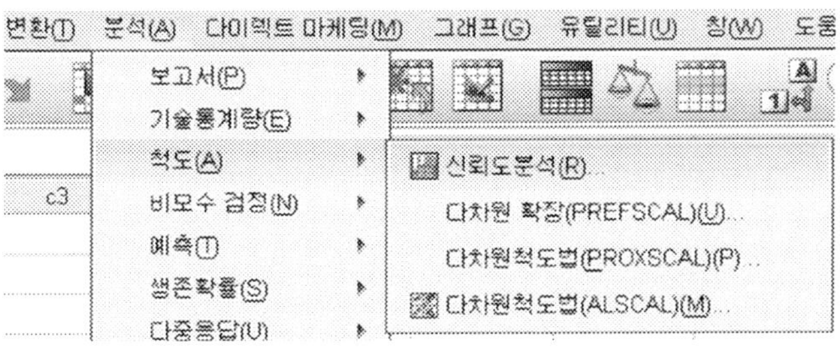

A. 적극성에 대한 신뢰도분석

*. 1차분석

3. 신뢰도분석 상자에서 적극성에 해당하는 a1부터 a6을 항목으로 이동한다.

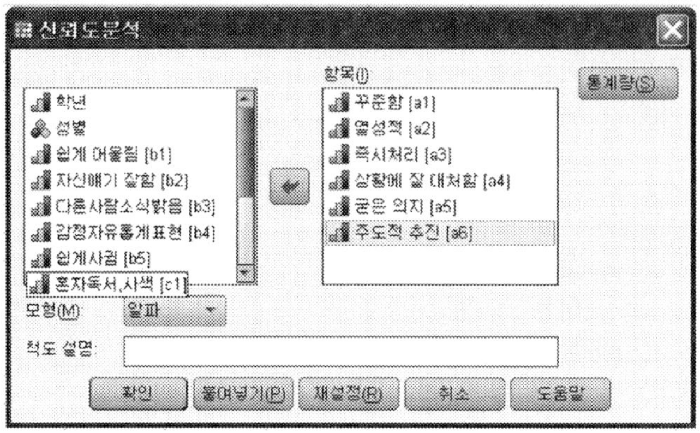

4. 통계량 상자에서 문항제거시 척도를 클릭하여 정리한다.

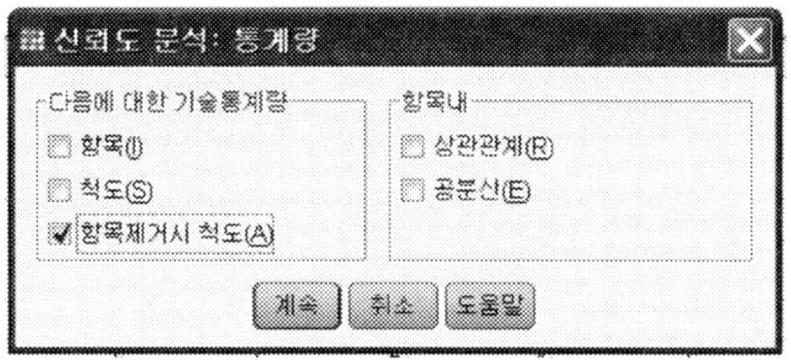

S P S S 결과

신뢰도분석

항목 총계 통계량

	항목이 삭제된 경우 척도 평균	항목이 삭제된 경우 척도 분산	수정된 항목-전체 상관관계	항목이 삭제된 경우 Cronbach 알파
꾸준함	14.67	13.878	.446	.695
열성적	14.89	13.584	.527	.671
즉시처리	14.62	14.081	.454	.693
상황에 잘 대처함	14.75	14.666	.395	.709
굳은 의지	14.53	13.466	.537	.668
주도적 추진	14.56	13.633	.421	.704

신뢰도 통계량

Cronbach의 알파	항목 수
.728	6

(1) 적극성 6개 문항 전체에 대한 크롬바하 알파값은 0.728로 나타났다. 이 값은 어느 문항을 제거하더라도 전체 신뢰도값(0.728)을 증가 시키지 못하므로 6개 문항은 모두 사용하는 것이 좋다.

B. 사교성에 대한 신뢰도 분석

*. 1차분석

5. 신뢰도분석 상자에서 사교성에 해당하는 b1부터 b5를 문항으로 이동한다.
6. 통계량 상자에서 문항제거시 척도를 클릭하여 정리한다.

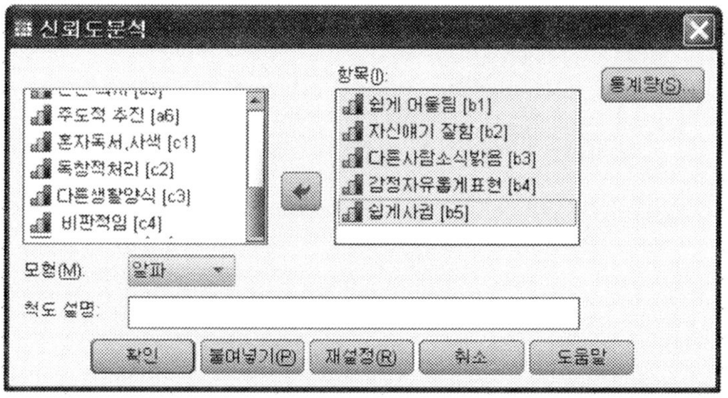

S P S S 결과

신뢰도분석

항목 총계 통계량

	항목이 삭제된 경우 척도 평균	항목이 삭제된 경우 척도 분산	수정된 항목-전체 상관관계	항목이 삭제된 경우 Cronbach 알파
쉽게 어울림	11.15	11.288	.602	.650
자신얘기 잘함	10.81	10.759	.378	.733
다른사람소식밝음	10.40	11.776	.415	.707
감정자유롭게표현	10.64	10.105	.528	.664
쉽게사귐	10.88	10.245	.571	.647

신뢰도 통계량

Cronbach의 알파	항목 수
.727	5

(2) 사교성 5개 문항 전체에 대한 크롬바하 알파값은 0.727로 나타났다. 이 값은 b2 문항을 제거한 크롬바하 알파값은 0.733로 나타나므로 b2를 제외한 4개 문항의 크롬바하 알파값을 유도하여야한다.

***. 2차분석**

7. 신뢰도분석 상자에서 사교성에 해당하는 b1, b3, b4, b5를 문항으로 이동한 다음 통계량 상자에서 문항제거시 척도를 클릭하여 정리한다.
8. 통계량 상자에서 문항제거시 척도를 클릭하여 정리한다.

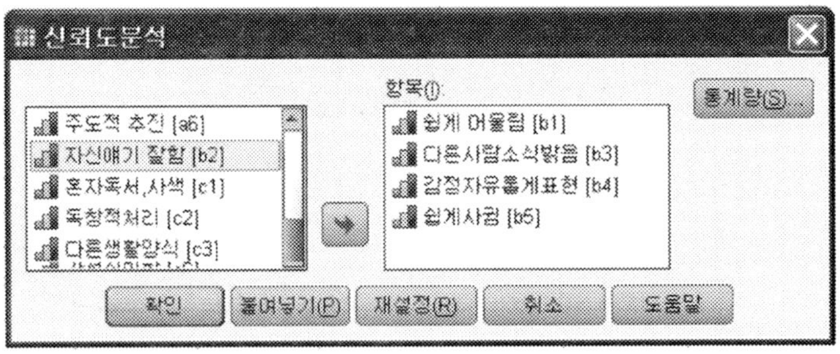

S P S S 결과

신뢰도분석

신뢰도 통계량

Cronbach의 알파	항목 수
.733	4

항목 총계 통계량

	항목이 삭제된 경우 척도 평균	항목이 삭제된 경우 척도 분산	수정된 항목-전체 상관관계	항목이 삭제된 경우 Cronbach 알파
쉽게 어울림	8.49	6.865	.633	.625
다른사람소식밝음	7.73	7.406	.396	.740
감정자유롭게표현	7.98	6.138	.496	.695
쉽게사귐	8.22	5.956	.608	.620

(3) 사교성 4개 문항 전체에 대한 크롬바하 알파값은 0.727에서 0.733로 증가하였다. 그러나 이 값은 b3 문항을 제거한 크롬바하 알파값은 0.740로 나타나므로 b3을 제외한 3개 문항의 크롬바하 알파값을 유도하여야한다.

*. 3차분석

9. 신뢰도분석 상자에서 사교성에 해당하는 b1, b4, b5를 문항으로 이동한 다음 통계량 상자에서 문항제거시 척도를 클릭하여 정리한다.

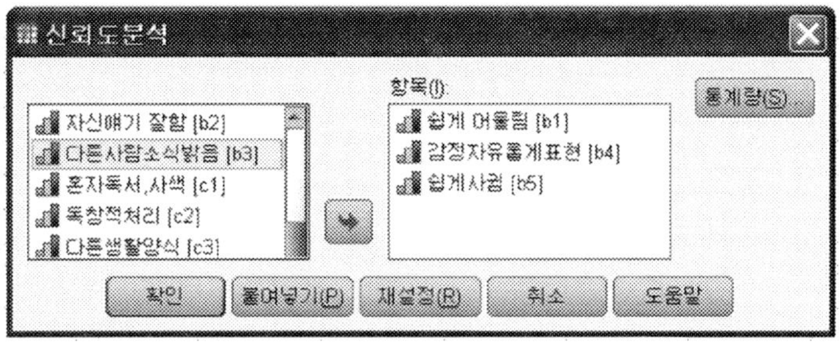

S P S S 결과

신뢰도분석

신뢰도 통계량

Cronbach의 알파	항목 수
.740	3

항목 총계 통계량

	항목이 삭제된 경우 척도 평균	항목이 삭제된 경우 척도 분산	수정된 항목-전체 상관관계	항목이 삭제된 경우 Cronbach 알파
쉽게 어울림	5.42	4.143	.646	.596
감정자유롭게표현	4.91	3.675	.455	.804
쉽게사귐	5.14	3.340	.638	.563

(4) 사교성 3개 문항 전체에 대한 크롬바하 알파값은 0.733에서 0.740로 증가하였다. 그러나 이 값은 b4 문항을 제거한 크롬바하 알파값은 0.804로 나타나므로 b4를 제외한 2개 문항의 크롬바하 알파값을 유도한다.

*. 4차분석

10. 신뢰도분석 상자에서 사교성에 해당하는 b1, b5를 항목으로 이동한 다음 통계량 상자에서 문항제거시 척도를 클릭하여 정리한다.

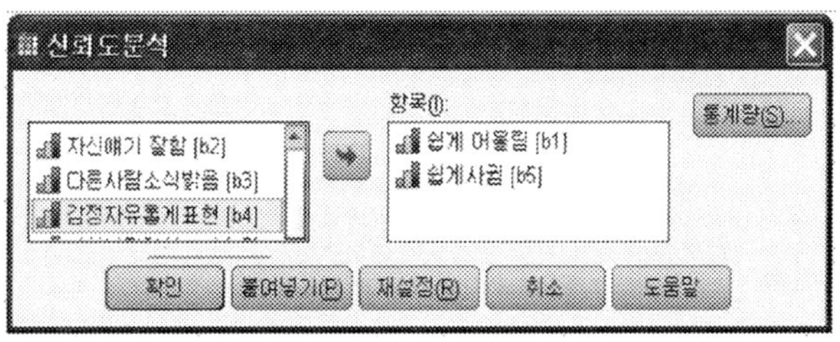

S P S S 결과

신뢰도분석

신뢰도 통계량

Cronbach의 알파	항목 수
.804	2

항목 총계 통계량

	항목이 삭제된 경우 척도 평균	항목이 삭제된 경우 척도 분산	수정된 항목-전체 상관관계	항목이 삭제된 경우 Cronbach 알파
쉽게 어울림	2.59	1.352	.691	.[a]
쉽게사귐	2.32	.845	.691	.[a]

a. 항목 간 평균 공분산이 음수이기 때문에 이 값도 음수입니다. 이것은 신뢰도 모형 가정에 위배됩니다. 항목 코딩을 확인할 수 있습니다.

(5) 사교성 2개 문항 전체에 대한 크롬바하 알파값은 0.740에서 0.804로 증가하였다. 그러나 이 값은 b1 문항과 b5 문항을 제외한 크롬바하 알파값과 비교할 수 없으므로 사교성에 대한 설문지 구성은 인정할 수 없다는 결론으로 나타났다.

따라서 사교성 5개 문항은 같은 개념에 대한 측정이라고는 할 수 없거나 문항의 질문방법에 문제가 있는 것으로 판단된다.

C. 독창성에 대한 신뢰도 분석

*. 1차분석

11. 신뢰도분석 상자에서 독창성에 해당하는 c1부터 c6을 문항으로 이동한 다음 통계량 상자에서 문항제거시 척도를 클릭하여 정리한다.

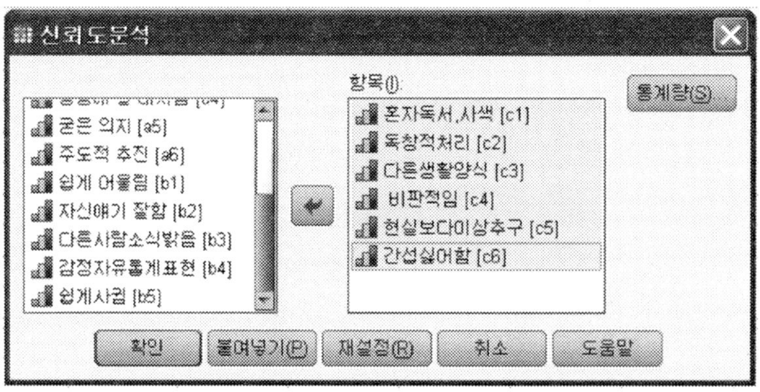

S P S S 결과

신뢰도분석

신뢰도 통계량

Cronbach의 알파	항목 수
.572	6

항목 총계 통계량

	항목이 삭제된 경우 척도 평균	항목이 삭제된 경우 척도 분산	수정된 항목-전체 상관관계	항목이 삭제된 경우 Cronbach 알파
혼자독서,사색	14.15	13.873	.168	.588
독창적처리	15.00	12.740	.334	.517
다른생활양식	14.65	13.138	.305	.530
비판적임	14.65	12.360	.336	.515
현실보다이상추구	14.60	11.733	.377	.495
간섭싫어함	15.51	12.489	.351	.509

(6) 독창성 6개 문항 전체에 대한 크롬바하 알파값은 0.572으로 나타났다. 이 값은 c1문항을 제거한 크롬바하 알파값은 0.588로 나타나므로 c1을 제외한 5개 문항의 크롬바하 알파값을 유도한다.

*. 2차분석

12. 신뢰도분석 상자에서 독창성에 해당하는 c2, c3, c4, c5, c6을 문항으로 이동한 다음 통계량 상자에서 문항제거시 척도를 클릭하여 정리한다.

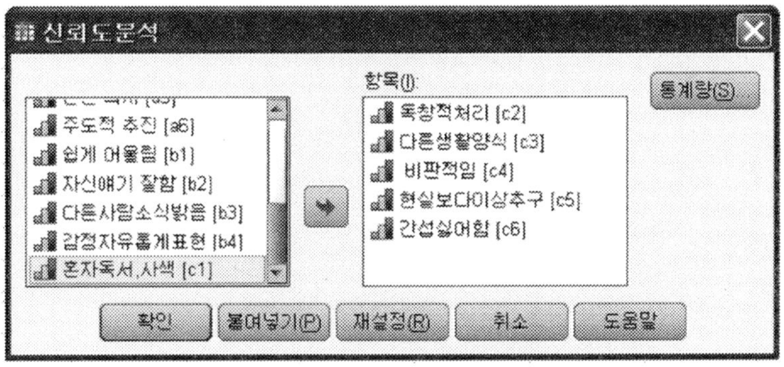

S P S S 결과

신뢰도분석

신뢰도 통계량

Cronbach의 알파	항목 수
.588	5

항목 총계 통계량

	항목이 삭제된 경우 척도 평균	항목이 삭제된 경우 척도 분산	수정된 항목-전체 상관관계	항목이 삭제된 경우 Cronbach 알파
독창적처리	11.44	9.815	.370	.520
다른생활양식	11.09	10.375	.310	.551
비판적임	11.09	9.819	.318	.548
현실보다이상추구	11.04	9.324	.349	.531
간섭싫어함	11.95	9.631	.380	.514

(7) 독창성 5개 문항 전체에 대한 크롬바하 알파값은 0.572에서 0.588로 증가하였다. 이 값은 어느 문항을 제거하더라도 전체 신뢰도값(0.588)을 증가시키지 못하므로 5개 문항은 모두 사용하는 것이 좋다. 그러나 신뢰도가 0.6 이상인 경우는 아쉬운 데로 쓸만하다. 고 할 수 있으나 신뢰도 값이 0.588로서 0.6 보다 적으므로 측정방법을 개선하여 다시 조사할 필요성이 있다.

결론

※. 적극성은 분석이 가능하고,
사교성은 질문방법에 문제가 있으므로 사용할 수 없고,
독창성은 신뢰도 값이 0.6이하 이므로 측정방법을 개선하여 다시 조사하여야 한다.

제5장 요인분석

1. 원리

요인분석(factor analysis)은 다변량 분석방법의 한 분야이다. 변수들 간의 상관관계가 높은 경우 이들의 변수간에 서로 의미가 비슷한 변수들 끼리 묶어 서로 관계가 없는 새로운 변수를 형성하여 변수의 수를 함축적으로 줄이는 것이 주요한 목적이다.

새로운 단일변수로 축소함으로서 정보량의 축소와 추가분석의 경제성을 가져올 수 있다는 점과 알지 못하고 있던 새로운 변수들 간에 내재하고 있는 구조를 발견할 수 있다는 점이다.

요인분석이 다른 다변량 통계기법과 차이가 있는 점은 독립변수와 종속변수가 지정되어 변수들 간의 종속관계를 보이는 것이 아니고 변수들 간의 상호관계를 규명하는 분석기법이다.

2. 모델

모델은 주성분 분석, 공통 요인분석, 최우법 요인분석이 있으나 일반적으로 주성분분석(PCA)과 공통 요인분석(CFA)를 주로 이용한다.

두 모델 중 어느 것을 선택하는 것은 분석목적에 따라 다르게 적용할 수 있다.

(1). 정보의 손실을 최소한으로 줄이면서 많은 변수들 사이에 존재하는 요인의 수를 가능한 적은 수의 요인으로 줄이고자 할 때는 PCA(전체분산을 이용하여 요인분석을 실시)를 사용한다.

(2). 변수들 사이에 내재하고 있는 차원이나 요인들을 알아내기 위한 분석에서는 CFA(공통분산을 이용하여 요인분석을 실시)를 사용한다.

3. 요인적재량의 해석

요인적재량(Factor loading)은 어떤 요인들이 어떤 변수들과 가장 많은 관계를 갖고 있는지를 알 수 있는 계수로써 이 값을 제곱하여 백분율로 나타내면 이는 요인에 의해 설명되는 변수의 분산비율이다.

(1). 요인 적재량이 0.4이상이면 유의한 변수로 간주한다.

(2). 요인 적재량이 0.5이상이 넘으면 중요한 변수로 간주한다.

4. 요인수 결정

(1). 고유값(Eigenvalue 고유치)

- ①. 고유값은 각 요인이 기존 변수의 정보를 어느 정도 설명하고 있는지를 나타내는 지표이다.
- ②. 일반적으로 고유값은 1.0 이상을 기준으로 사용한다.
- ③. 총 요인의 고유값을 합하면 변수의 수와 같다. 그러므로 각 요인이 얼마나 많은 설명력을 가지는가를 나타내어 준다.

(2). 커뮤날리티(Communality)

- ①. 커뮤날리티는 추출된 요인들이 각각의 변수를 어느 정도 설명하는지를 측정하므로 요인분석의 적합성 여부를 가려낼 수 있다.

(3). 스크린 검정(Scree test)

- ①. 각 요인의 고유값은 Y축에 요인의 개수는 X 축으로 하여 도표화한다.
- ②. 요인의 수가 증가할수록 고유치는 줄어드는 형태를 보여주고 있다.
- ③. 스크린 검정에서 요인의 수를 검정.
  - ㉠. 요인의 수가 증가할수록 고유치의 값은 점점 적어지다가 일정한 수준에서 변화는 점점 작아지면서 X 축과 평행하게 된다.
  - ㉡. 요인의 수는 X 축과 평행을 이루기 직전까지의 요인을 추출하면 요인의 수가 된다.

5. 요인의 이름

추출된 요인에 따라 직접 요인의 이름을 지정해야 한다. 그러므로 각 요인과 높은 상관관계를 갖는 변수들을 검토하여 적절한 요인의 이름을 부여한다.

(예).

변수	요인1	요인2
X1	0,8326	0.2301
X2	0.7543	0.1512
X3	0.1023	0.8734
X4	0.2256	0.7857

위의 표가 자동차에 관한 분석으로 X1은 대형, X2는 자동차의 견고함, X3은 연료의 효율성, X4는 소형일 때는 요인1을 자동차의 안전성, 요인2는 자동차의 경제성으로 이름을 지을 수 있다.

요인명은 컴퓨터 프로그램의 결과에서 출력되지 않으므로 분석자가 직접 요인에 묶인 변수의 공통성을 확인하여 적절한 이름을 정해야한다.

6. 요인회전

(1). 직각회전(Orthogonal rotation)

직각회전은 인자들 간에 상관관계가 없는 경우에 사용되는 방법이다. 그러므로 각 인자의 각도를 90도를 유지하면서 회전시키는 방법이다.

①. 베리맥스(Varmax)

베리멕스 회전방법은 각 열의 요인적재량을 제곱한 값의 분산을 최대화시켜 각 요인을 극소화하는 방법으로 각 요인의 적재량이 0 아니면 1에 가까워지도록 만들어진다. 그러므로 각 열마다 요인적재량이 높은 변수의 수를 최소화시키는 방법이다. 일반적으로 많이 사용하는 회전방법이다.

②. 쿼티맥스(Quarimax)

쿼티맥스 회전방법은 각 변수별로 행의 요인적재량이 높은 요인의 수를 최소화시키는 방법이다.

③. 이퀴맥스(Equimax)

이퀴맥스 회전방법은 베리맥스와 쿼티맥스을 혼합한 방법이다. 각 열과 행마다 요인 적재량이 높은 요인의 수를 최소화시키는 방법으로 해석이 복잡하다는 단점이 있다.

(2). 사각회전

사각회전은 인자들 간에 상관관계가 있는 경우에 사용하는 방법으로 각 인자간의 각도를 90도이외의 각도로 유지하면서 회전하는 방법이다.

7. 요인점수 계산

요인점수(Factor score)는 요인점수 계수행렬을 이용하여 구한다. 프로그램에서 요인 점수를 계산하므로 직접 요인점수를 구할 필요가 없다.

요인점수는 요인분석을 통하여 많은 수의 변수를 소수의 요인으로 축소시키고 난 후, 이들을 판별분석이나 회귀분석과 같은 추가분석에 사용할 때 독립변수로 입력하는 측정치이다.

(예) 요인점수 계수

	요인1	요인2
부인의 교육(x1)	.26	−.06
남편의 교육(x2)	.64	−.07
나이(x3)	−.05	−.04
소득(x4)	.13	.10
가족수(x5)	−.16	.73
음식소비액(x6)	.01	−.20

요인점수 : 요인점수 계수 * 표준화된 변수

$$\text{표준화된 변수} = \frac{\text{변수} - \text{변수의 평균}}{\text{변수의 표준편차}}$$

표에서 구한 요인점수는 다음과 같다.

$$요인점수1 = .26(x1) + .64(x2) - .05(x3) + .13(x4) - .16(x5) + .01(x6)$$

$$요인점수2 = -.06(x1) - .07(x2) - .04(x3) + .10(x4) + .73(x5) - .20(x6)$$

문제 5-1 물가조사(양적변수)

23개 도시의 5가지 품목(빵, 버거, 우유, 오렌지, 토마토)에 대해 물가조사를 실시하고자 한다. 아래 자료를 분석하라. (생활비는 임의의 수로 작성하였다.)

도시	빵	버거	우유	오렌지	토마토	생활비
ATLA	24.5	94.5	73.9	80.1	41.6	177
BALT	26.5	91.0	67.5	74.6	53.3	170
BOST	29.7	100.8	61.4	104.0	59.6	182
BUFF	22.8	86.6	65.3	118.4	51.2	189
CHIC	26.7	86.7	62.7	105.9	51.2	181
CINC	23.3	102.5	63.3	99.3	45.6	180
CLEV	22.8	88.8	52.4	110.9	46.8	175
DALL	23.3	85.5	62.5	117.9	41.8	185
DETR	24.1	93.7	51.5	109.7	52.4	177
HONO	29.3	105.9	80.2	133.2	61.7	210
HOUS	22.3	83.6	67.8	108.6	42.4	182
KANS	26.1	88.9	65.4	100.9	43.2	179
LOSA	26.9	89.3	56.2	82.7	38.4	165
MILW	20.3	89.6	53.8	111.8	53.9	189
MINN	24.6	92.2	51.9	106.0	50.7	174
NEWY	30.8	110.7	66.0	107.3	62.6	190
PHIL	24.5	92.3	66.7	98.0	61.7	188
PITT	26.2	95.4	60.2	117.1	49.3	178
STLO	26.5	92.4	60.8	115.1	46.2	187
SAND	25.5	83.7	57.0	92.8	35.4	175
SANF	26.3	87.1	58.3	101.8	41.5	180
SEAT	22.5	77.7	62.0	91.1	44.9	183
WASH	24.2	93.8	66.0	81.6	46.2	176

(풀이)

1. S P S S 에 자료를 입력한다.

	도시	빵	버거	우유	오렌지	토마토	생활비
1	ATLA	24.5	94.5	73.9	80.1	41.6	177
2	BALT	26.5	91.0	67.5	74.6	53.3	170
3	BOST	29.7	100.8	61.4	104.0	59.6	182
4	BUFF	22.8	86.6	65.3	118.4	51.2	189

2. 분석 > 차원감소 > 요인분석을 클릭한다.

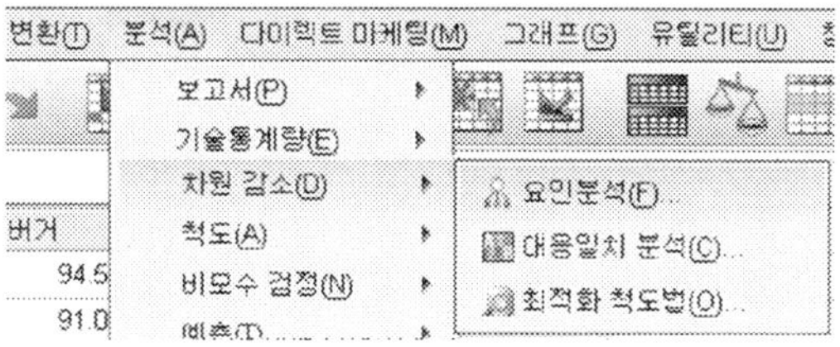

3. 요인분석 상자의 변수 칸에 빵, 버거, 우유, 오렌지, 토마토, 생활비를 이동한다.
4. 기술통계, 요인추출, 요인회전, 요인점수를 클릭한다.

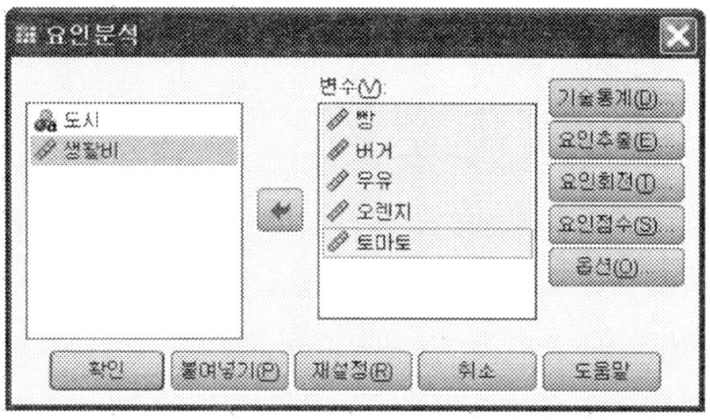

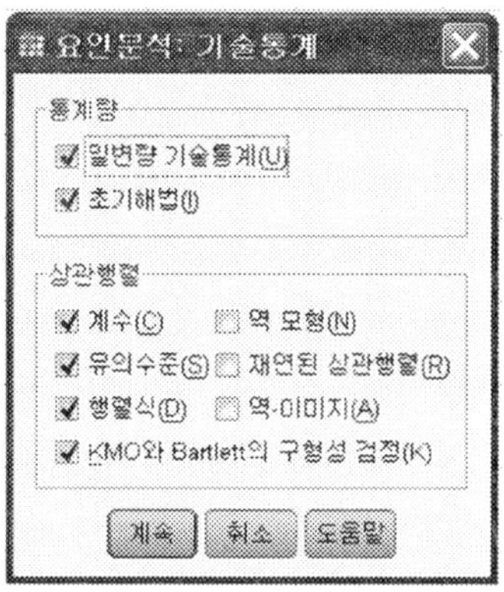

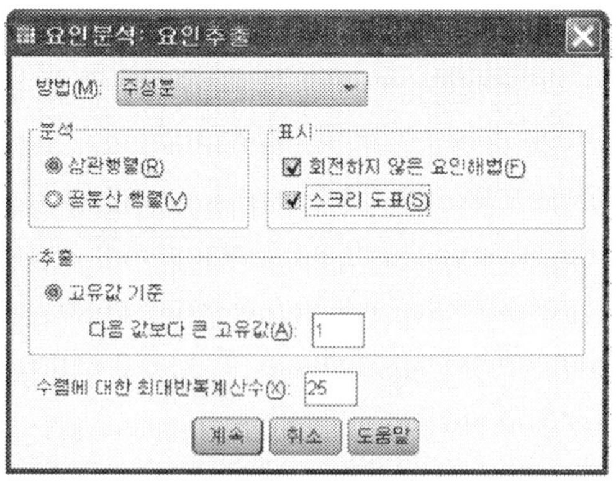

S P S S 결과

요인분석

1. 상관행렬

기술통계량

	평균	표준편차	분석수
빵	25.204	2.5410	23
버거	91.857	7.5549	23
우유	62.296	6.9502	23
오렌지	102.991	14.2393	23
토마토	48.765	7.6027	23

상관행렬[a]

		빵	버거	우유	오렌지	토마토
상관계수	빵	1.000	.622	.319	.045	.392
	버거	.622	1.000	.333	.211	.632
	우유	.319	.333	1.000	-.003	.254
	오렌지	.045	.211	-.003	1.000	.358
	토마토	.392	.632	.254	.358	1.000
유의확률 (단측)	빵		.001	.069	.418	.032
	버거	.001		.060	.167	.001
	우유	.069	.060		.495	.121
	오렌지	.418	.167	.495		.047
	토마토	.032	.001	.121	.047	

a. 행렬식 = .272

(1) 상관행렬에서 보면 버거와 토마토의 상관계수(=0.632)가 가장 높다.

(2) 행렬식은 0.272이다.

2. 분석 가능판단

KMO와 Bartlett의 검정

표준형성 적절성의 Kaiser-Meyer-Olkin 측도.		.685
Bartlett의 구형성 검정	근사 카이제곱	25.397
	자유도	10
	유의확률	.005

(3) 수집된 자료가 요인분석에 접합한지를 판단하기 위한 통계적인 과정이다.

① "표준형성 적절성의 KMO 측도"는 0.685로서 0.05보다 크므로 요인분석을 계속 진행할 수 있다는 것을 나타낸다.

② Bartlett의 구형성 검정은

"귀무가설 H_0 : 모 상관행렬은 단위행렬이다."를 판단한다.

유의확률 0.005은 유의수준 0.05보다 적으므로 단위행렬이 아니라는 충분한 증거를 보여주기 때문에 요인분석을 계속 진행할 수 있다.

③ 단위 상관 행렬식에서 제공하는 카이제곱은 25.397, 자유도는 10이다.

3. 공통성

공통성

	초기	추출
빵	1.000	.664
버거	1.000	.777
우유	1.000	.507
오렌지	1.000	.819
토마토	1.000	.720

추출 방법: 주성분 분석.

성분행렬[a]

	성분 1	성분 2
빵	.752	-.315
버거	.881	-.040
우유	.528	-.477
오렌지	.363	.829
토마토	.801	.279

요인추출 방법: 주성분 분석.

a. 추출된 2 성분

(4) 공통성이란 어떤 변수에 담긴 분산(정보)이 m개의 요인들에 의하여 어느 정도 표현될 수 있는가를 비율로 나타내는 것이다.

① 공통분석에서 초기의 공통성은 1이다.

② 추출의 값이 1에 가까우면 가까울수록 요인들에 의하여 변수가 더 잘 설명될 수 있다.

③ 요인의 수가 많으면 공통성도 커진다.

④ 그러나 아주 작은 양의 공통성을 증가시키기 위하여 요인을 추가할 필요는 없다.

(5) 성분행렬에서 주성분의 제곱합은 공통성의 추출이다.

$$빵 \equiv (0.752)^2 + (-0.315)^2 = 0.664729$$

$$버거 \equiv (0.881)^2 + (-0.0403)^2 = 0.777785$$

$$우유 \equiv (0.528)^2 + (-0.477)^2 = 0.506313$$

$$오렌지 \equiv (0.363)^2 + (0.829)^2 = 0.81901$$

$$토마토 \equiv (0.801)^2 + (0.279)^2 = 0.719442$$

4. 설명된 총 분산

설명된 총분산

성분	초기 고유값			추출 제곱합 적재값			회전 제곱합 적재값		
	합계	% 분산	% 누적	합계	% 분산	% 누적	합계	% 분산	% 누적
1	2.393	47.853	47.853	2.393	47.853	47.853	2.081	41.629	41.629
2	1.095	21.894	69.747	1.095	21.894	69.747	1.406	28.118	69.747
3	.731	14.617	84.364						
4	.495	9.894	94.258						
5	.287	5.742	100.000						

추출 방법: 주성분 분석.

(6) 고유치는 큰 값부터 내림 차 순으로 정리한다.(2.393 ~ 0.287)

(7) 고유치를 모두 합하면 5가 된다.

즉, $2.393 + 1.095 + 0.731 + 0.495 + 0.287 = 5.001 \Rightarrow 5$

값 5는 관측변량의 개수와 같다.

즉, #(빵, 버거, 우유, 오렌지, 토마토) = 5

(8) 고유치가 1보다 큰 값만으로 구분한다.

정보량을 소수의 요인에 모으는 것이 주성분분석의 목적이므로, 정보량이 1보다 작은 주성분은 무시되어 버린다(초기 지정값).

제 1주성분의 정보량 $= 2.393$

제 2주성분의 정보량 $= 1.095$ 로 되어 있다.

(9) 정보량을 퍼센트(=분산의 %)로 바꾸면 다음과 같다.

$$\frac{2.393}{5} \times 100 = 47.86 \quad , \quad \frac{1.095}{5} \times 100 = 21.9$$

(10) 제1 주성분과 제 2주성분의 정보량의 합계(=누적 %)는 69.76%이다.

$47.86 + 21.9 = 69.76$

5. 성분행렬

성분행렬[a]

	성분	
	1	2
빵	.752	-.315
버거	.881	-.040
우유	.528	-.477
오렌지	.363	.829
토마토	.801	.279

요인추출 방법: 주성분 분석.

a. 추출된 2 성분

(11) 주성분분석의 핵심이 된다.

*. **제 1주성분 = 0.752(빵) + 0.881(버거) + 0.528(우유) + 0.363(오렌지) + 0.801(토마토)**

위의 식에서 계수의 대소나 부호(+ , -)에 주목하면서 제 1주성분의 의미를 부여한다.

① 제 1주성분의 계수는 모두 양(+)으로 되어 있다. 즉, 어느 변량이 커져도 제 1주성분의 값은 커지는 성질을 가진다. 따라서 제 1주성분은 전체적인 크기를 나타내는 주성분으로 해석 할 수 있다. 이와 같은 성질을 갖는 인자는 **크기의 인자**(size factor)라 한다.

② 제 2주성분의 계수는 빵, 버거, 우유에서 음이고 오렌지, 토마토에서 양이므로 물가 조사에서 빵, 버거, 우유는 하락을 오렌지, 토마토에서는 상향의 값이 나온다.

따라서 제 2주성분은 주식(빵, 버거, 우유)과 과일(오렌지, 토마토)을 나타내는 주성분으로 해석된다. 이와 같은 인자를 **형태의 인자**(shape factor)라 한다.

③. 각 수치들은 고유벡터가 아니라 성분행렬의 각 요소로서 **요인 적재값 혹은 인자부화량**(factor loading)이라 한다.

이것은 해당 변수와 요인 사이의 상관계수를 말한다.

요인 적재값(상관계수)의 제곱은 해당변수가 해당요인에 의하여 표현되는 분산(정보)의 비율을 나타낸다.

(예), 변수2(버거)와 요인 1과의 상관계수는 0.881이고 변수 2(버거)의 분산은 요인 1에 의하여 77.62% 만큼 ($0.881^2 = 0.776161$) 표현된다.

6 . 주성분 플롯

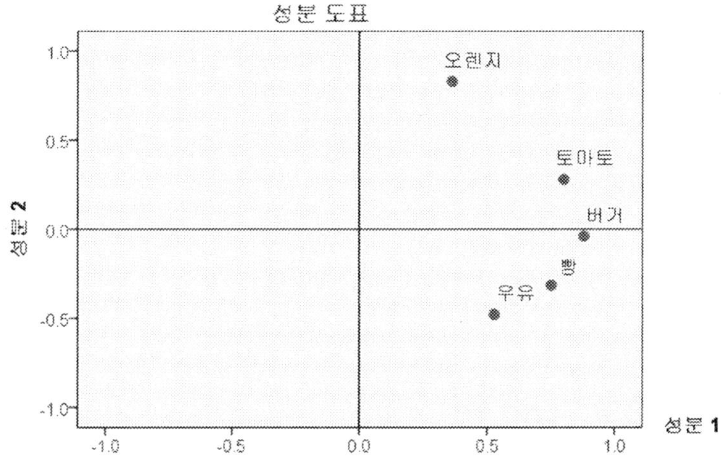

(12) 성분행렬의 값을 (x , y)의 좌표로 간주하여 평면상에 나타낸 것이다.
그림으로 부터 관측변량의 관계를 시각적으로 간파 할 수 있다.
즉, 주식(버거, 빵, 우유)과 과일(오렌지, 토마토)을 나타내는 주성분으로 해석된다.
(토마토는 주식 혹은 과일에 포함 되어도 된다.)

7. 성분점수 계수행렬

성분점수 계수행렬

	성분	
	1	2
빵	.314	-.288
버거	.368	-.037
우유	.221	-.436
오렌지	.152	.758
토마토	.335	.255

요인추출 방법: 주성분 분석.
요인 점수.

(13) 요인점수는 각 표본 대상자의 변수별 응답을 요인들의 선형 결합으로 표현한 값이다. 각 개체들의 요인 점수는 다음과 같다.

$$F_{jk} = \sum_{i=1}^{p} W_{ji}\ Z_{ik}$$

단, F_{jk} : 개별 표본 대상자의 요인 점수　　p : 변수의 개수

W_{ji} : 각 변수에 주어지는 가중치　　Z_{ik} : 표준화된 변수

8. 요인점수(fac1_1, fac2_1) 계산

*. 각 변수들의 관찰치 계산.

SPSS 결과

(14) 위의 식에 각 변수들의 관찰치를 대입하면 대상자 별로 요인 점수를 구할 수 있다. (SPSS 도표의 마지막 열에 5개의 요인 점수가 생성된다.)

	FAC1_1	FAC2_1	Z빵	Z버거	Z우유	Z오렌지	Z토마토
1	-.14881	-2.11928	-.27719	.34990	1.66963	-1.60762	-.94246
2	.18114	-1.82750	.50989	-.11337	.74880	-1.99388	.59647
3	1.45078	-.07979	1.76923	1.18379	-.12887	.07084	1.42513
4	-.18656	1.01146	-.94621	-.69577	.43227	1.08213	.32025
5	.08471	.06669	.58860	-.68254	.05818	.20427	.32025
6	.13634	-.20159	-.74944	1.40881	.14451	-.25923	-.41633

성분점수 계수행렬

	성분 1	성분 2
빵	.314	-.288
버거	.368	-.037
우유	.221	-.436
오렌지	.152	.758
토마토	.335	.255

요인추출 방법: 주성분 분석.
요인 점수.

연산

표준화된 자료를 요인1의 점수에 대입하면 fac1-1이 계산된다.

요인(성분) 1의 점수 = (0.314)빵 + (0.368)버거 + (0.221)우유 + (0.152)오렌지 + (0.335)토마토

요인(성분) 2의 점수 = (−0.288)빵 + (-0.037)버거 + (−0.436)우유 + (0.758)오렌지 + (0.255)토마토

(예). ATLA ⇒ 요인(성분) 1의 점수

$$= (0.314)(-0.27719) + (0.368)(0.34990) + (0.221)(1.66963) + (0.152)(-1.60762) + (0.335)(-0.94246) = -0.14881$$

9. 회전된 성분행렬

(15) 요인을 회전하는 이유는 변수의 설명축인 요인들을 회전시킴으로서 요인의 해석을 돕는 것이다. 일반적으로 베리멕스 직각회전 방법을 사용한다.
여기서는 제 1요인(성분)을 빵, 버거, 우유를 주식류 라고 하고, 제 2요인(성분)을 오렌지, 토마토를 과일류라고 한다.
대각선 이외의 값은 대부분 0 임을 알 수 있다.

10. 도표

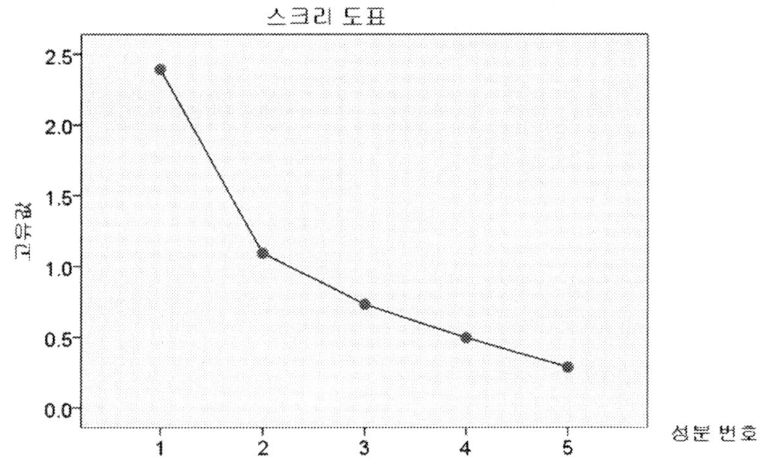

(16) 요인의 수를 몇 개로 결정할 것 인가를 알 수 있는 도표이다.
일반적으로 고유값이 1이상으로 결정 한다.

11. 주성분 지역의 산포도

1). 요인점수의 분석

①. 그래프 > 레거시 대화상자 > 산점도/점도표를 클릭한다.

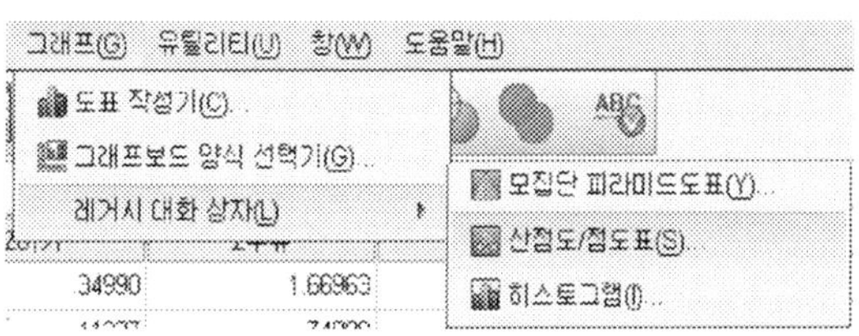

②. 단순 산점도 > 정의를 클릭한다.

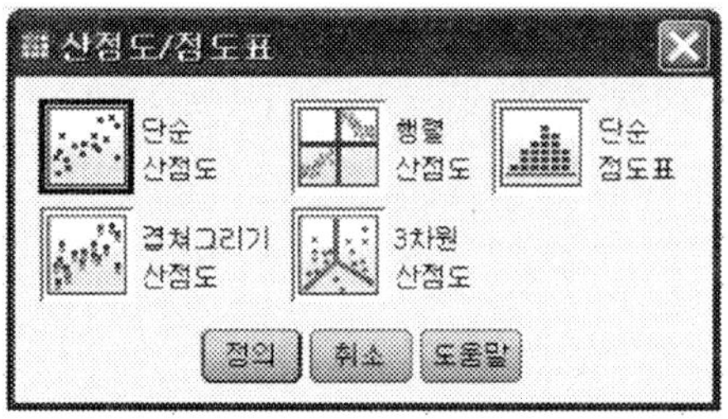

③. 단순산점도 상자에서 y-축과 x-축과 케이스설명 변수에 값을 이동한다.
④. 옵션에서 도표출력을 클릭한다.

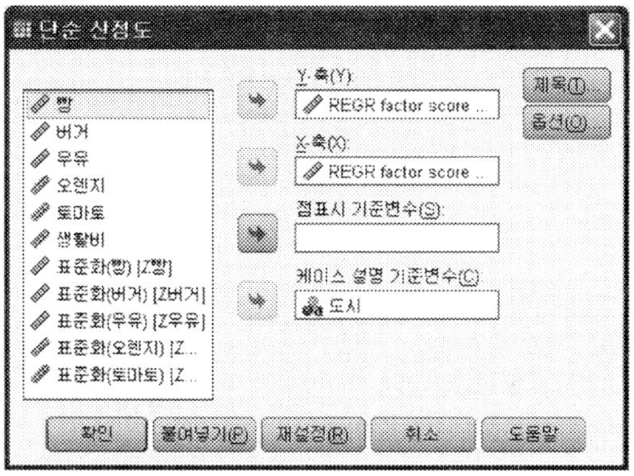

S P S S 결과

그래프

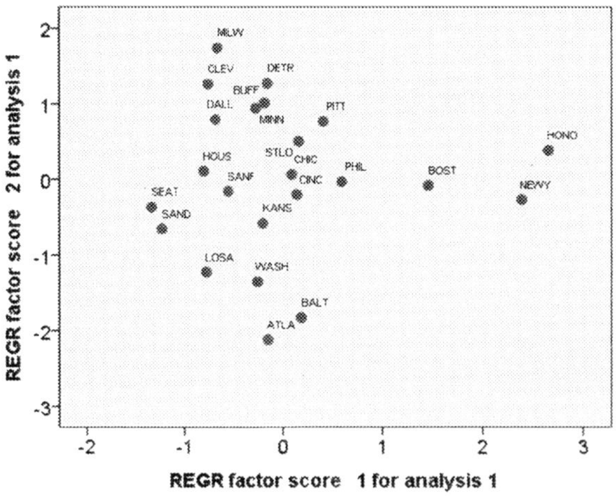

(17) 개체 플롯에서 미국 23개 도시의 물가 지도를 볼 수 있다.

(예).

주식류인 제 1축 (y축)

1. 호놀룰루, 뉴욕, 보스톤 등이 제 1축의 오른쪽 한 그룹을 형성하고 있다.
   이 도시들은 물가가 일반적으로 높다는 공통적 특성이 드러난다.
2. 제 1축의 왼쪽 끝에 있는 시애틀, 샌디에고, 등은 일반적으로 물가가 낮게 나타난다.

과일류인 제 2축 (x축)

3. 제 2축의 위쪽은 과일가격이 일반 물가에 비해 상대적으로 비싼 지역이다.
   (밀워키, 디트로이트 등 북부지역이다.)
4. 제 2축의 아래쪽은 기본 주식류 가격이 일반 물가에 비해 상대적으로 비싼 지역이다.
   (아틀란타, 볼티모어 등 동부지역이다.)

2). 생활비 별 다중도표

①. 그래프 > 레거시 대화상자 > 선도표를 클릭한다.

②. 다중 과 개별변수의 요약 값을 선택한다.

③. 요약값 상자에서 선표시와 범주축에 자료를 정리한다.

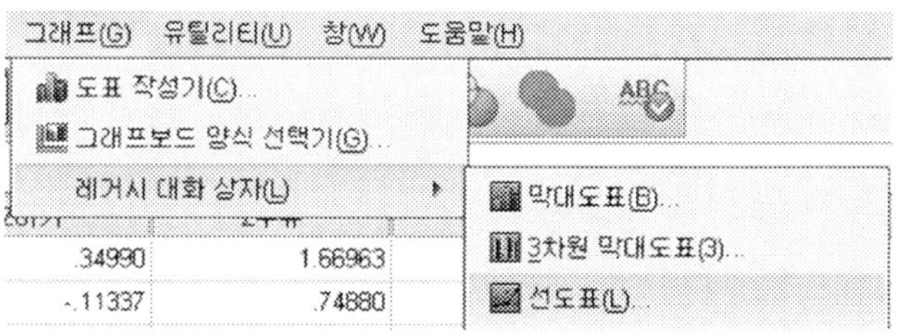

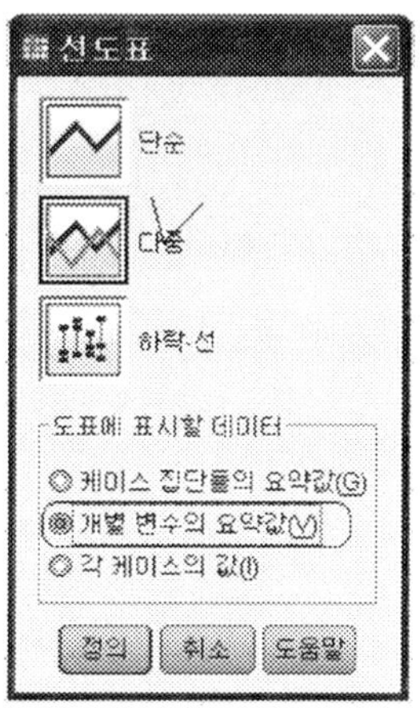

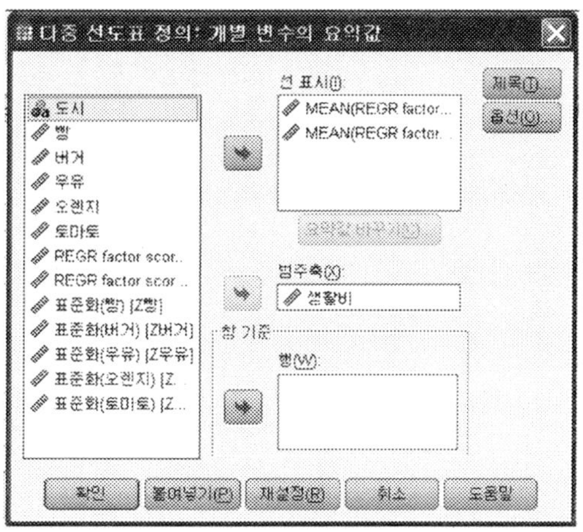

S P S S 결과

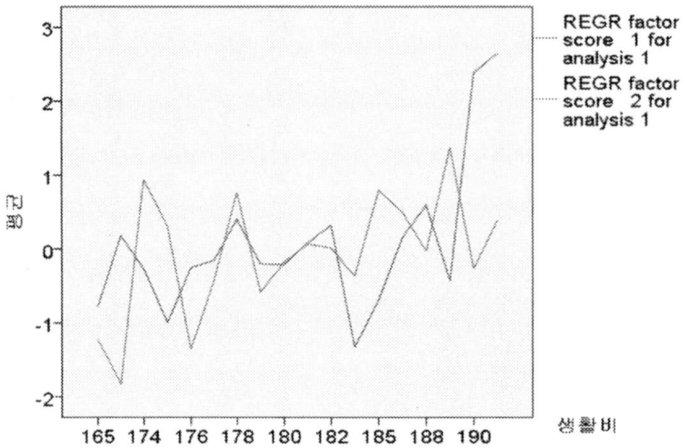

(18) 도표에서 생활비 별로 각 요인점수 간의 차이는 통계적으로 인정 할 수 있는가?

3). 생활비 별로 두 개의 연속변수가 서로 대응된다.

*. 대응표본 t-검정

①. 검정 전에 먼저 파일분할을 한다.

데이터 > 파일분할을 클릭한다.

②. 파일 분할 상자에서 각 집단별을 선택하고 분할 집단변수에는 생활비를 입력하여 클릭하여 파일분할을 실행한다.

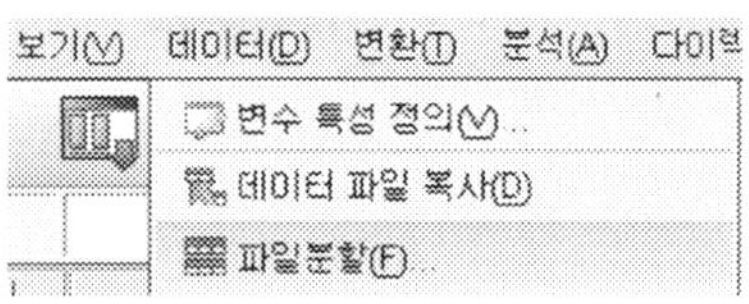

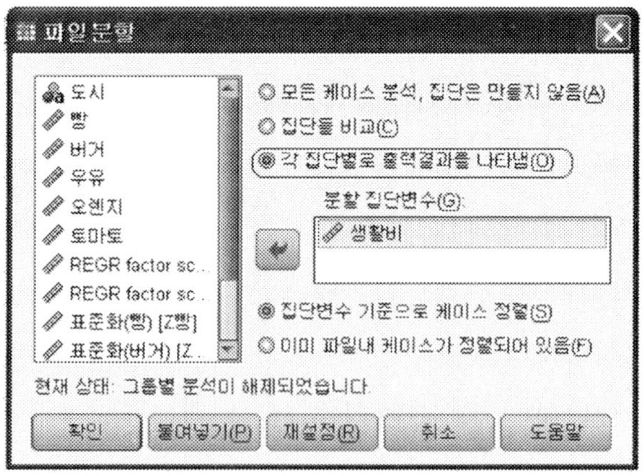

③. 분석 > 평균비교 > 대응표본 t-검정을 클릭한다.

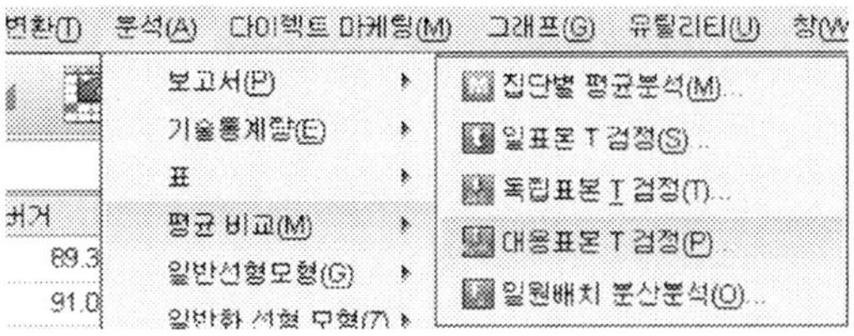

④. 대응표본 T 검정상자에서 다음과 같이 정리한다.

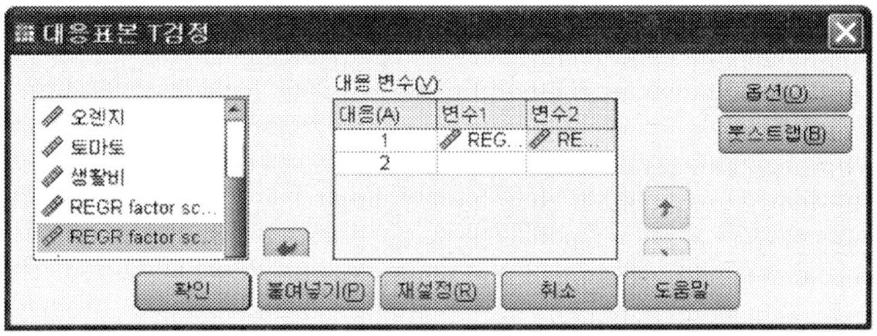

S P S S 결과

대응표본 검정ᵃ

		대응차					t	자유도	유의확률 (양쪽)
		평균	표준편차	평균의 표준오차	차이의 95% 신뢰구간 하한	차이의 95% 신뢰구간 상한			
대응 1	REGR factor score 1 for analysis 1 - REGR factor score 2 for analysis 1	-1.299610	1.0269852	.72618825	-10.52670	7.9274860	-1.790	1	.324

a. 생활비 = 175

대응표본 검정ᵃ

		대응차					t	자유도	유의확률 (양쪽)
		평균	표준편차	평균의 표준오차	차이의 95% 신뢰구간 하한	차이의 95% 신뢰구간 상한			
대응 1	REGR factor score 1 for analysis 1 - REGR factor score 2 for analysis 1	-1.802635	.85505672	.60461640	-9.485015	5.8797440	-2.981	1	.206

a. 생활비 = 189

(19) 생활비 165부터 210까지 대응표본 검정은 유의수준 0.05에서 모두 유의하지 않음을 알 수 있다.

즉, 모든 경우의 생활비에서는 주식류, 과일류에 따른 요인점수의 차이는 인정되지 않는다.

12. 요인 분석을 이용한 회귀분석

회귀분석을 실행하기 전에 먼저 신뢰분석을 하는 것이 합당하다.
회귀분석은 요인 1인 주식류 와 요인 2인 과일류로 구성된다.
이 두 요인이 생활비에 미치는 영향력을 조사하기 위하여 회귀분석을 실시하자.

①. 분석 > 회귀분석 > 선형을 클릭한다.

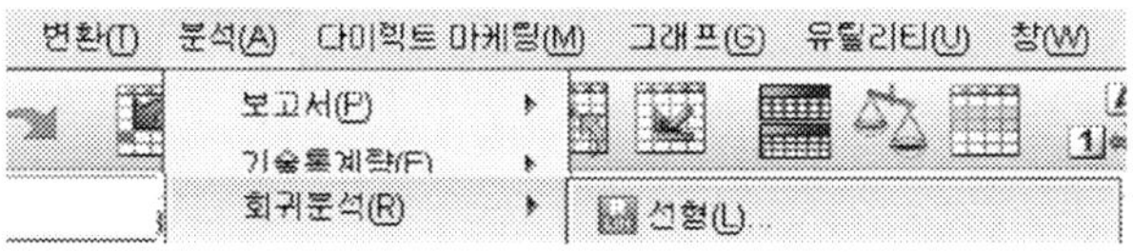

②. 회귀분석 상자에 종속변수와 독립변수를 정리한다.

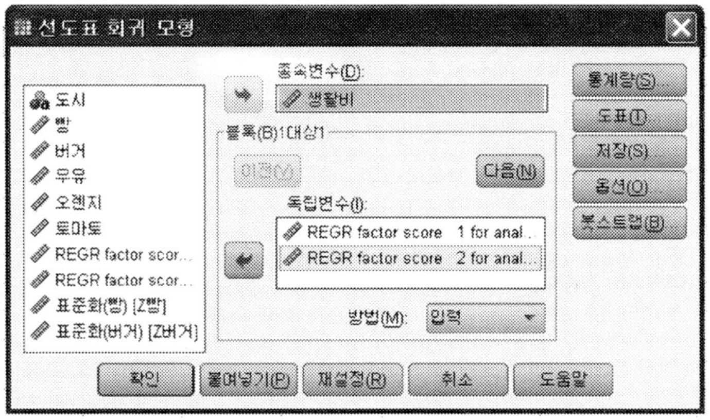

S P S S 결과

선형회귀분석

모형 요약

모형	R	R 제곱	수정된 R 제곱	추정값의 표준오차
1	.719[a]	.517	.468	6.454

a. 예측값: (상수), REGR factor score 2 for analysis 1, REGR factor score 1 for analysis 1

분산분석[b]

모형		제곱합	자유도	평균 제곱	F	유의확률
1	회귀 모형	890.342	2	445.171	10.687	.001[a]
	잔차	833.136	20	41.657		
	합계	1723.478	22			

a. 예측값: (상수), REGR factor score 2 for analysis 1, REGR factor score 1 for analysis 1

b. 종속변수: 생활비

계수[a]

모형		비표준화 계수		표준화 계수		
		B	표준오차	베타	t	유의확률
1	(상수)	181.391	1.346		134.784	.000
	REGR factor score 1 for analysis 1	5.374	1.376	.607	3.905	.001
	REGR factor score 2 for analysis 1	3.404	1.376	.385	2.474	.022

a. 종속변수: 생활비

(20) 두 요인(성분)이 생활비에 미치는 영향

*. 이 결과 회귀식은 다음과 같다.

$$\hat{y} = 181.391 + 5.374\, f_1 + 3.4304\, f_2$$

단, $\hat{y}$: 생활비

f_1 : 요인 1(주식류의 요인)

f_2 : 요인 2(과일류의 요인)

① 이 회귀식은 통계적으로 유의하며 (유의확률 = 0.001), R 제곱 = 0.517로서 총변동의 51.7%를 설명한다.

② 요인 1은 통계적으로 유의하다. (유의확률 = 0.001)

③ 요인 2도 통계적으로 유의하다. (유의확률 = 0.022)

④ 결론적으로 생활비는 주식류와 과일류 모두에 중요시 한다.

⑤ 주식류의 회귀계수(= 5.374)가 과일류의 회귀계수(= 3.4304)보다 더 크므로 생활비에 더 주의를 기울여야 한다.

13. 단일차원의 요인으로 변환하여 회귀식을 유도.

(요인의 타당성과 신뢰성이 확보 된 경우 다음과 같은 회귀식을 유도 할 수 있다.)

대상변수	숫자표현식	확인
f_1	$\frac{1}{3}$(빵+버거+우유)	클릭
f_2	$\frac{1}{2}$(오렌지+토마토)	클릭

1). $f_1 = \frac{1}{3}$(빵+버거+우유)을 생성한다.

①. 변환 > 변수계산을 클릭한다.

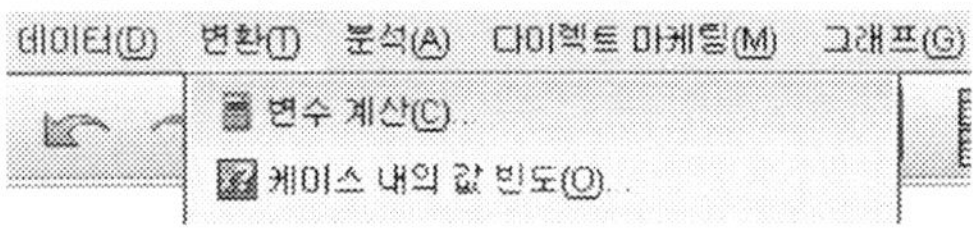

②. 변수계산 상자를 이용하여 f1을 생성한다.

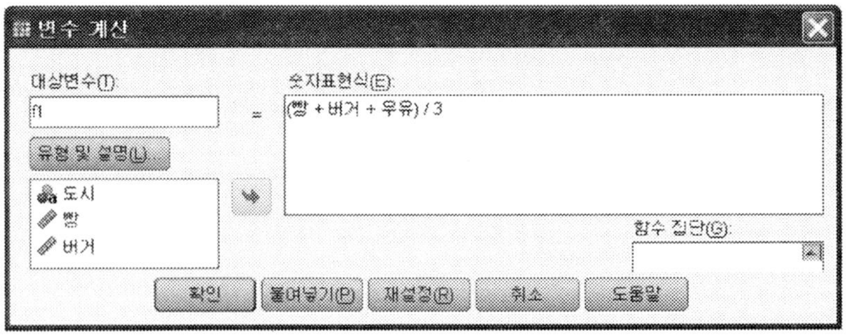

2). $f2 = \frac{1}{2}$(오렌지+토마토)을 생성한다.

①. 변환 > 변수계산을 클릭한다.

②. 변수계산 상자를 이용하여 f2를 생성한다.

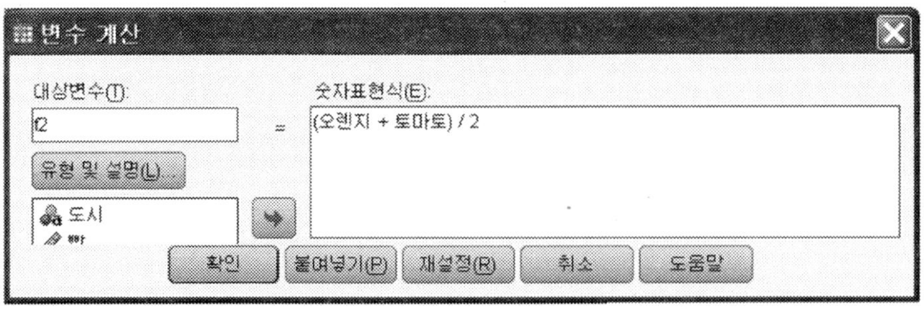

S P S S 결과

Z오렌지	Z토마토	f1	f2
-1.42503	-1.36337	57.47	60.55
-1.99388	.59647	61.67	63.95
.21130	.25449	56.23	78.35
.55542	-.25849	54.67	78.85
-.71572	-1.75796	55.40	64.10

(21) S P S S 화면에 f1 과 f2가 생성되어짐을 확인 할 수 있다.

3). 분석 > 회귀분석 > 선형을 클릭한다.

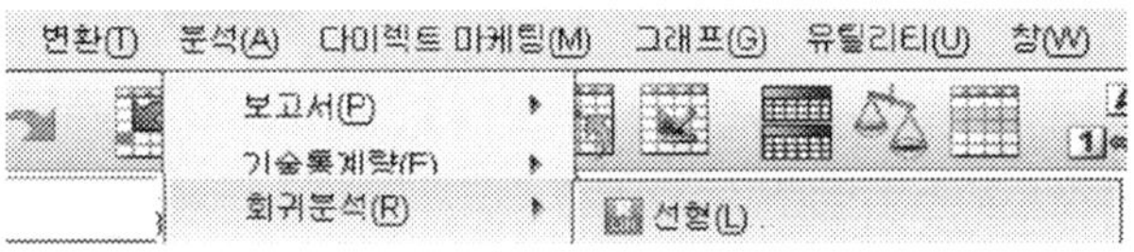

4). 종속변수에 생활비, 독립변수에 f1과 f2를 입력한다.

S P S S 결과

선형회귀분석

모형 요약

모형	R	R 제곱	수정된 R 제곱	추정값의 표준오차
1	.829[a]	.688	.656	5.189

a. 예측값: (상수), f2, f1

분산분석[b]

모형		제곱합	자유도	평균 제곱	F	유의확률
1	회귀 모형	1184.910	2	592.455	22.001	.000[a]
	잔차	538.568	20	26.928		
	합계	1723.478	22			

a. 예측값: (상수), f2, f1

b. 종속변수: 생활비

계수[a]

모형		비표준화 계수		표준화 계수		
		B	표준오차	베타	t	유의확률
1	(상수)	97.064	15.437		6.288	.000
	f1	.570	.260	.290	2.190	.041
	f2	.662	.127	.688	5.197	.000

a. 종속변수: 생활비

(22) 생활비에 대하여 회귀분석을 하면 다음과 같은 결과를 얻는다.

$$\hat{y} = 97.064 + 0.570 f_1 + 0.662 f_2 \quad (R^2 = 0.688)$$

(6.288) (2.190) (5.197) ← t - 값

(0.000) (0.041) (0.000) ← p - 값

위의 식에서 f_1(주식류)와 f_2(과일류)는 유의한 것으로 나타났다.

14. 판단.

* 1. 일반적인 중회귀식으로 분석한다.

2. 요인분석으로 중회귀식을 유도한다.

3. 평균으로 중회귀분석을 유도한다.

⇒ 1, 2, 3 회귀식에서 가장 타당하다고 사료되는 회귀식은 무엇인가.
판단은 각자 판단할 것, (2번이 타당성이 좋다.)

문제 5-2 소비성과 성의식(질적변수)

아래의 설문지를 분석하라. 자료는 부록에 있음

1. 설문지

D대학교의 자연과학대학과 경상대학에 재학중인 여학생들의 소비성향 및 성의식 조사.

안녕하세요. 저희들은 00대학교 00대학원 00학과에 재학중인 학생입니다.

이번에 자연과학대학과 경상대학에 재학중인 여학생들의 소비성향 및 성의식에 대하여 비교 분석하여 보다 정확한 자료를 정리하고자 합니다.

본 설문지는 23문항이며 약 10분 정도 소요될 것입니다. 바쁘시더라도 다음 설문에 정성껏 답해 주시면 고맙겠습니다. 아울러, 귀하께서 응답해 주신 사항들은 절대로 비밀이 보장되며, 통계분석 목적으로만 사용될 것입니다.

201 년 월 일

00대학교 00대학원 00학과

연락처 : 0 0 0 (☏ 000-000-0000)

지도교수 : 0 0 0 (☏ 000-0000)

면접원 ______________________

면접장소 자연과학대학 ________ 경상대학 __________

면접일시 201 년 ______ 월 ______ 일 _______ 시

***. 당신의 개인적인 성향은 어떠하다고 보세요? ***

가장 왼쪽의 "결코 아니다"부터 가장 오른쪽의 "매우 그렇다"의 순서로 이어집니다. 모든 것을 고려해 볼 때 자신을 가장 잘 나타낸다고 생각되는 점을 골라 표시하여 주세요.

	결코 아니다	그렇지 않다	보통 이다	그렇다	매우 그렇다
예. 나는 아름다운 편이다.	1	2	3	4	5

♥ 먼저 개인의 소비성향에 관한 질문들입니다. ♥

	결코 아니다	그렇지 않다	보통 이다	그렇다	매우 그렇다
1. 호사스러운 장신구나 액세서리들을 많이 갖고 싶다.	1	2	3	4	5
2. 신문을 읽는 것 보다 TV 보는 것을 좋아한다.	1	2	3	4	5

문항	1	2	3	4	5
3. 결혼식은 결혼하는데 꼭 필요한 절차라고 생각한다.	....	....	....	....	....
4. 새로운 패션이나 유행을 빨리 받아들이는 편이다.	....	....	....	....	....
5. 상품을 싸게 구입하기 위해 여러상점에서 가격을 비교한다.	....	....	....	....	....
6. 쇼핑을 가기 전에 쇼핑 품목을 미리 작성하는 편이다.	....	....	....	....	....
7. 교양을 높이거나 생활을 즐기기 위해 무엇인가 강습을 받거나 공부를 하고 싶다.	....	....	....	....	....
8. 비싼 것을 하나 갖는 것 보다 싼 것을 여러 개 갖는 편이 좋다.	....	....	....	....	....
9. 옷에 맞춰 액세서리나 구두를 바꿔 착용한다.	....	....	....	....	....
10. 생활하는데 다소 불편하더라도 옷의 모양이 좋으면 입는다.	....	....	....	....	....

♥ 다음은 개인의 성(性) 의식을 묻는 질문입니다. ♥

	결코 아니다	그렇지 않다	보통 이다	그렇다	매우 그렇다
11. 여성은 결혼 전까지 순결한 편이 좋다고 생각한다.	1	2	3	4	5
12. 나는 낙태제도를 찬성한다.	1	2	3	4	5
13. 결혼한 여성의 행복은 남편에게 달려있다.	1	2	3	4	5
14. 자녀가 있더라도 사랑하지 않으면 이혼 할 수 있다.	1	2	3	4	5
15. 동성동본이라 할지라도 사랑한다면 서로 결혼해야 한다.	1	2	3	4	5
16. 여자가 담배 피는 것을 보면 못마땅하다.	1	2	3	4	5
17. 남자와 여자 사이에는 친구 관계가 성립되지 않는다.	1	2	3	4	5
18. 연애와 결혼은 별개의 것이다.	1	2	3	4	5
19. 남자도 여자와 마찬가지로 결혼 전까지 순결을 지켜야 한다.	1	2	3	4	5

20. 순결은 육체에 있는 것이 아니라 마음에 있다.

1	2	3	4	5
:..........	:..........	:..........	:..........	:.......... :

♥ **이제부터는 인적사항에 관한 질문입니다.** ♥

21. 어느 학과 , 몇 학년이세요? (　　　　　　)학과 (　　　　)학년

22. 지금 사는 곳이 어디세요?

(1) 자기집 또는 친척집　　(2) 하숙집
(3) 자취방　　(4) 기숙사　　(5) 다른 곳

23. 당신의 종교는?

(1) 불교　　(2) 천주교　　(3) 기독교
(4) 기타종교　　(5) 없다.

끝

♥ **응답하여 주셔서 대단히 고맙습니다.** ♥

(풀이)　**[1]. S P S S 에 자료를 입력한다.**

1. 설문지에서 얻은 자료를 혼글에 코딩한다.
2. 혼글에 코딩한 자료를 txt file로 변경한다.
   즉, 혼글에 입력한 자료 **혼글 . hwp**를 **혼글 . txt**로 변경한다.
3. S P S S에 자료를 입력한다.
   S P S S 데이터 편집기에 다음과 같이 정리한다.
   파일 > 텍스트 데이트 읽기 > 혼글 .txt를 클릭한다.

1단계

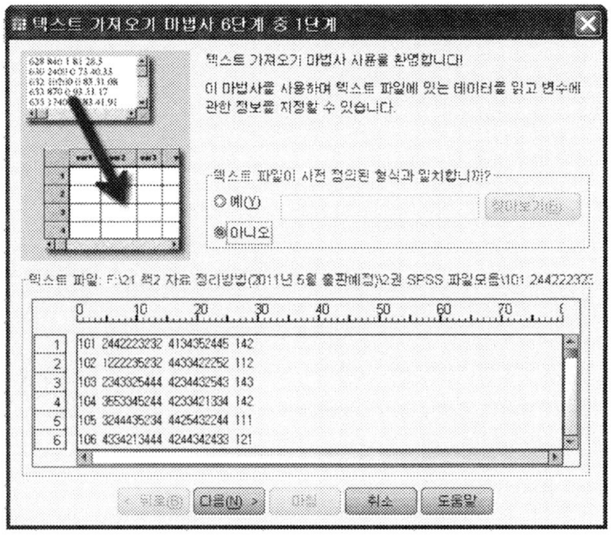

2단계

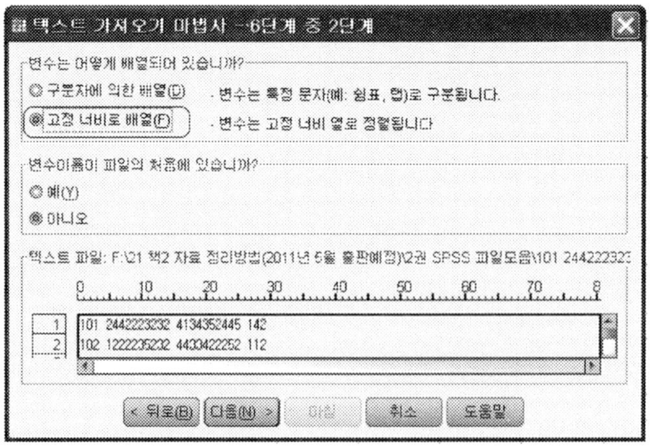

3단계

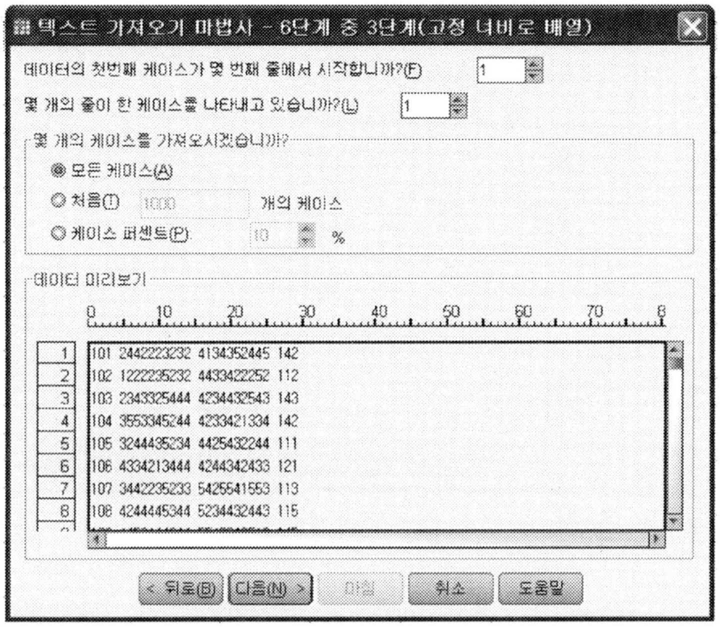
텍스트 가져오기 마법사 - 6단계 중 3단계(고정 너비로 배열)
데이터의 첫번째 케이스가 몇 번째 줄에서 시작합니까?(F)
몇 개의 줄이 한 케이스를 나타내고 있습니까?(L)
몇 개의 케이스를 가져오시겠습니까?
모든 케이스(A)
처음(T)
개의 케이스
케이스 퍼센트(P)
데이터 미리보기
101 2442223232 4134352445 142
102 1222235232 4433422252 112
103 2343325444 4234432543 143
104 3553345244 4233421334 142
105 3244435234 4425432244 111
106 4334213444 4244342433 121
107 3442235233 5425541553 113
108 4244445344 5234432443 115
< 뒤로(B)
다음(N) >
마침
취소
도움말

4단계

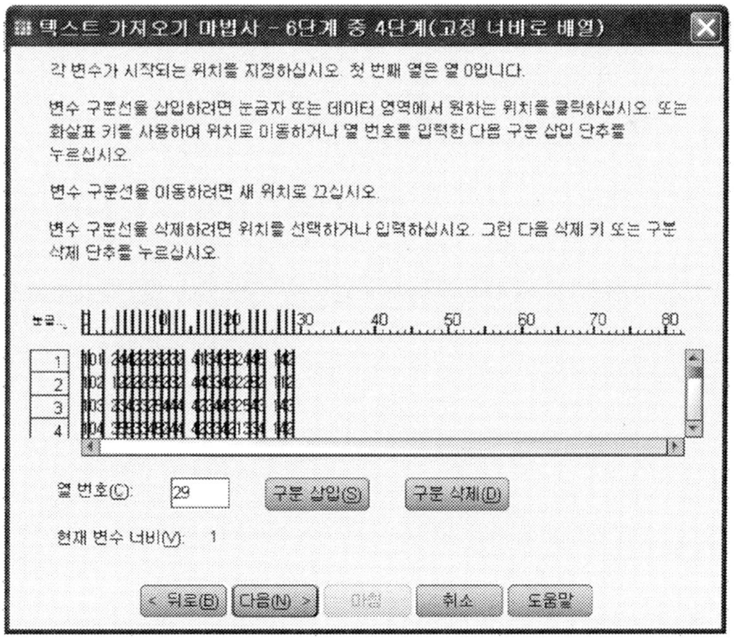
텍스트 가져오기 마법사 - 6단계 중 4단계(고정 너비로 배열)
각 변수가 시작되는 위치를 지정하십시오. 첫 번째 열은 열 0입니다.
변수 구분선을 삽입하려면 눈금자 또는 데이터 영역에서 원하는 위치를 클릭하십시오. 또는 화살표 키를 사용하여 위치로 이동하거나 열 번호를 입력한 다음 구분 삽입 단추를 누르십시오.
변수 구분선을 이동하려면 새 위치로 끄십시오.
변수 구분선을 삭제하려면 위치를 선택하거나 입력하십시오. 그런 다음 삭제 키 또는 구분 삭제 단추를 누르십시오.
열 번호(C):
29
구분 삽입(S)
구분 삭제(D)
현재 변수 너비(V): 1
< 뒤로(B)
다음(N) >
마침
취소
도움말

5단계

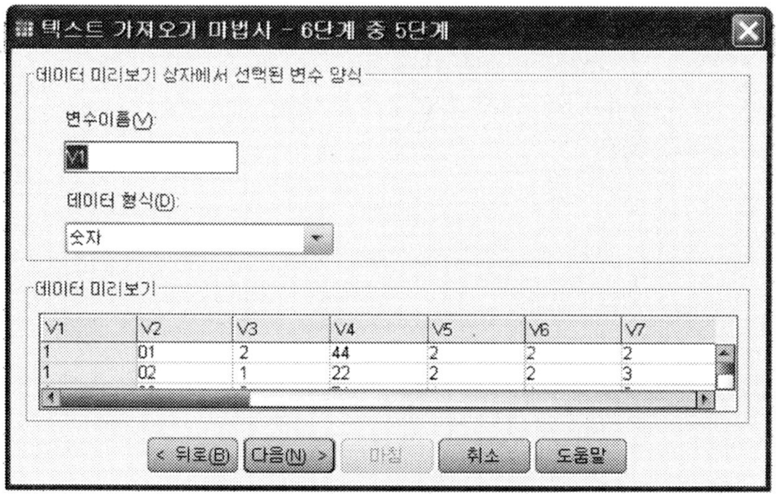

6단계

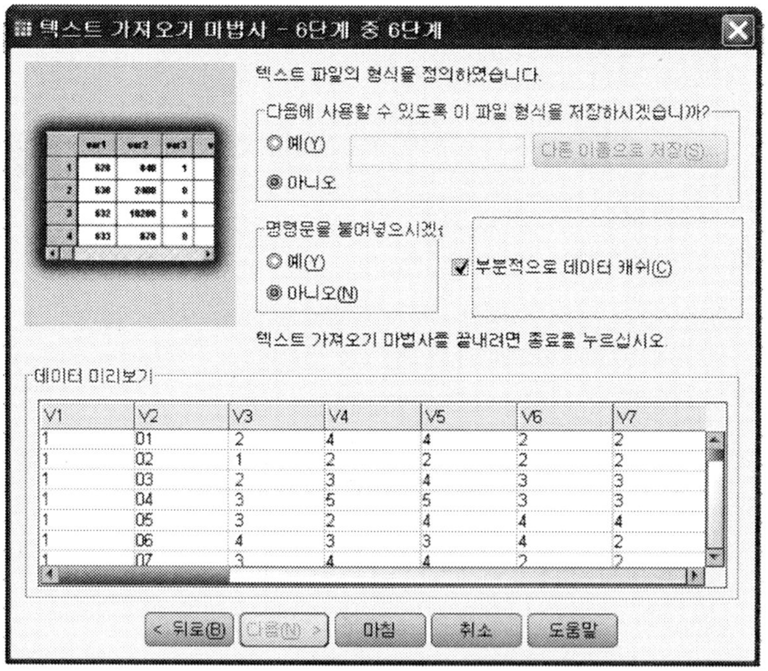

4. S P S S 바탕화면의 변수보기에서 필요한 부분을 설명한다.

[2]. S P S S에 입력된 자료에서 오류를 검토한다.

1. 입력된 자료의 오류를 검토는 일련번호 id를 제외한 나머지 변수들은 모두 범주형 (자료)이므로 빈도분석 방법으로 오류자료 확인한다.
   (연속형인 변수를 포함하는 경우는 일차적으로 해당 변수에 대하여 대표값(평균) 및 산포도(분산, 표준편차)등으로 자료를 요약한다.)

1). 분석 > 기술통계량 > 빈도분석을 클릭한다.

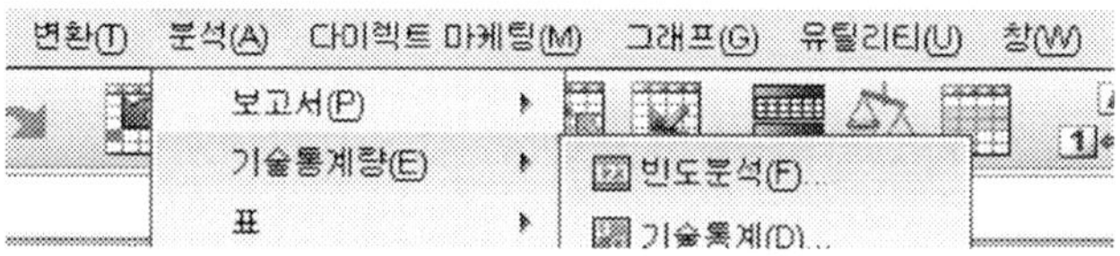

2). 빈도분석 상자에서 일련번호를 제외한 모든 것을 변수로 이동한다.

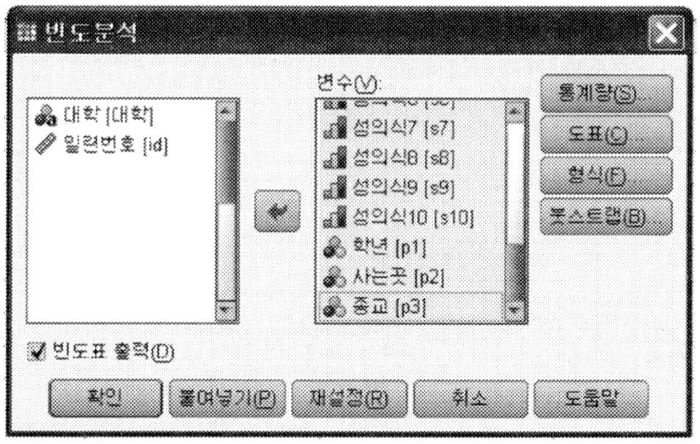

3). 통계량을 선택하여 최소값과 최대값을 선택한다.

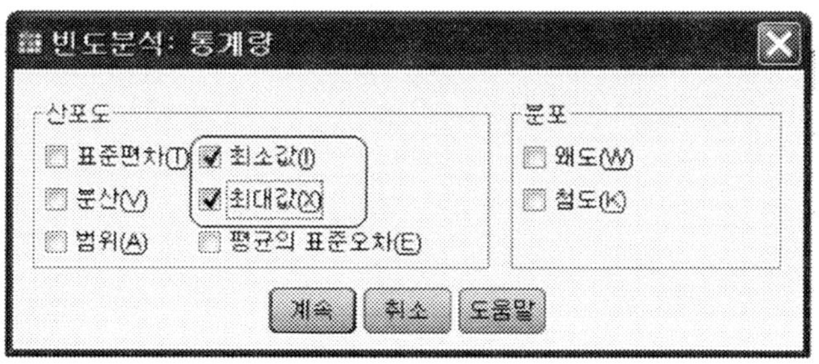

S P S S 결과

빈도분석

통계표

통계량

		소비성향1	소비성향2	소비성향3	소비성향4	소비성향5	소비성향6	소비성향7	소비성향8	소비성향9	소비성향10	성의식1	성의식2	성의식3	성의식5	성의식8	성의식9	성의식10	종교
N	유효	164	164	164	164	164	164	164	164	164	164	164	...	...	...	...	...	...	...
	결측	0	0	0	0	0	0	0	0	0	0	0	0	0	0	0	0	0	0
최소값		1	1	1	1	1	1	2	1	1	1	1	1	1	1	1	1	1	1
최대값		5	5	5	4	5	5	5	5	5	5	5	5	5	5	5	5	5	5

(1) 유효수는 164개 결측치 없고 각문항의 최소값은 1 최대값은 5이므로 자료의 오류는 없다고 할 수 있다.

빈도표

학년

		빈도	퍼센트	유효 퍼센트	누적퍼센트
유효	1학년	46	28.0	28.0	28.0
	2학년	43	26.2	26.2	54.3
	3학년	39	23.8	23.8	78.0
	4학년	36	22.0	22.0	100.0
	합계	164	100.0	100.0	

사는곳

		빈도	퍼센트	유효 퍼센트	누적퍼센트
유효	자기집 또는 친척집	121	73.8	73.8	73.8
	하숙집	8	4.9	4.9	78.7
	자취방	18	11.0	11.0	89.6
	기숙사	17	10.4	10.4	100.0
	합계	164	100.0	100.0	

종교

		빈도	퍼센트	유효 퍼센트	누적퍼센트
유효	불교	52	31.7	31.7	31.7
	천주교	29	17.7	17.7	49.4
	기독교	12	7.3	7.3	56.7
	기타	2	1.2	1.2	57.9
	없다	69	42.1	42.1	100.0
	합계	164	100.0	100.0	

(2) 빈도표에서 종교에 관한 분포를 보면 불교가 31.7%, 천주교가 17.7%, 기독교가 7.3%, 기타가 1.2%, 없다가 42.1%인 것을 불수 있다.

(3) 설문에서 제시되지 않은 항목이 나타난다면 입력에 오류가 있는 것이므로 반드시 수정하여야 한다.

2. 연속형 변수에 대해서는 최소값, 최대값, 평균, 표준편차를 산출하는 기술통계를 이용하여 자료 입력에 오류가 있는가를 확인할 수 있다.

(4) 지금까지는 변수의 분포와 기술통계를 통하여 입력된 자료를 검토하였다. 이것은 단지 자료입력이 잘 되었는지를 확인하는 것이다.

[3]. 자료를 분석한다.

설문지 자료에서 많이 쓰이는 분석은 다음과 같다.

Ⅰ- 1 . 교차표 분석

교차표 분석은 설문지의 답지가 범주형인 자료를 분석하는데 가장 많이 사용하는 기본적인 도구이다.

1. 대학별로 학년, 사는 곳, 종교를 비교한다.

1). S P S S 자료 화면에서 분석 > 기술통계량 > 교차분석을 선택한다.

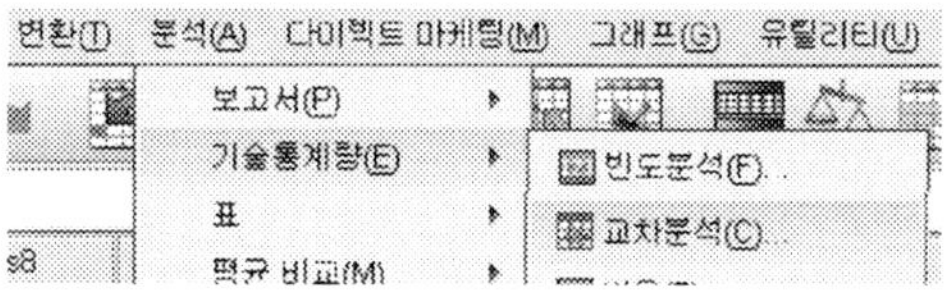

2). 교차분석 상자에서 행에는 대학, 열에는 학년, 사는곳, 종교를 입력한다.

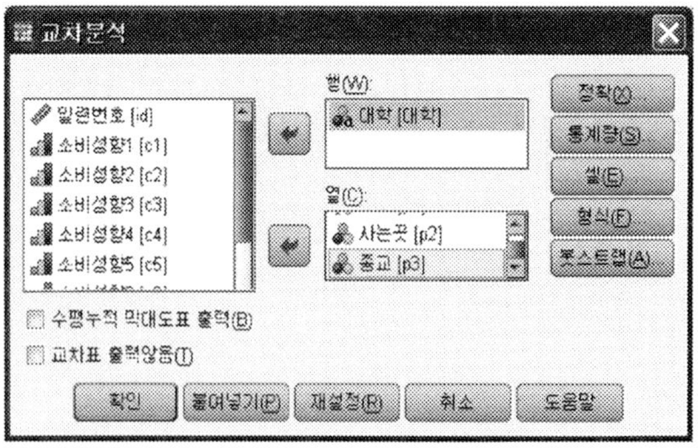

3). 통계량을 선택하여 카이제곱 값을 클릭한다.

4). 셀을 선택하여 빈도의 관측빈도와 퍼센트의 행을 클릭한다.

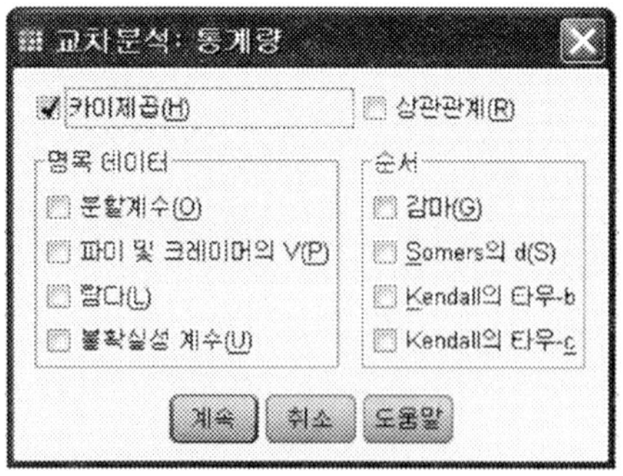

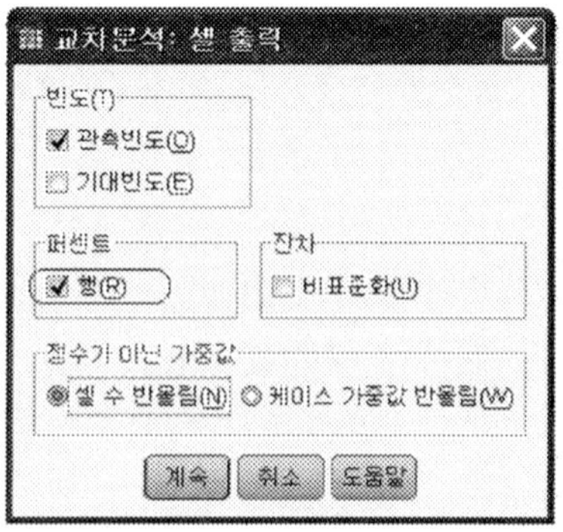

S P S S 결과

교차분석 결과 대학, 학년, 사는 곳, 종교에 대하여 나타난다.
대학 * 종교에 대하여 정리한다.
(대학 * 학년 과 대학 * 사는 곳은 각자 정리 바람.)

대학 * 종교

교차표

			종교					
			불교	천주교	기독교	기타	없다	전체
대학	자연과학대학	빈도	33	11	5	1	32	82
		대학 중 %	40.2%	13.4%	6.1%	1.2%	39.0%	100.0%
	경상대학	빈도	19	18	7	1	37	82
		대학 중 %	23.2%	22.0%	8.5%	1.2%	45.1%	100.0%
전체		빈도	52	29	12	2	69	164
		대학 중 %	31.7%	17.7%	7.3%	1.2%	42.1%	100.0%

카이제곱 검정

	값	자유도	점근 유의확률 (양측검정)
Pearson 카이제곱	6.155[a]	4	.188
우도비	6.220	4	.183
유효 케이스 수	164		

a. 2 셀 (20.0%)은(는) 5보다 작은 기대 빈도를 가지는 셀입니다. 최소 기대빈도는 1.00입니다.

(1) 대학 * 종교에 대한 교차표에서

① 자연대 학생들 중 불교 비율이 40.2%인데
경상대학에서는 불교 비율이 23.2%로 상당한 차이가 있음을 보여준다.

② 반면 천주교 비율은 경상대학이 상대적으로 큰 것을 볼 수 있다.

(2) 통계적 유의성은 카이제곱 검정을 통하여 검토할 수 있다.
이것은 다음 단계의 분석에서 하겠다.

2. 양적변수에 따른 기초변수 도표

1). S P S S 화면에서 분석 > 평균비교 > 집단별 평균분석을 선택한다.

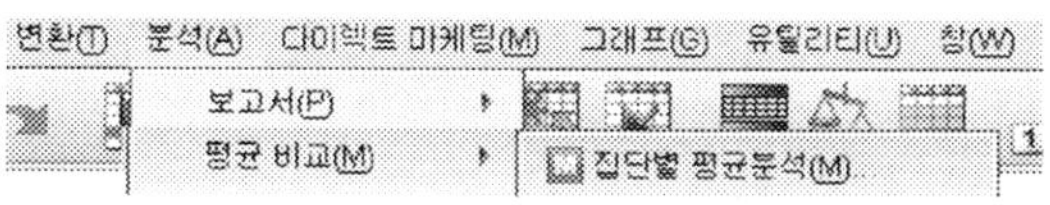

2). 종속변수에 C점수, 독립변수에 학년을 입력.

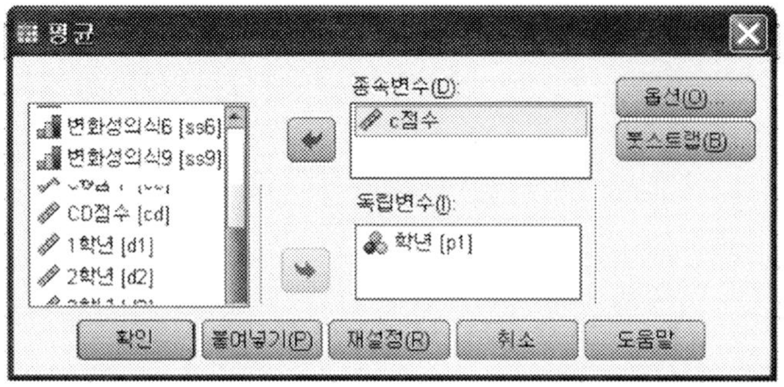

S P S S 결과

보고서

c점수

학년	N	평균	표준편차
1학년	46	31.48	4.947
2학년	43	31.70	3.943
3학년	39	32.64	4.516
4학년	36	30.69	3.740
합계	164	31.64	4.355

(1) C점수에서 학년에 따라서 도수, 평균, 표준편차를 유도하였다.
(C점수는 뒤에서 정리하였다.)

3. 대학 * 소비성향(c1 - c10)에 대하여 10개의 교차표 정리.

1). S P S S 화면에서 분석 > 기술통계량 > 교차분석을 선택한다.

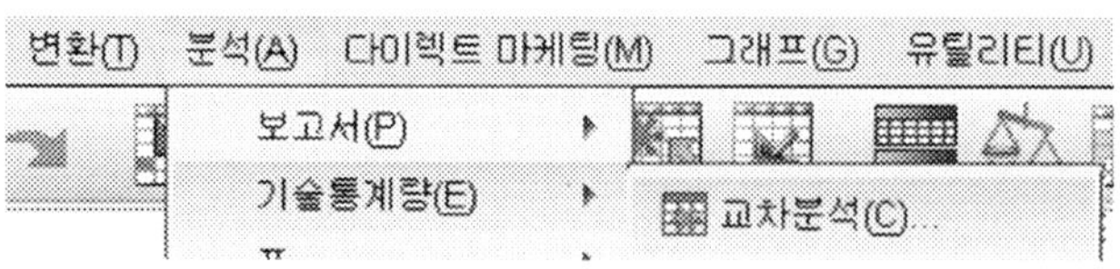

2). 교차분석 상자에서 행에는 대학, 열에는 소비성향(c1-c10)를 입력한다.
3). 통계량을 선택하여 카이제곱 값을 클릭한다.
4). 셀을 선택하여 빈도의 관측빈도와 기대빈도, 퍼센트의 행을 클릭한다.

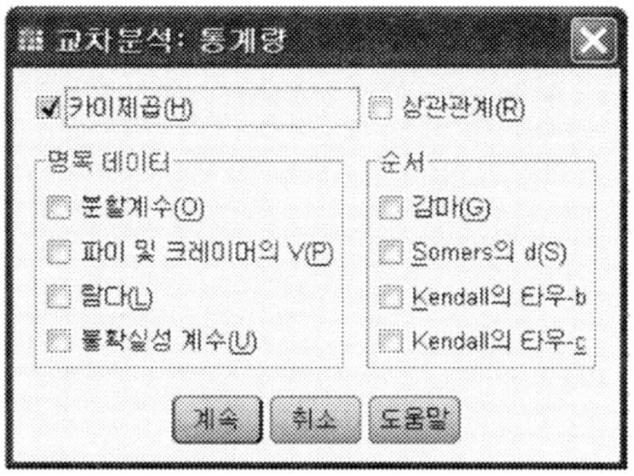

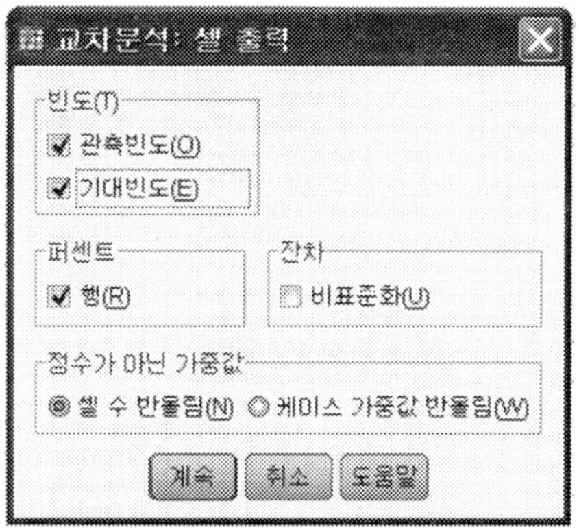

S P S S 결과

대학 * 소비성향7

교차표

			소비성향7				
			그렇지않다	보통이다	그렇다	매우그렇다	전체
대학	자연과학대학	빈도	3	11	24	44	82
		기대빈도	3.0	9.5	32.5	37.0	82.0
		대학 중 %	3.7%	13.4%	29.3%	53.7%	100.0%
	경상대학	빈도	3	8	41	30	82
		기대빈도	3.0	9.5	32.5	37.0	82.0
		대학 중 %	3.7%	9.8%	50.0%	36.6%	100.0%
전체		빈도	6	19	65	74	164
		기대빈도	6.0	19.0	65.0	74.0	164.0
		대학 중 %	3.7%	11.6%	39.6%	45.1%	100.0%

카이제곱 검정

	값	자유도	점근 유의확률 (양측검정)
Pearson 카이제곱	7.568[a]	3	.056
우도비	7.639	3	.054
유효 케이스 수	164		

a. 2 셀 (25.0%)은(는) 5보다 작은 기대 빈도를 가지는 셀입니다. 최소 기대빈도는 3.00입니다.

대학 * 소비성향9

교차표

			소비성향9					
			결코아니다	그렇지않다	보통이다	그렇다	매우그렇다	전체
대학	자연과학대학	빈도	2	5	28	43	4	82
		기대빈도	1.5	13.0	30.0	33.5	4.0	82.0
		대학 중 %	2.4%	6.1%	34.1%	52.4%	4.9%	100.0%
	경상대학	빈도	1	21	32	24	4	82
		기대빈도	1.5	13.0	30.0	33.5	4.0	82.0
		대학 중 %	1.2%	25.6%	39.0%	29.3%	4.9%	100.0%
전체		빈도	3	26	60	67	8	164
		기대빈도	3.0	26.0	60.0	67.0	8.0	164.0
		대학 중 %	1.8%	15.9%	36.6%	40.9%	4.9%	100.0%

카이제곱 검정

	값	자유도	점근 유의확률 (양측검정)
Pearson 카이제곱	15.834[a]	4	.003
우도비	16.656	4	.002
유효 케이스 수	164		

a. 4 셀 (40.0%)은(는) 5보다 작은 기대 빈도를 가지는 셀입니다. 최소 기대빈도는 1.50입니다.

대학 * 소비성향10

교차표

			소비성향10					
			결코아니다	그렇지않다	보통이다	그렇다	매우그렇다	전체
대학	자연과학대학	빈도	5	23	28	25	1	82
		기대빈도	4.0	31.5	23.5	21.5	1.5	82.0
		대학 중 %	6.1%	28.0%	34.1%	30.5%	1.2%	100.0%
	경상대학	빈도	3	40	19	18	2	82
		기대빈도	4.0	31.5	23.5	21.5	1.5	82.0
		대학 중 %	3.7%	48.8%	23.2%	22.0%	2.4%	100.0%
전체		빈도	8	63	47	43	3	164
		기대빈도	8.0	63.0	47.0	43.0	3.0	164.0
		대학 중 %	4.9%	38.4%	28.7%	26.2%	1.8%	100.0%

카이제곱 검정

	값	자유도	점근 유의확률 (양측검정)
Pearson 카이제곱	8.284[a]	4	.082
우도비	8.369	4	.079
유효 케이스 수	164		

a. 4 셀 (40.0%)은(는) 5보다 작은 기대 빈도를 가지는 셀입니다. 최소 기대빈도는 1.50입니다.

(1) 소비성향에 대한 설문에서 10% 유의수준에서 유의한 차가 보이는 것은 c7, c9, c10이다. (α = 0.1)

c7 : 교양을 높이거나 생활을 즐기기 위해 무엇인가 강습을 받거나 공부를 하고 싶다.

c9 : 옷에 맞춰 액세서리나 구두를 바꿔 착용한다.

c10 : 생활하는데 다소 불편하더라도 옷의 모양이 좋으면 입는다.

(2) 소비성향의 많은 문항에서 기대도수가 5이하인 칸(셀)이 많아서 카이제곱 검정이 부적절함을 알 수 있다.

이유는 응답자들이 5점 척도에서 극단적인 반응인 1 또는 5를 피하는 경향이 있기 때문이다.

(3) 그러므로 보다 좋은 교차표 카이제곱 검정을 하기 위해서는 응답자료 1과 5를 각각 인접 2와 4에 합하는 것이 좋다. 즉, 3점 척도로 변경한다.

4. 5점 척도 소비성향(c7 c9 c10)을 3점 척도로 정리한다.

1). 소비성향(c7)을 3점 척도로 정리하면 다음과 같다.

①. 변환 > 코딩변경 > 새로운 변수로를 클릭한다.

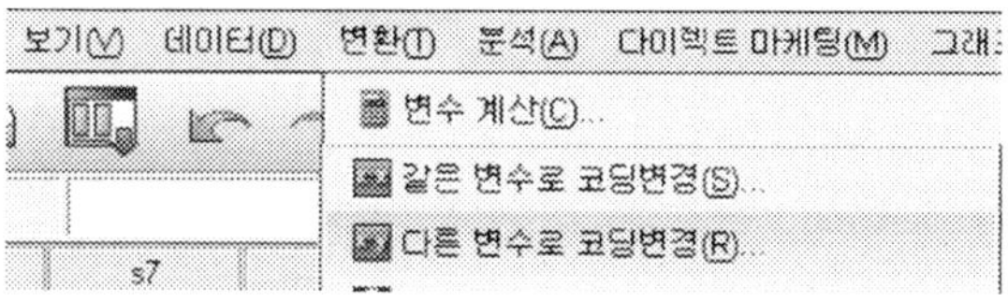

②. 코딩변경 상자에서 c7을 오른쪽으로 이동하고 이름에 cc7을 입력 후 바꾸기를 클릭 한다. 즉 c7 --> cc7을 완성한다.

설명에는 3점 척도를 입력하고 기존값 및 새로운 값을 클릭한다.

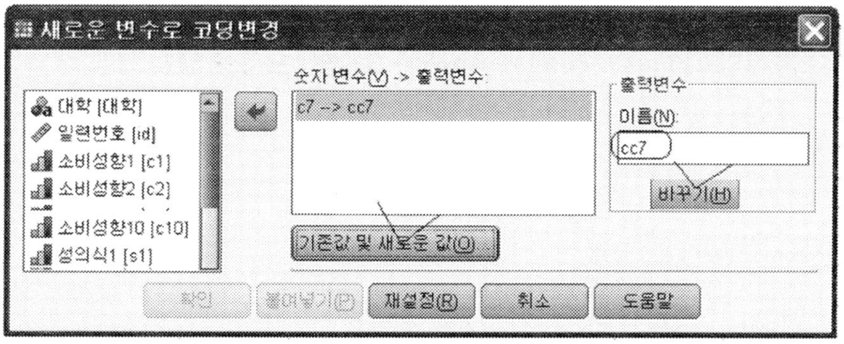

③. 새로운 상자에서 기존값의 값에 1을 입력하고 새로운 값의 값에 2를 입력하여 추가를 클릭하면 1 --> 2가 생성된다. 계속하여 정리한다.

④. 계속을 선택하여 확인을 클릭하면 된다.

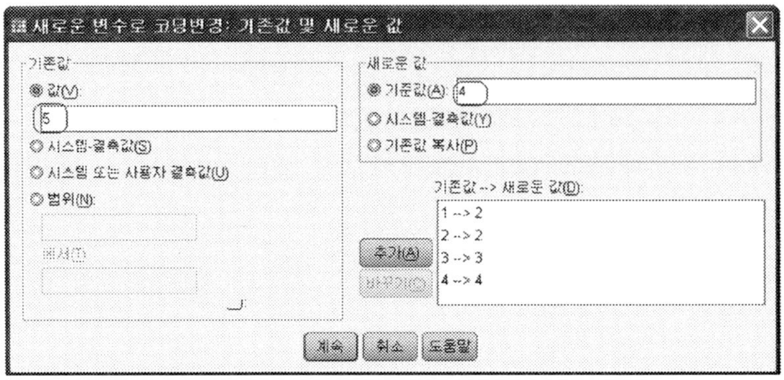

2). 소비성향(c9)의 3점 척도를 같은 방법으로 정리한다. (= cc9)

3). 소비성향(c10)의 3점 척도를 같은 방법으로 정리한다. (= cc10)

S P S S 결과

(1) S P S S화면에 cc7, cc9, cc10이 나타난 결과는 다음과 같다.

	cc7	cc9	cc10
1	3	3	2
2	4	3	2
3	4	4	4
4	4	4	4
5	4	3	4

5. 대학 * 소비성향(cc7, cc9, cc10)에 대하여 3개의 교차표정리.

1). 대학 * 소비성향(cc7, cc9, cc10)에 대한 3점 척도의 교차표를 작성한다.

①. S P S S 자료 화면에서 분석 > 기술통계량 > 교차분석을 선택한다.

②. 교차분석 상자에서 행에는 대학,

열에는 변화소비성향(cc7, cc9, cc10)을 입력한다.

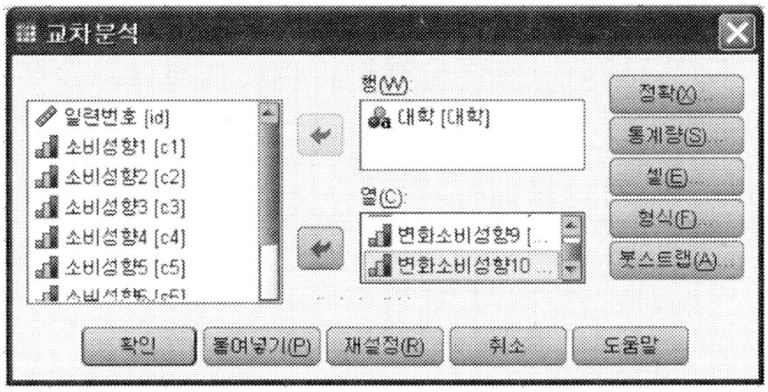

③. 통계량을 선택하여 카이제곱 값을 클릭한다.

④. 셀을 선택하여 빈도의 관측빈도와 퍼센트의 행을 클릭한다.

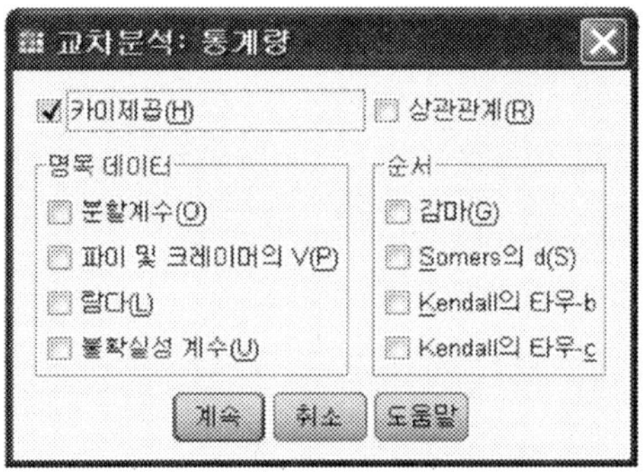

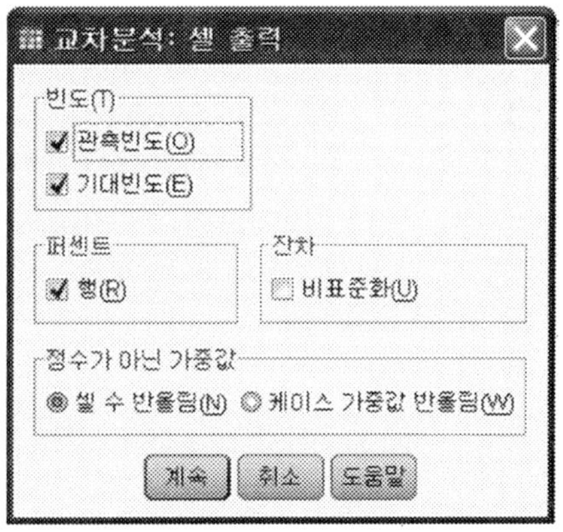

S P S S 결과

대학 * 변화소비성향10

카이제곱 검정

	값	자유도	점근 유의확률 (양측검정)
Pearson 카이제곱	5.675[a]	2	.059
우도비	5.712	2	.057
유효 케이스 수	164		

a. 0 셀 (.0%)은(는) 5보다 작은 기대 빈도를 가지는 셀입니다. 최소 기대빈도는 23.00입니다.

교차표

			변화소비성향10			전체
			그렇지않다	보통이다	그렇다	
대학	자연과학대학	빈도	28	28	26	82
		기대빈도	35.5	23.5	23.0	82.0
		대학 중 %	34.1%	34.1%	31.7%	100.0%
	경상대학	빈도	43	19	20	82
		기대빈도	35.5	23.5	23.0	82.0
		대학 중 %	52.4%	23.2%	24.4%	100.0%
전체		빈도	71	47	46	164
		기대빈도	71.0	47.0	46.0	164.0
		대학 중 %	43.3%	28.7%	28.0%	100.0%

(1) 대학 * 변화소비성향10의 3점 척도를 분석한 결과 변화소비성향에서 기대도수가 5이상이므로 카이제곱 검정을 적용할 수 있다. 최소 기대도수는 23이다.
(2) 대학 * 변화소비성향(cc7, cc9)은 각자 해석바람.

주관적으로 판단하면 다음과 같다.
(3) 자연대학 여학생들은 적극적이고 세련되며 외양적인 소비성향을 보인다.
(4) 경상대학 여학생들은 소극적이고 투박하며 내면적인 소비성향을 보인다.

6. 대학 * 성의식(s1-s10)에 대한 교차표를 같은 방법으로 정리.

1). 5점 척도의 성의식에서 10%정도 유의수준이 나타나는 것은 S6과 S9이다.
S6 : 여자가 담배를 피우는 것을 보면 못마땅하다.
S9 : 남자도 여자와 마찬가지로 결혼 전까지 순결을 지켜야 한다.

대학 * 성의식6

카이제곱 검정

	값	자유도	점근 유의확률 (양측검정)
Pearson 카이제곱	7.983[a]	4	.092
우도비	8.102	4	.088
유효 케이스 수	164		

a. 0 셀 (.0%)은(는) 5보다 작은 기대 빈도를 가지는 셀입니다. 최소 기대빈도는 5.00입니다.

교차표

			성의식6					
			결코아니다	그렇지않다	보통이다	그렇다	매우그렇다	전체
대학	자연과학대학	빈도	12	16	31	16	7	82
		기대빈도	17.0	17.0	25.0	18.0	5.0	82.0
		대학 중 %	14.6%	19.5%	37.8%	19.5%	8.5%	100.0%
	경상대학	빈도	22	18	19	20	3	82
		기대빈도	17.0	17.0	25.0	18.0	5.0	82.0
		대학 중 %	26.8%	22.0%	23.2%	24.4%	3.7%	100.0%
전체		빈도	34	34	50	36	10	164
		기대빈도	34.0	34.0	50.0	36.0	10.0	164.0
		대학 중 %	20.7%	20.7%	30.5%	22.0%	6.1%	100.0%

대학 * 성의식9

교차표

			성의식9					
			결코아니다	그렇지않다	보통이다	그렇다	매우그렇다	전체
대학	자연과학대학	빈도	2	6	22	28	24	82
		기대빈도	2.0	8.5	14.0	33.0	24.5	82.0
		대학 중 %	2.4%	7.3%	26.8%	34.1%	29.3%	100.0%
	경상대학	빈도	2	11	6	38	25	82
		기대빈도	2.0	8.5	14.0	33.0	24.5	82.0
		대학 중 %	2.4%	13.4%	7.3%	46.3%	30.5%	100.0%
전체		빈도	4	17	28	66	49	164
		기대빈도	4.0	17.0	28.0	66.0	49.0	164.0
		대학 중 %	2.4%	10.4%	17.1%	40.2%	29.9%	100.0%

카이제곱 검정

	값	자유도	점근 유의확률 (양측검정)
Pearson 카이제곱	12.149[a]	4	.016
우도비	12.754	4	.013
유효 케이스 수	164		

a. 2 셀 (20.0%)은(는) 5보다 작은 기대 빈도를 가지는 셀입니다. 최소 기대빈도는 2.00입니다.

2). 3점 척도의 성의식에서 분석.

S6 : 여자가 담배를 피우는 것을 보면 못마땅하다.

S9 : 남자도 여자와 마찬가지로 결혼 전까지 순결을 지켜야 한다.

대학 * 변화성의식6

교차표

			변화성의식6			
			그렇지않다	보통이다	그렇다	전체
대학	자연과학대학	빈도	28	31	23	82
		기대빈도	34.0	25.0	23.0	82.0
		대학 중 %	34.1%	37.8%	28.0%	100.0%
	경상대학	빈도	40	19	23	82
		기대빈도	34.0	25.0	23.0	82.0
		대학 중 %	48.8%	23.2%	28.0%	100.0%
전체		빈도	68	50	46	164
		기대빈도	68.0	50.0	46.0	164.0
		대학 중 %	41.5%	30.5%	28.0%	100.0%

카이제곱 검정

	값	자유도	점근 유의확률 (양측검정)
Pearson 카이제곱	4.998[a]	2	.082
우도비	5.037	2	.081
유효 케이스 수	164		

a. 0 셀 (.0%)은(는) 5보다 작은 기대 빈도를 가지는 셀입니다. 최소 기대빈도는 23.00입니다.

대학 * 변화성의식9

교차표

			변화성의식9			
			그렇지않다	보통이다	그렇다	전체
대학	자연과학대학	빈도	8	22	52	82
		기대빈도	10.5	14.0	57.5	82.0
		대학 중 %	9.8%	26.8%	63.4%	100.0%
	경상대학	빈도	13	6	63	82
		기대빈도	10.5	14.0	57.5	82.0
		대학 중 %	15.9%	7.3%	76.8%	100.0%
전체		빈도	21	28	115	164
		기대빈도	21.0	28.0	115.0	164.0
		대학 중 %	12.8%	17.1%	70.1%	100.0%

카이제곱 검정

	값	자유도	점근 유의확률 (양측검정)
Pearson 카이제곱	11.386[a]	2	.003
우도비	11.976	2	.003
유효 케이스 수	164		

a. 0 셀 (.0%)은(는) 5보다 작은 기대 빈도를 가지는 셀입니다. 최소 기대빈도는 10.50입니다.

(1) 대학 * 변화성의식의 3점 척도를 분석한 결과 변화소비성향에서 기대도수가 5 이상이므로 카이제곱 검정을 적용할 수 있다.

주관적으로 판단하면 다음과 같다.

(2) 자연대학 여학생들은 보수적이고 전통적인 성의식을 보인다.
(3) 경상대학 여학생들은 개방적이고 진보적인 성의식을 보인다.

위와 같은 교차표 분석은 대략적인 분석결과를 얻는데 도움을 준다.
그러나 정교한 결론을 나타내기에는 무리가 따른다고 할 수 있다.

그러므로 배경변수와 설문항목에 대해 더 많은 정보를 얻기 위하여 여러 가지 분석 기법을 이용하는 경우가 있다.

1. 배경변수에 대하여는 로그-선형모형으로 분석하는 경향이 있다.
2. 설문문항에 대하여는 척도화분석으로 분석하는 경향이 있다.

Ⅰ- 2 . 교차분석 로그 - 선형모형분석

[1]. 설문지에서 대학. 종교, 학년에 대하여 3차원 교차분석을 만든다.

1. 분석 > 표 > 통계표 작성을 선택한다.

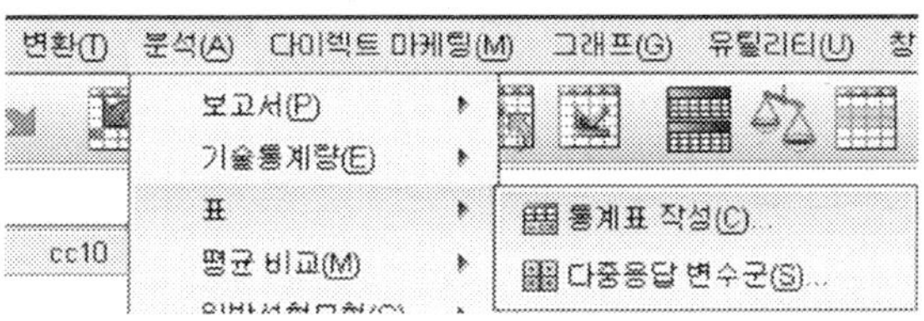

2. 행과 열에 필요한 대학, 종교, 학년을 이동한다.

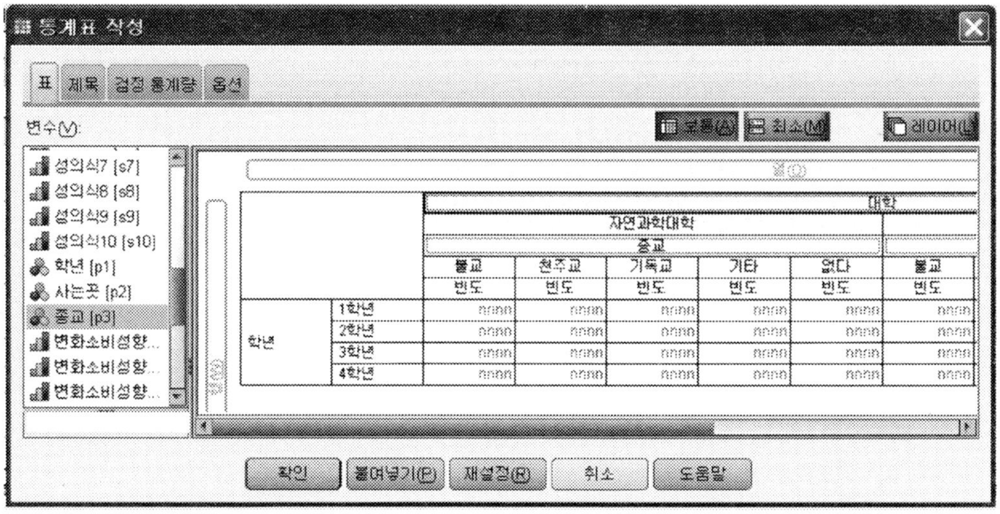

S P S S 결과

사용자 정의 표

		대학									
		자연과학대학					경상대학				
		종교					종교				
		불교	천주교	기독교	기타	없다	불교	천주교	기독교	기타	없다
		빈도	빈도	빈도	빈도	빈도	빈도	빈도	빈도	빈도	빈도
학년	1학년	4	7	2	0	11	3	6	5	0	8
	2학년	8	1	0	1	12	7	3	2	0	9
	3학년	10	2	2	0	6	4	6	0	0	9
	4학년	11	1	1	0	3	5	3	0	1	11

1. 대학, 학년, 종교, 도수를 S P S S 에 입력한다.

   대학 : i = 1(자연대), 2(경상대)

   학년 : j = 1(1학년), 2(2학년), 3(3학년), 4(4학년)

   종교 : k = 1(불교), 2(천주교), 3(기독교), 4(기타), 5(없다)

(i, j, k)칸	도수	(i, j, k)칸	도수	(i, j, k)칸	도수	(i, j, k)칸	도수
(1 1 1)	4	(1 3 1)	10	(2 1 1)	3	(2 3 1)	4
(1 1 2)	7	(1 3 2)	2	(2 1 2)	6	(2 3 2)	6
(1 1 3)	2	(1 3 3)	2	(2 1 3)	5	(2 3 3)	0
(1 1 4)	0	(1 3 4)	0	(2 1 4)	0	(2 3 4)	0
(1 1 5)	11	(1 3 5)	6	(2 1 5)	6	(2 3 5)	9
(1 2 1)	8	(1 4 1)	11	(2 2 1)	7	(2 4 1)	5
(1 2 2)	1	(1 4 2)	1	(2 2 2)	3	(2 4 2)	3
(1 2 3)	0	(1 4 3)	1	(2 2 3)	2	(2 4 3)	0
(1 2 4)	1	(1 4 4)	0	(2 2 4)	0	(2 4 2)	1
(1 2 5)	12	(1 4 5)	3	(2 2 5)	9	(2 4 3)	11

	대학	학년	종교	도수
1	1	1	1	4
2	1	1	2	7
3	1	1	3	2
4	1	1	4	0
5	1	1	5	11
6	1	2	1	8

2. 데이터 > 가중 케이스를 선택한다.

3. 가중케이스 지정, 빈도변수에 도수를 입력한다.

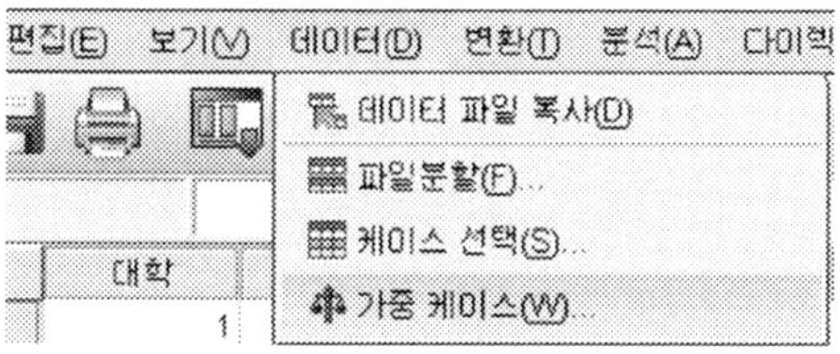

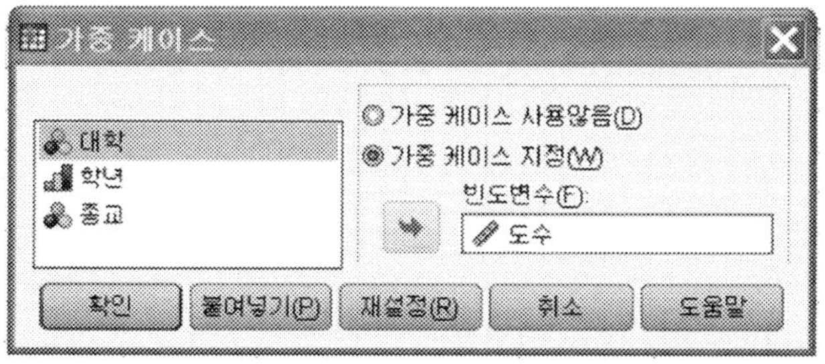

4. 분석 > 로그 선형분석 > 모형선택을 선택하여 정리한다.

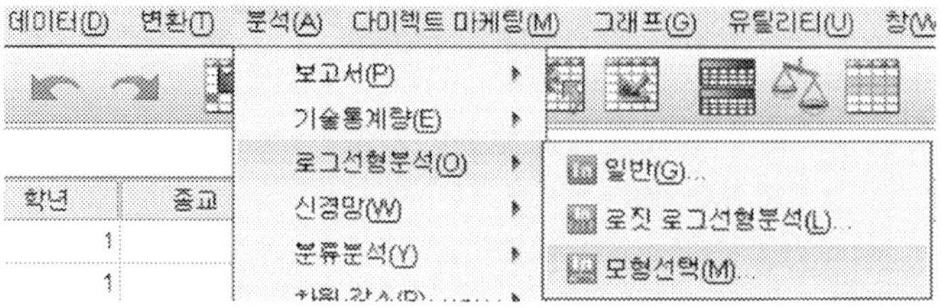

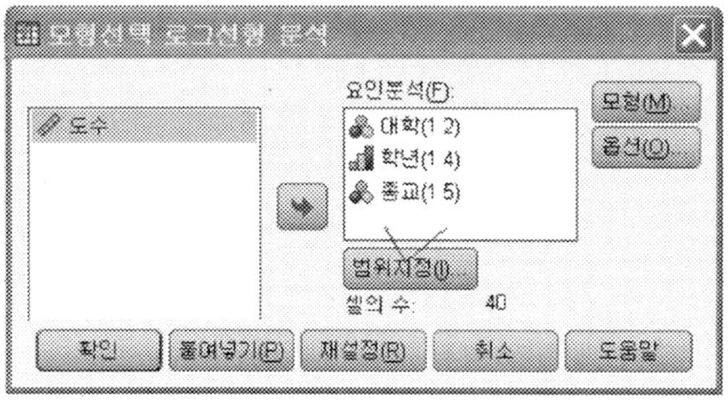

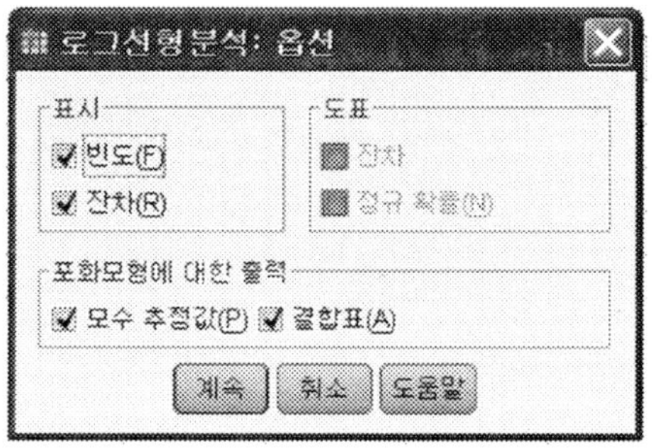

S P S S 결과

계층적 로그선형 분석

셀 빈도 및 잔차

대학	학년	종교	관측됨		예상됨			
			총계[a]	%	총계	%	잔차	표준 잔차
자연과학대학	1학년	불교	4.500	2.8%	4.500	2.8%	.000	.000
		기독교	7.500	4.6%	7.500	4.6%	.000	.000
		기독교	2.500	1.5%	2.500	1.5%	.000	.000
		기타	.500	.3%	.500	.3%	.000	.000
		없다	11.500	7.1%	11.500	7.1%	.000	.000
	2학년	불교	8.500	5.2%	8.500	5.2%	.000	.000
		기독교	1.500	.9%	1.500	.9%	.000	.000
		기독교	.500	.3%	.500	.3%	.000	.000
		기타	1.500	.9%	1.500	.9%	.000	.000
		없다	12.500	7.7%	12.500	7.7%	.000	.000
	3학년	불교	10.500	6.5%	10.500	6.5%	.000	.000
		기독교	2.500	1.5%	2.500	1.5%	.000	.000
		기독교	2.500	1.5%	2.500	1.5%	.000	.000
		기타	.500	.3%	.500	.3%	.000	.000
		없다	6.500	4.0%	6.500	4.0%	.000	.000

	4학년	불교	11.500	7.1%	11.500	7.1%	.000	.000
		기독교	1.500	.9%	1.500	.9%	.000	.000
		기독교	1.500	.9%	1.500	.9%	.000	.000
		기타	.500	.3%	.500	.3%	.000	.000
		없다	3.500	2.2%	3.500	2.2%	.000	.000
경상대학	1학년	불교	3.500	2.2%	3.500	2.2%	.000	.000
		기독교	6.500	4.0%	6.500	4.0%	.000	.000
		기독교	5.500	3.4%	5.500	3.4%	.000	.000
		기타	.500	.3%	.500	.3%	.000	.000
		없다	6.500	4.0%	6.500	4.0%	.000	.000
	2학년	불교	7.500	4.6%	7.500	4.6%	.000	.000
		기독교	3.500	2.2%	3.500	2.2%	.000	.000
		기독교	2.500	1.5%	2.500	1.5%	.000	.000
		기타	.500	.3%	.500	.3%	.000	.000
		없다	9.500	5.9%	9.500	5.9%	.000	.000
	3학년	불교	4.500	2.8%	4.500	2.8%	.000	.000
		기독교	6.500	4.0%	6.500	4.0%	.000	.000
		기독교	.500	.3%	.500	.3%	.000	.000
		기타	.500	.3%	.500	.3%	.000	.000
		없다	9.500	5.9%	9.500	5.9%	.000	.000
	4학년	불교	5.500	3.4%	5.500	3.4%	.000	.000
		기독교	3.500	2.2%	3.500	2.2%	.000	.000
		기독교	.500	.3%	.500	.3%	.000	.000
		기타	1.500	.9%	1.500	.9%	.000	.000
		없다	11.500	7.1%	11.500	7.1%	.000	.000

a. 포화모형의 경우 .500이(가) 모든 관측 셀에 추가되었습니다.

(1) 포화모형에 대한 내역이다.

① 포화모형의 경우는 각 도수에 디폴트로 0.5를 더한다.

② 포화모형은 항상 데이터에 완전하게 적합하므로 자유도는 0이고 유의확률은 (=1.000으로 읽는다.)이 된다.

K-원배치 및 고차원 효과

	K	자유도	우도비 카이제곱 검정	우도비 유의확률	Pearson 카이제곱 검정	Pearson 유의확률	반복계산 수
K-원배치 및 고차원 효과[a]	1	39	157.604	.000	138.927	.000	0
	2	31	48.098	.026	45.744	.043	2
	3	12	18.555	.100	16.295	.178	4
K-원배치 효과[b]	1	8	109.507	.000	93.183	.000	0
	2	19	29.543	.058	29.449	.059	0
	3	12	18.555	.100	16.295	.178	0

이러한 검정에 사용된 df는 구조적 또는 표본추출 0에 대해 수정되지 않았습니다. 이러한 df를 사용하는 검정은 보수적일 수 있습니다.

a. K-원배치 및 고차원 효과가 0인 검정입니다.　b. K-원배치 효과가 0인 검정입니다.

(2) K-차원 이상의 상호작용에 대한 검정결과이다.

3차원 이상에 대한 유의확률은 0.178이므로 유의하지 않다는 것을 알 수 있다.

모수 추정값

효과	모수	추정값	표준 오차	Z	유의확률	95% 신뢰구간	
						하한	상한
대학*학년*종교	1	-.141	.309	-.457	.648	-.746	.464
	2	.363	.303	1.200	.230	-.230	.957
	3	-.455	.404	-1.124	.261	-1.247	.338
	4	-.022	.685	-.031	.975	-1.364	1.321
	5	-.117	.283	-.414	.679	-.673	.438
	6	-.045	.382	-.118	.906	-.794	.704
	7	-.778	.552	-1.411	.158	-1.860	.303
	8	.614	.611	1.005	.315	-.584	1.813
	9	.036	.301	.118	.906	-.554	.626
	10	-.307	.349	-.881	.378	-.990	.376
	11	.623	.556	1.120	.263	-.468	1.714
	12	-.143	.692	-.206	.836	-1.500	1.214
대학*학년	1	.022	.211	.102	.919	-.392	.435
	2	-.065	.221	-.295	.768	-.498	.368
	3	.143	.233	.614	.539	-.313	.599
대학*종교	1	.276	.171	1.615	.106	-.059	.611
	2	-.283	.206	-1.374	.169	-.686	.120
	3	.069	.303	.229	.819	-.525	.664
	4	.031	.376	.082	.935	-.707	.768
학년*종교	1	-.694	.309	-2.250	.024	-1.299	-.089
	2	.486	.303	1.605	.108	-.107	1.080
	3	.755	.404	1.867	.062	-.038	1.548
	4	-.483	.685	-.705	.481	-1.826	.860
	5	.198	.283	.701	.484	-.357	.754
	6	-.434	.382	-1.137	.256	-1.183	.314
	7	-.251	.552	-.454	.650	-1.332	.831
	8	.260	.611	.425	.671	-.938	1.458
	9	.141	.301	.468	.640	-.449	.731
	10	.223	.349	.639	.523	-.461	.906
	11	-.158	.556	-.285	.776	-1.249	.932
	12	-.197	.692	-.285	.776	-1.554	1.160
대학	1	-.031	.129	-.239	.811	-.283	.222
학년	1	.208	.211	.987	.323	-.205	.622
	2	.015	.221	.066	.947	-.418	.448
	3	-.078	.233	-.333	.739	-.534	.379
종교	1	.826	.171	4.839	.000	.492	1.161
	2	.211	.206	1.026	.305	-.192	.614
	3	-.690	.303	-2.276	.023	-1.285	-.096
	4	-1.456	.376	-3.871	.000	-2.194	-.719

부분결합

효과	자유도	부분 카이제곱	유의확률	반복계산 수
대학*학년	3	2.063	.559	2
대학*종교	4	7.702	.103	2
학년*종교	12	22.742	.030	2
대학	1	.000	1.000	2
학년	3	1.418	.701	2
종교	4	108.089	.000	2

(3) 부분결합에서 학년*종교에서 상호작용이 있음을 알 수 있다.

(4) 포화모형을 이용하여 로그-선형모형을 적합시켰을 때의 모수추정값이다. 여기에서는 제약조건을 이용하여 각 수준별 모수추정값을 산출한다.

(예) ① 대학의 경우 ⇒ $u_{1(1)} = -0.031$ 이므로 $u_{1(2)} = 0.031$이 된다.

(이유는 제약조건 $\sum_{i=1}^{2} u_{1(i)} = 0$ 이 만족 되어야한다.)

그러므로 대학에 대한 주효과는

자연과학대학 = $u_{1(1)} = -0.031$, 경상대학 = $u_{1(2)} = 0.031$

이 되어서 경상대학이 많다는 것을 나타낸다.

② 학년의 경우도 같은 방법으로 정리된다.

학년	1학년	2학년	3학년	4학년
	0.208	0.015	-0.078	***-0.145***

도표에서 보면 1학년에서 가장 적극성의 경향이 있고,

4학년에서는 가장 소극적인 경향이 있다.

③ 종교도 같은 방법으로 정리된다.

종교	불교	천주교	기독교	기타	없다
	0.826	0.211	-0.690	-1.456	***1.109***

불교에서 가장 적극성의 경향이 있고, 기타에서 가장 소극적인 경향이 있다. 여기서 무종교는 제외하였다.

④ 학년 * 종교의 경우도 같은 방법으로 정리된다.

학년 \ 종교	불교	천주교	기독교	기타	없다
1학년	-0.694	0.486	**0.755**	-0.483	***-0.064***
2학년	0.198	-0.434	-0.251	**0.260**	***0.227***
3학년	0.141	**0.223**	-0.158	-0.197	***-0.009***
4학년	***0.355***	*-0.275*	*-0.346*	***0.420***	*-0.154*

도표에서 1학년은 기독교와 천주교에 적극성의 경향이 많고,
2학년은 기타와 불교에 적극성의 경향이 많고,
3학년은 천주교와 불교에 적극성의 경향이 많고,
4학년은 기타와 불교에 적극성의 경향이 많고,

그러므로 1학년은 기독교, 2학년은 기타, 3학년은 천주교, 4학년은 기타에 적극성(많은 관심)을 가지는 경향이 있다. 단, 무종교는 제외하였다.

그리고 적대적 방향으로 분석하면 1학년은 불교, 2학년은 천주교, 3학년은 기타, 4학년은 기독교에 적대적(부정적)인 관심을 가지는 경향이 있다. 단, 무종교는 제외하였다.

단계 요약

단계[a]			효과	카이제곱 검정[c]	자유도	유의확률	반복계산 수
0	계급생성[b]		대학*학년*종교	.000	0	.	
	삭제된 효과	1	대학*학년*종교	18.555	12	.100	4
1	계급생성[b]		대학*학년, 대학*종교, 학년*종교	18.555	12	.100	
	삭제된 효과	1	대학*학년	2.063	3	.559	2
		2	대학*종교	7.702	4	.103	2
		3	학년*종교	22.742	12	.030	2
2	계급생성[b]		대학*종교, 학년*종교	20.617	15	.150	
	삭제된 효과	1	대학*종교	6.220	4	.183	2
		2	학년*종교	21.260	12	.047	2
3	계급생성[b]		학년*종교, 대학	26.838	19	.108	
	삭제된 효과	1	학년*종교	21.260	12	.047	2
		2	대학	.000	1	1.000	2

4	계급생성[b]		학년*종교	26.838	20	.140	
	삭제된 효과	1	학년*종교	21.260	12	.047	2
5	계급생성[b]		학년*종교	26.838	20	.140	

a. 각 단계에서 우도비 변경에 대한 가장 큰 유의수준이 있는 효과가 삭제되고 .050보다 큰 유의수준을 제공합니다.

b. 통계량이 단계 0 이후 각 단계에서 최적 모형에 대해 표시됩니다.

c. '삭제된 효과'의 경우 효과가 모형에서 삭제된 후 카이제곱의 변경 사항입니다.

(5) 귀무가설 H_0 : 모형은 적합하다. 를 검정한다.

(6) step 1단계는 뒤로부터 제거방법에 의한 모형 선택 1단계 절차를 보여준다.

① 1단계 모형의 유의확률이 0.100이므로 모형이 적합하다.

② 대학 * 학년에 대한 유의확률이 0.559로서 의미가 없음을 나타낸다.

③ 대학 * 종교에 대한 유의확률이 0.103로서 의미가 없음을 나타낸다.

④ 학년 * 종교에 대한 유의확률이 0.030로서 의미가 있음을 나타낸다.

(7) step 2단계는 대학 * 학년을 제거한 후의 나머지 2차 상호작용으로 모형을 적합한 결과이다.

① 유의확률이 P = 0.150이므로 모형이 적합하다.

② 대학 * 종교에 대한 유의확률이 0.183로서 의미가 없음을 나타낸다.

(8) step 3단계는 대학 * 종교를 제거한 후의 나머지 2차 상호작용으로 모형을 적합한 결과이다. 유의확률이 0.108

(9) step 4단계는 대학 * 종교를 제거한 후의 나머지 2차 상호작용으로 모형을 적합한 결과이다.

① 유의확률이 P = 0.140이므로 모형이 적합하다.

② 학년 * 종교의 상호작용에서 유의확률(0.047)이 0.05보다 작으므로 더 이상 제거할 것이 없음을 알 수 있다.

(10) 최종 단계는 최종적으로 선택한 모형과 이것을 이용한 모형 적합결과를 보여준다.

① 유의확률이 P = 0.140이므로 모형이 적합하다.

② 학년 * 종교(P=0.047)의 상호작용 효과가 존재한다.
즉, 이들의 변수간에는 관련이 있다는 것을 알 수 있다.

③ 한편 (대학 * 학년)과 (대학 * 종교)(=P>0.05)는 서로 독립적이라는 것을 알 수 있다.

적합도 검정

	카이제곱 검정	자유도	유의확률
우도비	26.838	20	.140
Pearson	23.467	20	.266

(11) 귀무가설 H_0 : 모형은 적합하다. 를 검정한다.

우도비 검정의 유의확률이 0.140 이므로 모형은 적합하다.

(12) 대학, 학년, 종교에 따른 일반 로그-선형모형은 다음과 같다.

$$log\ m_{ijk} = u + u_{1(i)} + u_{2(j)} + u_{3(k)} + u_{23(jk)}$$

① 경상대학생으로서 (1학년, 기독교)학생이 적극적인 경향이 있다.
② 자연대학생으로서 (1학년, 불교)학생이 소극적인 경향이 있다.

Ⅰ- 3. 교차분석 범주형 모형분석 (설문지변수)

<각자 연구하기 바람>

Ⅱ. 독립표본 t - 검정,

문 : 1. 두 단대 사이에 전반적으로 "소비성 경향" 과 "성의식"에 차이가 있는가?
　　2. 관측된 차이가 단순한 외견상의 차이인가?
　　　그리고 학년, 주거형태, 종교 등에 의한 차이인가?
답 : 교차분석으로는 곤란함을 알 수 있으므로 독립표본 t - 검정으로 정리한다.

아래와 같이 소비성향 값을 "C점수" 성의식 값을 "S점수"로 두자.

C점수 = C1 + C2 + C3 + C4 + C5 + C6 + C7 + C8 + C9 + C10
S점수 = − S1 + S2 − S3 + S4 + S5 − S6 − S7 + S8 − S9 + S10

"소비성향"에 관한 종합척도 C점수를 10개의 항목 합으로 두는 이유는 각각의 항목이 약간씩 다른 것(내용)을 재시를 하지만 대체적으로 "그렇다"는 높은 소비성을 "그렇지 않다"는 낮은 소비성을 측정하고 있음을 알 수 있기 때문이다. 그러나 C3, C7, C8의 항목은 조금 다른 척도구성이 아닌가? 하는 의심이 간다. 이것은 요인 분석에서 정리 할 수 있다.

"성의식"에 관한 종합척도 S점수는 개별 항목 이 "+" 또는 "−"의 계수로 구성되어 있다. 어떤 항목은 "그렇다"가 보수적, 전통적인 견해(S1, S3, S6, S7, S9)이지만 어떤 항목은 "그렇다"가 진보적, 개방적인 견해(이외)이기 때문이다. 이것은 개인적인 견해를 가지고 분류한다. 이 개인적인 분류의 타당성은 요인분석에서 검정할 수 있다.

1. S P S S에서 소비성향지수 C점수와 성의식지수 S점수를 생성한다.

(A) C점수 생성 :

1). 변환 > 변수계산을 클릭한다.

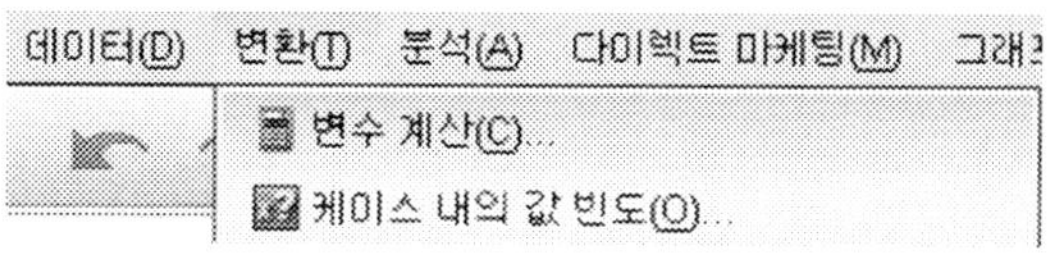

2). 변수계산에서 대상변수에는 C점수,

숫자표현식에는 C1 + C2 + … + C10을 입력한다.

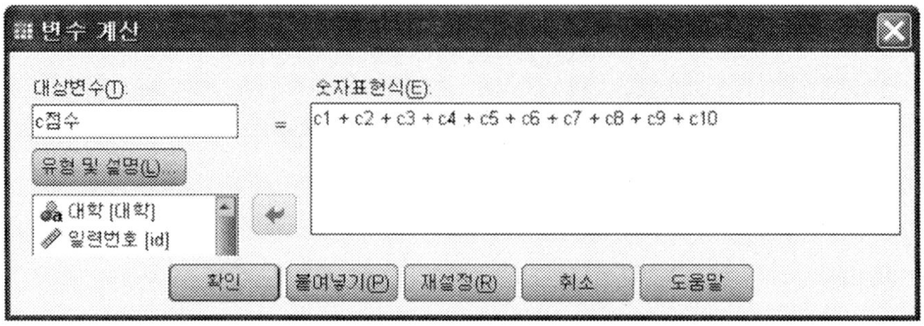

(B) S점수 생성 :

3). 변환 > 변수계산을 클릭한다.

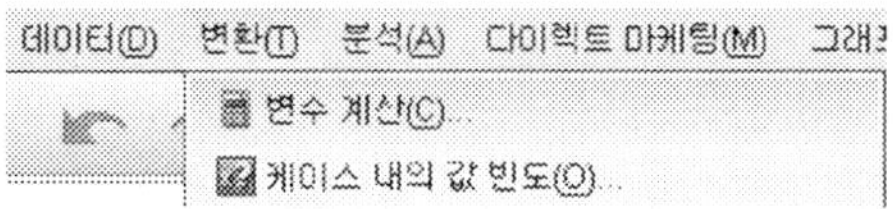

4). 변수계산에서 대상변수에는 S점수,

숫자표현식에는 -S1+S2-S3+S4+S5-S6-S7+S8-S9+S10을 입력한다.

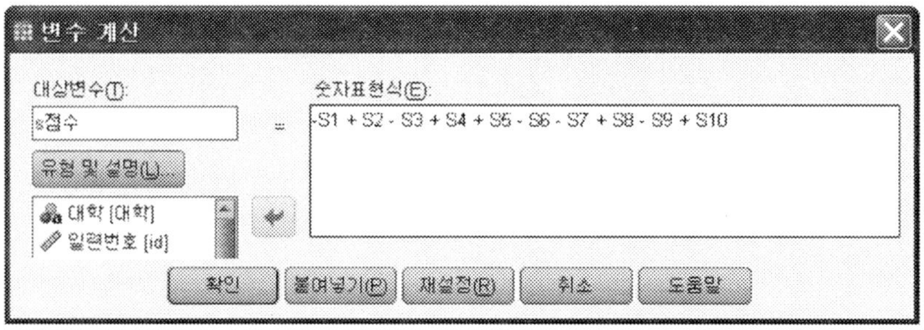

S P S S 결과

(1). S P S S 화면에 C점수와 S점수가 생성된다.

	c점수	s점수
1	26	-1
2	24	-1
3	34	2
4	38	3

2. 소비성향 C점수와 성의식 S점수가 대학에 따라서 차이가 있는가를 검정

생성된 척도로 대학별로 소비성향 C점수와 성의식 S점수가 차이가 있는가를 검정하자. 즉, 각 변수에 대하여 대학 간 차이를 t - 검정을 한다는 것이다.

S P S S에서 다수의 독립평균들을 비교하기 위하여 분석하면 다음과 같다.

1). 분석 > 평균비교 > 독립표본 T검정을 클릭한다.

2). T검정 상자에서 검정변수에는 C점수와 S점수를 입력하고
집단변수에는 대학을 입력하여 집단정의를 클릭하여 정리한다.

S P S S 결과

집단통계량

	대학	n	평균	표준편차	평균의 표준오차
c점수	자연과학대학	82	32.32	4.239	.468
	경상대학	82	30.96	4.390	.485
s점수	자연과학대학	82	2.20	4.723	.522
	경상대학	82	2.74	5.221	.577

독립표본 검정

		Levene의 등분산 검정		평균의 동일성에 대한 t-검정						
									차이의 95% 신뢰구간	
		F	유의확률	t	자유도	유의확률 (양쪽)	평균차	차이의 표준오차	하한	상한
c점수	등분산이 가정됨	.799	.373	2.009	162	.046	1.354	.674	.023	2.684
	등분산이 가정되지 않음			2.009	161.803	.046	1.354	.674	.023	2.684
s점수	등분산이 가정됨	1.37	.243	-.706	162	.481	-.549	.777	-2.084	.986
	등분산이 가정되지 않음			-.706	160.402	.481	-.549	.777	-2.084	.987

(1) 소비성에 있어서는 자연과학대학 여학생들이 경상대학 여학생들에 비해 평균적으로 더 소비성이 강한 경향이 있다.

(평균 32.32와 30.96을 비교하면 자연과학대학이 더 크다.)

(양쪽 유의확률 = 0.046 → 한 쪽 유의확률 = 0.023)

(2) 성의식에 있어서는 자연과학대학 여학생들이 경상대학 여학생들에 비해 평균적으로 덜 개방적, 진보적인 경향이 보이지만 통계적으로 유의한 차이가 아니다.

(평균 2.20 대 2.74), (양쪽 유의확률 0.481)

(3) 분석결과

소비성향에서는 두 대학 간 차이는 유의하나 (P －값 = 0.046),
성의식에서는 두 대학 간에는 차이가 유의하지 않다. (P － 값 = 0.481)

(4) 이와 같은 통계적 분석은 단순히 외견적일 수 있기 때문에 두 대학 간 존재하는 인적 요소의 차이까지 고려한 분산분석을 하여야 대학 간 차이가 내재적인 것인지 아닌지를 알게 될 것이다.

Ⅲ. 다변량 분산분석

소비성향 C점수와 성의식 S점수를 종속변수로 하고 대학, 학년[p1], 거주형태[p2], 종교[p3]을 설명변수로 하는 선형모형을 생각하자. 여기서 4개의 설명변수는 모두 범주형이다. 설명변수의 범주 각각을 모형 추정치로 수치화 한다는 점에서는 연속형인 경우와 같이 더미변수(수량화 방법 I)로도 볼 수 있다.

*. 종속변수 소비성향 C점수와 성지식 S점수에 대하여 다변량 분산분석을 실행한다.

1. 분석 > 일반선형모형 > 다변량을 선택한다.
2. 다변량 창에서 종속변수에는 C점수와 S점수를 입력하고,
모수요인에는 대학, 학년, 사는 곳, 종교를 입력한다.

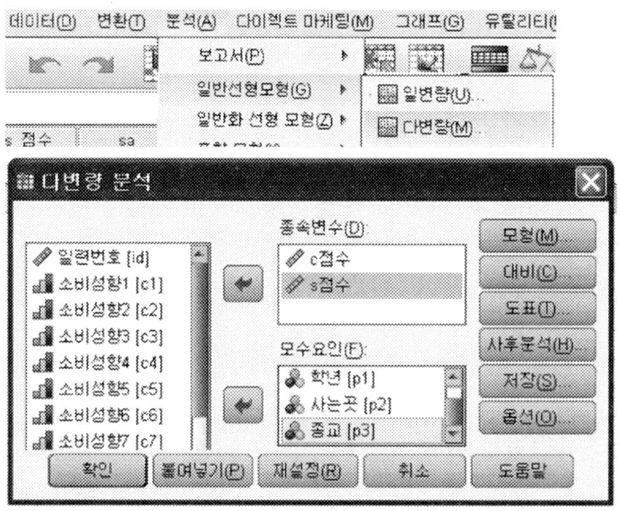

S P S S 결과

일반선형모형

다변량 검정[c]

효과		값	F	가설 자유도	오차 자유도	유의확률
절편	Wilks의 람다	.047	1050.009[a]	2.000	103.000	.000
대학	Wilks의 람다	.977	1.218[a]	2.000	103.000	.300
p1	Wilks의 람다	.958	.742[a]	6.000	206.000	.616
p2	Wilks의 람다	.979	.360[a]	6.000	206.000	.903
p3	Wilks의 람다	.933	.903[a]	8.000	206.000	.515
대학 * p1	Wilks의 람다	.955	.796[a]	6.000	206.000	.574
대학 * p2	Wilks의 람다	.977	.407[a]	6.000	206.000	.874
대학 * p3	Wilks의 람다	.980	.354[a]	6.000	206.000	.907
p1 * p2	Wilks의 람다	.851	1.235[a]	14.000	206.000	.252
p1 * p3	Wilks의 람다	.761	1.883[a]	16.000	206.000	.024
p2 * p3	Wilks의 람다	.864	1.119[a]	14.000	206.000	.342
대학 * p1 * p2	Wilks의 람다	.896	2.904[a]	4.000	206.000	.023
대학 * p1 * p3	Wilks의 람다	.867	1.269[a]	12.000	206.000	.239
대학 * p2 * p3	Wilks의 람다	.980	.535[a]	4.000	206.000	.710
p1 * p2 * p3	Wilks의 람다	.974	.692[a]	4.000	206.000	.598
대학 * p1 * p2 * p3	Wilks의 람다	1.000	.[a]	.000	103.500	.

a. 정확한 통계량

개체-간 효과 검정

소스	종속 변수	제 III 유형 제곱합	자유도	평균 제곱	F	유의확률
수정 모형	c점수	1044.874[a]	59	17.710	.900	.668
	s점수	1722.266[b]	59	29.191	1.317	.110
절편	c점수	40209.843	1	40209.843	2043.003	.000
	s점수	675.265	1	675.265	30.473	.000
대학	c점수	29.397	1	29.397	1.494	.224
	s점수	17.647	1	17.647	.796	.374
p1	c점수	51.202	3	17.067	.867	.461
	s점수	47.505	3	15.835	.715	.545
p2	c점수	26.106	3	8.702	.442	.723
	s점수	16.025	3	5.342	.241	.868
p3	c점수	56.066	4	14.017	.712	.585
	s점수	100.787	4	25.197	1.137	.343

대학 * p1	c점수	50.443	3	16.814	.854	467
	s점수	51.658	3	17.219	.777	509
대학 * p2	c점수	30.965	3	10.322	.524	666
	s점수	18.833	3	6.278	.283	837
대학 * p3	c점수	6.841	3	2.280	.116	951
	s점수	41.247	3	13.749	.620	603
p1 * p2	c점수	57.249	7	8.178	.416	891
	s점수	337.777	7	48.254	2.178	.042
p1 * p3	c점수	347.337	8	43.417	2.206	.033
	s점수	307.159	8	38.395	1.733	099
p2 * p3	c점수	169.641	7	24.234	1.231	292
	s점수	168.717	7	24.102	1.088	.377
대학 * p1 * p2	c점수	138.749	2	69.374	3.525	.033
	s점수	124.141	2	62.071	2.801	065
대학 * p1 * p3	c점수	155.731	6	25.955	1.319	255
	s점수	180.040	6	30.007	1.354	240
대학 * p2 * p3	c점수	9.247	2	4.623	.235	.791
	s점수	37.457	2	18.728	.845	432
p1 * p2 * p3	c점수	2.276	2	1.138	.058	944
	s점수	59.813	2	29.906	1.350	264
대학 * p1 * p2 * p3	c점수	.000	0	.	.	.
	s점수	.000	0	.	.	.
오차	c점수	2046.900	104	19.682		
	s점수	2304.581	104	22.159		
합계	c점수	1.673E5	164			
	s점수	5027.000	164			
수정 합계	c점수	3091.774	163			
	s점수	4026.848	163			

a. R 제곱 = .338 (수정된 R 제곱 = -.038)

b. R 제곱 = .428 (수정된 R 제곱 = .103)

(1) 다변량 검정과 개체-간 효과 검정에서 P1*P2 와 대학*P1*P2와 P1*P3에서는 상호작용이 나타났다.

4. 상호작용이 없는 제곱합을 오차항으로 풀링시켜서 새로운 다변량분석을 실시한다.
   분석 > 일반선형모형 > 다변량을 선택한다.
5. 다변량 창에서 종속변수에는 C점수와 S점수를 입력하고,
   모수요인에는 대학, 학년, 사는 곳, 종교를 입력한다.
6. 모형은 사용자 정의를 선택하여 정리한다.

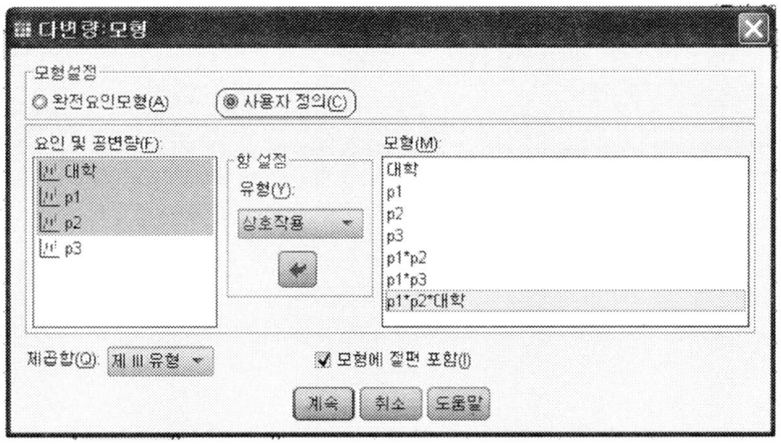

S P S S 결과

(1) 다변량 검정과 개체-간 효과 검정에서 P1*P2와 대학*P1*P2와 P1*P3에서는 상호 작용이 나타나지 않았다.
그러므로 주효과만 분석한다.

8. 새로운 다변량분석을 실시하기 위하여
   분석 > 일반선형모형 > 다변량을 클릭한다.
9. 다변량 창에서 종속변수에는 C점수와 S점수를 입력하고,
   모수요인에는 대학, 학년, 사는 곳, 종교를 입력한다.
10. 모형은 사용자 정의를 선택하여 정리한다.
11. 옵션을 선택하여 모수추정값을 클릭한다.

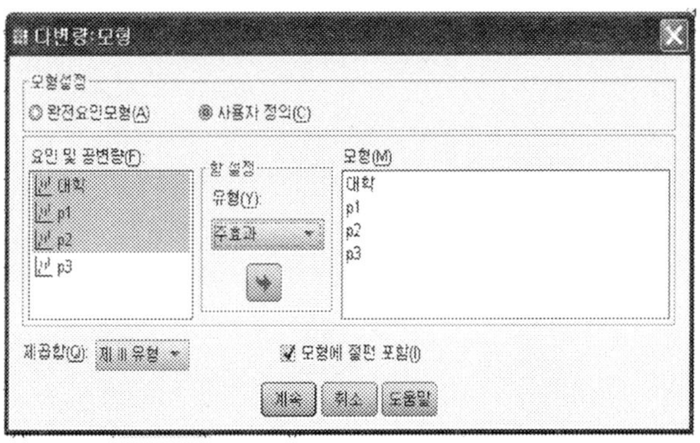

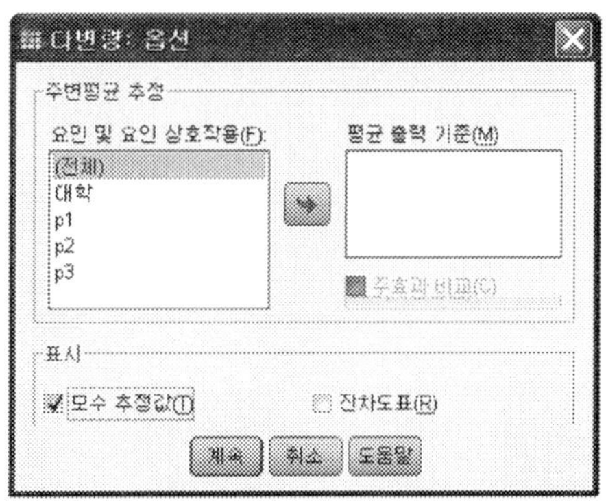

S P S S 결과

개체-간 효과 검정

소스	종속 변수	제 III 유형 제곱합	자유도	평균 제곱	F	유의확률
수정 모형	c점수	192.539[a]	11	17.504	.918	.525
	s점수	534.432[b]	11	48.585	2.115	.022
절편	c점수	28349.391	1	28349.391	1486.291	.000
	s점수	606.797	1	606.797	26.410	.000
대학	c점수	82.563	1	82.563	4.329	.039
	s점수	5.938	1	5.938	.258	.612
p1	c점수	73.247	3	24.416	1.280	.283
	s점수	108.828	3	36.276	1.579	.197
p2	c점수	14.032	3	4.677	.245	.865
	s점수	43.606	3	14.535	.633	.595
p3	c점수	32.283	4	8.071	.423	.792
	s점수	394.587	4	98.647	4.293	.003
오차	c점수	2899.235	152	19.074		
	s점수	3492.416	152	22.976		
합계	c점수	1.673E5	164			
	s점수	5027.000	164			
수정 합계	c점수	3091.774	163			
	s점수	4026.848	163			

a. R 제곱 = .062 (수정된 R 제곱 = -.006)

b. R 제곱 = .133 (수정된 R 제곱 = .070)

모수 추정값

종속 변수	모수	B	표준오차	t	유의확률	95% 신뢰구간 하한값	95% 신뢰구간 상한값
c점수	절편	29.997	1.533	19.569	.000	26.969	33.026
	[대학=1]	1.461	.702	2.081	.039	.074	2.849
	[대학=2]	0[a]	.	.	.	.	.
	[p1=1]	.549	1.107	.496	.621	-1.638	2.736
	[p1=2]	1.094	1.055	1.037	.301	-.990	3.177
	[p1=3]	1.910	1.052	1.815	.072	-.169	3.989
	[p1=4]	0[a]	.	.	.	.	.
	[p2=1]	-.133	1.203	-.111	.912	-2.510	2.244
	[p2=2]	.404	1.989	.203	.839	-3.526	4.335
	[p2=3]	.834	1.620	.515	.607	-2.365	4.034
	[p2=4]	0[a]	.	.	.	.	.
	[p3=1]	-.373	.830	-.450	.653	-2.013	1.266
	[p3=2]	.258	.993	.259	.796	-1.704	2.219
	[p3=3]	1.342	1.398	.960	.338	-1.419	4.104
	[p3=4]	-1.708	3.207	-.533	.595	-8.043	4.627
	[p3=5]	0[a]	.	.	.	.	.

s점수	절편	1.952	1.682	1.160	.248	-1.372	5.276
	[대학=1]	-.392	.771	-.508	.612	-1.915	1.131
	[대학=2]	0[a]	.	.	.	.	.
	[p1=1]	2.335	1.215	1.922	.056	-.065	4.735
	[p1=2]	.848	1.157	.732	.465	-1.439	3.135
	[p1=3]	.329	1.155	.285	.776	-1.953	2.611
	[p1=4]	0[a]	.	.	.	.	.
	[p2=1]	.560	1.320	.424	.672	-2.048	3.168
	[p2=2]	2.007	2.184	.919	.359	-2.307	6.321
	[p2=3]	1.955	1.778	1.100	.273	-1.557	5.467
	[p2=4]	0[a]	.	.	.	.	.
	[p3=1]	-2.223	.911	-2.441	.016	-4.023	-.424
	[p3=2]	-1.331	1.090	-1.221	.224	-3.484	.822
	[p3=3]	-2.050	1.534	-1.336	.183	-5.081	.981
	[p3=4]	10.040	3.519	2.853	.005	3.087	16.993
	[p3=5]	0[a]	.	.	.	.	.

a. 이 모수는 중복되었으므로 0으로 설정됩니다.

(A) C점수(소비성향)에서 분산분석표를 분석한다.

모수추정값에서 각 설명요인의 마지막 범주값은 0으로 사전 설정되어 있다. 그러므로 각 범주에서 모수 추정치(B)는 마지막 범주와의 차이를 나타낸다.

4개요인 중에서 대학(college)만이 통계적으로 유의하다. (분산비 F=4.329 , p= 0.039) 즉, 대학에 따라서 소비성향이 다르다고 할 수 있다.

여기에서는 통계적 유의성 검정보다는 수량화의 관점에서 모수 추정값을 중점적으로 분석한다.

(1) 대학=1 (자연과학대학)에 대한 모수 추정치는 1.461이다.

[대학=2 (경상대학)의 기준값은 0.000].

즉, 자연과학대학이 경상대학에 비해 “소비성향”에서 1.461만큼 높다.

(2) 1학년은 0.549 , 2학년은 1.094 , 3학년은 1.910 , 4학년은 0.000으로 추정된다.

즉, 4학년의 소비성향이 가장 작고 1학년, 2학년, 3학년, 수준으로 소비성향이 높아진다고 말할 수 있다.

(3) 사는 곳에 대한 범주별 추정치는 자택 및 친척집이 −0.133, 하숙집이 0.404, 자취방이 0.834, 기숙사가 0.000으로 나타난다.

즉, 주거형태 중에서 자택 및 친척집이 가장 낮은 소비성향을 갖고 다음으로 기숙사, 하숙집, 자취방 순으로 있다고 할 수 있다.

(4) 종교에 대한 모형 추정치는 불교가 －0.373, 천주교가 0.258, 기독교가 1.342, 기타종교가 －1.708, 종교 없음이 0.000으로 나타났다. 관측빈도가 2에 불과한 기타종교를 무시하면 불교가 가장 낮은 소비성향을 보였고 기독교가 가장 높은 소비성향을 보였다.

(5) 소비성향에서 최고치는 자연과학대 학생으로서, 3학년이고, 자취생으로서, 기독교학생들이 가장 큰 소비성향을 이루고 있다고 할 수 있다.

(6) 소비성향에서 최소치는 경상대학 학생으로서, 4학년이고, 자택 및 친척집으로서, 불교학생들이 가장 적은 소비성향을 이루고 있다고 할 수 있다.

(B) S점수(성의식)에서 분산분석표를 분석한다.

다변량 검정과 개체-간 효과 검정에서 보면

① 대학과 학년(P1)과 사는 곳(P2)은 유의하지 않음을 알 수 있다.
(유의확률 P＝0.612, 0.197, 0.595)

② 그러나 유일하게 종교(P3)만 유의하다는 것을 알 수 있다.
(분산비 F＝4.293, 유의확률 P＝0.003)
즉, 성의식은 종교로 부터 많은 영향을 받는다는 것을 알 수 있다.

요인들의 통계적 유의성을 살펴보는 것보다는 각 요인 범주들의 모형 추정값을 수량화 관점에서 살펴보기로 하자.
[성의식 점수가 개방성, 진보성의 방향으로 커지게 정의되었음을 기억하기 바람]

(8) 대학＝1 (자연과학대학)에 대한 모수 추정치는 －0.392이다.
[대학＝2 (경상대학)의 기준값은 0.000].
즉, 경상대학이 자연과학대학에 비해 "성의식"은 척도상에서 0.392만큼 높다.
따라서 경상대학이 상대적(자연과학대학)으로 진보적, 개방적이라고 할 수 있다.

(9) 1학년은 2.335, 2학년은 0.848, 3학년은 0.329, 4학년은 0.000으로 추정된다.
즉, 4학년의 성의식이 가장 작고 3학년, 2학년, 1학년, 수준으로 성의식이 높아진다고 말할 수 있다. 이것은 학년이 낮을수록 진보적, 개방적이고 학년이 높을수록 보수적, 전통적이라는 것을 의미한다.

(10) 사는 곳에 대한 범주별 추정치는 자택 및 친척집이 0.560, 하숙집이 2.007, 자취방이 1.955, 기숙사가 0.000으로 나타난다.

즉, 주거형태 중에서 기숙사가 가장 낮은 성의식을 갖고 다음으로 자택 및 친척집, 자취방, 하숙집 순으로 있다고 할 수 있다.

(11) 종교에 대한 모형 추정치는 불교가 −2.223, 천주교가 −1.331, 기독교가 −2.050, 기타종교가 10.040, 종교 없음이 0.000으로 나타났다.
관측빈도가 2에 불과한 기타종교를 무시하면 불교가 가장 낮은 성의식을 보였고 천주교가 가장 높은 성의식을 보였다. 이것은 종교를 갖는 경우가 그렇지 않는 경우에 비교하면 상대적으로 보수, 전통적인 성의식을 갖고 있고, 종교 중에서 보면 천주교가 불교와 기독교에 비하여 상대적으로 진보, 개방적인 성의식을 갖는다는 것을 알 수 있다.

(12) 성의식에서 최고치는 경상대학 학생으로서, 1학년이고, 하숙집으로서, 종교 없음 학생들이 가장 큰 성의식을 이루고 있다고 할 수 있다.

(13) 성의식에서 최소치는 자연과학대학 학생으로서, 4학년이고, 기숙사로서, 불교 학생들이 가장 적은 성의식을 이루고 있다고 할 수 있다.

Ⅳ. 신뢰도분석

앞에서는 소비성향과 성의식을 측정하였다. 여기서는 소비성향과 성의식에 대한 신뢰도를 정리한다.

(1). 신뢰도(reliability)는 그 변수가 동일 응답자로부터 재 측정되었을 때 원 측정과 얼마나 상관되어 있는 정도를 말한다.

(2). 위와 같이 문항 반응의 합으로 지수를 정의하는 경우 지수의 신뢰도를 평가하는 방법으로 크론바흐의 알파를 보는 것이다.

1. 소비성향의 신뢰도 분석을 위해서 분석 > 척도 > 신뢰도 분석을 실행한다.
2. 신뢰도 분석 상자에서 소비성향1부터 10까지를 문항에 입력한다.
3. 통계량에서 문항제거시 척도를 클릭한다.

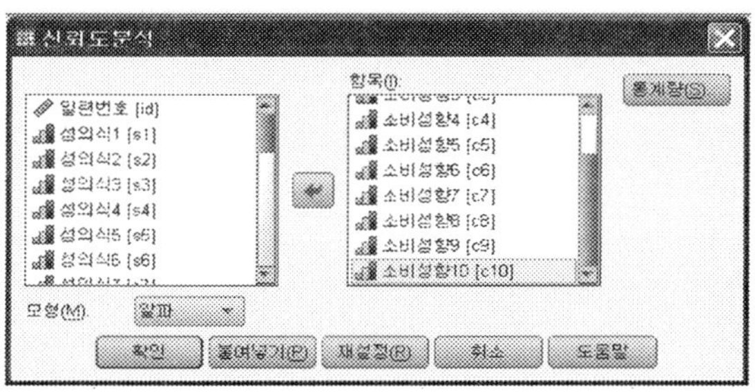

S P S S 결과

신뢰도분석

신뢰도 통계량

Cronbach의 알파	항목 수
.602	10

항목 총계 통계량

	항목이 삭제된 경우 척도 평균	항목이 삭제된 경우 척도 분산	수정된 항목-전체 상관관계	항목이 삭제된 경우 Cronbach 알파
소비성향1	28.84	16.134	.287	.574
소비성향2	28.66	17.022	.114	.617
소비성향3	28.04	16.017	.220	.592
소비성향4	29.05	15.206	.483	.532
소비성향5	28.18	15.488	.319	.566
소비성향6	28.44	15.990	.239	.586
소비성향7	27.38	17.513	.120	.609
소비성향8	29.01	17.577	.075	.622
소비성향9	28.33	14.639	.543	.515
소비성향10	28.82	14.846	.446	.534

(1) 알파(alpha) 값이 0.602로 나타났다.
알파는 0부터 1까지 값을 취한다.
대략 0.8 이상이면 해당지수가 신뢰적인 것으로 본다.
그러므로 소비성향의 설문지는 실망스럽게도 이 기준을 만족하자 못한다.
그러나 알파 값이 0.6이상이므로 아쉬운 데로 사용할 수 있다.

4. 성의식의 신뢰도 분석을 하기 위해서 분석 > 척도 > 신뢰도 분석을 실행한다.
5. 신뢰도 분석 상자에서 성의식1부터 10까지를 문항에 입력한다.
6. 통계량에서 문항제거시 척도를 클릭한다.

S P S S 결과

신뢰도분석

신뢰도 통계량

Cronbach의 알파	항목 수
.070	10

항목 총계 통계량

	항목이 삭제된 경우 척도 평균	항목이 삭제된 경우 척도 분산	수정된 항목-전체 상관관계	항목이 삭제된 경우 Cronbach 알파
성의식1	28.51	9.527	.080	.023
성의식2	29.15	10.081	-.026	.099
성의식3	30.03	9.490	.089	.016
성의식4	28.68	10.306	-.019	.090
성의식5	28.59	11.028	-.118	.143
성의식6	29.68	9.312	.052	.039
성의식7	30.25	9.391	.201	-.039[a]
성의식8	29.19	10.338	-.042	.107
성의식9	28.55	9.255	.123	-.009[a]
성의식10	28.94	10.683	-.088	.135

a. 항목 간 평균 공분산이 음수이기 때문에 이 값도 음수입니다. 이것은 신뢰도 모형 가정에 위배됩니다. 항목 코딩을 확인할 수 있습니다.

(2) 알파(alpha) 값이 0.070로 나타났다.

알파는 0부터 1까지 값을 취한다.

대략 0.8 이상이면 해당지수가 신뢰적인 것으로 본다.

그러므로 성의식의 설문지는 실망스럽게도 이 기준을 만족하자 못한다.

해결방안 : 성의식에서 질문한 문항이 긍정과 부정이 혼합되어 있는가를 확인하여 정리하면 높은 신뢰도를 얻을 수 있다.
(요인분석으로 확인 가능)

*. 소비성향과 성의식에 대하여 신뢰도 높은 문항을 유도하기 위하여 크롬바하 알파값을 구한다.

1. 소비성향 (문항1, 4, 5, 6, 9, 10)

항목 총계 통계량

	항목이 삭제된 경우 척도 평균	항목이 삭제된 경우 척도 분산	수정된 항목-전체 상관관계	항목이 삭제된 경우 Cronbach 알파
소비성향1	15.37	8.996	.307	.649
소비성향4	15.59	8.477	.474	.596
소비성향5	14.71	8.660	.303	.655
소비성향6	14.97	8.692	.283	.664
소비성향9	14.86	7.815	.594	.552
소비성향10	15.35	8.144	.444	.602

신뢰도 통계량

Cronbach의 알파	항목 수
.663	6

(1) 소비성향6에 대하여 인정 혹은 불인정으로 정리한다.

(2) 인정할 때는 소비성향 1, 4, 5, 6, 9, 10만으로 분석할 수 있다.

(소비성향6을 불인정 할 때, 신뢰도분석을 계속한다.)

신뢰도 통계량

Cronbach의 알파	항목 수
.738	3

항목 총계 통계량

	항목이 삭제된 경우 척도 평균	항목이 삭제된 경우 척도 분산	수정된 항목-전체 상관관계	항목이 삭제된 경우 Cronbach 알파
소비성향4	6.13	2.554	.499	.724
소비성향9	5.40	2.230	.608	.600
소비성향10	5.90	2.057	.590	.622

(3) 크롬바하 알파 값 0.738보다 큰 소비성향 문항은 없다.

(4) 소비성향 4, 9, 10만으로 분석할 수 있다.

제외된 소비성향은 문항1, 2, 3, 5, 6, 7, 8이다.

2. 성의식

신뢰도 통계량

Cronbach의 알파	항목 수
.732	2

항목 총계 통계량

	항목이 삭제된 경우 척도 평균	항목이 삭제된 경우 척도 분산	수정된 항목-전체 상관관계	항목이 삭제된 경우 Cronbach 알파
성의식1	3.85	1.087	.577	.[a]
성의식9	3.88	1.085	.577	.[a]

a. 항목 간 평균 공분산이 음수이기 때문에 이 값도 음수입니다. 이것은 신뢰도 모형 가정에 위배됩니다. 항목 코딩을 확인할 수 있습니다.

(5) 크로바하 알파 값 0.732를 기준으로 할 때는 성의식을 분석할 수 없다

그러므로 크로바하 알파 값의 기준을 설정하여야 한다.

(6) 성의식의 크롬바하 알파값이 (5)와 같이 나타나는 이유를 분석하여야 한다.
즉, 요인분석이 필요하다.
(7) 소비성향과 성의식에 따른 크로바하 알파 값을 각각 결정하여 분석할 수 있다.

V. 요인분석

다변량 자료분석 기법들 중에서 많이 쓰이는 요인분석은 개념구성, 평가에 있어서도 유용한 방법이다.

앞의 신뢰도 분석에서 설문 C1에서 C10은 소비성향을 측정하도록 의도되었지만 그다지 신뢰적이지 않음을 보았다. 연구자가 의도하지 않은 제 2의 변수가 개입되었을 것인가? 이것을 알아보기 위하여 C1부터 C10까지 요인분석(factor analysis)을 하자.

A. 소비성 설문 C1에서 C10까지 요인분석

1. 요인 분석을 하기 위하여 분석 > 차원감소 > 요인분석을 클릭 한다.

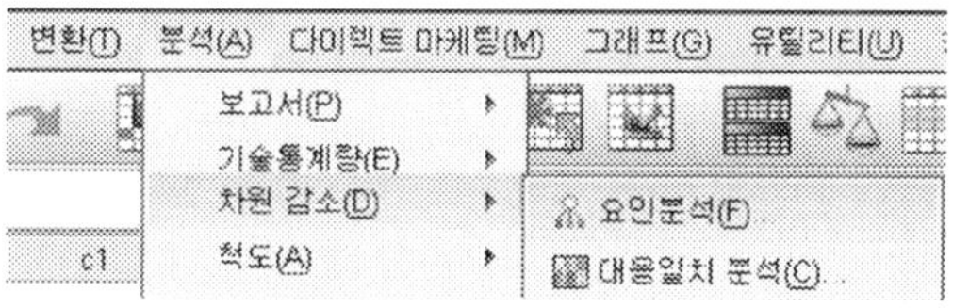

2. 요인분석 상자에서 변수 칸에는 소비성향 1부터 소비성향 10까지 입력한다.

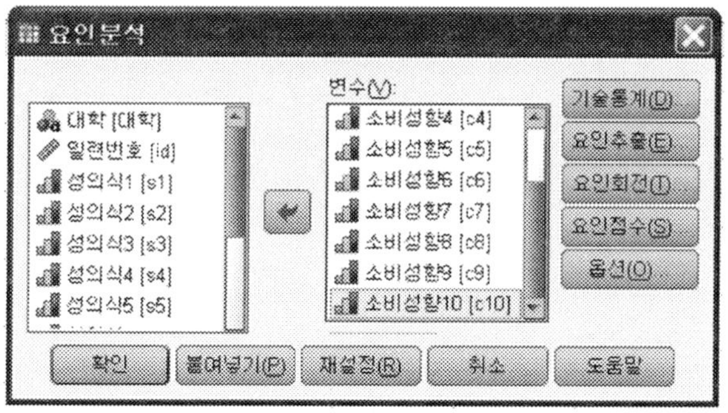

3. 요인추출을 선택하여 다음과 같이 정리하여 비교하기 바란다.
   ①. 요인의 수(=2)   ②. 고유값 기준(=1)

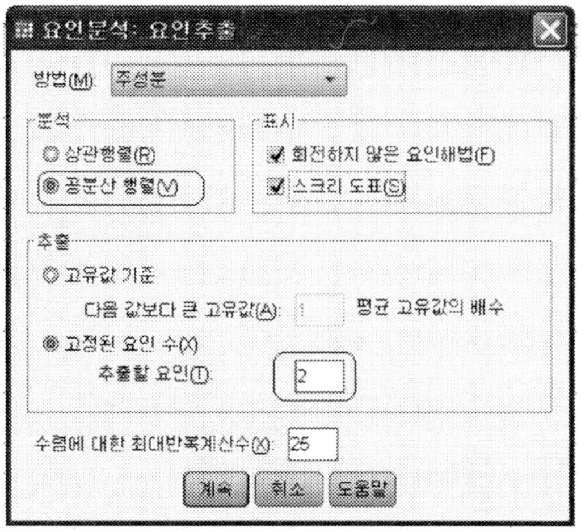

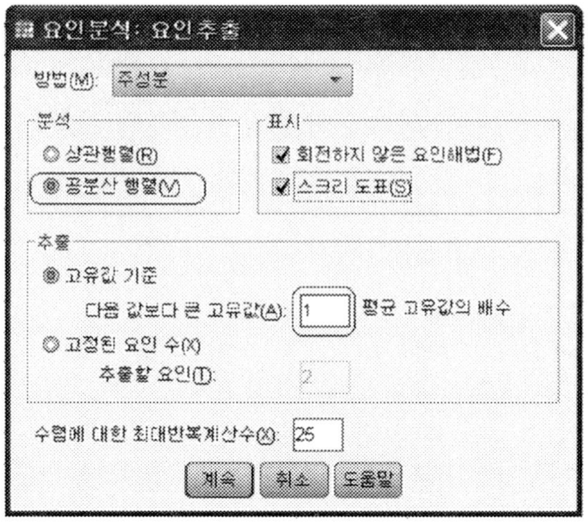

<참고> ①. 상관행렬 대신 공분산 행렬을 택한 이유는 변수 C1에서 C10의 10개의 변수는 동일한 척도를 갖기 때문이다.

②. 요인의 수를 2로 하는 이유는 2개 요인만 보고자 하기 때문이다.

③. 고유값 기준이 1인 경우는 고유값이 1이상인 요인을 나타내는 경우.

4. 요인회전을 선택하여 적재값 도표(L)을 클릭한다.

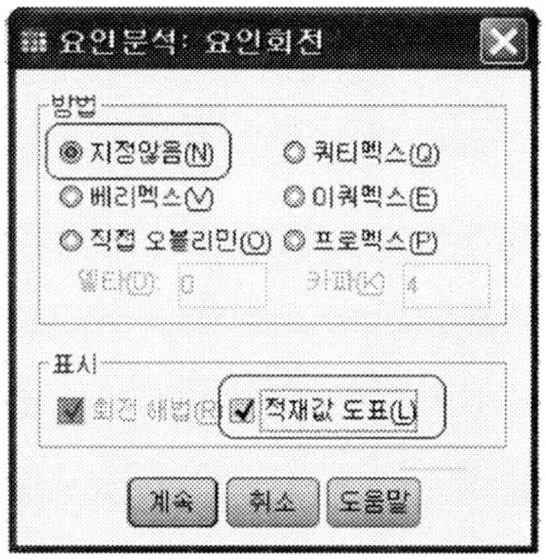

①. 적재값 도표는 분석 변수들의 관계를 한 눈에 보여주므로 요인분석의 해석에 있어서 중요한 부분이다.

S P S S 결과

요인분석

공통성

	원래 값		조정된 값	
	초기	추출	초기	추출
소비성향1	.787	.216	1.000	.274
소비성향2	1.006	.220	1.000	.219
소비성향3	1.101	.612	1.000	.556
소비성향4	.674	.283	1.000	.420
소비성향5	.986	.585	1.000	.594
소비성향6	1.033	.532	1.000	.515
소비성향7	.649	.090	1.000	.139
소비성향8	.822	.059	1.000	.072
소비성향9	.743	.429	1.000	.578
소비성향10	.887	.481	1.000	.543

추출 방법: 주성분 분석.

설명된 총분산

	성분	초기 고유값[a]			추출 제곱합 적재값		
		합계	% 분산	% 누적	합계	% 분산	% 누적
원래 값	1	2.113	24.329	24.329	2.113	24.329	24.329
	2	1.395	16.063	40.392	1.395	16.063	40.392
	3	1.186	13.653	54.045			
	4	.908	10.457	64.502			
	5	.756	8.697	73.199			
	6	.590	6.791	79.990			
	7	.553	6.367	86.357			
	8	.511	5.882	92.238			
	9	.386	4.444	96.683			
	10	.288	3.317	100.000			
조정된 값	1	2.113	24.329	24.329	2.491	24.909	24.909
	2	1.395	16.063	40.392	1.419	14.190	39.099
	3	1.186	13.653	54.045			
	4	.908	10.457	64.502			
	5	.756	8.697	73.199			
	6	.590	6.791	79.990			
	7	.553	6.367	86.357			
	8	.511	5.882	92.238			
	9	.386	4.444	96.683			
	10	.288	3.317	100.000			

추출 방법: 주성분 분석.

a. 공분산행렬 분석시 원래의 해법과 조정된 해법에서 초기 고유값은 동일합니다.

(1) 제 1축의 고유값이 2.113이고 제 2축의 고유값이 1.395로 전체 분산의 24.329%와 16.063%를 설명하고 이것은 전체분산의 40.392%에 해당함을 볼 수 있다.

즉, 주성분분석의 방법으로 총 10개 [변수]차원을 2개[요인]차원으로 축소 할 때 총변동의 40.4%를 설명하게 됨을 말한다. 나머지 59.6%의 변동은 차원축소와 더불어 손실됨을 나타낸다.

성분행렬[a]

	원래 값		조정된 값	
	성분		성분	
	1	2	1	2
소비성향1	.429	-.179	.484	-.202
소비성향2	.241	-.403	.240	-.402
소비성향3	.506	-.597	.482	-.569
소비성향4	.529	-.059	.644	-.072
소비성향5	.475	.600	.479	.604
소비성향6	.458	.567	.451	.558
소비성향7	.162	.253	.201	.314
소비성향8	.097	.223	.106	.246
소비성향9	.653	.057	.757	.066
소비성향10	.662	-.208	.703	-.220

요인추출 방법: 주성분 분석.
a. 추출된 2 성분

(2) 성분행렬 표는 각 변수가 2개의 추출요인으로 표현되는 방식을 제시한다.

(예), 소비성향 1, 2, 3 [=C1, C2, C3]의 요인 표현식은 다음과 같다.

$$C1 = 0.429\ F1 - 0.179\ F2 + e1$$
$$C2 = 0.241\ F1 - 0.403\ F2 + e2$$
$$C3 = 0.506\ F1 - 0.597\ F2 + e3$$
$$\vdots$$
$$C10 = 0.662F1 - 0.208\ F2 + e10$$

(여기서 e1, e2, … e10 은 각 변수별 특수 요인이다.)

성분 도표

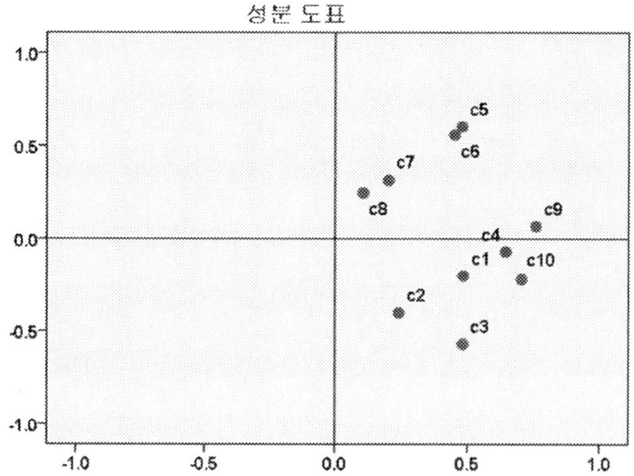

(3) 좌표 평면에 나타내는 성분도표이다.
도표로부터 분석변수들의 요인구성 패턴을 한눈에 파악 할 수 있다.

(4) 소비성향 5, 6, 7, 8이 한 그룹을 이루고 나머지 6개 소비성향 1, 2, 3, 4, 9, 10은 다른 그룹을 이루고 있음을 알 수 있다.
이와 같이 서로 다른 그룹이라고 사전에는 예상하지 못하였다.

(5) 10개 변수 모두에 대한 제 1요인은 일반적으로 소비성향이지만 이중에서 C5, C6, C7, C8의 설문내용을 분석하면 소비의 계획성, 짜임새를 의미함을 알 수 있다. 이런 점에서 다른 6개 설문과는 다소 변별된다고 할 수 있다.

B. 성의식 설문 S1에서 S10까지 요인 분석

소비성향에 대한 요인 분석과 같은 방법으로 SPSS에서 결과를 얻을 수 있다.

1. 요인 분석을 하기 위하여 분석(A) > 차원감소 > 요인분석(F)을 클릭 한다.
2. 요인분석 상자에서 변수 칸에는 성의식 1부터 성의식 10까지 입력한다.
3. 요인추출과 요인회전은 소비성향과 동일함

<각자 정리>

S P S S 결과

요인분석

공통성

	원래 값		조정된 값	
	초기	추출	초기	추출
성의식1	1.085	.768	1.000	.708
성의식2	1.228	.356	1.000	.290
성의식3	1.068	.167	1.000	.157
성의식4	.939	.243	1.000	.258
성의식5	.796	.249	1.000	.313
성의식6	1.430	1.106	1.000	.773
성의식7	.702	.039	1.000	.055
성의식8	1.061	.541	1.000	.510
성의식9	1.087	.479	1.000	.440
성의식10	1.023	.305	1.000	.298

추출 방법: 주성분 분석.

설명된 총분산

	성분	초기 고유값[a]			추출 제곱합 적재값		
		합계	% 분산	% 누적	합계	% 분산	% 누적
원래 값	1	2.832	27.183	27.183	2.832	27.183	27.183
	2	1.419	13.622	40.805	1.419	13.622	40.805
	3	1.248	11.982	52.787			
	4	1.093	10.495	63.282			
	5	.915	8.779	72.061			
	6	.803	7.707	79.768			
	7	.711	6.824	86.592			
	8	.595	5.712	92.304			
	9	.466	4.476	96.780			
	10	.335	3.220	100.000			
조정된 값	1	2.832	27.183	27.183	2.521	25.213	25.213
	2	1.419	13.622	40.805	1.281	12.807	38.020
	3	1.248	11.982	52.787			
	4	1.093	10.495	63.282			
	5	.915	8.779	72.061			
	6	.803	7.707	79.768			
	7	.711	6.824	86.592			
	8	.595	5.712	92.304			
	9	.466	4.476	96.780			
	10	.335	3.220	100.000			

추출 방법: 주성분 분석.

a. 공분산행렬 분석시 원래의 해법과 조정된 해법에서 초기 고유값은 동일합니다.

(1) 제 2축까지의 누적 기여율이 40.805%임을 알 수 있다.

성분행렬[a]

	원래 값		조정된 값	
	성분		성분	
	1	2	1	2
성의식1	.846	-.230	.812	-.221
성의식2	-.473	-.363	-.427	-.327
성의식3	.316	-.260	.306	-.251
성의식4	-.485	.087	-.500	.090
성의식5	-.334	-.370	-.375	-.415
성의식6	.873	.586	.730	.490
성의식7	.197	-.011	.235	-.013
성의식8	-.221	.701	-.214	.681
성의식9	.618	-.311	.593	-.299
성의식10	-.463	.300	-.458	.297

요인추출 방법: 주성분 분석.

a. 추출된 2 성분

(2) 성분행렬 표에서는 제 1요인의 적재값이 5개 성의식 변수 S2, S4, S5, S8, S10에

서 음수가 나오고 나머지 5개 변수에서는 양수로 나타남을 확인할 수 있다.

이와 같은 결과는 성의식의 구성에 있어서 5개 변수가 한 방향[진보]을, 다른 5개 변수는 반대 방향[보수]에 놓여 있음을 말한다.

그러므로 앞 절의 분산분석에서 성의식의 지수 S점수를 정의 할 때 이것을 고려한 것이다.

만약 이와같은 사실을 미처 파악하지 못하였을 때는 S점수를 수정하면 된다.

수정된 변량 S점수 = S1 - **S2** + S3 - **S4** - **S5** + S6 + S7 - **S8** + S9 - **S10**

C점수 = C1 + C2 + C3 + C4 + C5 + C6 + C7 + C8 + C9 + C10

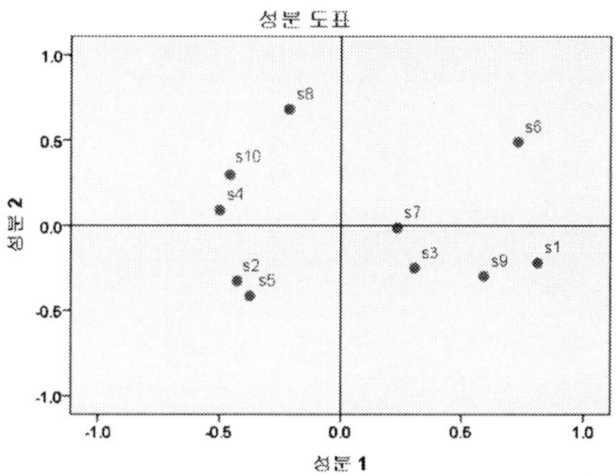

(3) 성분 도표에서 변수 S6 과 S8이 다른 변수들과 제 2축에서 확연히 구분되는 것을 볼 수 있다.

Ⅵ. 상관분석,

소비성향과 성의식에 대하여 통계적인 분석을 추가하자.

1. 성의식과 소비성향은 어떻게 어느 정도 상관되어 있는가?
2. 성의식은 소비성향에 의하여 어떻게 얼마만큼 설명될 수 있는가?
3. 성의식을 소비성향과 종교 등으로 어느 정도 모형화 할 수 있는가?

*. 소비성향지수 C점수와 성의식 지수 S점수 사이의 상관관계를 조사한다.

1. 분석 > 상관분석 > 이변량 상관계수를 클릭한다.
2. 상관계수 상자에서 변수 칸에 C점수와 S점수를 입력한다.

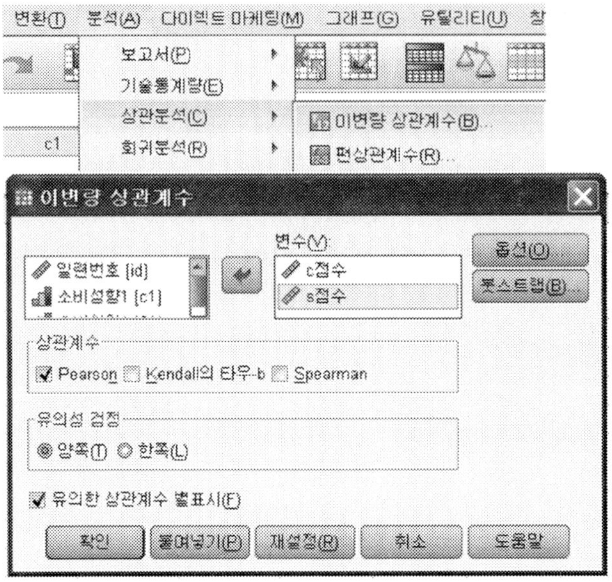

S P S S 결과

상관계수

상관계수

		c점수	s점수
c점수	Pearson 상관계수	1	-.134
	유의확률 (양쪽)		.088
	N	164	164
s점수	Pearson 상관계수	-.134	1
	유의확률 (양쪽)	.088	
	N	164	164

(1) 소비성향지수 C점수 와 성의식지수 S점수 사이의 상관계수는 -0.134로서 방향이 음이고 유의확률 P-값은 0.088 으로서 통계적으로 유의하지 않다.
즉, **소비성향이 클수록** 성의식이 보수적, 전통적인 경향이 있고,
소비성향이 작을수록 성의식이 진보적, 개방적인 경향이 있다.

Ⅶ. 회귀분석

성의식지수 S점수에 대한 선형회귀직선을 유도하자. 소비성향지수 C점수를 설명변수로 하여 정리하면 다음과 같다.

1. 분석(A) > 회귀분석(R) > 선형(L)을 클릭한다.

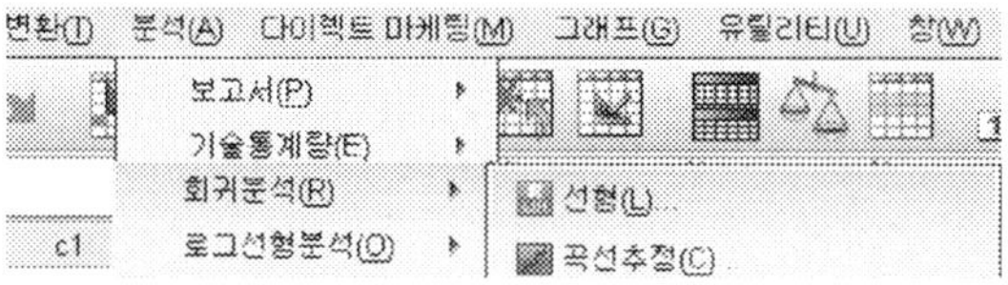

2. 대화상자에서 종속변수에는 S점수를 독립변수에는 C점수를 입력한다.

S P S S 결과

선형회귀분석

모형 요약

모형	R	R 제곱	수정된 R 제곱	추정값의 표준오차
1	.134[a]	.018	.012	4.941

a. 예측값: (상수), c점수

계수[a]

모형		비표준화 계수 B	비표준화 계수 표준오차	표준화 계수 베타	t	유의확률
1	(상수)	7.293	2.838		2.570	.011
	c점수	-.152	.089	-.134	-1.715	.088

a. 종속변수: s점수

분산분석b

모형		제곱합	자유도	평균 제곱	F	유의확률
1	회귀 모형	71.843	1	71.843	2.943	.088[a]
	잔차	3955.004	162	24.414		
	합계	4026.848	163			

a. 예측값: (상수), c점수

b. 종속변수: s점수

(1) 선형 회귀계수에 대한 유의확률 P-값은 0.088로서 유의하지 않다.
그리고 결정계수(R-Square)가 0.018로서 극히 미미함을 볼 수 있다.
적합된 회귀모형은 다음과 같이 표현할 수 있다.

S점수 = 7.293 − 0.152 (C점수) + 오차

그러므로 회귀분석의 모형은 적합하다고 할 수 없다.

Ⅷ. 공분산분석

성의식 S점수에 관한 분산분석을 통하여 S점수가 종교 P3에 의하여 영향을 받는 것으로 알았다. 그러므로 S점수를 C점수와 P3의 함수로 모형화 하도록 하자.
즉, 통계적 모형을 생각하자.

S점수 = f (P3, C점수) + 오차

여기서 P3가 명목척도(범주형)이고 C점수가 연속형이므로 통계모형은 공분산분석으로 할 수 있다.

1. 분석 > 일반 선형모형 > 일변량을 클릭한다.
2. 대화상자에서 종속변수에는 S점수,
   모수요인에는 종교,
   공변량에는 C점수 입력.

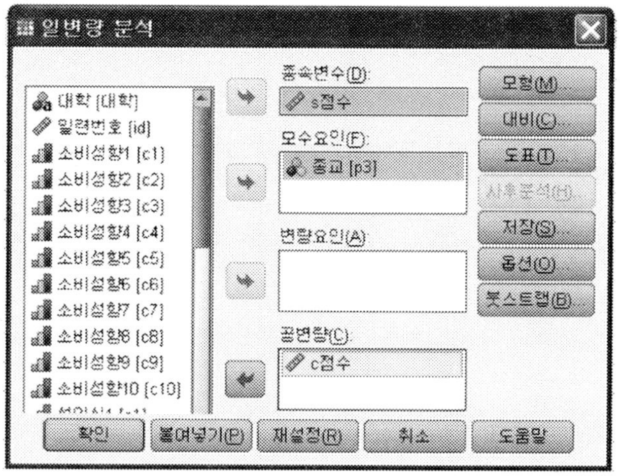

3. 모형상자에서 사용자정의에서 P3와 C점수를 입력하고 주효과를 클릭한다. (완전요인모형과의 차이를 비교 바람.)

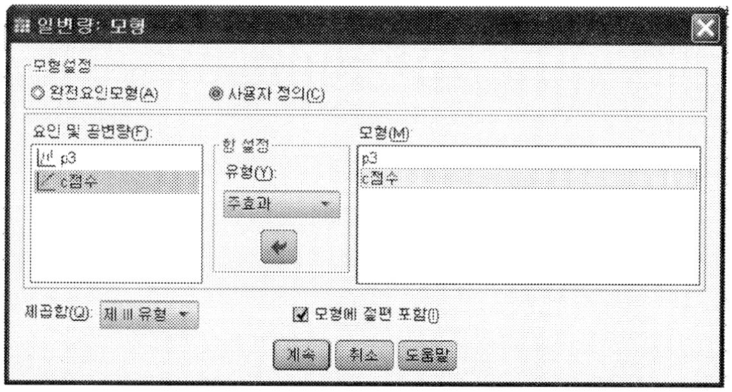

4. 옵션상자에서 모수추정값을 선택한다.

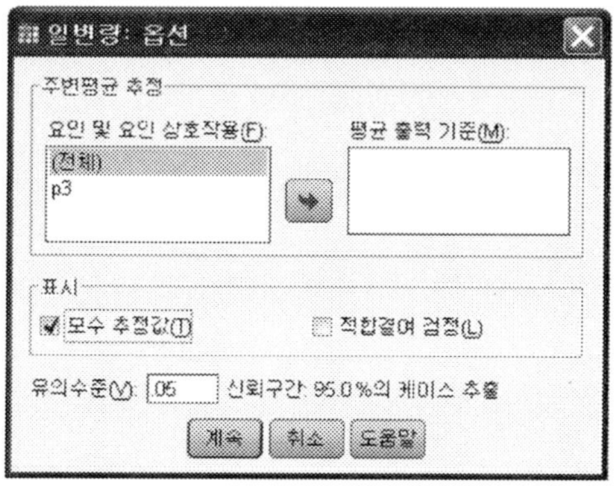

S P S S 결과

일변량 분산분석

개체-간 요인

		변수값 설명	N
종교	1	불교	52
	2	천주교	29
	3	기독교	12
	4	기타	2
	5	없다	69

개체-간 효과 검정

종속 변수:s점수

소스	제 III 유형 제곱합	자유도	평균 제곱	F	유의확률
수정 모형	468.102[a]	5	93.620	4.157	.001
절편	216.187	1	216.187	9.598	.002
p3	396.259	4	99.065	4.398	.002
c점수	61.188	1	61.188	2.717	.101
오차	3558.745	158	22.524		
합계	5027.000	164			
수정 합계	4026.848	163			

a. R 제곱 = .116 (수정된 R 제곱 = .088)

모수 추정값

종속 변수:s점수

모수					95% 신뢰구간	
	B	표준오차	t	유의확률	하한값	상한값
절편	7.942	2.768	2.869	.005	2.475	13.409
[p3=1]	-2.615	.872	-3.000	.003	-4.337	-.894
[p3=2]	-.967	1.050	-.921	.358	-3.042	1.107
[p3=3]	-1.482	1.488	-.996	.321	-4.420	1.457
[p3=4]	8.726	3.409	2.560	.011	1.993	15.459
[p3=5]	0[a]	.	.	.	.	.
c점수	-.141	.086	-1.648	.101	-.311	.028

a. 이 모수는 중복되었으므로 0으로 설정됩니다.

(1) 모수 추정값 표에서 모형의 적합식은 다음과 같다.

S점수 = 7.942 − 0.141 (C점수)

− 2.615 불교(P3 = 1) − 0.967 천주교(P3 = 2) − 1.482 기독교(P3 = 3)

\+ 8.726 기타(P3 = 4) + 0.000 없다(P3 = 5) + 오차

여기서 (P3 = j)는 더미함수이다.

$$즉,\ 더미(P3=j) = \begin{cases} 1 & P3 = j\ 인\ 경우 \\ 0 & 그밖의\ 경우 \end{cases}$$

그리고 공분산분석 모형의 결정계수 R^2 = 0.116으로서 그다지 높지 않다.

*. 1차 분석 결과정리

대부분의 설문지의 데이터분석에서는 높은 설명력을 갖는 통계적 모형을 찾기가 쉽지 않다. 그러나 결정계수가 낮다고 하여서 반드시 좋지 않은 모형이라고 판단하여 실망할 필요가 없다. 개인의 성의식이 워낙 복잡한 과정을 거쳐서 형성되므로 몇 개의 변수로 이만큼을 설명할 수 있어서 다행이다. 만약 추후의 연구에서 좀더 설명력 높은 성의식에 대하여 모형화하려 한다면 어떤 변수가 추가적으로 필요한가를 생각하여 보자. (예, 부모의 교육 수준과 사회경제적 수준(직업, 월소득 등)에 관한 정보가 필요할 것인지?)

Ⅸ. 수정된 자료 (SA점수, SB점수, CC점수, CD점수, 더미변수)

회귀모형 S점수 = 7.293 − 0.152 C점수는 선형 회귀계수에 대한 유의확률 P-값은 0.088로서 유의하지 않다. 그리고 결정계수(R-Square)가 0.018로서 극히 미미함을 볼 수 있다. 그러므로 회귀분석의 모형은 적합하다고 할 수 없었다. 따라서 수정된 중 회귀분석(양적변수 + 질적변수)을 유도한다.

*. 요인분석결과 다음 요인은 설문과는 다소 변별된다고 할 수 있다.

(Ⅴ. 요인분석에서 확인 할 수 있다.)

1. 성의식(SA)은 [S1, S3, S6, S7, S9]
2. 성의식(SB)은 [S2, S4, S5, S8, S10]으로 나타남을 확인할 수 있다.

3. 소비성향(CC)는 [C5, C6, C7, C8]이 한 그룹을 이루고
4. 소비성향(CD)는 [C1, C2, C3, C4, C9, C10] 다른 그룹을 이룬다.
5. 질적변수 학년[p1]을 더미변수로 만든다.

S P S S 실행

(1). 변환 > 변수계산을 클릭한다.

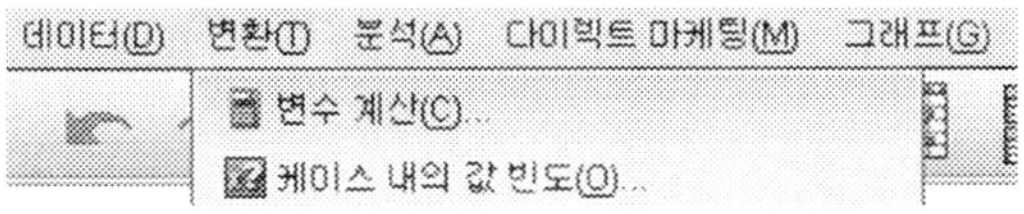

(2). 변수계산에서 SA와 S1+S3+S6+S7+S9를 입력한다.

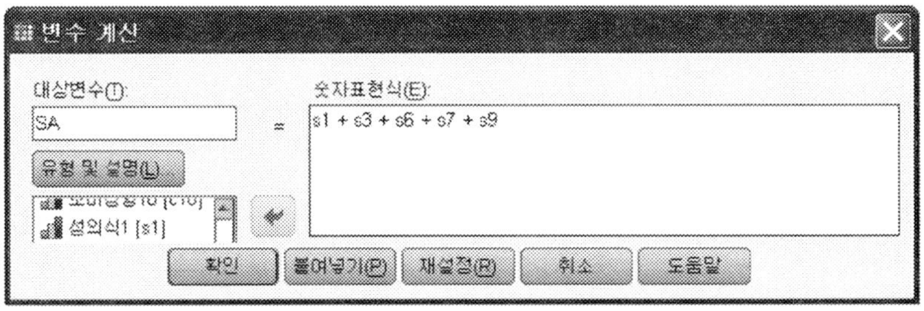

(3). SA와 같은 방법으로 SB, CC, CD를 생성한다.

(4). 학년 [P1]을 더미변수로 만든다.
더미변수를 d1, d2, d3 로 분리하여
1학년은 1 0 0 0, 2학년은 0 1 0 0,
3학년은 0 0 1 0, 4학년은 0 0 0 0으로 한다.

	dump1	dump2	dump3
1학년	1	0	0
2학년	0	1	0
3학년	0	0	1
4학년	0	0	0

명령문(p)를 클릭하여 나타난 창에 아래와 같이 입력하면 모든 더미변수를 동시에 모두 정리 할 수 있다. (즉, 더미변수가 많이 생성되는 경우에 적용하면 간편하다.)

도표에 입력 후 마우스로 블록을 설정한다.
실행에서 끝까지를 실행한다. 변수보기에서 소수점이하를 0으로 한다.

S P S S 결과

(1) S P S S 창에 새로운 변수가 생성됨을 알 수 있다.

	sa	sb	cc	cd	d1	d2	d3
1	18	17	9	17	1	0	0
2	16	15	12	12	1	0	0
3	16	18	14	20	1	0	0
4	13	16	14	24	1	0	0
5	15	19	14	20	1	0	0

Ⅸ-Ⅰ. 수정된 자료 요인분석 (CD점수, SB점수)

A. 소비성향 설문 CD점수 (C1, C2, C3, C4, C9, C10) 요인 분석

1. 분석 > 데이터 축소 > 요인분석을 클릭한다.

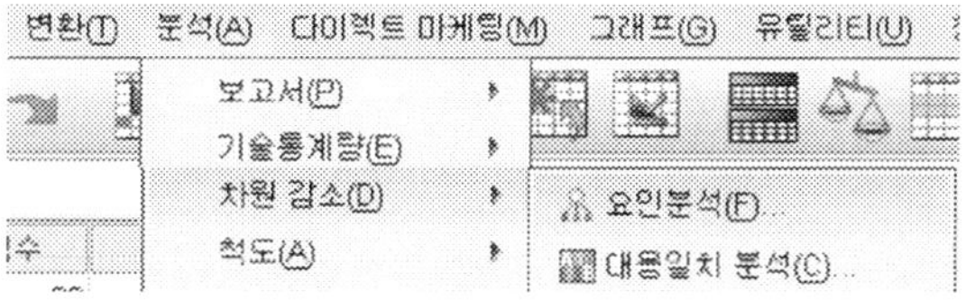

2. 변수에 C1, C2, C3, C4, C9, C10을 입력하고 요인추출을 클릭한다.

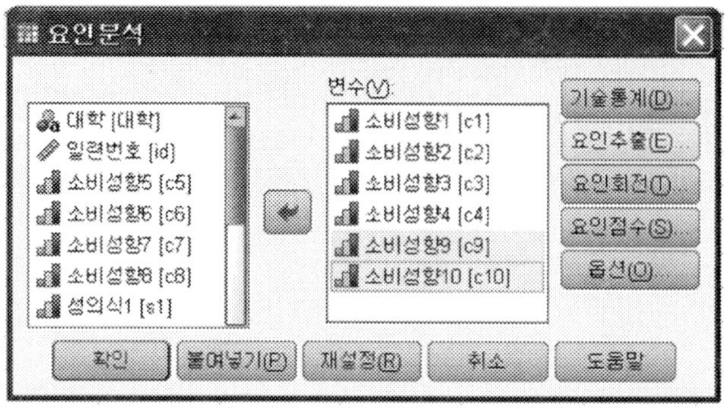

3. 요인추출을 클릭하여 공분산행렬을 선택, 요인의 수는 2로 한다.
(상관분석 대신 공분산 행렬을 택한 이유는 변수는 동일한 척도를 갖기 때문이다. 요인의 수를 2로 하는 이유는 2개 요인만 추려 보고자 하기 때문이다.)

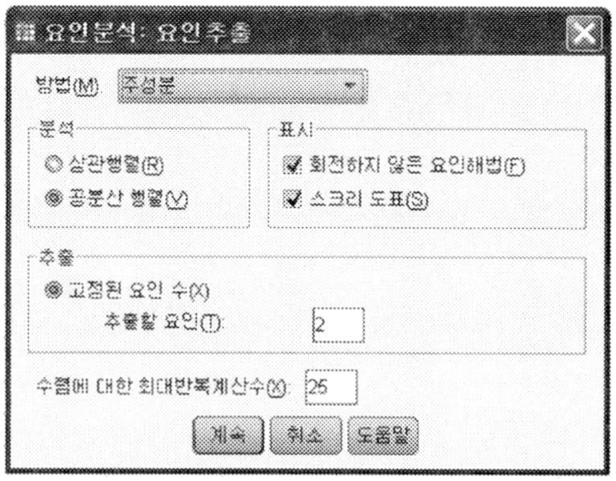

4. 요인회전를 선택한 다음 적재값 도표(L)을 클릭한다.
(적재값 도표는 분석 변수들의 관계를 한 눈에 보여주므로 요인분석의 해석에 있어서 중요한 부분이다.)

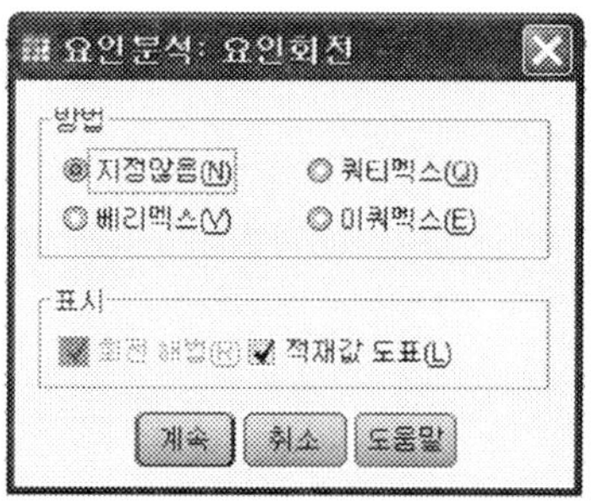

S P S S 결과

요인분석

설명된 총분산

	성분	초기 고유값[a]			추출 제곱합 적재값		
		합계	% 분산	% 누적	합계	% 분산	% 누적
원래 값	1	1.938	37.290	37.290	1.938	37.290	37.290
	2	1.159	22.293	59.583	1.159	22.293	59.583
조정된 값	1	1.938	37.290	37.290	2.303	38.384	38.384
	2	1.159	22.293	59.583	1.189	19.825	58.208

추출 방법: 주성분 분석.

a. 공분산행렬 분석시 원래의 해법과 조정된 해법에서 초기 고유값은 동일합니다.

(1) 제 1축의 고유값이 1.938이고 제 2축의 고유값이 1.159로 전체 분산의 37.290%와 22.293%를 설명하고 이것은 전체분산의 59.583%에 해당함을 볼 수 있다. 따라서 주성분분석의 방법으로 총 6개 변수(차원)를 2개 요인(차원)으로 축소할 때 총 변동의 59.583%를 설명하게 됨을 말한다. 나머지 40.417%의 변동은 차원 축소와 더불어 손실됨을 나타낸다.

성분행렬[a]

	원래 값		조정된 값	
	성분		성분	
	1	2	1	2
소비성향1	.486	-.170	.548	-.191
소비성향2	.302	.783	.301	.781
소비성향3	.635	.549	.605	.523
소비성향4	.536	-.156	.654	-.190
소비성향9	.612	-.286	.710	-.331
소비성향10	.738	-.330	.783	-.351

요인추출 방법: 주성분 분석.

a. 추출된 2 성분

(2) 성분행렬 표는 각 변수가 2개의 추출요인으로 표현되는 방식을 제시한다. 예, 소비성향 1, 2, 3, ⋯ [=C1, C2, C3, ⋯]의 요인 표현식은 다음과 같다.

$$C1 = 0.486\ F1 - 0.170\ F2 + e1$$

$$C2 = 0.302\ F1 + 0.783\ F2 + e2$$

$$C3 = 0.635\ F1 + 0.549\ F2 + e3$$

$$C4 = 0.536\ F1 - 0.156\ F2 + e4$$

$$C9 = 0.612\ F1 - 0.286\ F2 + e9$$

$$C10 = 0.738\ F1 - 0.330\ F2 + e10$$

(여기서 e1, e2, … e10 은 각 변수별 특수 요인이다.)

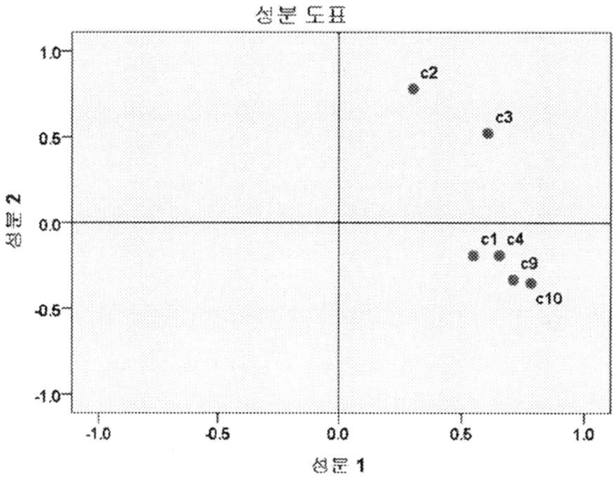

(1) 좌표 평면에 나타내는 성분도표이다.
도표로부터 분석변수들의 요인구성 패턴을 한눈에 파악 할 수 있다.

(2) ① 소비성향 [C1, C2, C3, C4, C9, C10]은 한 그룹을 이루고 있음을 알 수 있다.
② 소비성향 2, 3은 같은 양의 방향으로 구성되므로 한 그룹으로 한다.
③ 6개 설문내용을 분석하면 소비의 계획성, 짜임새를 의미하지 않는다.

B. 성의식 설문 SB점수(S2, S4, S5, S8, S10) 요인분석

소비성향에 대한 요인분석과 같은 방법으로 SPSS에서 결과를 얻을 수 있다.

1. 분석 > 차원 감소 > 요인분석을 클릭한다.
2. 변수에 S2, S4, S5, S8, S10을 입력하고 요인추출과 요인회전을 클릭한다.

S P S S 결과

요인분석

설명된 총분산

	성분	추출 제곱합 적재값		
		합계	% 분산	% 누적
원래 값	1	1.575	31.208	31.208
	2	1.118	22.158	53.366
조정된 값	1	1.507	30.137	30.137
	2	1.042	20.844	50.981

추출 방법: 주성분 분석.

성분행렬[a]

	원래 값		조정된 값	
	성분		성분	
	1	2	1	2
성의식2	.725	-.651	.654	-.587
성의식4	.654	.068	.675	.070
성의식5	.282	-.338	.316	-.379
성의식8	.434	.635	.422	.617
성의식10	.595	.416	.588	.411

요인추출 방법: 주성분 분석.

a. 추출된 2 성분

(1) 제 2축까지의 누적 기여율이 53.366%임을 알 수 있다.

(2) 성분행렬 표에서는 제 1요인의 적재값 5개, 성의식 변수 S2, S4, S5, S8, S10에서 모두 양수가 나타남을 확인할 수 있다.

이와 같은 결과는 성의식의 구성에 있어서 5개 변수모두가 한 방향[보수]에 놓여 있음을 말한다.

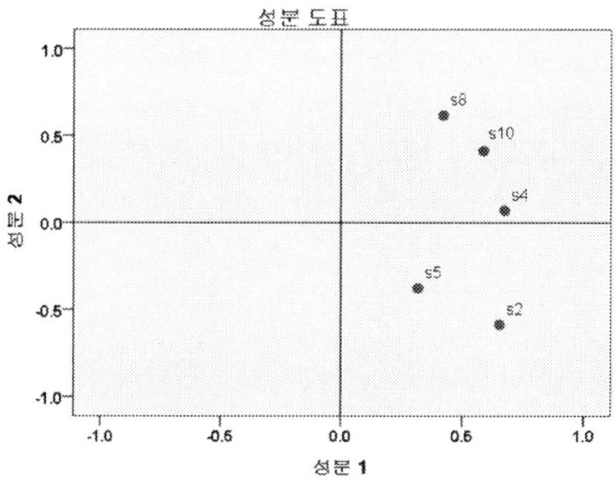

(1) 성분 도표에서 확연히 구분되는 것을 볼 수 있다. 이것은 앞 절의 분산분석에서 성의식의 지수 SB점수를 정의할 때 이것을 고려한 것이다.

(2) 요인점수의 모형화 정리를 할 수 있다.

SB점수 = S2 + S4 + S5 + S8 + S10

CD점수 = C1 + C2 + C3 + C4 + C9 + C10

*. CC점수와 SA점수의 요인분석은 각자 정리할 것.

Ⅸ-Ⅱ. 수정된 자료 신뢰도분석 (CD점수, SB점수)

신뢰도(reliability)는 그 변수가 동일 응답자로부터 재 측정되었을 때 원 측정과 얼마나 상관되어 있는 정도를 말한다. 위와 같이 문항 반응의 합으로 지수를 정의하는 경우 지수의 신뢰도를 평가하는 한 방법으로 크론바하의 알파(α)를 보는 것이다.

A. 소비성향 [CD점수]에 대한 신뢰도 계산.

1. 분석 > 척도 > 신뢰도분석을 클릭한다.
2. 분석상자에서 문항에 C1, C2, C3, C4, C9, C10을 입력한다.
3. 통계량을 선택하여 문항제거시 척도를 클릭한다.

S P S S 결과

신뢰도분석

신뢰도 통계량

Cronbach의 알파	항목 수
.647	6

항목 총계 통계량

	항목이 삭제된 경우 척도 평균	항목이 삭제된 경우 척도 분산	수정된 항목-전체 상관관계	항목이 삭제된 경우 Cronbach 알파
소비성향1	15.29	8.647	.351	.613
소비성향2	15.11	9.301	.157	.687
소비성향3	14.49	8.178	.332	.624
소비성향4	15.50	8.301	.485	.569
소비성향9	14.77	8.176	.477	.569
소비성향10	15.27	7.670	.520	.547

(1) 알파 값이 0.647로 나타서 지수 CD점수는 신뢰도의 기준을 만족하지 못한다.
  ① 원자료의 알파 값이 0.6022에서 수정된 자료에서 알파 값이 0.647로 향상되었다.
  ② 알파는 0부터 1까지 값을 취한다.
  대략 0.8 이상이면 해당지수가 신뢰적인 것으로 본다.

(2) 앞의 신뢰도 분석에서 설문 C1, C2, C3, C4, C9, C10은 소비성향을 측정하도록 의도 되었지만 그다지 신뢰적이지 않음을 보았다. 연구자가 의도하지 않은 제 2의 변수가 개입되었을 것인가를 알아보기 위하여 C1, C2, C3, C4, C9, C10에대한 요인분석(factor analysis)을 하자.

B. 성의식 [SB점수]에 대한 신뢰도 계산.

1. 분석 > 척도화 분석 > 신뢰도분석을 클릭하여 각자 정리한다.

*. 다변량 자료분석 기법들 중에서 요인분석은 개념구성, 평가에 있어서도 유용한 방법이다.
*. CC점수와 SA점수의 신뢰도는 각자 정리할 것.

Ⅸ-Ⅲ. 수정된 자료 분석
상관분석, 독립표본 T-검정, 회귀분석, 공분산분석(CD점수, SB점수)

소비성향과 성의식에 대하여 통계적인 분석을 추가하자.

1. 성의식과 소비성향은 어떻게 어느 정도 상관되어 있는가?
2. 성의식은 소비성향에 의하여 어떻게 얼마만큼 설명될 수 있는가?
3. 성의식을 소비성향과 종교 등으로 어느 정도 모형화할 수 있는가?

[상관분석]

소비성향지수 CD점수와 성의식지수 SB점수 사이의 상관계수 정리

1. 분석 > 상관분석 > 이변량 상관계수를 클릭한다.
2. 상관계수상자에 다음과 같이 입력한다.

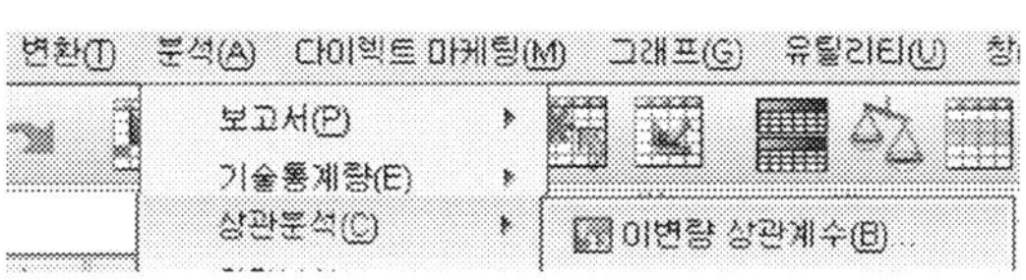

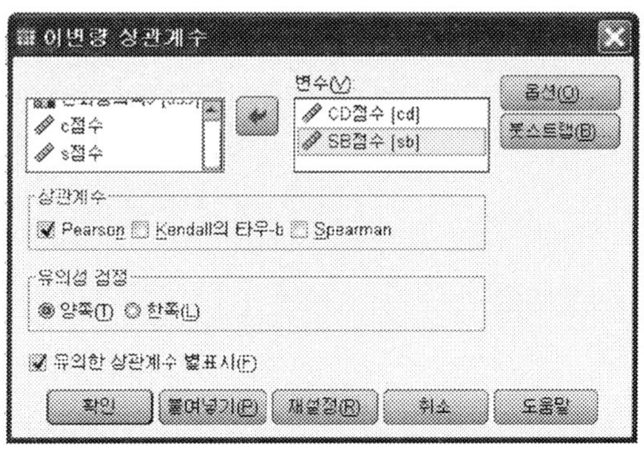

S P S S 결과

상관계수

상관계수

		CD점수	SB점수
CD점수	Pearson 상관계수	1	-.061
	유의확률 (양쪽)		.435
	N	164	164
SB점수	Pearson 상관계수	-.061	1
	유의확률 (양쪽)	.435	
	N	164	164

(1) 소비성향지수 C점수와 성의식지수 S점수 사이의 상관계수는 −0.061로서 방향이 음이고 유의확률 P-값은 0.435로서 통계적으로 유의하지 않다.
즉, 소비성향이 클수록 성의식이 보수적, 전통적인 경향이 있고,
소비성향이 작을수록 성의식이 진보적, 개방적인 경향이 있다.

[독립표본 T-검정]

수정된 다중회귀모형에서 다중회귀모형이 가장 유의한 것을 분석한다.
성의식(SB)은 [S2, S4, S5, S8, S10], 소비성향(CD)은 [C1, C2, C3, C4, C9 , C10], 질적변수인 학년[p1]을 분석한다.
성의식 지수(SB)를 "SB점수"로 소비성향 지수를 "CD점수" 두자.

SB점수 = S2 + S4 + S5 + S8 + S10
CD점수 = C1 + C2 + C3 + C4 + C9 + C10

"성의식"에 관한 종합척도 SB점수를 5개의 항목으로 두고, "소비성향"에 관한 종합척도 CD점수를 6개의 항목 합으로 두는 이유는 요인분석에서 정리되었다.

성의식에서
어떤 항목은 "그렇다"가 진보적, 개방적인 견해(S2, S4, S5, S8, S10),
어떤 항목은 "그렇다"가 보수적, 전통적인 견해(S1, S3, S6, S7, S9)이다.

소비성향에서

각각의 항목이 대체적으로 “그렇다”는 높은 소비성을 “그렇지 않다”는 낮은 소비성을 측정하고 있다.

대학별로 소비성향 CD점수와 성의식 SB점수에 있어서 차이가 있는 가를 검정한다. 즉, 각 변수에 대하여 대학간 차이를 t - 검정을 한다는 것이다. SPSS에서 다수의 독립평균들을 비교하기 위하여 분석하면 다음과 같다.

1. 분석 > 평균비교 > 독립표본 T검정을 클릭한다.

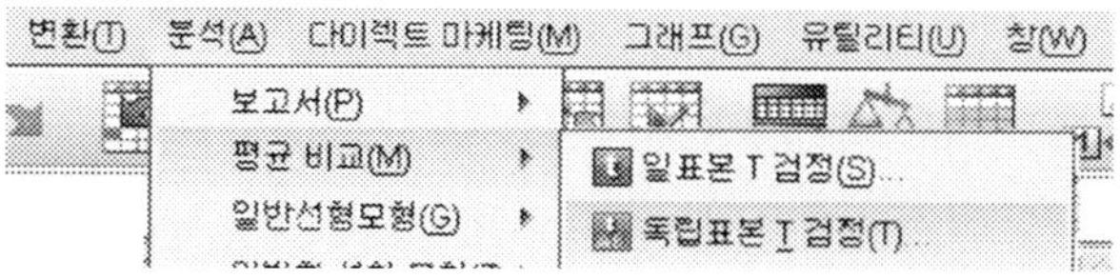

2. T검정상자에서 검정변수에는 CD점수와 SB점수. 집단변수에는 대학(1, 2)를 입력

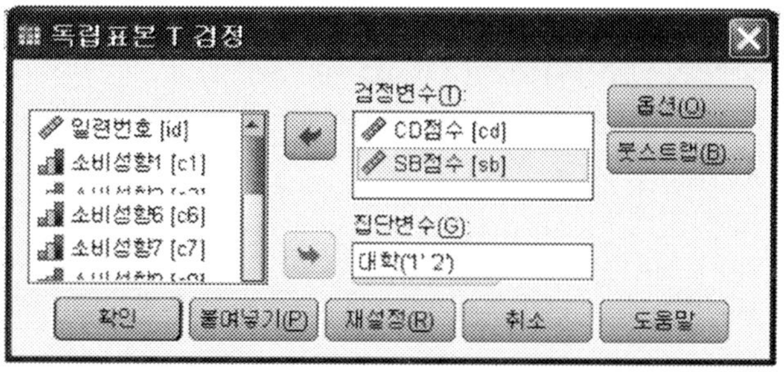

SPSS결과

집단통계량

	대학	n	평균	표준편차	평균의 표준오차
CD점수	자연과학대학	82	18.63	3.423	.378
	경상대학	82	17.54	3.217	.355
SB점수	자연과학대학	82	17.23	2.559	.283
	경상대학	82	17.63	2.912	.322

독립표본 검정

		Levene의 등분산 검정		평균의 동일성에 대한 t-검정						
									차이의 95% 신뢰구간	
		F	유의확률	t	자유도	유의확률 (양쪽)	평균차	차이의 표준오차	하한	상한
CD점수	등분산이 가정됨	.052	.819	2.116	162	.036	1.098	.519	.073	2.122
	등분산이 가정되지 않음			2.116	161.382	.036	1.098	.519	.073	2.122
SB점수	등분산이 가정됨	2.124	.147	-.940	162	.349	-.402	.428	-1.248	.443
	등분산이 가정되지 않음			-.940	159.370	.349	-.402	.428	-1.248	.443

(1) 독립표본 검정에서 두 대학간 차이를 비교하면

소비성향에 대하여 대학별로 차이는 유의하나 (P-값 = 0.036),

성의식에 대하여는 대학별 차이가 유의하지 않다 (P-값 = 0.349)

(2) 자연과학대학 여학생들이 경상대학 여학생들에 비해 평균적으로 더 소비 지향적인 경향이 있다(평균 18.63 대 17.54), 이것은 통계적으로 유의한 차이이다.

(등분산성 가정(0.819)에서 양쪽 유의확률 0.036 → 한쪽 유의확률 0.018)

(3) 성의식에 있어서 자연과학대학 여학생들이 경상대학 여학생들에 비해 평균적으로 덜 개방적, 진보적인 경향이 보이나(평균 17.23 대 17.63),

이것은 통계적으로 유의한 차이가 아니다.

(등분산성 가정(0.147)하에서 양쪽 유의확률 0.349)

통계적 분석은 단순히 외견적일 수 있기 때문에 두 대학간 존재하는 인적 요소가 내적인 것인지 아닌지를 알기 위해 분산분석을 한다.

[회귀분석]

성의식지수 SB점수에 대한 선형회귀직선을 유도하자.

소비성향지수 CD점수를 설명변수로 하여 정리하면 다음과 같다.

1. 분석 > 회귀분석 > 선형을 클릭한다.
2. 종속변수에 SB점수를 독립변수에 CD점수를 지정하여 수행한다.

S P S S 결과

선형회귀분석

모형 요약

모형	R	R 제곱	수정된 R 제곱	추정값의 표준오차
1	.061[a]	.004	-.002	2.744

a. 예측값: (상수), CD점수

분산분석[b]

모형		제곱합	자유도	평균 제곱	F	유의확률
1	회귀 모형	4.614	1	4.614	.613	.435[a]
	잔차	1219.648	162	7.529		
	합계	1224.262	163			

a. 예측값: (상수), CD점수

b. 종속변수: SB점수

계수[a]

모형		비표준화 계수		표준화 계수		
		B	표준오차	베타	t	유의확률
1	(상수)	18.339	1.178		15.575	.000
	CD점수	-.050	.064	-.061	-.783	.435

a. 종속변수: SB점수

(1) 적합된 회귀모형

$$\text{SB점수} = 18.339 - 0.0501\ \text{CD점수} + \text{오차}$$

여기서 선형 회귀계수에 대한 유의확률 P-값은 0.435로서 유의하지 않다.
그리고 결정계수(R-Square)가 0.004로서 극히 미미함을 볼 수 있다.
따라서 회귀분석의 모형은 적합하다고 할 수 없다.
그러므로 종속변수 성의식 SB 와 설명변수 CD, 더미변수 d1 d2 d3의 다중 회귀모형으로 정리한다. (중 회귀분석에서 확인가능,)

$$\hat{y} = 17.484 - 0.053\,x_1 + 1.596(\,d1) + 1.397(d2) + 0.410(d3)$$

[공분산분석]

SB점수를 CD점수와 P1의 함수로 모형화 하도록 하자.
즉, 통계적 모형을 생각한다.

SB점수 = f (CD점수 , P1) + 오차

여기서 CD점수가 연속형, P1은 범주형(명목)이므로 이 통계모형은 공분산분석으로 할 수 있다. (analysis of covariance)

1. 분석 > 일반 선형모형 > 일변량을 클릭한다.
2. 일변량 상자에서 SB점수는 종속변수, 학년은 모수요인, CD점수는 공변량에 입력.
3 모형 상자에서 사용자 정의, 주효과 모형에 P1 와 CD점수를 입력한다.
4. 옵션 상자에서 모수 추정값을 클릭한다.

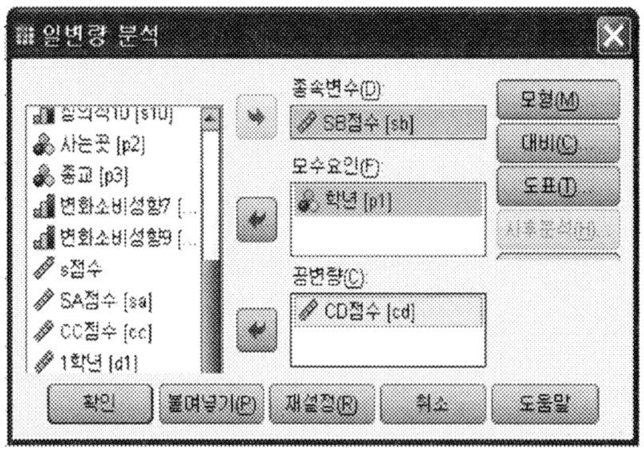

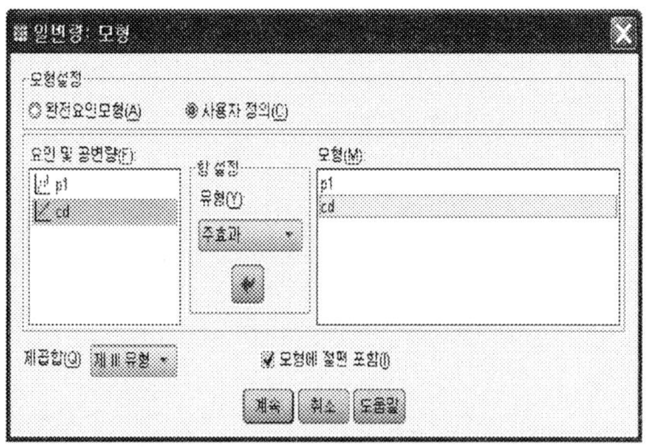

S P S S 결과

일변량 분산분석

개체-간 요인

		변수값 설명	N
학년	1	1학년	46
	2	2학년	43
	3	3학년	39
	4	4학년	36

개체-간 효과 검정

종속 변수:sb_점수

소스	제 III 유형 제곱합	자유도	평균 제곱	F	유의확률
수정 모형	76.042[a]	4	19.010	2.632	.036
절편	1792.521	1	1792.521	248.220	.000
p1	71.428	3	23.809	3.297	.022
cd	5.104	1	5.104	.707	.402
오차	1148.220	159	7.222		
합계	51065.000	164			
수정 합계	1224.262	163			

a. R 제곱 = .062 (수정된 R 제곱 = .039)

모수 추정값

종속 변수:sb_점수

모수	B	표준오차	t	유의확률	95% 신뢰구간 하한값	95% 신뢰구간 상한값
절편	17.484	1.192	14.671	.000	15.130	19.838
[p1=1]	1.596	.599	2.667	.008	.414	2.778
[p1=2]	1.397	.609	2.292	.023	.193	2.601
[p1=3]	.410	.626	.654	.514	-.827	1.647
[p1=4]	0[a]	.	.	.	.	.
cd	-.053	.063	-.841	.402	-.178	.072

a. 이 모수는 중복되었으므로 0으로 설정됩니다.

(1) 모수 추정값 표에서 모형의 적합식은 다음과 같다.

SB점수 = 17.484 + 1.596 (P1 = 1학년)
+ 1.397 (P1 = 2학년)
+ 0.410 (P1 = 3학년)
+ 0.000 (P1 = 4학년)
− 0.0532 CD점수
+ 오차

여기서 (P1 = j학년)는 지시함수이다.

$$\text{즉,}\quad (P1 = j\text{ 학년}) = \begin{cases} 1 & P1 = j \text{ 인 경우} \\ 0 & \text{그밖의 경우} \end{cases}$$

그리고 공분산분석 모형의 결정계수 R^2 = 0.062 로서 그다지 높다고 할 수 없다.

[분석 결과정리]

(1) 성의식과 소비성향을 요인분석하여 학년과의 통계적 모형을 설정하여 새로운 통계모형을 찾았지만 흡족한 결과를 얻지 못하였다. 그러나 현 분석이 최선의 통계적 모형이 될 수 있다.

중 회귀분석과 공분산분석을 한 결과 다음과 같다.

$$\hat{y} = 17.484 - 0.0532\, x_1 + 1.596(\,d1\,) + 1.397(d2\,) + 0.410(\,d3\,)$$

SB점수 = 17.484 + 1.596 (P1 = 1학년)
+ 1.397 (P1 = 2학년)
+ 0.410 (P1 = 3학년)
+ 0.000 (P1 = 4학년)
- 0.0532 CD점수
+ 오차

(2) 개인의 성의식이 워낙 복잡한 과정을 거쳐서 형성되므로 몇 개의 변수로 이만큼을 설명할 수 있어서 다행이다.

(3) 추후의 연구에서 좀 더 설명력 높은 성의식에 대하여 모형화할 때, 어떤 변수가 추가적으로 필요한가를 생각하여 보자.
예, 부모의 교육 수준, 사회경제적 수준(직업, 월소득 등)에 관한 정보가 필요할 것인지?

(4) 설문지의 구성과 설문지를 답하는 면접자들의 응답 등의 요건이 신중하면 보다 정확한 통계모형을 정리 할 것이라 추론된다.

Ⅸ-Ⅳ. 생성된 자료 SB점수 회귀분석

1. SB 점수 = S2 + S4 + S5 + S8 + S10

[1]. **♥ 다음은 개인의 성(性) 의식을 묻는 질문입니다. ♥**

	결코 아니다	그렇지 않다	보통 이다	그렇다	매우 그렇다
12. 나는 낙태제도를 찬성한다.	1	2	3	4	5
14. 자녀가 있더라도 사랑하지 않으면 이혼 할 수 있다.	1	2	3	4	5
15. 동성동본이라 할지라도 사랑한다면 서로 결혼해야 한다.	1	2	3	4	5
18. 연애와 결혼은 별개의 것이다.	1	2	3	4	5
20. 순결은 육체에 있는 것이 아니라 마음에 있다.	1	2	3	4	5

상관계수

		성의식2	성의식4	성의식5	성의식8	성의식10
성의식2	Pearson 상관계수	1	.167*	.129	.090	.080
	유의확률 (양쪽)		.033	.100	.253	.306
	N	164	164	164	164	164
성의식4	Pearson 상관계수	.167*	1	.248**	.132	.288**
	유의확률 (양쪽)	.033		.001	.091	.000
	N	164	164	164	164	164
성의식5	Pearson 상관계수	.129	.248**	1	-.103	.052
	유의확률 (양쪽)	.100	.001		.191	.509
	N	164	164	164	164	164
성의식8	Pearson 상관계수	.090	.132	-.103	1	.144
	유의확률 (양쪽)	.253	.091	.191		.066
	N	164	164	164	164	164
성의식10	Pearson 상관계수	.080	.288**	.052	.144	1
	유의확률 (양쪽)	.306	.000	.509	.066	
	N	164	164	164	164	164

*. 상관계수는 0.05 수준(양쪽)에서 유의합니다.

**. 상관계수는 0.01 수준(양쪽)에서 유의합니다.

(1) 상관계수가 가장 큰 값은 0.288이다. (성의식(4) 와 성의식(10))
그러므로 종속변수 S4, 독립변수 S2, S5, S8, S10 로 두고 다중 회귀분석을 할 수 있다. (종속변수가 지정된 경우는 임의로 정할 수 없다.)

선형회귀분석

기술통계량

	N	평균	표준편차
성의식2	164	3.24	1.108
성의식4	164	3.72	.969
성의식5	164	3.80	.892
성의식8	164	3.21	1.030
성의식10	164	3.46	1.011
유효수 (목록별)	164		

(1) 기술통계학을 보여주고 있다. 각 변수에 대한 평균과 표준편차 관찰치가 나타나 있다. 성의식(4)의 평균은 3.72이고 나머지 4개의 평균 중에서 성의식(5)가 3.80으로 제일 높게 나타났고 성의식(8)이 3.21로서 제일 낮게 나타났다. 관찰치는 164이다.

모형 요약[b]

모형	R	R 제곱	수정된 R 제곱	추정값의 표준오차	Durbin-Watson
1	.404[a]	.163	.142	.898	2.014

a. 예측값: (상수), 성의식10, 성의식5, 성의식2, 성의식8

b. 종속변수: 성의식4

(1) 결정계수 R^2 = 0.163 와 더빈-왓슨 통계량 2.014 를 제시하고 있다.

(2) R-제곱 0.163은 전체분산 중에서 약 16.3%를 설명한다는 의미이다.

$$R^2 = \frac{SSR}{SST} = 24.927 \ / \ 153.098 = 0.16282$$

(3) 더빈-왓슨 통계량은 자기상관에 대한 검정을 하기위한 검정통계량으로 더빈-왓슨값이 2에 가까우면 자기상관 현상이 무시될만하다.

여기에서는 2.014로 자기 상관이 없다. 고 할 수 있다.

인접하는 오차항들 ϵ_i와 ϵ_{i-1}간에 자기상관이 존재하는지를 알아보는 검정법으로 검정통계량 d는 다음과 같다.

$$d = \frac{\sum_{i=2}^{n} (e_i - e_{i-1})^2}{\sum_{i=1}^{n} e_i^2} \qquad e_i : i \text{ 번째 잔차}$$

d 통계량은 0에서 4까지의 값을 가진다.

① 자기 상관이 없으면 d의 값은 2에 가까운 값을 가진다.

② d의 값이 2 이하이면 양의 자기상관 관계를 갖고 있다.

③ d의 값이 2를 넘으면 음의 자기상관 관계를 갖고 있음을 의미한다.

분산분석[b]

모형		제곱합	자유도	평균 제곱	F	유의확률
1	회귀 모형	24.927	4	6.232	7.731	.000[a]
	잔차	128.171	159	.806		
	합계	153.098	163			

a. 예측값: (상수), 성의식10, 성의식5, 성의식2, 성의식8

b. 종속변수: 성의식4

(1) 분산분석를 제시하고 있다. 검정통계량 F는 7.731로서 유의 확률이 0.000으로 매우 유의하다고 할 수 있다.

계수[a]

모형		비표준화 계수		표준화 계수	t	유의확률
		B	표준오차	베타		
1	(상수)	1.287	.460		2.801	.006
	성의식2	.093	.064	.107	1.447	.150
	성의식5	.253	.080	.233	3.157	.002
	성의식8	.104	.070	.110	1.490	.138
	성의식10	.241	.071	.252	3.417	.001

a. 종속변수: 성의식4

(1) 회귀계수를 이용하여 회귀방정식을 유도하면 다음과 같다.

$$\text{성의식}(4) = \underset{(0.460)}{1.287} + \underset{(0.064)}{0.093}\ \text{성의식}(2) + \underset{(0.080)}{0.253}\ \text{성의식}(5)$$

$$+ \underset{(0.070)}{0.104}\ \text{성의식}(8) + \underset{(0.071)}{0.241}\ \text{성의식}(10)$$

괄호안의 숫자는 추정치의 표준오차이다.

(2) 통계적으로 유의한 것으로 나타난 변수는 성의식(5) 와 성의식(10)으로 유의확률이 각각 0.002 와 0.001로서 유의수준 5%에서 통계적으로 유의하다고 할 수 있다. 따라서 성의식(4)에 영향을 주는 변수는 성의식(5)와 성의식(10)으로 나타났다.

계수[a]

모형		비표준화 계수		표준화 계수	t	유의확률
		B	표준오차	베타		
1	(상수)	1.837	.385		4.775	.000
	성의식5	.254	.080	.234	3.195	.002
	성의식10	.265	.070	.276	3.767	.000

a. 종속변수: 성의식4

(1) 최종적으로 중 회귀모형은 다음과 같다.

$$\text{성의식}(4) = \underset{(0.385)}{1.837} + \underset{(0.080)}{0.254}\ \text{성의식}(5) + \underset{(0.070)}{0.265}\ \text{성의식}(10)$$

(2) 성의식(5) 와 성의식(10)으로 유의확률이 각각 0.002 와 0.000로서 유의수준 5%에서 통계적으로 유의하다고 할 수 있다. 그러므로 성의식(4)에 대한 중 회귀모형은 성의식(5)와 성의식(10)으로 된다.

2. CD 점수 = C1 + C2 + C3 + C4 + C9 + C10
(소비성향의 분석도 같은 방법으로 정리할 수 있다.)

[2]. ♥ 먼저 개인의 소비성향에 관한 질문들입니다. ♥

	결코 아니다	그렇지 않다	보통이다	그렇다	매우 그렇다
1. 호사스러운 장신구나 액세서리들을 많이 갖고 싶다.	1	2	3	4	5
2. 신문을 읽는 것 보다 TV 보는 것을 좋아한다.	1	2	3	4	5
3. 결혼식은 결혼하는데 꼭 필요한 절차라고 생각한다.	1	2	3	4	5
4. 새로운 패션이나 유행을 빨리 받아 들이는 편이다.	1	2	3	4	5
9. 옷에 맞춰 액세서리나 구두를 바꿔 착용한다.	1	2	3	4	5

10. 생활하는데 다소 불편하더라도 옷의 모양이 좋으면 입는다.

1	2	3	4	5
:..........	:..........	:..........	:..........	:.......... :

<이하 각자 분석 정리.>

Ⅸ-Ⅴ. 수정된 자료 다중회귀모형 (SA점수, SB점수, CC점수, CD점수, 더미변수)

*. 새로운 변수를 중심으로 수정된 중 회귀모형을 구한다.

1. SA = f (CC, 더미변수)의 다중 회귀모형 결과

모형 요약

모형	R	R 제곱	수정된 R 제곱	추정값의 표준오차
1	.132[a]	.017	-.007	3.237

a. 예측값: (상수), 3학년, CC점수, 2학년, 1학년

분산분석[b]

모형		제곱합	자유도	평균 제곱	F	유의확률
1	회귀 모형	29.391	4	7.348	.701	.592[a]
	잔차	1666.390	159	10.480		
	합계	1695.780	163			

a. 예측값: (상수), 3학년, CC점수, 2학년, 1학년

b. 종속변수: SA점수

계수[a]

모형		비표준화 계수		표준화 계수		
		B	표준오차	베타	t	유의확률
1	(상수)	14.028	1.592		8.813	.000
	CC점수	.042	.113	.029	.371	.711
	1학년	-.056	.722	-.008	-.077	.938
	2학년	.899	.732	.123	1.229	.221
	3학년	.619	.752	.082	.823	.412

a. 종속변수: SA점수

(1) 분산분석 결과 유의확률 0.592는 유의수준 0.05 보다 크므로 다중 회귀모형은 유의 하지 않다고 할 수 있다.

2. SA = f (CD, 더미변수)의 다중 회귀모형 결과

모형 요약

모형	R	R 제곱	수정된 R 제곱	추정값의 표준오차
1	.236[a]	.056	.032	3.173

a. 예측값: (상수), 3학년, CD점수, 2학년, 1학년

분산분석[b]

모형		제곱합	자유도	평균 제곱	F	유의확률
1	회귀 모형	94.647	4	23.662	2.350	.057[a]
	잔차	1601.134	159	10.070		
	합계	1695.780	163			

a. 예측값: (상수), 3학년, CD점수, 2학년, 1학년

b. 종속변수: SA점수

계수[a]

모형		비표준화 계수		표준화 계수		
		B	표준오차	베타	t	유의확률
1	(상수)	11.227	1.407		7.978	.000
	CD점수	.192	.075	.200	2.574	.011
	1학년	-.117	.707	-.016	-.166	.868
	2학년	.740	.720	.101	1.028	.305
	3학년	.402	.740	.053	.544	.587

a. 종속변수: SA점수

(2) 분산분석 결과 유의확률 0.057은 유의수준 0.05 보다 크므로 다중 회귀모형은 유의 하지 않다고 할 수 있다.

3. SB = f (CC, 더미변수)의 다중 회귀모형

모형 요약

모형	R	R 제곱	수정된 R 제곱	추정값의 표준오차
1	.242[a]	.059	.035	2.692

a. 예측값: (상수), 3학년, CC점수, 2학년, 1학년

분산분석[b]

모형		제곱합	자유도	평균 제곱	F	유의확률
1	회귀 모형	71.928	4	17.982	2.481	.046[a]
	잔차	1152.335	159	7.247		
	합계	1224.262	163			

a. 예측값: (상수), 3학년, CC점수, 2학년, 1학년

b. 종속변수: SB점수

계수[a]

모형		비표준화 계수		표준화 계수		
		B	표준오차	베타	t	유의확률
1	(상수)	16.095	1.324		12.160	.000
	CC점수	.035	.094	.029	.369	.712
	1학년	1.562	.600	.257	2.602	.010
	2학년	1.346	.608	.217	2.213	.028
	3학년	.319	.625	.050	.509	.611

a. 종속변수: SB점수

(3) 회귀분석 결과 유의확률 0.046은 유의수준 0.05 보다 작으므로 중 회귀모형은 유의 하다고 할 수 있다. 따라서 중 회귀모형은 다음과 같다.

$$\hat{y} = 16.095 + 0.035\,x_1 + 1.562(d1) + 1.346(d2) + 0.319(d3)$$

4. SB = f (CD, 더미변수)의 다중 회귀모형

모형 요약

모형	R	R 제곱	수정된 R 제곱	추정값의 표준오차
1	.249[a]	.062	.039	2.687

a. 예측값: (상수), 3학년, CD점수, 2학년, 1학년

분산분석[b]

모형		제곱합	자유도	평균 제곱	F	유의확률
1	회귀 모형	76.042	4	19.010	2.632	.036[a]
	잔차	1148.220	159	7.222		
	합계	1224.262	163			

a. 예측값: (상수), 3학년, CD점수, 2학년, 1학년

b. 종속변수: SB점수

계수[a]

모형		비표준화 계수		표준화 계수		
		B	표준오차	베타	t	유의확률
1	(상수)	17.484	1.192		14.671	.000
	CD점수	-.053	.063	-.065	-.841	.402
	1학년	1.596	.599	.262	2.667	.008
	2학년	1.397	.609	.225	2.292	.023
	3학년	.410	.626	.064	.654	.514

a. 종속변수: SB점수

(4) 분산분석 결과 유의확률 0.036은 유의수준 0.05 보다 작으므로 중 회귀모형은 유의 하다고 할 수 있다.

따라서 중 회귀모형은 다음과 같다.

$$\hat{y} = 17.484 - 0.053\,x_1 + 1.596(\,d1) + 1.397(d2) + 0.410(d3)$$

(5) 결론 : 4종류의 다중 회귀모형 중에서 종속변수 성의식 SB와 설명변수 CD, 더미변수, d1, d2, d3 와의 다중 회귀모형이 가장 유의 한 것으로 나타났다.

이때 중 회귀모형은 다음과 같다.

$$\hat{y} = 17.484 - 0.053\,x_1 + 1.596(\,d1) + 1.397(d2) + 0.410(d3)$$

Ⅸ-Ⅵ. 수정된 자료 다변량 분산분석 (CD점수, SB점수)

소비성향 [CD점수]와 성의식 [SB점수]를 종속변수로 하고 대학, 학년[p1], 거주형태[p2], 종교[p3]를 설명변수로 하는 선형모형을 생각하자. 여기서 4개의 설명변수는 모두 범주형이다. 설명변수의 범주 각각을 모형 추정치로 수치화 한다는 점에서는 연속형인 경우와 같이 수량화 방법Ⅰ로도 볼 수 있다.

종속변수 소비성향지수 CD점수와 SB점수에 대하여 다변량 분산분석을 실시하면 다음과 같다.

1. 분석 > 일변량 선형모형 > 다변량을 클릭한다.
2. 다변량 상자에 종속변수에는 CD점수, SB점수를
 모수요인에는 대학, 학년, 사는곳, 종교를 입력한다.

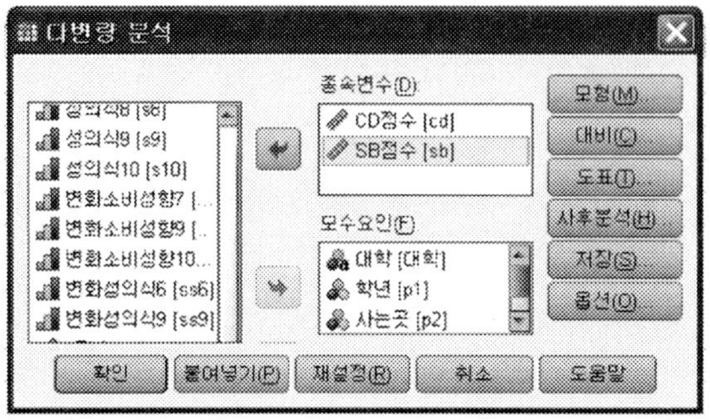

3. 모형상자에서 사용자정의를 선택한 다음 대학, P1, P2, P3를 이동한다.
4. 옵션을 선택하여 모수 추정값을 클릭한다.

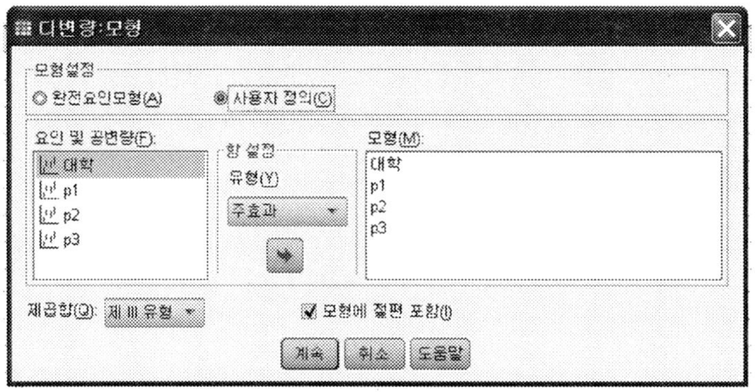

S P S S 결과

일반선형모형

다변량 검정c

효과		값	F	가설 자유도	오차 자유도	유의확률
절편	Wilks의 람다	.065	1081.582[a]	2.000	151.000	.000
대학	Wilks의 람다	.968	2.474[a]	2.000	151.000	.088
p1	Wilks의 람다	.919	2.161[a]	6.000	302.000	.047
p2	Wilks의 람다	.987	.329[a]	6.000	302.000	.922
p3	Wilks의 람다	.934	1.321[a]	8.000	302.000	.232

a. 정확한 통계량

(1) Wilks의 람다의 유의확률을 보면 학년에만 유의한 차이가 있다.

개체-간 효과 검정

소스	종속 변수	제 III 유형 제곱합	자유도	평균 제곱	F	유의확률
수정 모형	CD점수	115.903[a]	11	10.537	.931	.513
	SB점수	150.130[b]	11	13.648	1.931	.039
절편	CD점수	8622.519	1	8622.519	761.591	.000
	SB점수	9456.897	1	9456.897	1338.242	.000
대학	CD점수	49.213	1	49.213	4.347	.039
	SB점수	5.379	1	5.379	.761	.384
p1	CD점수	32.555	3	10.852	.958	.414
	SB점수	72.174	3	24.058	3.404	.019
p2	CD점수	6.079	3	2.026	.179	.911
	SB점수	9.840	3	3.280	.464	.708
p3	CD점수	25.674	4	6.418	.567	.687
	SB점수	62.006	4	15.501	2.194	.072
오차	CD점수	1720.902	152	11.322		
	SB점수	1074.132	152	7.067		
합계	CD점수	55478.000	164			
	SB점수	51065.000	164			
수정 합계	CD점수	1836.805	163			
	SB점수	1224.262	163			

a. R 제곱 = .063 (수정된 R 제곱 = -.005)

b. R 제곱 = .123 (수정된 R 제곱 = .059)

(2) CD점수 분산분석

4개의 요인(대학, 학년, 사는곳, 종교)중에서 대학만이 통계적으로 유의하였다.

(분산비 F = 4.347, p = 0.039)

그러나 여기에서는 통계적 유의성 검정보다는 수량화의 관점에서 모수 추정값을 중점적으로 분석하겠다.

(3) SB점수 분산분석

4개의 요인(대학, 학년, 사는곳, 종교)중에서 대학은 유의하지 않고 (유의확률 P= 0.384), 사는 곳(P2)과 종교(P3)도 유의하지 않음을 알 수 있다.

그러나 유일하게 학년(P1)만 유의 하다는 것을 알 수 있다. (유의확률 P=0.019)

요인들의 통계적 유의성을 살펴보는 것보다는 각 요인 범주들의 모형 추정값을 수량화 관점에서 살펴보기로 하자.

[성의식 지수가 개방성, 진보성의 방향으로 커지게 정의되었음]

모수 추정값

종속 변수	모수	B	표준오차	t	유의확률	95% 신뢰구간 하한값	95% 신뢰구간 상한값
CD점수	절편	16.730	1.181	14.166	.000	14.396	19.063
	[대학=1]	1.128	.541	2.085	.039	.059	2.197
	[대학=2]	0[a]	.	.	.	.	.
	[p1=1]	.258	.853	.303	.763	-1.427	1.943
	[p1=2]	.879	.813	1.082	.281	-.726	2.484
	[p1=3]	1.161	.811	1.432	.154	-.441	2.763
	[p1=4]	0[a]	.	.	.	.	.
	[p2=1]	.196	.927	.212	.832	-1.635	2.027
	[p2=2]	-.092	1.533	-.060	.952	-3.121	2.936
	[p2=3]	.750	1.248	.601	.549	-1.715	3.215
	[p2=4]	0[a]	.	.	.	.	.
	[p3=1]	-.083	.639	-.129	.897	-1.346	1.181
	[p3=2]	.066	.765	.087	.931	-1.445	1.578
	[p3=3]	.616	1.077	.572	.568	-1.511	2.744
	[p3=4]	-3.331	2.470	-1.349	.179	-8.212	1.549
	[p3=5]	0[a]	.	.	.	.	.
SB점수	절편	16.364	.933	17.539	.000	14.521	18.208
	[대학=1]	-.373	.427	-.872	.384	-1.217	.472
	[대학=2]	0[a]	.	.	.	.	.
	[p1=1]	1.900	.674	2.821	.005	.569	3.232
	[p1=2]	1.571	.642	2.447	.016	.303	2.839
	[p1=3]	.624	.641	.974	.332	-.642	1.889
	[p1=4]	0[a]	.	.	.	.	.
	[p2=1]	.307	.732	.419	.676	-1.140	1.754
	[p2=2]	.379	1.211	.313	.755	-2.013	2.771
	[p2=3]	1.069	.986	1.084	.280	-.879	3.016
	[p2=4]	0[a]	.	.	.	.	.
	[p3=1]	-.614	.505	-1.215	.226	-1.612	.384
	[p3=2]	-.172	.604	-.285	.776	-1.367	1.022
	[p3=3]	-.477	.851	-.561	.576	-2.158	1.204
	[p3=4]	4.883	1.952	2.502	.013	1.027	8.739
	[p3=5]	0[a]	.	.	.	.	.

a. 이 모수는 중복되었으므로 0으로 설정됩니다.

(4) CD점수 출력에서 각 설명요인의 마지막 범주값은 0으로 사전 설정되어 있다. 그러므로 각 범주에서 모수 추정치(B)는 마지막 범주와의 차이를 나타낸다.

① 소비성향에 있어 대학 = 1 (자연과학대학)에 대한 모수 추정치가 1.128이다. 대학 = 2 (경상대학)의 기준값은 0이다.

따라서 자연과학대학이 경상대학에 비해 "소비성향"의 척도상에서 1.128만큼 높다.

② 1학년은 0.258, 2학년은 0.879, 3학년은 1.161, 4학년은 0.000으로 추정된다.

즉, 4학년의 소비성향이 가장 작고 1학년, 2학년, 3학년, 수준으로 소비성향이 높아진다. 고 말할 수 있다.

③ 사는 곳에 대한 범주별 추정치는 자택 및 친척집이 0.196, 하숙집이 －0.0923, 자취집이 0.750, 기숙사가 0.000으로 나타난다.

즉, 주거형태 중에서 하숙집이 가장 낮은 소비성향을 갖고 기숙사, 자택 및 친척집, 자취집 순으로 있다고 할 수 있다.

④ 종교에 대한 모형 추정치는 불교가 －0.0825, 천주교가 0.06625, 기독교가 0.616, 기타 종교가 －3.331, 종교 없음이 0.000으로 나타났다.

즉, 관측빈도가 2에 불과한 기타종교를 무시하면 불교가 가장 낮은 소비성향 보였고 기독교가 가장 높은 소비성향을 보였다.

(5) SB점수 출력에서 각 설명요인의 마지막 범주값은 0으로 사전 설정되어 있다. 그러므로 각 범주에서 모수 추정치(B)는 마지막 범주와의 차이를 나타낸다.

⑤ 성의식에 있어 대학 = 1 (자연과학대학)에 대한 모수 추정치가 －0.373으로 수량화되고 대학 = 2 (경상대학)의 기준값은 0.000으로 수량화된다.

즉, 경상대학이 상대적으로 진보적, 개방적이라고 할 수 있다.

⑥ 학년[p1]별로 보면, 1학년은 1.900 2학년은 1.571, 3학년은 0.624, 4학년이 0.0으로 수량화되었다. 즉, 학년이 낮을수록 진보적, 개방적이고 학년이 높을수록 보수적, 전통적이라는 것을 의미한다.

⑦ 사는 곳[p2]를 보면 자택 및 친척집이 0.307, 하숙집이 0.379, 자취가 1.068, 기숙사가 0.000으로 자취, 하숙, 자택 및 친척집, 기숙사 순으로 성의식이 정리됨을 알 수 있다.

⑧ 종교[p3]에 대한 수량화 결과를 보면 불교가 －0.614, 천주교가 －0.172, 기독교 －0.477, 기타종교가 4.883, 종교 없음이 0.000 으로 나타난다.

관측빈도가 2에 불과한 기타종교를 무시하면

㉠ 종교를 갖는 경우가 그렇지 않는 경우에 비교하면 상대적으로 보수, 전통적인 성의식을 갖고 있다.

㉡ 종교 중에서 보면 불교가 천주교와 기독교에 비하여 상대적으로 보수적인 성의식을 갖는다는 것을 알 수 있다.

요인분석결과를 이용한 다중 회귀분석

1. 소비성향을 요인분석
2. 성의식을 요인분석
3. 소비성향 요인분석 결과를 배경변수와 회귀분석
4. 성의식 요인분석 결과를 배경변수와 회귀분석
5. 소비성향의 잔차(2)와 학년(p1)과 회귀분석
6. 성의식의 잔차(2)와 학년(p1)과 회귀분석
7. 소비성향의 잔차(2)와 성의식의 잔차(2)와 학년(p1)과 회귀분석
8. 등 등

제 6 장 판별분석

1. 판별분석은 등간척도나 비율척도에 의해서 측정된 독립변수를 이용하여 명목척도로 측정된 종속변수를 분류하는 방법이다.
2. 회귀분석은 독립변수나 종속변수가 모두 등간척도 혹은 비율척도이다.
3. 분산분석은 독립변수가 명목척도이고 종속변수가 등간척도나 비율척도이다.

예, (1). 고졸, 대졸, 대학원졸의 3개 모집단으로 분류하였을 때 월수입, 독서량, 시험점수를 가지고 어떤 개인이 어느 모집단에 속하는지를 알아내는 것.
(2). 야구선수와 축구선수의 신체적 조건을 조사하여 신체적 조건만으로 어떻게 야구선수와 축구선수를 구분할 수 있는가를 분류한다.

판별함수와 분류함수의 차이

1. 판별함수는 독립변수의 선형조합으로(그룹의 수 - 1)과 독립변수의 수 중 작은값만큼 도출할 수 있다.
   목적은 종속변수의 그룹을 정확하게 분류할 수 있는 예측력을 높이는데 있다.
2. 분류함수는 분류만을 목적으로 종속변수를 각 그룹별로 그룹의 수만큼 도출한다.

판별함수의 목적

1. 각 그룹 간에 통계적으로 유의한 차이가 있는지를 보고
   그 차이를 설명할 수 있는 독립변수를 발견한다.
2. 유의한 판별변수를 토대로 어느 그룹으로 분류할 것인가를 예측한다.
3. 각 대상들 간의 소수그룹을 파악해 주는 판별식을 발견한다.
4. 그룹 판별을 위해 어떤 독립변수들이 가장 높은 기여를 하는지를 결정한다.

1. 판별분석의 원리

판별분석은 분류되어 있는 집단 간의 차이를 의미있게 설명해줄 수 있는 독립변수를 찾아내고 이들의 선형결합으로 판별식을 만들어 내어 이 식을 분류하고자 하는 각 대상들의 특성을 대입하여 각 대상들이 속하는 집단을 찾아내는 것이다.

$$F = W_1 X_1 + W_2 X_2 + \cdots + W_k X_k$$

F : 판별점수 W_i : i 번째 독립변수의 가중치

X_i : i 번째의 독립변수 k : 독립변수의 수

집단들간의 차이를 가장 의미있게 설명해 주기 위한 기준으로서 판별분석에서는 $\frac{\text{집단간 분산}}{\text{집단내 분산}}$ 비율을 사용한다.

이들을 극대화 시키는 독립변수들의 선형결합을 판별식이라고 한다.

2. 판별분석의 개념

개념을 이해하기 위해 2개의 집단에 대해 2개의 독립변수를 이용하여 예를 들어 본다.

아래의 그림을 정리하면 다음과 같다.

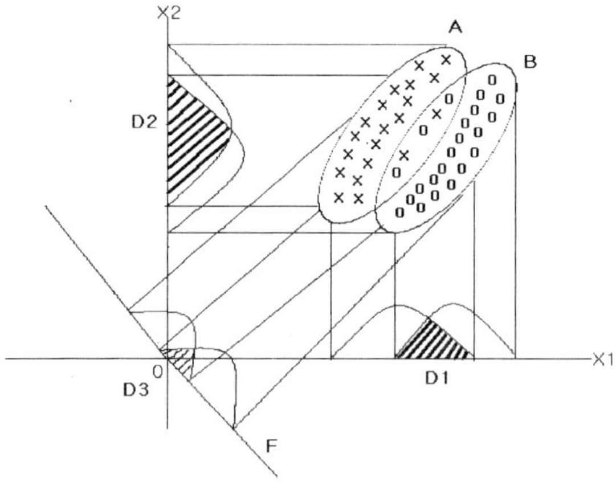

2개의 집단 A , B가 있고 각 대상들은 X_1 , X_2 두 개의 독립변수로 측정하였다.

1. A, B 두 집단을 X_1변수 하나만으로 분류할 경우에는 D1만큼 의 중복이 생긴다.
2. A, B 두 집단을 X_2변수 하나만으로 분류할 경우에는 D2만큼 의 중복이 생긴다.
3. X_1 과 X_2 의 선형결합인 F(판별식)라는 새로운 변수를 이용하여 두 집단을 분류하면 D3 만큼의 중복이 생긴다.

그러므로 원래의 변수들인 X_1 과 X_2 의 선형결합으로 만들어진 판별식 F가 두 집단을 분류하는데 최적의 식이 된다. 그림에서 중복되는 부분을 최소화하여 주는 식이다.

즉, 판별분석은 집단간의 중복을 최소화하여 주는 **판별식을 찾는 과정**이라 할 수 있다.

3. 판별식의 수 결정

판별분석에서 추정되는 판별식의 수는 다음과 같다.

판별식의 수 = Min { (집단의 수 - 1) , (독립변수의 수) }

$\Leftrightarrow$ N = Min { (g - 1) , (i) }

예, 독립변수의 수 = 6

집단의 수 = 3

$\Rightarrow$ 판별식의 수 : N = Min { (g - 1) , (i) }

= Min { (3 - 1) , (6) } = 2

4. 판별식의 유의성 검정

추정된 판별식이 집단간의 차이를 잘 반영하는지(통계적으로 유의한지)에 대한 검정은 Wilk's 람다(λ)값을 보고 판단할 수 있다.

Wilk's 람다(λ) = (집단내 분산) / (집단내 분산 + 집단간 분산)

*. Wilk's 람다(λ)값은 0과 1사이의 값을 갖는다.

*. 집단간 분산이 집단내 분산에 비하여 상대적으로 커질수록(집단간 차이가 클수록) 판별식의 집단간 판별력이 높다고 말할 수 있다.

5. 판별식의 설명력

판별식이 얼마나 실제의 집단을 잘 분류하여 주는지를 보아야 한다. 이것을 분할표를 이용하여 비율을 계산함으로 파악할 수 있다.

비율은 정확히 분류된 표본의 수를 전체 표본의 수로 나눈 값이다.

		예측집단		
		1	2	계
실제집단	1	90	10	100
	2	10	90	100
	계	100	100	

집단 1에 소속된 것으로 정확히 예측된 수는 90이고

집단 2는 실제로 소속된 대상자들 중에서 정확히 예측된 수는 90이다.

그러므로 판별식의 비율은180 / 200 = 0.9 이다.

판별식의 비율은 회귀분석의 R^2의 개념과 유사하다.

문제 6-1 기성복

연구소에서 남자 여자 각각 10명씩 선발하여 초등학생의 키, 허리둘레, 몸무게를 측정하였다. 아래의 자료를 이용하여 초등학생의 남자와 여자를 인식하는 판별식을 구하고 이것을 집단으로 분류할 때 어느 정도의 정확성을 가지는지를 알아보자.

남자			여자		
키	허리둘레	몸무게	키	허리둘레	몸무게
103	67	38	94	64	35
103	67	42	96	64	35
105	70	42	101	59	39
109	70	42	102	59	38
123	64	50	113	60	37
133	64	51	136	60	39
138	71	51	127	64	38
133	71	51	112	64	40
134	72	48	113	65	40
136	72	49	114	65	40

(풀이)

1. 자료를 S P S S에 입력한다.

	성별	키	허리둘레	몸무게
1	1	103	67	38
2	1	103	67	42
11	2	94	64	35
12	2	96	64	35
13	2	101	59	39

2. 분석 > 분류분석 > 판별분석을 클릭한다.

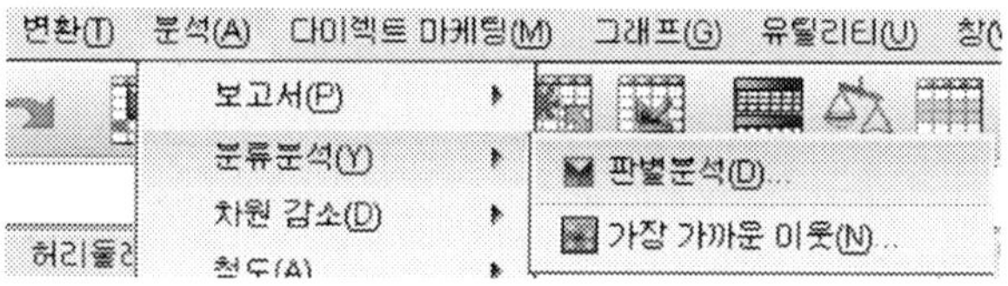

3. 판별분석의 대화상자에서 집단변수에는 성별(1,2)
독립변수에는 키, 허리둘레, 몸무게를 입력한다.
단계선택법 사용을 선택한다.

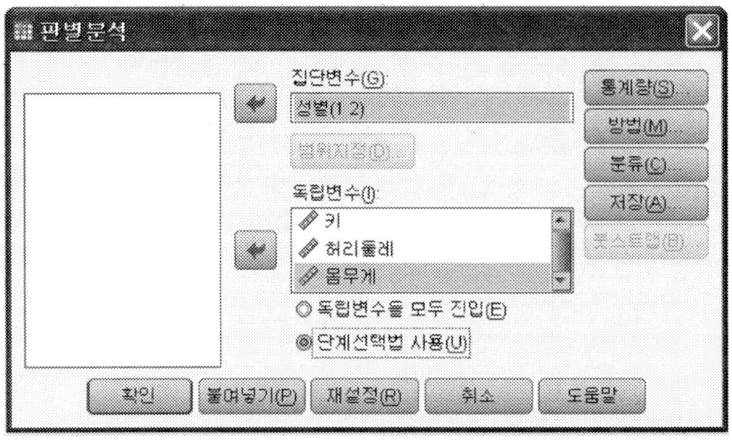

*. 선택 대화상자는 모든 사례를 하지 않고 일부에 대하여 분석하고자하는 경우에 사용한다.

(예), 5점 척도를 이용하여 응답을 한 경우 1번 문랑만 분석하고자하는 경우에 이용한다.

4. 통계량 대화상자는 기술통계, 함수계산, 행렬을 선택하여 사용한다.
5. 방법 대화상자에서 Wilk의 람다, F-값, 단계요약을 선택한다.

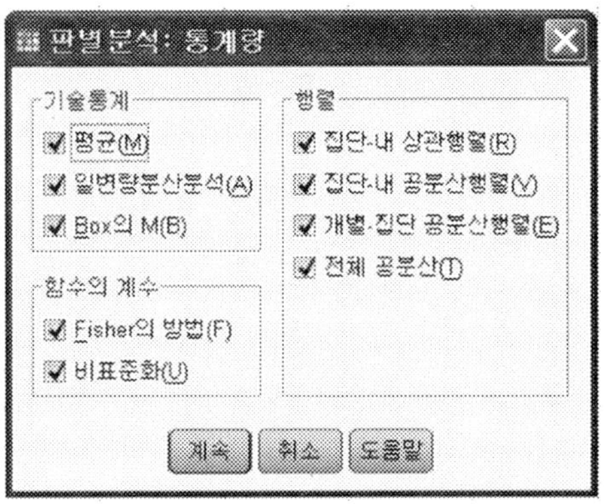

6. 분류 대화상자에서 아래의 사항을 선택한다.
7. 저장 대화상자에서 아래의 사항을 선택한다.

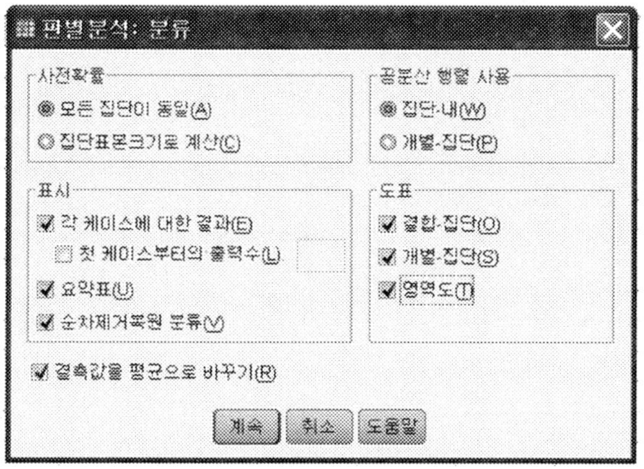

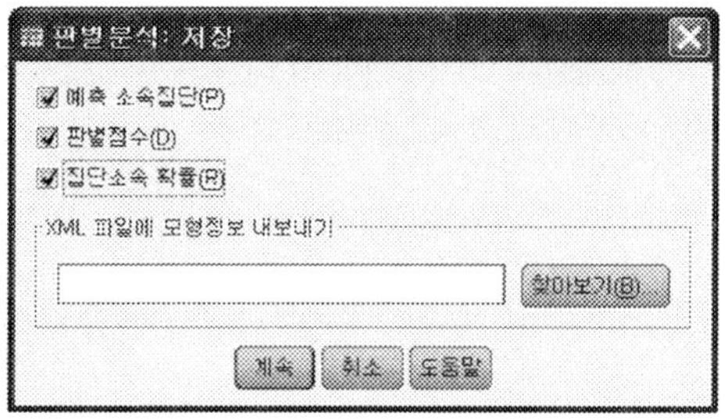

S P S S 결과

분석 케이스처리 요약

가중되지 않은 케이스		N	퍼센트
유효		20	100.0
제외	결측되었거나 범위를 벗어난 집단코드	0	.0
	적어도 하나 이상의 결측 판별변수	0	.0
	집단코드와 최소 하나 이상의 결측 판별변수가 누락되었거나 범위를 벗어남	0	.0
	전체	0	.0
전체		20	100.0

(1) 분석에서 처리된 사례수의 요약에 관한 테이블로 20개의 사례 모두가 유효하게 처리된다.

집단 통계량

성별		평균	표준편차	유효수(목록별)	
				가중되지 않음	가중됨
남자	키	121.70	14.974	10	10.000
	허리둘레	68.80	3.084	10	10.000
	몸무게	46.40	4.881	10	10.000
여자	키	110.80	13.307	10	10.000
	허리둘레	62.40	2.547	10	10.000
	몸무게	38.10	1.912	10	10.000
합계	키	116.25	14.878	20	20.000
	허리둘레	65.60	4.285	20	20.000
	몸무게	42.25	5.581	20	20.000

(2) 집단별로 통계량을 제시하고 있다.

성별에 따른 키, 허리둘레, 몸무게에 대한 평균, 표준편차, 분석에 이용된 타당한 유효수를 나타낸다.

① 남자의 경우 키는 121.70 , 허리둘레는 68.80, 몸무게는 46.40으로 나타났다.

② 여자의 경우 키는 110.80 , 허리둘레는 62.40, 몸무게는 38.10으로 나타났다.

③ 남자가 여자보다 키. 허리둘레, 몸무게의 평균이 높은 것으로 나타났다.

집단평균의 동질성에 대한 검정

	Wilks 람다	F	자유도1	자유도2	유의확률
키	.859	2.961	1	18	.102
허리둘레	.413	25.600	1	18	.000
몸무게	.418	25.071	1	18	.000

(3) 키. 허리둘레, 몸무게에 대한 집단평균에 대한 동질성 검정을 하는데 Wilks람다를 이용하고 F-값을 제시한다.

람다 = (집단내 분산) / (총 분산)의 값이다.

람다 값이 크면 F-값이 작아지고, 그러므로 F-값이 클수록 전체분산이 크므로 판별력이 높아진다.

① 키의 F-값이 2.961이고 유의확률이 0.102이므로 유의수준 5%에서 유의하지 않은 것으로 나타났다.

② 허리둘레와 몸무게는 유의수준 5%에서 유의하게 나타났다.

집단-내 통합 행렬[a]

		키	허리둘레	몸무게
공분산	키	200.650	5.900	40.578
	허리둘레	5.900	8.000	.411
	몸무게	40.578	.411	13.739
상관	키	1.000	.147	.773
	허리둘레	.147	1.000	.039
	몸무게	.773	.039	1.000

a. 공분산행렬의 자유도는 18입니다.

(4) 변수들 간의 합동 상관관계 행렬과 공분산 행렬을 제시하고 있다.

키와 몸무게 간의 상관관계(0.773)가 높은 것으로 나타났다.

공분산행렬[a]

성별		키	허리둘레	몸무게
남자	키	224.233	13.044	67.689
	허리둘레	13.044	9.511	.756
	몸무게	67.689	.756	23.822
여자	키	177.067	-1.244	13.467
	허리둘레	-1.244	6.489	.067
	몸무게	13.467	.067	3.656
합계	키	221.355	23.947	62.250
	허리둘레	23.947	18.358	14.368
	몸무게	62.250	14.368	31.145

a. 전체 공분산행렬은 19의 자유도를 가집니다.

(5) 성별에 따라 공분산 행렬을 을 제시하고 있다.
남자의 경우 키와 몸무게의 공분산이 높은 것으로 나타났다.

분석 1

공분산 행렬의 동일성에 대한 BOX의 검정

검정 결과

Box의 M		15.434
F	근사법	2.101
	자유도1	6
	자유도2	2347.472
	유의확률	.050

모집단 공분산행렬이 동일하다는 영가설을 검정합니다.

로그 행렬식

성별	순위	로그 행렬식
남자	3	8.385
여자	3	8.011
집단-내 통합값	3	9.056

인쇄된 판별값의 순위와 자연로그는 집단 공분산행렬의 순위 및 자연로그를 나타냅니다.

(6) 각 집단의 공분산 행렬이 동일하다는 가정을 검정하기위하여 Box의 M 통계량을 제시하고 있다. Box의 M 통계량이 15.434이고 유의성 확률이 0.050으로 유의수준 5%에서 공분산 행렬이 동일하다는 가정을 기각하므로 공분산행렬이 동일하다고 볼 수 없다.

귀무가설이 채택되는 경우는 판별분석이 유효하나,
기각되는 경우는 적절하게 조정해야 한다.

공분산 행렬의 동일성이 극단적으로 위배되지 않으면 판별식을 그대로 적용하여도 상관이 없다. 또한 표본의 크기가 크면 별 문제가 없다.

단계선택 통계량

진입된/제거된 변수a,b,c,d

단계		Wilks 람다							
						정확한 F			
	진입된	통계량	자유도1	자유도2	자유도3	통계량	자유도1	자유도2	유의확률
1	허리둘레	.413	1	1	18.000	25.600	1	18.000	.000
2	몸무게	.270	2	1	18.000	23.025	2	17.000	.000
3	키	.210	3	1	18.000	20.077	3	16.000	.000

각 단계에서 전체 Wilks의 람다를 최소화하는 변수가 입력됩니다.

a. 최대 단계 수는 6입니다.

b. 입력할 최소 부분 F는 3.84입니다.

c. 제거할 최대 부분 F는 2.71입니다.

d. F 수준, 공차한계 또는 VIN 부족으로 계산을 더 수행할 수 없습니다.

(7) 단계별 통계량을 제시하고 있다.

① 키, 몸무게, 허리둘레에 대한 람다-값을 최소화하는 변수를 투입하는데 최대 6단계(a)까지 가능하며 각 단계마다 투입이나 제거를 한다.

② 투입할 최소 F-값(진입)은 3.84(b)이고 제거될 최대-값(제거)은 2.71(c)로 지정되어 있다.

③ 키, 몸무게, 허리둘레에 대한 F-값, 유의확률(0.000)에 대해 통계량이 유의하게 나타났다.

분석할 변수

단계		공차한계	제거할 F	Wilks 람다
1	허리둘레	1.000	25.600	
2	허리둘레	.998	9.350	.418
	몸무게	.998	9.030	.413
3	허리둘레	.964	9.159	.330
	몸무게	.397	14.785	.404
	키	.389	4.554	.270

분석할 변수 없음

단계		공차한계	최소 공차한계	입력할 F	Wilks 람다
0	키	1.000	1.000	2.961	.859
	허리둘레	1.000	1.000	25.600	.413
	몸무게	1.000	1.000	25.071	.418
1	키	.978	.978	.379	.404
	몸무게	.998	.998	9.030	.270
2	키	.389	.389	4.554	.210

(8) 단계 0, 1, 2 별로 각 변수네 대한 Wilks 람다 값이 제시되고 있다.

입력할 F 값이 크면 집단 간의 차이가 크다는 것을 의미하고 이것은 설명력이 높은 변수로 판별분석에 먼저 투입하여야 할 변수이다.

① 단계 0 에서는 F 값이 25.600으로 제일 크고 Wilks 람다 값이 제일 작은 허리 둘레가 투입변수로 예상되어 단계 0에서는 허리둘레를 투입한다.

② 단계 1에서는 키와 몸무게 중에서 F 값이 큰 변수인 몸무게가 2단계에서 투입 된다.

Wilks의 람다

단계	변수의 수	람다	자유도1	자유도2	자유도3	정확한 F 통계량	정확한 F 자유도1	정확한 F 자유도2	정확한 F 유의확률
1	1	.413	1	1	18	25.600	1	18.000	.000
2	2	.270	2	1	18	23.025	2	17.000	.000
3	3	.210	3	1	18	20.077	3	16.000	.000

(9) 단계별로 투입된 Wilks 람다 값을 제시하고 있다.

① 단계 1에서는 허리둘레가 투입변수로 도출된 판별식으로 통계적 유의확률 8.161E-05는 유의수준 0.05보다 적으므로 통계적으로 유의하다.

(허리둘레의 Wilks 람다 값 = 0.413)

② 단계 2에서는 몸무게가 투입되어 F 통계량이 단계 1 보다 떨어졌으나 통계적 유의확률 1.450E-05 < 0.05 이므로 통계적으로 유의하다.

③ 단계 3에서는 키가 투입되어 F 통계량이 단계 2 보다 떨어졌으나 통계적 유의도(확률)가 1.134E-05 < 0.05 이므로 통계적으로 유의하다.

정준 판별함수의 요약

고유값

함수	고유값	분산의 %	누적 %	정준 상관
1	3.764[a]	100.0	100.0	.889

a. 첫 번째 1 정준 판별함수가 분석에 사용되었습니다.

(10) 정준판별함수의 값을 제시한다.

① 도출된 판별함수는 남자와 여자 1개이다. 그러므로 고유치도 1개이다.
판별함수의 고유치가 3.764로 총 분산의 100%를 설명하고 있다.

② 정준 상관관계는 판별점수와 집단들 간의 관련의 정도를 나타낸다.
이 값이 1에 가까울수록 판별함수의 판별능력이 높다는 것을 의미한다.
이것은 일원분산분석의 에타(eta)와 같은 설명력을 가진다.

③ 정준상관관계가 0.889로 판별력이 좋다고 할 수 있다.

Wilks의 람다

함수의 검정	Wilks의 람다	카이제곱	자유도	유의확률
1	.210	25.760	3	.000

(11) Wilks 람다 값은 집단 내 분산을 총 분산으로 나눈 비율로 0.210이다.
유의확률 0.000은 유의수준 0.05 보다 작으므로 통계적으로 유의하게 나타났다.
즉, 집단간 판별점수 차이는 유의한 것으로 나타났다.

표준화 정준 판별함수 계수

	함수
	1
키	-.849
허리둘레	.691
몸무게	1.237

(12) 표준화된 정준 판별함수계수를 나타낸다.
이 함수는 D = −0.849(키) + 0.691(허리둘레) + 1.237(몸무게) 이다.
이 판별식에서 계수의 값은 변수들 간의 상대적인 중요도를 나타낸다.
3개의 변수 중에서 몸무게가 1.237로 설명력이 제일 높은 것으로 나타났다.

구조행렬

	함수
	1
허리둘레	.615
몸무게	.608
키	.209

판별변수와 표준화 정준 판별함수 간의 집단-내 통합 상관행렬. 변수는 함수내 상관행렬의 절대값 크기순으로 정렬되어 있습니다.

정준 판별함수 계수

	함수
	1
키	-.060
허리둘레	.244
몸무게	.334
(상수)	-23.166

표준화하지 않은 계수

(13) 구조행렬은 판별함수와 변수들 간의 상관관계를 나타낸다.
① 상관계수가 높을수록 판별점수가 높아진다.
② 변수 중에서 허리둘레의 상관계수가 0.615로 가장 높기 때문에 판별함수에서 영향을 가장 크게 미친다.

(14) 비 표준화된 정준 판별함수이다.

D = −23.166 − 0.060(키) + 0.244(허리둘레) + 0.334(몸무게)

이 함수는 표준화되지 않은 것으로 상대적 중요성을 판단하는 데 사용해서는 안 된다.

함수의 집단중심점

성별	함수
	1
남자	1.841
여자	-1.841

표준화하지 않은 정준 판별함수가 집단 평균에 대해 계산되었습니다.

(15) 집단평균에 의해 평가된 비표준화된 정준판별함수의 집단중심점이 제시되었다.

① 구해진 판별점수가 분류기준 보다 크면 집단 1에 속하고
분류기준보다 작으면 집단 2에 속한다.

② 집단 1의 평균 판별점수는 1.841이고,
집단 2의 평균 판별점수는 －1.841 이다.

③ 이 분류기준은 두 집단 중심점의 평균이다.
즉, { (1.841) + (-1.841) } / 2 = 0

따라서 0보다 큰 값을 가지면 집단 1(남자)에 속하고
0보다 작으면 집단 2(여자)로 분류된다.

분류 통계량

집단에 대한 사전확률

성별		분석에 사용된 케이스	
	사전확률	가중되지 않음	가중됨
남자	.500	10	10.000
여자	.500	10	10.000
합계	1.000	20	20.000

분류 함수 계수

	성별	
	남자	여자
키	-.703	-.483
허리둘레	8.852	7.952
몸무게	5.189	3.960
(상수)	-382.802	-297.519

Fisher의 선형 판별함수

(16) 피셔의 선형판별함수는 집단 내 평방합에 대한 집단 간의 비율을 최대화한다.

(17) 판별함수 계수는 각 집단별 함수값을 결정하는 판별함수의 계수를 보여준다.

남자의 판별함수

D1 = －382.802 － 0.703(키) ＋ 8.852(허리둘레) ＋ 5.189(몸무게)

여자의 판별함수

D2 = －297.519 － 0.483(키) ＋ 7.952(허리둘레) ＋ 3.960(몸무게)

케이스별 통계량

케이스 수				최대집단				두 번째로 큰 최대집단			판별점수
				P(D>d | G=g)							
		실제 집단	예측집단	확률	자유도	P(G=g | D=d)	중심값까지의 제곱 Mahalanobis 거리	집단	P(G=g | D=d)	중심값까지의 제곱 Mahalanobis 거리	함수 1
원래값	1	1	2**	.119	1	.739	2.428	1	.261	4.508	-.282
	2	1	1	.431	1	.980	.621	2	.020	8.372	1.053
	3	1	1	.861	1	.998	.030	2	.002	12.297	1.666
	4	1	1	.679	1	.995	.172	2	.005	10.673	1.426
	5	1	1	.961	1	.999	.002	2	.001	13.193	1.792
	6	1	1	.753	1	.996	.099	2	.004	11.334	1.526
	7	1	1	.163	1	1.000	1.948	2	.000	25.778	3.237
	8	1	1	.273	1	1.000	1.202	2	.000	22.824	2.937
	9	1	1	.563	1	1.000	.335	2	.000	18.149	2.419
	10	1	1	.428	1	1.000	.629	2	.000	20.018	2.633
	11	2	2	.717	1	.996	.132	1	.004	11.011	-1.478
	12	2	2	.808	1	.997	.059	1	.003	11.820	-1.597
	13	2	2	.955	1	.999	.003	1	.001	13.136	-1.784
	14	2	2	.736	1	1.000	.113	1	.000	16.145	-2.177
	15	2	2	.278	1	1.000	1.178	1	.000	22.723	-2.926
	16	2	2	.072	1	1.000	3.227	1	.000	30.006	-3.637
	17	2	2	.540	1	1.000	.376	1	.000	18.444	-2.454
	18	2	2	.340	1	.963	.909	1	.037	7.442	-.887
	19	2	2	.255	1	.930	1.294	1	.070	6.470	-.703
	20	2	2	.281	1	.943	1.162	1	.057	6.778	-.763
교차 유효값[a]	1	1	2**	.256	3	.974	4.051	1	.026	11.309	
	2	1	1	.436	3	.964	2.727	2	.036	9.300	
	3	1	1	.477	3	.996	2.493	2	.004	13.471	
	4	1	1	.548	3	.991	2.119	2	.009	11.462	
	5	1	1	.064	3	.996	7.248	2	.004	18.200	
	6	1	1	.058	3	.985	7.484	2	.015	15.915	
	7	1	1	.389	3	1.000	3.014	2	.000	28.281	
	8	1	1	.421	3	1.000	2.816	2	.000	24.929	
	9	1	1	.487	3	1.000	2.435	2	.000	19.615	
	10	1	1	.445	3	1.000	2.670	2	.000	21.820	
	11	2	2	.443	3	.992	2.682	1	.008	12.207	
	12	2	2	.551	3	.995	2.102	1	.005	12.675	
	13	2	2	.244	3	.997	4.167	1	.003	15.693	
	14	2	2	.450	3	.999	2.643	1	.001	17.712	
	15	2	2	.621	3	1.000	1.771	1	.000	23.508	
	16	2	2	.000	3	1.000	19.145	1	.000	58.594	
	17	2	2	.168	3	1.000	5.059	1	.000	22.681	
	18	2	2	.767	3	.959	1.141	1	.041	7.456	
	19	2	2	.624	3	.922	1.760	1	.078	6.694	
	20	2	2	.659	3	.936	1.604	1	.064	6.963	

원래 데이터의 경우 제곱 Mahalanobis 거리는 정준 함수를 기준으로 결정됩니다 교차유효화 데이터의 경우 제곱 Mahalanobis 거리는 관측게 따라 결정됩니다

**. 오분류 케이스

a. 분석시 해당 케이스에 대해서만 교차유효화가 수행됩니다. 교차유효화시 각 케이스는 해당 케이스를 제외한 모든 케이스로부터 파생된 함수별로 분류됩니다.

(18) 사례에 대한 **실제집단**과 **예측집단,**

판별식에 의해 속할 확률이 제일 높은 **최대집단**과

판별식에 의해 속할 확률이 **두 번째로 큰 최대집단**과 **판별점수** 가 제시된다.

① 실제집단은 실제로 속해있는 집단이다.

② 예측집단은 예측한 집단이다.

**의 표시는 잘못 분류된 경우를 말하고 오판확률이 된다.

사례 1에서 예측집단과 실제집단 간에 차이가 있는데

(ㄱ) 실제집단은 집단 1인데 예측한 집단은 2로 분류되어 **표시가 있다.

(ㄴ) 사례1은 1 집단에 속할 확률은 0.739 이며 2집단에 속할 확률은 0.261 이다. 여기서 1집단과 2집단 간의 확률을 합하면 1이다.

(ㄷ) 첫 번째 사례의 판별점수는 -0.282로서 0보다 작다.
그러므로 집단 2 여자로 분류되었다. 실제로는 집단 1 남자이다.

분류결과[b,c]

		성별	예측 소속집단		전체
			남자	여자	
원래값	빈도	남자	9	1	10
		여자	0	10	10
	%	남자	90.0	10.0	100.0
		여자	.0	100.0	100.0
교차 유효값[a]	빈도	남자	9	1	10
		여자	0	10	10
	%	남자	90.0	10.0	100.0
		여자	.0	100.0	100.0

a. 분석시 해당 케이스에 대해서만 교차유효화가 수행됩니다. 교차유효화시 각 케이스는 해당 케이스를 제외한 모든 케이스로부터 파생된 함수별로 분류됩니다.

b. 원래의 집단 케이스 중 95.0%이(가) 올바로 분류되었습니다.

c. 교차유효화 집단 케이스 중 95.0%이(가) 올바로 분류되었습니다.

(19) 각 사례에 대한 분류확률을 제시하고 있다.

① 집단 1(남자)의 사례 10개 중 9개가 정확하게 예측되었으나 1개가 집단 2로 잘못 분류되었다.
그러므로 집단 1의 판별적중률은 90%이고 오판확률은 10%이다.

② 집단 2(여자)의 사례 10개 중 모두가 정확하게 예측되어서 집단 2의 판별적중률은 100%이고 오판확률은 0%이다.

③ 전체 사례에 대해 정확하게 분류된 확률은 95%이다.

개별집단 그래프

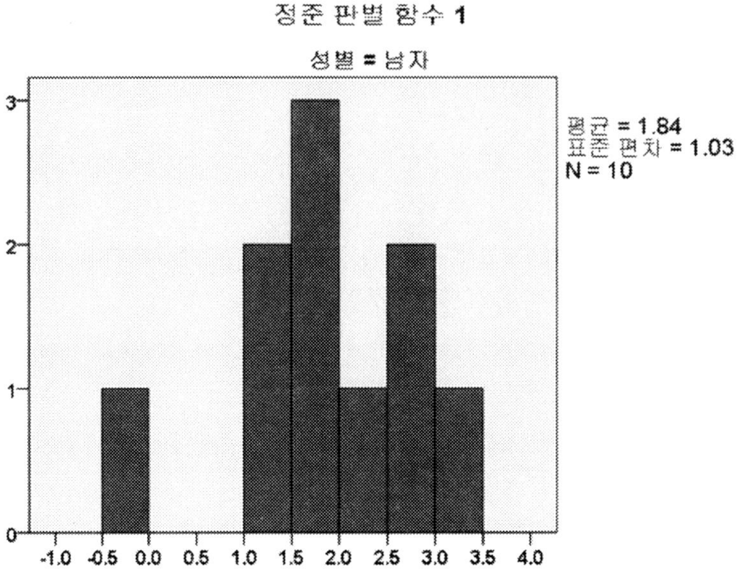
정준 판별 함수 1
성별 = 남자
평균 = 1.84
표준 편차 = 1.03
N = 10

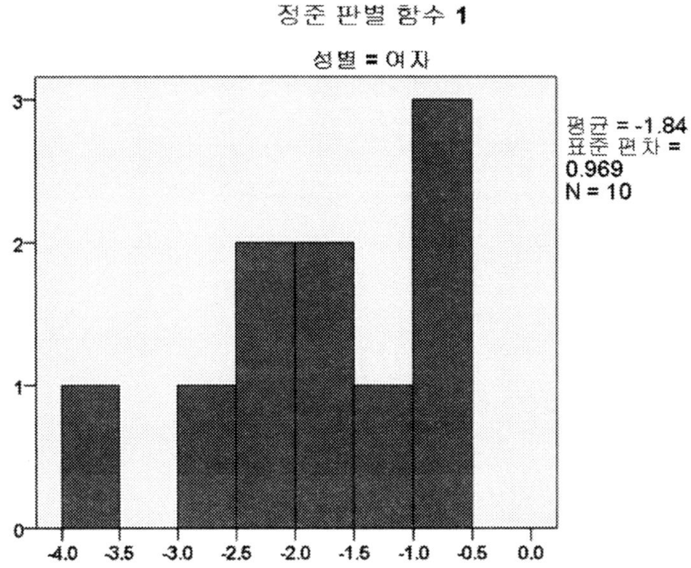
정준 판별 함수 1
성별 = 여자
평균 = -1.84
표준 편차 = 0.969
N = 10

문제 6-1-1 보조풀이

연구소에서 남자 여자 각각 10명씩 선발하여 초등학생의 키, 허리둘레, 몸무게를 측정하였다. 아래의 자료를 이용하여 초등학생의 남자와 여자를 인식하는 판별식을 구하고 이것을 집단으로 분류할 때 어느 정도의 정확성을 가지는지를 알아보자. 자료는 [문제 6-1]과 동일하다.

(풀이)

1. 자료를 입력한다.

	성별	키	허리둘레	몸무게
1	1	103	67	38
2	1	103	67	42
11	2	94	64	35
12	2	96	64	35
13	2	101	59	39

2. 상자도표에 의한 분석
   그래프 > 레거시대화상자 > 상자도표 선택
3. 단순, 케이스 집단들의 요약값을 선택 후 정의를 클릭

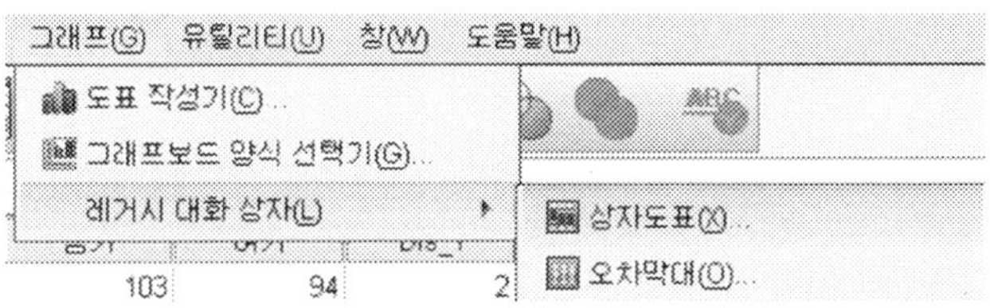

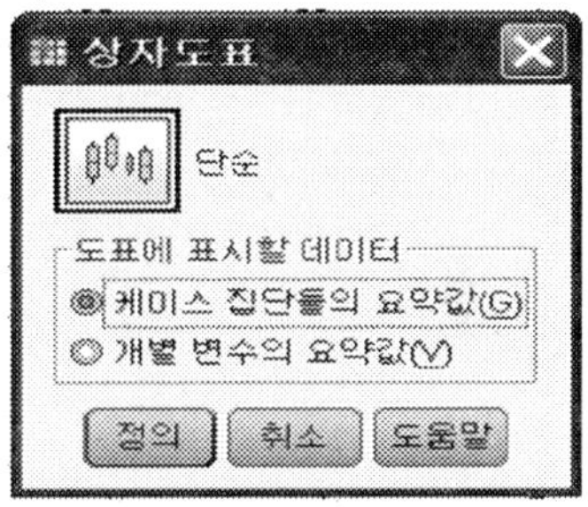

4. 변수에 키 범주에 성별변수대한 상자도표이다.

S P S S 결과

데이터 탐색

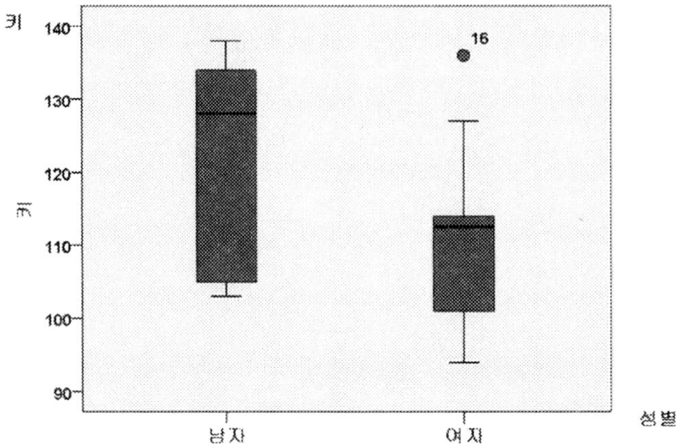

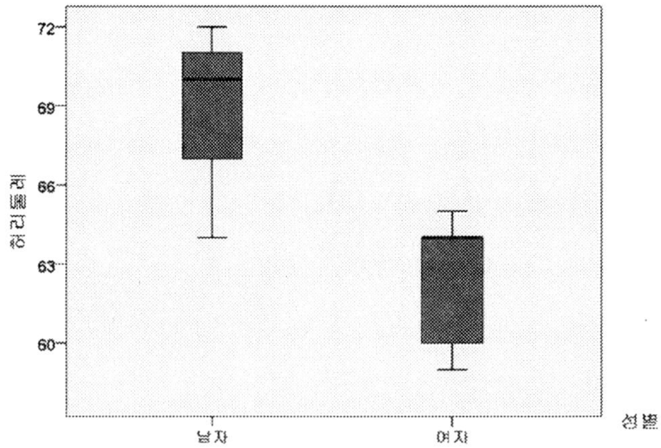

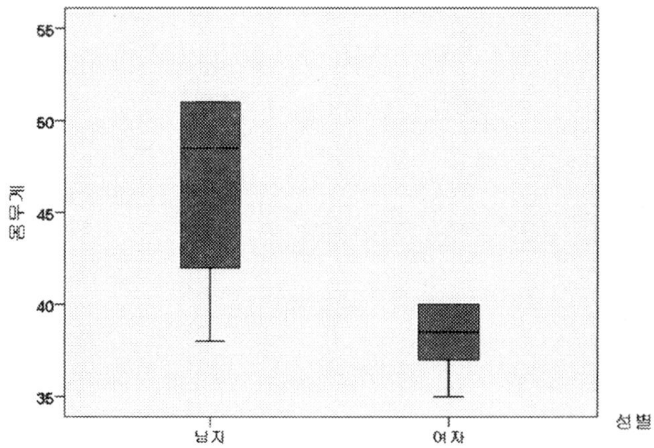

<분석은 각자가 정리하기 바람.>

문제 6-2 자동차

1978-79년 동안 38종의 자동차에 대해 조사한 자료로 다음의 8개 변수가 관측되었다.
(생산국, 자동차명, 차량연비, 중량, 가동률, 마력, 엔진 배기량, 실린더 수)
자료가 크지 않으므로 생산국을 미국(1), 일본(2), 유럽(3)의 3그룹으로 나눈다.
그리고 자동차의 속성에 따라 3개의 생산국으로 어떻게 분류되는지 정리하라.
자료는 부록에 있다.

(풀이) 1. 자료를 입력한다.

번호	나라	group	차	차량연비	중량	가동률	마력	배기량	실린더수
1	프랑스	3	Peugeot 694 SL	16.2	3.410	3.580	133.00	163	6
2	독일	3	Audi 5000	20.3	2.830	3.900	103.00	131	5
3	독일	3	VW Scirrocco	31.5	1.990	3.780	71.00	89	4
4	독일	3	VW Dasher	30.5	2.190	3.700	78.00	97	4
5	독일	3	BMW 320	21.5	2.600	3.640	110.00	121	4

2. 분석 > 분류분석 > 판별분석을 클릭한다.

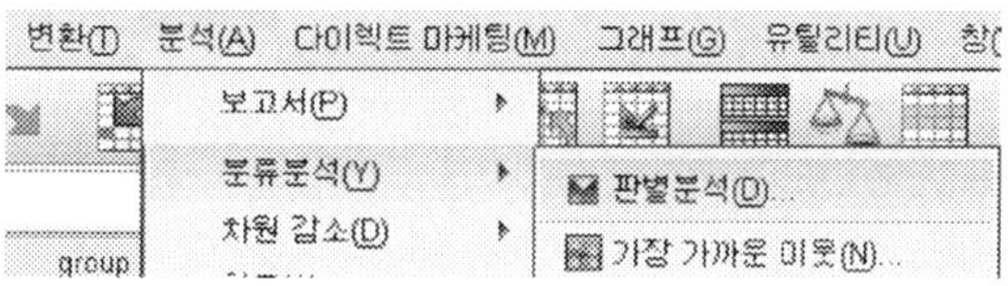

3. 판별분석의 대화상자에서 집단변수에는 그룹(1,3)
독립변수에는 차량연비, 중량 등 모두를 입력한다.

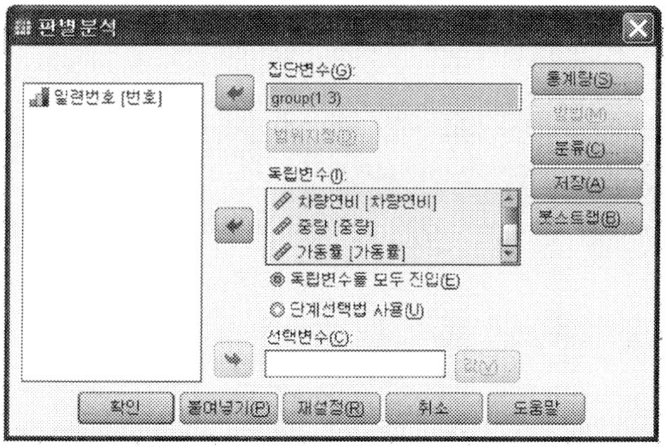

(1). 선택 대화상자는 모든 사례를 하지 않고 일부에 대하여 분석하고자하는 경우에 사용한다. 즉, 5점 척도를 이용하여 응답을 한 경우 1번 문량만 분석하고자 하는 경우에 이용한다.

4. 통계량 대화상자는 기술통계, 함수의 계산, 행렬을 선택하여 사용한다.

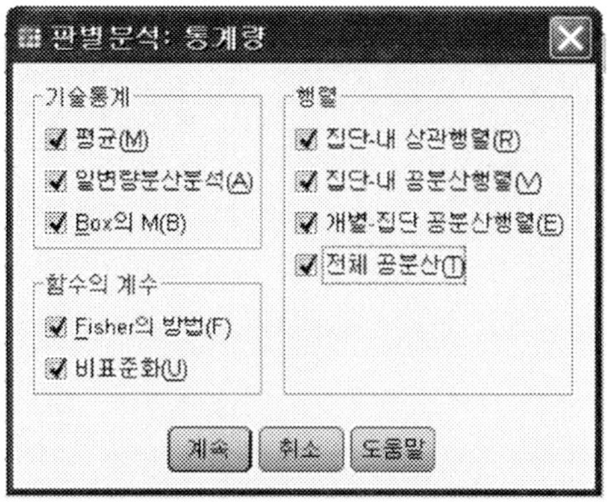

5. 분류 대화상자에서 아래의 사항을 선택한다.

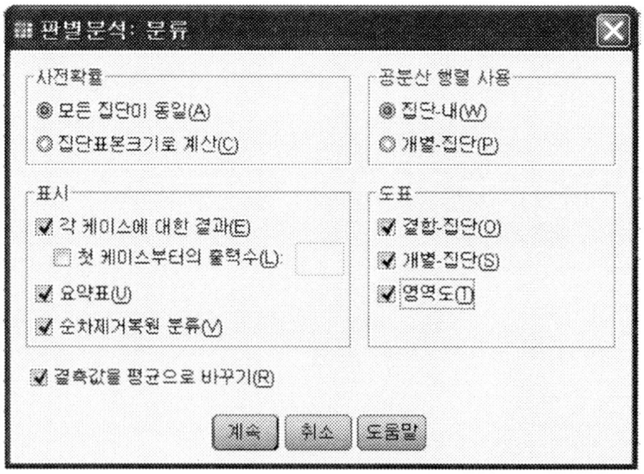

6. 저장 대화상자에서 아래의 사항을 선택한다.

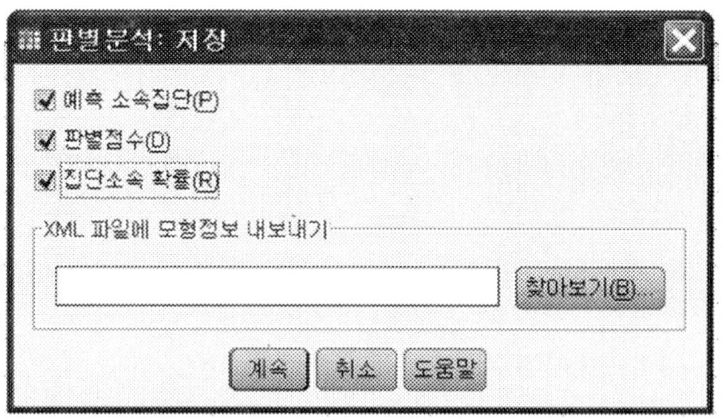

S P S S 결과

판별분석

분석 케이스처리 요약

가중되지 않은 케이스		N	퍼센트
유효		38	100.0
제외	결측되었거나 범위를 벗어난 집단코드	0	.0
	적어도 하나 이상의 결측 판별변수	0	.0
	집단코드와 최소 하나 이상의 결측 판별변수가 누락되었거나 범위를 벗어남	0	.0
	전체	0	.0
전체		38	100.0

(1) 분석에서 처리된 사례수의 요약에 관한 테이블로 38개의 사례 모두가 유효하게 처리된다.

집단 통계량

group		평균	표준편차	유효수(목록별) 가중되지 않음	가중됨	C.V
미국	차량연비	22.99545	6.054237	22	22.000	26.31
	중량	3.18273	.683013	22	22.000	20.81
	가동률	2.77545	.391039	22	22.000	14.89
	마력수	110.18182	26.382961	22	22.000	20.31
	배기량	223.00000	90.567523	22	22.000	40.61
	실린더 수	6.09091	1.687745	22	22.000	27.71
일본	차량연비	29.60000	4.532843	7	7.000	15.31
	중량	2.24286	.334948	7	7.000	14.93
	가동률	3.39143	.350686	7	7.000	10.34
	마력수	81.00000	15.220600	7	7.000	18.79
	배기량	109.42857	23.943386	7	7.000	21.88
	실린더 수	4.28571	.755929	7	7.000	17.64
유럽	차량연비	25.31111	7.565290	9	9.000	29.89
	중량	2.55556	.529436	9	9.000	20.72
	가동률	3.63889	.235077	9	9.000	6.46
	마력수	97.22222	25.262511	9	9.000	25.98
	배기량	118.33333	29.765752	9	9.000	25.15
	실린더 수	4.55556	.881917	9	9.000	19.36
합계	차량연비	24.76053	6.547314	38	38.000	26.44
	중량	2.86105	.707179	38	38.000	24.72
	가동률	3.09342	.517657	38	38.000	16.73
	마력수	101.73684	26.444929	38	38.000	25.99
	배기량	177.28947	88.876747	38	38.000	50.13
	실린더 수	5.39474	1.603029	38	38.000	29.71

(2) 집단별로 통계량을 제시하고 있다.

C V = (표준편차 / 평균) × 100 이다.

① 미국에서 생산되는 평균 엔진 배기량이 일본이나 유럽에서 생산되는 평균(엔진) 배기량보다 2배가량 많다.

② 마력과 실린더 수는 미국이 일본과 유럽 보다 다소 높은 수치로 나타났다.

③ C,V로 그룹별 가동률을 살펴보면 유럽에서 제조된 자동차들은 미국이나 일본에서 제조된 자동차들에 비해 가동률이 작은 산포를 가지고 있다.

Fisher의 선형판별분석

집단에 대한 사전확률

group	사전확률	분석에 사용된 케이스 가중되지 않음	가중됨
미국	.333	22	22.000
일본	.333	7	7.000
유럽	.333	9	9.000
합계	1.000	38	38.000

(3) 3개 그룹별 관측 빈도에 기초한 사전확률로 각 그룹별 사전확률을 동일하게 고려한 것이다.

구조행렬

	함수 1	함수 2
가동률	.871*	-.166
배기량	-.570*	.561
중량	-.451	.773*
마력수	-.268	.733*
차량연비	.211	-.710*
실린더 수	-.439	.507*

판별변수와 표준화 정준 판별함수 간의 집단-내 통합 상관행렬. 변수는 함수내 상관행렬의 절대값 크기순으로 정렬되어 있습니다.

*. 각 변수와 임의의 판별함수 간의 가장 큰 절대 상관행렬

분류 함수 계수

	group 미국	일본	유럽
차량연비	16.827	16.674	16.858
중량	210.566	204.212	208.929
가동률	104.675	108.171	112.218
마력수	.868	.930	1.016
배기량	-.535	-.531	-.560
실린더 수	9.566	9.934	9.599
(상수)	-692.229	-690.201	-723.719

Fisher의 선형 판별함수

(4) 각 변수와 판별함수와의 상관관계를 나타내는 구조행렬로서

① 제 1판별함수와 상관관계가 높은 변수는 가동률과 배기량이다.

② 제 2판별함수와 상관관계가 높은 변수는 중량과 마력수와 차량연비와 실린더 수이다.

(5) 분류함수 계수표는 각 그룹별 사전확률을 다르게 고려하여 구한 판별함수이다.

3개의 판별함수는 다음과 같다.

$$F_1 = -692.229 + 16.827(\text{차량연비}) + 210.566(\text{중량}) + 104.675(\text{가동률}) + 0.868(\text{마력수}) - 0.535(\text{배기량}) + 9.566(\text{실린더수})$$

$$F_2 = -690.201 + 16.674(\text{차량연비}) + 204.212(\text{중량}) + 108.171(\text{가동률}) + 0.930(\text{마력수}) - 0.531(\text{배기량}) + 9.934(\text{실린더수})$$

$$F_3 = -723.719 + 16.858(\text{차량연비}) + 208.929(\text{중량}) + 112.218(\text{가동률}) + 1.016(\text{마력수}) - 0.560(\text{배기량}) + 9.599(\text{실린더수})$$

분류결과[b,c]

		group	예측 소속집단			전체
			미국	일본	유럽	
원래값	빈도	미국	16	6	0	22
		일본	0	5	2	7
		유럽	1	3	5	9
	%	미국	72.7	27.3	.0	100.0
		일본	.0	71.4	28.6	100.0
		유럽	11.1	33.3	55.6	100.0
교차 유효값[a]	빈도	미국	15	7	0	22
		일본	2	3	2	7
		유럽	1	3	5	9
	%	미국	68.2	31.8	.0	100.0
		일본	28.6	42.9	28.6	100.0
		유럽	11.1	33.3	55.6	100.0

a. 분석시 해당 케이스에 대해서만 교차유효화가 수행됩니다. 교차유효화시 각 케이스는 해당 케이스를 제외한 모든 케이스로부터 파생된 함수별로 분류됩니다.

b. 원래의 집단 케이스 중 68.4%이(가) 올바로 분류되었습니다.

c. 교차유효화 집단 케이스 중 60.5%이(가) 올바로 분류되었습니다.

(6) 재 대입 분류표로서 그룹판별에 대한 정확도는 26/38=0.684이다.

<참고> 국가별 전체수의 합 = 22 + 7 + 9 = 38

국가별 정확분류 수의 합 = 16 + 5 + 5 = 26

① 미국에서 생산된 자동차는 72.7%(=16/22) 정확하게 분류되었고,

② 유럽에서 생산된 자동차는 71.4%(=5/7) 정확하게 분류되었고,

③ 일본에서 생산된 자동차는 55.6%(=5/9) 정확하게 분류되었고,

④ 일본에서 생산된 자동차 7대 중에서 4대가 미국이나 유럽에서 생산된 차량으로 오류되어 분류 되었다. 이 결과는 정확도에 있어서 과대로 추정될 수 있다.

정준판별분석

고유값

함수	고유값	분산의 %	누적 %	정준 상관
1	1.649[a]	89.2	89.2	.789
2	.200[a]	10.8	100.0	.408

a. 첫 번째 2 정준 판별함수가 분석에 사용되었습니다.

(7) 제 1 고유값이 1.649, 제 2 고유값이 0.200로서 제 1축에 의하여 총 분산의 89.2%가 설명되어진다.

Wilks의 람다

함수의 검정	Wilks의 람다	카이제곱	자유도	유의확률
1에서 2	.315	37.587	12	.000
2	.833	5.924	5	.314

(8) Wilks의 람다 통계량에서 제 2축 통계량은 유의하지 않음을 알 수 있다. 즉, 제 2 고유값의 설명력이 떨어짐을 알 수 있다.

함수의 집단중심점

group	함수	
	1	2
미국	-1.011	.100
일본	.801	-.859
유럽	1.848	.423

표준화하지 않은 정준 판별함수가 집단 평균에 대해 계산되었습니다.

(9) 각 판별함수 별로 계산한 각 그룹의 중심점을 나타낸다.

제 1축의 분산량을 정리하면 미국에서 생산된 자동차의 제 1판별함수에 의한 중심은 -1.011이고 유럽에서 생산된 자동차에 대한 중심은 1.848이므로 제 1판별함수에 의해 미국과 유럽에서 생산된 차량이 구별되고 있다. 그리고 일본(0.801)에서 생산된 자동차는 미국과 유럽사이에 위치하고 있음을 알 수 있다.

8. 그래프 > 레거시 대화상자 > 산점도/점도표를 클릭한다.

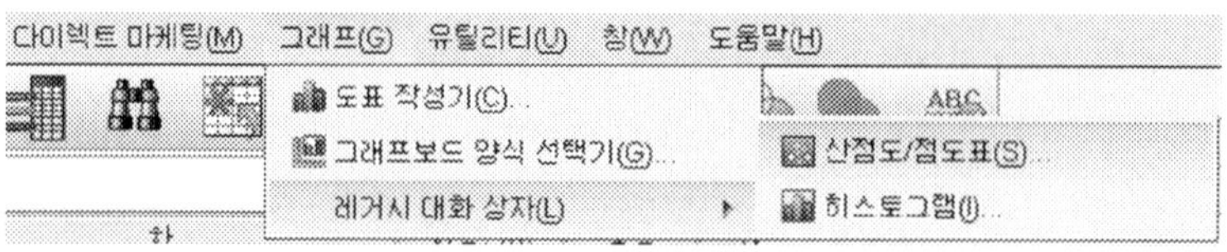

9. 산점도 상자에서 단순을 선택한다.

10. 단순 산점도 상자에서 다음과 같이 정리한다.

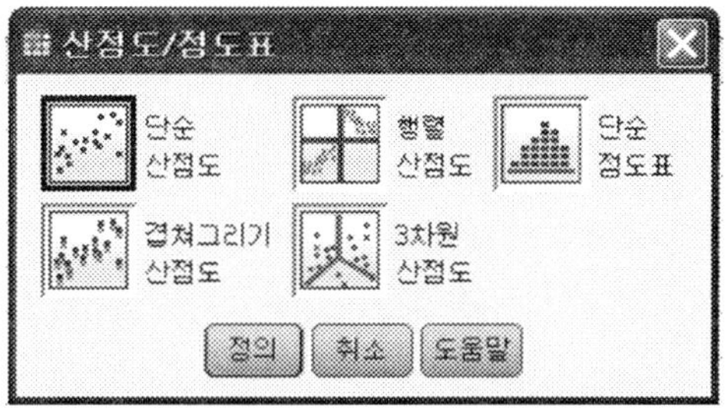

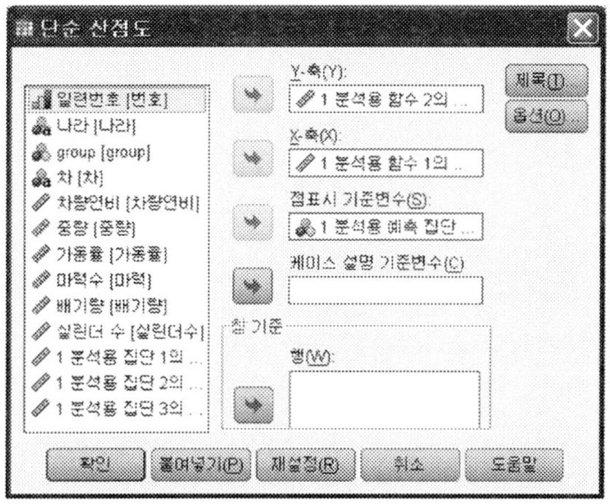

S P S S 결과

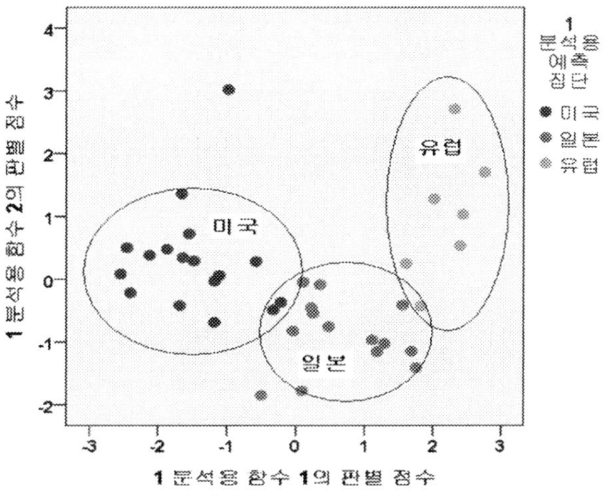

(10) 38종의 자동차에 대하여 제 1 판별점수와 제 2 판별점수를 산점도로 표시한 결과이다. 제 1판별함수만을 고려하면 미국에서 생산된 자동차는 제 1축을 중심으로 왼쪽 (= -1.011)에 포진되어 있다. 일본과 유럽에서 생산된 자동차는 제 1축을 중심으로 오른쪽(= 0.801)(= 1.848)에 위치하고 있다. 이것은 미국에 생산된 차량과 유럽과 일본에서 생산된 차량으로 분류됨을 알 수 있다.

표준화 정준 판별함수 계수

	함수	
	1	2
차량연비	-.036	.923
중량	-.656	2.753
가동률	.890	.391
마력수	1.195	.682
배기량	-.497	-1.237
실린더 수	.064	-.420

정준 판별함수 계수

	함수	
	1	2
차량연비	-.006	.149
중량	-1.089	4.568
가동률	2.514	1.105
마력수	.049	.028
배기량	-.007	-.017
실린더 수	.046	-.298
(상수)	-8.491	-18.345

표준화하지 않은 계수

(11) 제 1축에 대한 계수와 앞의 도표와 그래프에서 비교하여 보면

① 미국에서 생산된 자동차의 중심은 음의 부호를 가지고 있으므로 차량의 연비가 클수록, 차의 중량이 클수록, 엔진 배기량이 클수록, 미국에서 생산된 자동차로 판별됨을 알 수 있다.

② 이와 반대(양의 부호)로 가동률이 클수록, 마력수가 클수록, 실린더수가 클수록 일본이나 유럽에서 제조된 차량으로 판별된다.

집단평균의 동질성에 대한 검정

	Wilks 람다	F	자유도1	자유도2	유의확률
차량연비	.852	3.047	2	35	.060
중량	.687	7.973	2	35	.001
가동률	.443	22.014	2	35	.000
마력수	.816	3.948	2	35	.028
배기량	.625	10.483	2	35	.000
실린더 수	.731	6.451	2	35	.004

(12) 미국, 일본, 유럽의 동질성 검정에서 차량연비는 유의한 차이가 없으나, 중량, 가동률, 마력수, 배기량, 실린더 수는 유의한 차이가 있음을 알 수 있다.

<이외의 도표는 각자 정리, 요약, 분석하기 바람>

문제 6-3 은행 신용도

어떤 은행에서 대출신청이 너무 많아서 대출여부를 결정하는데 많은 어려움이 있어서 다음과 같은 데이터를 수집하였다. 자료를 분석하라. 자료는 부록에 있음.

1. 결혼상태 (0. 미혼 1. 기혼 2. 이혼)
2. 신용카드사용 여부 (0. 미사용 1. 사용)
3. 주택소유 여부 (0. 미소유 1. 소유)
4. 월 평균 집세 (천원)
5. 월 평균 수입 (만원)
6. 연령 만( )세
7. 현재의 주택에서 거주한 년수 ( )년
8. 총 교육년수 ( )년
9. 본 은행에 고객이 된 년수 ( )년
10. 현 직장에서 근무한 년수 ( )년
11. 은행에서 판별한 신용도 정도 (0. 신용도 양호 1. 신용도 모호 2. 신용도 불량)

고객의 신용도 정도는 은행에서 다음과 같은 기준으로 판정하였다.

0. 신용도 양호 : 현재까지 입금일자를 어긴 적이 없고 대출금은 모두 입금하였음.
1. 신용도 모호 : 현재까지 대출금은 모두 입금하였으나 가끔 입금일자를 어긴 적이 있음.
2. 신용도 불량 : 현재까지 대출금은 모두 입금하지 않았고 입금일자를 지키지 않은 적이 많이 있음.

(풀이)

1. 자료를 입력한다.

	결혼상태	신용카드	주택소유	집세	수입	연령
1	1	1	0	147	353	28
2	2	1	1	0	618	37
3	0	1	0	146	352	21
4	1	1	0	250	600	50
5	1	1	1	336	807	41
6	0	1	1	144	346	20

2. 분석 > 분류분석 > 판별분석을 클릭한다.

3. 판별분석 상자에서 집단변수에는 신용도 (0 2)를 입력하고

독립변수에는 결혼상태부터 근무년수까지 모두를 입력한다.

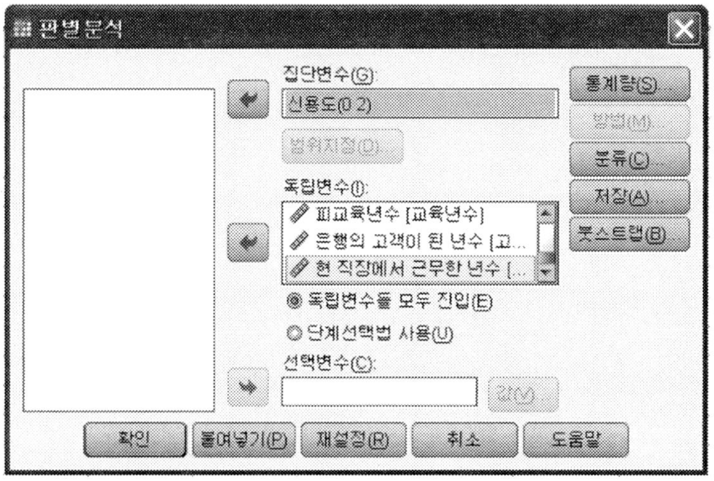

4. 통계량을 선택하여 "비표준화"를 클릭한다.

5. 통계량을 선택하여 "Fisher의 방법"을 클릭한다.

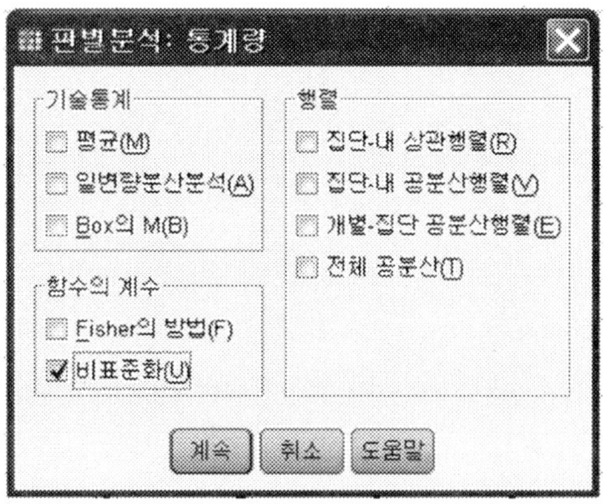

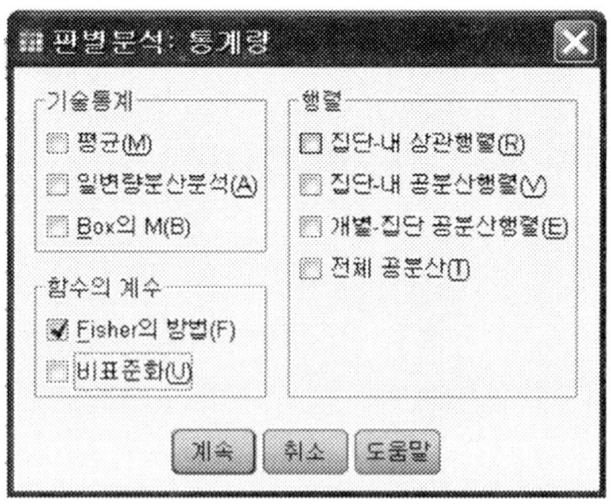

6. 분류를 선택하여 다음과 같이 정리한다.

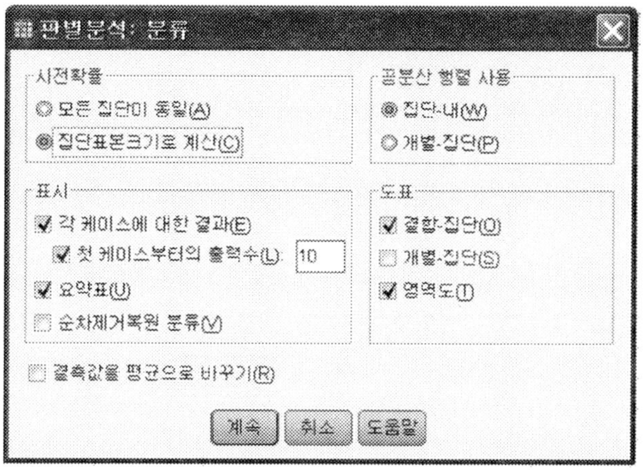

S P S S 결과

판별분석

분석 케이스처리 요약

가중되지 않은 케이스		N	퍼센트
유효		357	100.0
제외	결측되었거나 범위를 벗어난 집단코드	0	.0
	적어도 하나 이상의 결측 판별변수	0	.0
	집단코드와 최소 하나 이상의 결측 판별변수가 누락되었거나 범위를 벗어남	0	.0
	전체	0	.0
전체		357	100.0

집단 통계량

은행에서 판별한 신용도 정도		유효수(목록별)	
		가중되지 않음	가중됨
양호	결혼상태	216	216.000
모호	결혼상태	83	83.000
불량	결혼상태	58	58.000
합계	결혼상태	357	357.000

(1) 전체 고객 357명을 조사하였다.

① 고객 중에서 216명은 위험이 거의 없는 고객이므로 대출하여 주어도 별로 문제가 발생하지 않을 것으로 판단된다.

② 83명의 고객은 다소 위험한 고객이므로 서류를 한번 더 신중히 검토한 다음 대출여부를 결정하여야한다.

③ 58명의 고객은 위험도가 아주 큰 고객이므로 대출을 하여 주어서는 아니된다.

정준 판별함수의 요약

고유값

함수	고유값	분산의 %	누적 %	정준 상관
1	1.637[a]	82.8	82.8	.788
2	.340[a]	17.2	100.0	.504

a. 첫 번째 2 정준 판별함수가 분석에 사용되었습니다.

Wilks의 람다

함수의 검정	Wilks의 람다	카이제곱	자유도	유의확률
1에서 2	.283	441.180	20	.000
2	.746	102.306	9	.000

(2) 판별함수의 수를 결정하는 기준

① 판별분석에서 판별함수는 하나이상이 도출된다.

판별함수의 수 ≤ Min ((집단의 수 - 1) , 판별변수의수)

여기서 집단의 수는 3이고 판별변수의 수는 10 이므로

판별변수의 수는 2까지 가능하다.

② 판별함수는 집단을 판별하는데 기여도가 가장 큰 것부터 순서대로 도출된다. 그러므로 나중에 나타나는 판별함수일수록 기여도는 점점 작아진다.

③ 판별함수의 수를 결정하는데는 다음과 같은 기준들이 있다.

㉠ 고유값의 비율

각 판별함수에 대하여 고유값이 계산된다. 고유값이 클수록 판별함수의 기여도는 커진다. 그러므로 각 판별함수의 중요도를 판단하는데 기준이 된다.

2개의 판별함수가 도출되므로 각 판별함수의 고유치는 1.637과 0.340으로 나타났다.

분산의 %는 고유값의 비율로 계산된다.

$$\frac{1.63}{1.63+0.340}\times 100 = 82.76\,\%$$

$$\frac{0.340}{1.63+0.340}\times 100 = 17.24\%$$

첫 번째 판별함수의 설명력은 82.8%이고

두 번째 판별함수의 설명력은 17.2%이다.

㉡ 정준 상관계수

정준 상관계수는 1에 가까울수록 설명력이 크게 된다.

$$r_1 = \sqrt{\frac{1.63}{1+1.63}} = 0.788$$

$$r_2 = \sqrt{\frac{0.340}{1+0.340}} = 0.504$$

㉢ 유의성 검정

판별함수에 의하여 반영되지 못한 정보의 양이 얼마나 통계적으로 유의한지를 검정하는 방법이다.

*. 검정결과

⇒ 유의하다면 판별함수를 더 도출하여야 할 필요가 생긴다.

유의하지 않으면 판별함수를 더 도출하여도 별로 도움이 되지 않는다.

*. *wilks*의 람다표에서

유의성 검정의 카이제곱 검정통계량이 441.180이고 유의확률이 0.000이므로 유의수준 5%에서 귀무가설 "잔여정보의 설명력이 유의하지 않다."를 기각한다. 그러므로 추가적인 판별함수의 도출을 필요로 한다.

그리고 첫 번째 판별함수를 도출한 후의 카이제곱 검정통계량이 102.306이고 유의확률이 0.000이므로 유의수준 5%에서 "잔여정보의 설명력이 유의하다."를 채택하므로 추가적인 판별함수의 도출을 필요로 한다

$$wilks\text{의 람다}(1) = \frac{1}{1+1.637} \times \frac{1}{1+0.340} = 0.282985 \equiv 0.283$$

$$wilks\text{의 람다}(2) = \frac{1}{1+0.340} = 0.746$$

표준화 정준 판별함수 계수

	함수	
	1	2
결혼상태	-.073	.852
신용카드 사용여부	.884	.293
주택소유여부	-.049	-.005
월평균집세(1000엔)	.127	-.136
월평균수입(1000엔)	.348	.085
연령	-.398	.087
현재의 주택에 거주한 년수	.098	.038
피교육년수	.692	-.430
은행의 고객이 된 년수	-.177	-.180
현 직장에서 근무한 년수	.254	-.222

(3) 각 판별함수의 측정단위는 서로 다를 수 있으므로 S P S S에서는 지정하지 않으면 표준화된 판별함수를 도출한다.

그러므로 정준판별함수를 각각 Z점수(1), Z점수(2)로 둔다.

(각 변수들은 표준화된 변수를 사용한다.)

*. 표준화된 판별함수식은 다음과 같다.

Z점수(1) = − 0.073(Z결혼상태) + 0.884(Z신용카드) − 0.049(Z주택소유)
+ 0.127(Z집세) + 0.348(Z소득) − 0.398(Z연령)
+ 0.098(Z거주년수) + 0.692(Z교육년수) − 0.177(Z고객년수)
+ 0.254(Z근무년수)

Z점수(2) = 0.852(Z결혼상태) + 0.293(Z신용카드) − 0.05(Z주택소유)
− 0.136(Z집세) + 0.085(Z소득) + 0.087(Z연령)
+ 0.039(Z거주년수) − 0.430(Z교육년수) − 0.180(Z고객년수)
− 0.222(Z근무년수)

(4) 판별변수의 기여도를 조사하기 위하여 각 변수와 판별함수간의 상관계수를 계산한 것이 구조행렬이다.

상관계수를 통하여 각 변수가 추출된 판별함수에 얼마나 많은 기여를 하는지를 살펴본다.

구조행렬

	함수	
	1	2
신용카드 사용여부	.552*	.425
피교육년수	.530*	-.380
월평균수입(1000엔)	.399*	-.218
연령	.228*	-.102
현 직장에서 근무한 년수	.209*	-.119
현재의 주택에 거주한 년수	.120*	.090
결혼상태	.069	.779*
월평균집세(1000엔)	.163	-.166*
은행의 고객이 된 년수	-.093	-.131*
주택소유여부	.001	.024*

판별변수와 표준화 정준 판별함수 간의 집단-내 통합 상관행렬. 변수는 함수내 상관행렬의 절대값 크기순으로 정렬되어 있습니다.

*. 각 변수와 임의의 판별함수 간의 가장 큰 절대 상관행렬

(5) 첫 번째 판별함수의 경우

⇒ ㉠ 상관계수의 절대값이 가장 큰 것은 0.552인 신용카드 사용여부이므로 가장 큰 기여를 하고 있다.

㉡ 다음으로 피교육년수(0.530)가 높은 기여를 한다.

(6) 두 번째 판별함수의 경우

⇒ ㉠ 결혼상태(0.779)가 가장 큰 기여를 한다.

함수의 집단중심점

은행에서 판별한 신용도 정도	함수	
	1	2
양호	.861	-.257
모호	-.390	1.040
불량	-2.648	-.530

표준화하지 않은 정준 판별함수가 집단 평균에 대해 계산되었습니다.

(7) 2개의 판별함수를 X축, Y축으로 하였을 때 각 집단의 중심점에 대한 좌표가 출력. 되었다

도표는 새로운 개체가 어떠한 집단에 소속될 것인가 판별할 때 필요한 값이다. 즉, 집단 중심점에 가까운 개체는 그 집단구성원으로 판별된다.

< 판별분석의 정확도를 조사한다. >

분류 통계량

집단에 대한 사전확률

은행에서 판별한 신용도 정도	사전확률	분석에 사용된 케이스	
		가중되지 않음	가중됨
양호	.605	216	216.000
모호	.232	83	83.000
불량	.162	58	58.000
합계	1.000	357	357.000

(8) 총 자료 357명에서 양호에 해당하는 216명의 비율은 216 / 357 = 0.605이다. 비율 0.605는 양호에 해당하는 사전확률이 된다.

분류결과[a]

		은행에서 판별한 신용도 정도	예측 소속집단			전체
			양호	모호	불량	
원래값	빈도	양호	211	4	1	216
		모호	27	50	6	83
		불량	5	9	44	58
	%	양호	97.7	1.9	.5	100.0
		모호	32.5	60.2	7.2	100.0
		불량	8.6	15.5	75.9	100.0

a. 원래의 집단 케이스 중 85.4%이(가) 올바로 분류되었습니다.

(9) ① 신용도가 양호한 고객 216명중에 97.7%에 해당하는 211명은 양호로 정확하게 판별되었다.

그러나 4명은 신용도가 모호한 고객으로,

1명은 신용이 불량한 고객으로 잘못 판단되었다.

② 신용도가 모호한 고객 83명중 60.2%인 50명은 정확하게 판별하였다.

③ 신용도가 불량인 고객 58명중 75.9%인 44명은 정확하게 판별하였다.

④ 앞에서 유도된 판별함수로 전체고객의 85.4%를 정확하게 판별할 수 있다.

전체비율 : (211+50+44) / 357 = 0.8543

영역도에서 사용한 기호

기호	집단	설명
1	0	양호
2	1	모호
3	2	불량

* 집단 중심 표시

케이스별 통계량

	케이스 수	실제집단	예측집단	최대집단 P(D>d | G=g) 확률	자유도	P(G=g | D=d)	중심값까지의 제곱 Mahalanobis 거리	두 번째로 큰 최대집단 집단	P(G=g | D=d)	중심값까지의 제곱 Mahalanobis 거리	판별점수 함수 1	함수 2
원래값	1	0	0	.746	2	.767	.587	1	.230	1.084	.282	.245
	2	1	1	.366	2	.733	2.009	0	.267	5.944	.489	2.152
	3	1	0**	.158	2	.997	3.692	1	.003	13.359	1.579	-2.039
	4	0	0	.763	2	.779	.542	1	.218	1.176	.265	.175
	5	0	0	.007	2	1.000	9.790	1	.000	23.127	3.810	-1.304
	6	0	0	.687	2	.966	.752	1	.033	5.593	.631	-1.093
	7	0	0	.402	2	.539	1.824	1	.450	.275	-.229	.541

(10) 각 케이스에 대한 결과로서 출력되는 출력 수는 10개로 한정하였다. 그러므로 각 케이스별로 어떠한 집단으로 분류되는지를 확인할 수 있다. 3번째 케이스 수에서 실제집단은 1인데 예측집단은 0으로 나타났다.

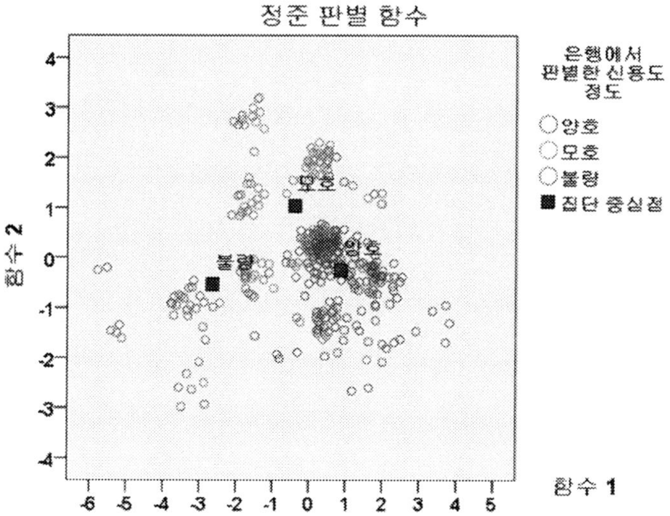

영역도

정준 판별 함수 2

```
    -8.0      -6.0      -4.0      -2.0        .0       2.0       4.0       6.0       8.0
      +---------+---------+---------+---------+---------+---------+---------+---------+
  8.0 +   32                                                                      221 +
      I    32                                                                    2211 I
      I     322                                                                2211   I
      I      332                                                              211     I
      I        32                                                           221       I
      I         32                                                        2211        I
  6.0 +         +32       +         +         +         +         +      211+         +
      I           32                                                   221            I
      I            322                                               2211             I
      I             332                                            2211               I
      I               32                                          211                 I
      I                32                                       221                   I
  4.0 +         +      32+         +         +         +     2211+         +         +
      I                  32                                 2211                      I
      I                   32                               211                        I
      I                    322                           221                          I
      I                     332                        2211                           I
      I                       32                      211                             I
  2.0 +         +         +    32   +         +     221 +         +         +         +
      I                         32                2211                                I
      I                          32             2211                                  I
      I                           322       *  211                                    I
      I                            332       221                                      I
      I                              32    2211                                       I
   .0 +         +         +         + 32 2211 +         +         +         +         +
      I                                3211        *                                  I
      I                           *     31                                            I
      I                                 31                                            I
      I                                 31                                            I
      I                                 31                                            I
 -2.0 +         +         +         +   31    +         +         +         +         +
      I                                 31                                            I
      I                                 31                                            I
      I                                  31                                           I
      I                                  31                                           I
      I                                  31                                           I
 -4.0 +         +         +         +    31   +         +         +         +         +
      I                                  31                                           I
      I                                  31                                           I
      I                                  31                                           I
      I                                   31                                          I
      I                                   31                                          I
 -6.0 +         +         +         +     31  +         +         +         +         +
      I                                    31                                         I
      I                                    31                                         I
      I                                    31                                         I
      I                                    31                                         I
      I                                    31                                         I
 -8.0 +                                     31                                        +
      +---------+---------+---------+---------+---------+---------+---------+---------+
    -8.0      -6.0      -4.0      -2.0        .0       2.0       4.0       6.0       8.0
```

(11) 각 집단별로 분류된 결과를 도표로 일목요연하게 출력하였다.

판별방법에는

1. 새로운 개체가 어떠한 집단에 소속될 것인가를 판별하는 판별함수와
2. Fisher가 제시한 분류함수에 의한 방법이 있다.

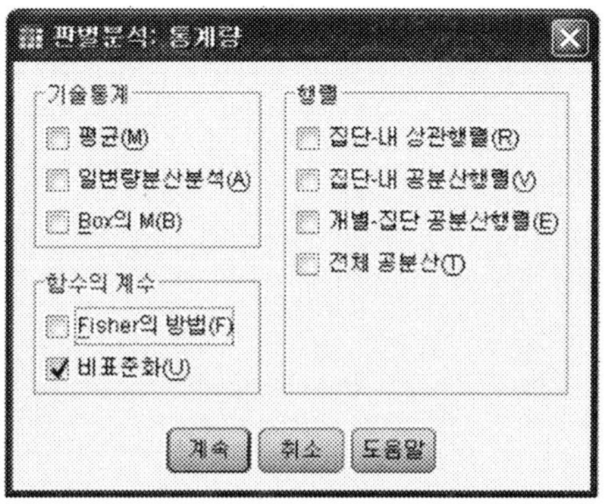

S P S S 결과

정준 판별함수 계수

	함수	
	1	2
결혼상태	-.136	1.588
신용카드 사용여부	3.609	1.197
주택소유여부	-.110	-.012
월평균집세(1000엔)	.000	.000
월평균수입(1000엔)	.003	.001
연령	-.039	.009
현재의 주택에 거주한 년수	.009	.004
피교육년수	.398	-.247
은행의 고객이 된 년수	-.040	-.040
현 직장에서 근무한 년수	.072	-.063
(상수)	-9.601	1.517

표준화하지 않은 계수

함수의 집단중심점

은행에서 판별한 신용도 정도	함수	
	1	2
양호	.861	-.257
모호	-.390	1.040
불량	-2.648	-.530

표준화하지 않은 정준 판별함수가 집단 평균에 대해 계산되었습니다.

(12) ① 계수를 적용하여 2개의 판별함수식이 유도된다.
② 새로운 개체의 변수 값들을 판별함수식에 대입하여 값을 계산한다.
③ 각 집단의 중심값(함수의 집단중심점)과 비교하여 집단소속을 판별한다.

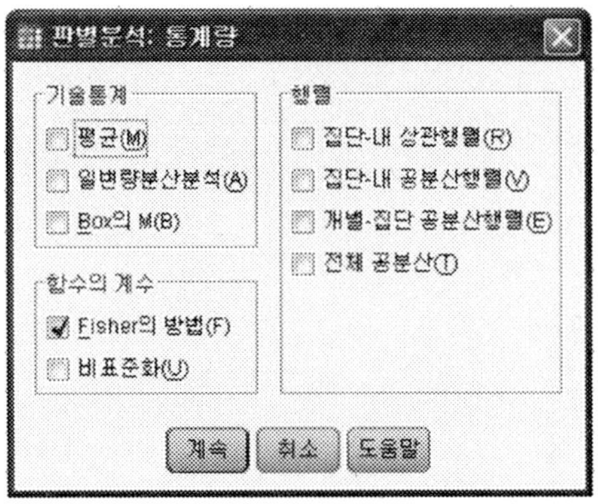

S P S S 결과

분류 함수 계수

	은행에서 판별한 신용도 정도		
	양호	모호	불량
결혼상태	.872	3.102	.916
신용카드 사용여부	30.374	27.413	17.382
주택소유여부	2.017	2.140	2.408
월평균집세(1000엔)	.001	.000	-4.878E-5
월평균수입(1000엔)	-.059	-.062	-.069
연령	.084	.144	.219
현재의 주택에 거주한 년수	-.058	-.065	-.091
피교육년수	10.313	9.495	8.985
은행의 고객이 된 년수	.177	.174	.327
현 직장에서 근무한 년수	-.149	-.320	-.384
(상수)	-90.672	-77.868	-61.954

Fisher의 선형 판별함수

(13) 일반적으로 분류함수를 이용하여 많이 사용한다.

① 계수를 이용하여 3개의 분류함수를 만든다.

② 새로운 개체의 변수값을 3개의 분류함수에 대입하여 3개의 값을 계산한다.

③ 계산한 3가지 분류점수 중에서 가장 큰 값을 갖는 분류점수에 해당하는 집단으로 판별한다.

제 7 장 대응분석

대응분석(대응일치분석, *ANACOR*, Correspondence Analysis)은 앙케트의 질문에 대한 회답의 패턴에 주목하여, 패턴이 비슷한 응답자(개인 또는 집단)와 비슷하지 않는 응답자를 분류하는 기법이다. 이 기법은 질문항목끼리의 관계도 동시에 분석할 수 있다.

시장조사 서베이조사를 비롯해 많이 접하는 데이터는 범주형 데이터이다. 그러므로 범주형 데이터를 요약하는 전통적인 방법은 교차표를 작성한다.

대응분석은 2차원 교차표로 나타낼 수 있는 정보를 도식화하는 분석방법이다.
대응분석(최적화 척도법)은 범주형 변수에 적용한다.
(연속형 변수에는 다차원 척도법을 적용한다.)

(1). 두 범주형 변수의 상관관계를 분석하고자 할 때는 교차표를 작성한다.
(2). 두 변수간의 독립성검정(카이제곱검정)을 하여 통계적으로 유의한 상관이 있다고 판단될 때는 두 변수 간에 얼마만큼 연관성이 있는지를 나타내는 상관도를 계산한 상관도는 단지 두 변수간의 상관의 정도만을 나타내지만 두 변수의 각 수준별로는 어떻게 상관이 있는지에 대하여는 정보를 제공하지 못한다.
(3). 대응일치 분석은 두 변수의 각 수준별 관측점들을 2차 평면상에 도식화 함으서 개개의 수준에 따른 차이를 명확히 볼 수 있게 한다.

1. 일반적 대응분석

대응분석(對應分析, correspondence analysis)은 행의 수가 p이고 열의 수가 q인 2원 분할표를 저차원 공간에 표현한다.

*. 행들이 서로 얼마나 가깝고 먼 사이인가를 알게 된다.
*. 행들의 열 특성을 한 눈에 알아볼 수 있게 된다.

p × q 분할표 F = { f_{ij} }에서 각 행은 1개의 다항표본으로 볼 수 있다.

($i = 1, 2, \cdots, p$, $j = 1, 2, \cdots, q$)

이런 경우, F의 행 i인 ($f_{i1}, f_{i2}, \cdots, f_{iq}$)의 관측수는 $f_{i+} = \sum_{j=1}^{q} f_{ij}$ 이고 각 관측이 q 개의 범주로 나뉘는 다항표본이다.

만약 그렇게 간주하는 것이 적절하지 않는 경우는 행과 열을 바꾸어 놓으면 그렇게 볼 수 있다.

2원 분할표에 대하여 일반적으로 적용되는 통계적 방법은 카이제곱 검정으로 열 범주의 상대적 빈도에 대한 행 표본들의 균일성 가설(또는 행과 열의 독립성 가설)을 테스트 할 수 있다. (다항 표본들이 균일하다는 것은 모두 한 다항분포로부터 실현됨을 의미한다.)

카이제곱 검정 통계량은 다음과 같다.

$$\chi^2 = \sum_{i=1}^{p} \sum_{j=1}^{q} \frac{(f_{ij} - f_{i+} f_{+j} / n)^2}{f_{i+} f_{+j} / n}$$

단, f_{i+} 와 f_{+j} 는 각각 행 i 빈도와 열 j의 빈도이다.

n 은 전체 빈도합이다.

$$f_{i+} = \sum_{j=1}^{q} f_{ij} \qquad i = 1, 2, \cdots, p$$

$$f_{+j} = \sum_{i=1}^{p} f_{ij} \qquad j = 1, 2, \cdots, q$$

$$n = \sum_{i=1}^{p} \sum_{j=1}^{q} f_{ij}$$

2. 대칭적 대응분석

일반적인 대응분석에서는 행을 다항 표본으로 열을 범주로 간주하였다. 즉, 행과 열을 대칭적으로 다루지 않았다. 그러므로 분할표 작성시 어느 범주형 변수를 행으로 할 것인지를 잘 생각하여 결정하여야 한다.

일반적으로 인구적인 변인(나이 그룹, 교육수준 등)은 행으로
응답자 반응(선호하는 것, 태도 등)은 열로 잡는다.

(예). 20세 이상의 유권자를 대상으로 지지후보를 조사한 자료를 분석할 때는
유권자의 나이 대(20대, 30대, 40대, 50대, 60대, 기타)는 행으로
지지 후보(갑, 을, 병, 정, … 등)는 열로 하여 분석한다.

특별한 분할표에서는 행과 열을 대칭적으로 다룰 필요가 있다.
예로서 행과 열이 모두 응답자 반응일 때는 동일하게(즉, 대칭적으로) 다루어야 한다.

이원 분할표를 F = $\{ f_{ij} \}$라 하고 행과 열에 각각 아래의 벡터라는 수치를 부여하기로 한다. ($i = 1, 2, \cdots, p$, $j = 1, 2, \cdots, q$)

$$x = \begin{pmatrix} x_1 \\ x_2 \\ \vdots \\ x_p \end{pmatrix} \qquad y = \begin{pmatrix} y_1 \\ y_2 \\ \vdots \\ y_q \end{pmatrix}$$

그러므로 대응분석은 행 범주와 열 범주에 최적 수치를 붙이는데 활용될 수 있다.
그 방법은 다음과 같다.

분할표 F는 총 n 개 개체로부터 구성된다. 단, $n = \sum_{i=1}^{p} \sum_{j=1}^{q} f_{ij}$

분할표에서 칸 (i , j)로 분류되는 개체에는 수량화 값 (x_i , y_j)가 붙게 된다.

그러므로

$$\sum_{i=1}^{p} f_{i+}\, x_i / n = 0 \quad , \quad \sum_{i=1}^{p} f_{i+}\, x_i^2 / n = 1$$

$$\sum_{j=1}^{q} f_{+j}\, y_j / n = 0 \quad , \quad \sum_{j=1}^{q} f_{+j}\, y_j^2 / n = 1$$

위의 식을 만족하는 제약식(각각 평균과 분산이 0과 1임을 의미한다.)하에서 행 수량화 값과 열 수량화 값 사이의 상관계수(r_{xy})는 다음과 같다.

$$r_{xy} = \frac{\sum_{i=1}^{p}\sum_{j=1}^{q} f_{ij}\, x_i\, y_j / n}{\sqrt{\sum_{i=1}^{p} f_{i+}\, x_i^2 / n}\ \sqrt{\sum_{j=1}^{q} f_{+j}\, y_j^2 / n}}$$

상관계수를 최대화 하기위하여 p × 1 벡터 x 와 q × 1 벡터 y를 구하면 그 결과는 행과 열에 대한 표준좌표 값과 일치하고 상관계수의 최대값은 표준화된 F 행렬의 비 정칙과 같게 된다.

그런데 상관계수 r_{xy}는 x와 y가 각각 상수배가 되더라도 변함이 없으므로 행과 열에 대하여 주 좌표값을 부여하여도 마찬가지다.

또한 행과 열에 대하여 대칭 좌표값을 부여하는 방법도 있을 것이다.

정리. 1. 프랑스(대응분석의 원조)에서는 행과 열에 주 좌표를 활용한다.

2. 일본의 하야시-수량화 Ⅲ에서는 행과 열에 표준좌표를 활용한다.

3. 비정칙값에 제곱근을 취하여 행과 열에 반씩 반영한 대칭좌표 방법이 가장 합리적이다.

위의 3방법 모두 대칭적 대응분석(symmetric correspondence analysis)이라 한다.

3. 다중 대응분석

대응분석은 분할표의 데이터에 적용하였다. 분할표라고 하는 것은 두 변수의 관계를 나타내는 데이터표이다. 그러므로 대응분석은 변수의 수가 2개 일 때 적용할 수 있는 기법이다. 다중 대응분석은 변수의 수가 3개 이상이 되었을 때 이용하는 기법이다.

문제 7-1 단어구사 (일반적 대응분석)

장애학생 4명을 일정 시간동안 서로 대화를 하도록 하였다. 대화하는 도중에 특수 단어를 구사하는 출현빈도를 조사한 자료는 다음과 같다. (학생의 이름은 김, 이 박, 최 학생이다.) 아래의 2원 분할표는 4명 학생(=p)이 6개 단어 활용 특성(=q)에 관한 자료이다. 특정단어의 사용빈도에 있어 어떠한 차이가 있는가를 분석하라.

단어 / 이름	아	안	이것	그것	같이	없이	합계
김	147	25	32	94	59	18	375
이	186	26	39	105	74	10	440
박	101	11	15	37	28	10	202
최	83	29	15	22	43	4	196
합계	517	91	101	258	204	42	1213

(풀이)

1. 자료를 입력한다.

	이름	단어	자료
1	1	1	147
2	1	2	25
3	1	3	32
4	1	4	94
5	1	5	59
6	1	6	18
7	2	1	186

2. 자료에 대하여 가중치를 부여한다.

①. 데이터 > 가중케이스를 클릭한다.

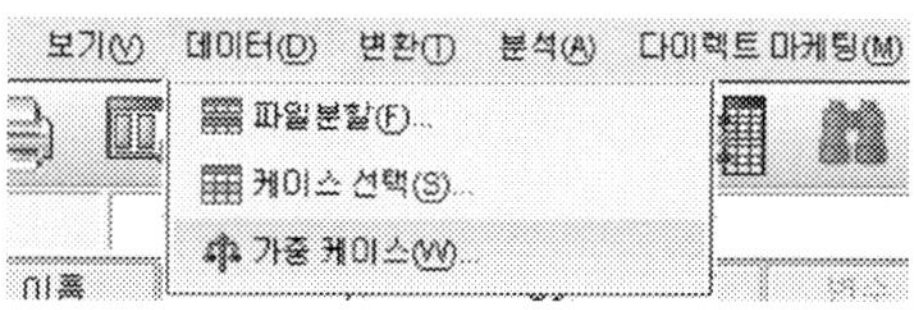

②. 가중케이스 상자에서 가중케이스 지정을 선택하고 자료를 빈도변수 칸으로 이동한다.

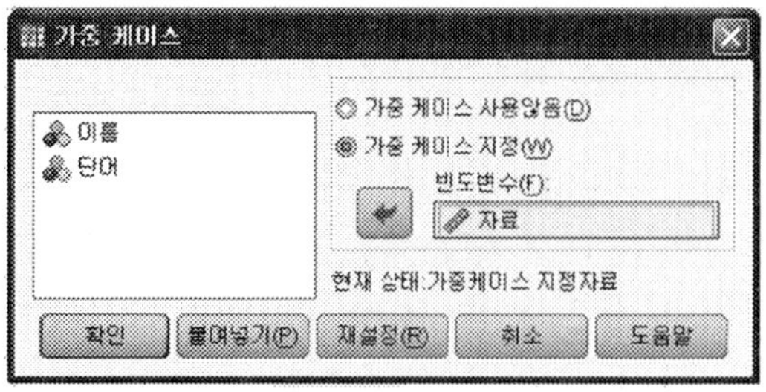

3. 자료를 분석한다.
   ①. 분석 > 기술통계량 > 교차분석을 클릭한다.
   ②. 교차분석 상자에서 행에는 이름을
   열에는 단어를 입력한다.
   ③. 통계량을 선택하여 나타난 상자에는 카이제곱을 선택한다.
   ④. 셀을 선택하여 관측빈도, 행, 전체를 클리관다.

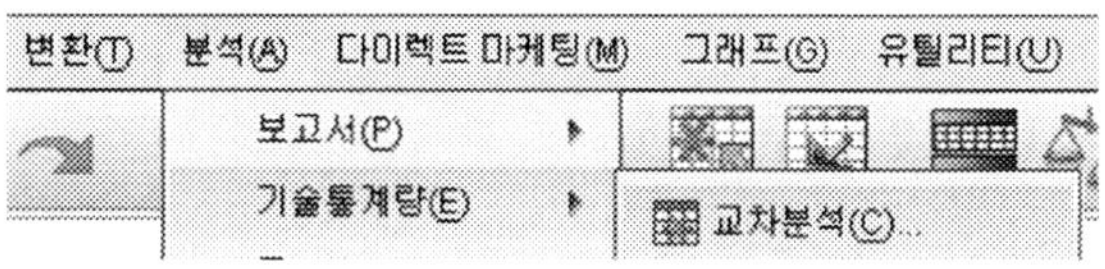

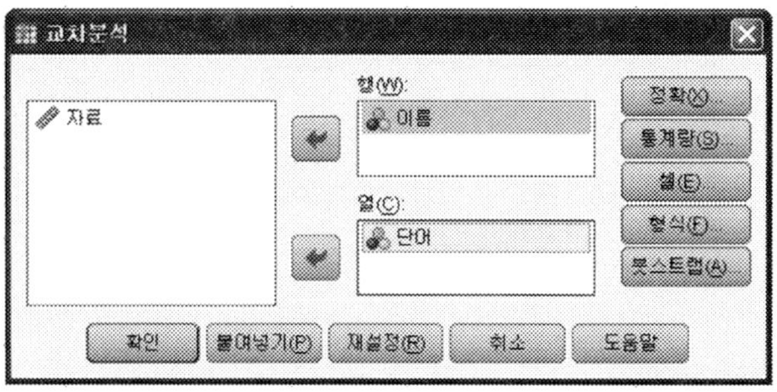

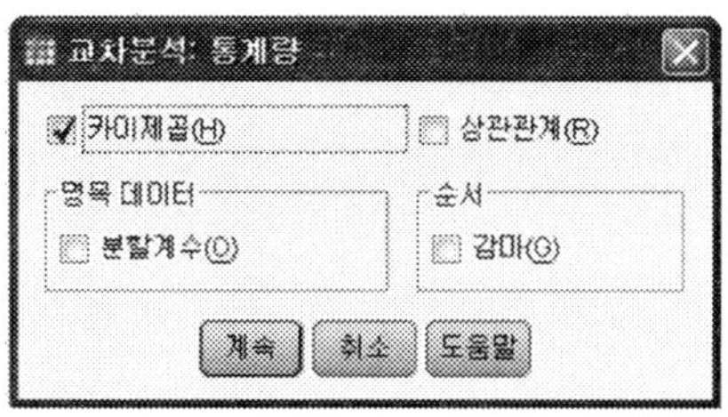

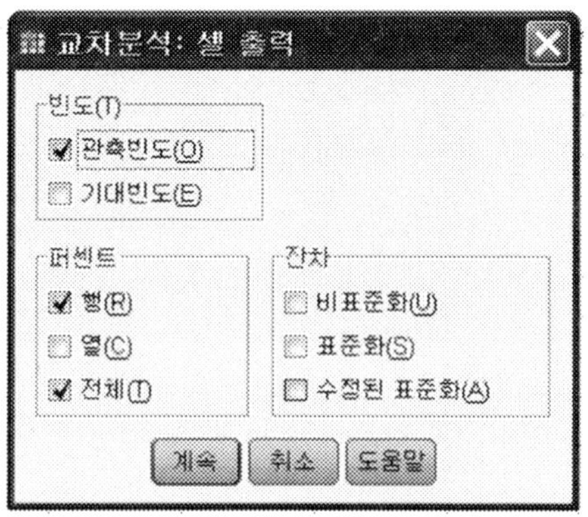

S P S S 결과

이름 * 단어 교차표

			단어						전체
			아	안	이것	그것	같이	없이	
이름	김	빈도	147	25	32	94	59	18	375
		이름 중 %	39.2%	6.7%	8.5%	25.1%	15.7%	4.8%	100.0%
		전체 %	12.1%	2.1%	2.6%	7.7%	4.9%	1.5%	30.9%
	이	빈도	186	26	39	105	74	10	440
		이름 중 %	42.3%	5.9%	8.9%	23.9%	16.8%	2.3%	100.0%
		전체 %	15.3%	2.1%	3.2%	8.7%	6.1%	.8%	36.3%
	박	빈도	101	11	15	37	28	10	202
		이름 중 %	50.0%	5.4%	7.4%	18.3%	13.9%	5.0%	100.0%
		전체 %	8.3%	.9%	1.2%	3.1%	2.3%	.8%	16.7%
	최	빈도	83	29	15	22	43	4	196
		이름 중 %	42.3%	14.8%	7.7%	11.2%	21.9%	2.0%	100.0%
		전체 %	6.8%	2.4%	1.2%	1.8%	3.5%	.3%	16.2%
전체		빈도	517	91	101	258	204	42	1213
		이름 중 %	42.6%	7.5%	8.3%	21.3%	16.8%	3.5%	100.0%
		전체 %	42.6%	7.5%	8.3%	21.3%	16.8%	3.5%	100.0%

(1) 이름*단어 교차표의 도수는 원시 자료와 동일하다.
그리고 각 도수에 대하여 백분율의 값이 나타났다.

카이제곱 검정

	값	자유도	점근 유의확률 (양측검정)
Pearson 카이제곱	45.578[a]	15	.000
우도비	44.324	15	.000
선형 대 선형결합	4.195	1	.041
유효 케이스 수	1213		

a. 0 셀 (.0%)은(는) 5보다 작은 기대 빈도를 가지는 셀입니다. 최소 기대빈도는 6.79입니다.

(2) 분할표에서 카이제곱 통계량은 45.578이고 자유도는 15 유의확률 P 값은 0.000 이므로 귀무가설을 기각한다.
그러므로 두 집단 (이름과 단어)집단 사이에는 차이가 있다고 할 수 있다.
따라서, 행과 열 사이에는 어떤 식으로든지 연관 되어 있음을 알 수 있다.
그러나 카이제곱 검정은 행과 열의 결합 양상을 보여 주지는 못한다.

대응분석(단순 대응분석)은 2원 분할표의 행과 열의 결합 양상(pattern)을 보기위한 자료기술기법이다.

행 i 프로파일을 나타내면 다음과 같다.

$$a_i = (f_{i1} / f_{i+} , f_{i2} / f_{i+} , \cdots , f_{iq} / f_{i+}) \qquad i = 1, 2, \cdots , p$$

즉, 행 3과 행 4의 프로파일은 다음과 같다.

행 3 = (0.500 , 0.054 , 0.074 , 0.183 , 0.139 , 0.050)

행 4 = (0.424 , 0.148 , 0.077 , 0.112 , 0.219 , 0.020)

각 프로파일에서 요소들의 합은 1.0이므로 프로파일들 $a_1 , a_2 , \cdots , a_p$ 는 q 차원 심플렉스 S^q에 속하게 된다.

즉, $$\sum_{j=1}^{q} a_{ij} = 1 \quad , \quad i = 1, 2, \cdots , p$$

대응분석은 심플렉스 S^q 내의 p개 점 $a_1 , a_2 , \cdots , a_p$ 에 대한 일종의 주성분 분석이다.

일반적으로 주성분 분석과 다른 점은 2 가지이다.

1. 프로파일 a_i에 가중치로서 행 i의 상대적 빈도인 r_i 을 생각한다.

$$r_i = f_{i+} / n \quad , \quad i = 1, 2, \cdots , p$$

즉, 행 1, 2, 3, 4에 아래와 같은 가중치가 부여된다.

$r_1 = 0.309$ (= 375 / 1213) $r_2 = 0.363$ (= 440 / 1213)

$r_3 = 0.167$ (= 202 / 1213) $r_4 = 0.162$ (= 196 / 1213)

2. 통상적인 유클리드 거리 대신 카이제곱 거리를 심플렉스 S^q 내의 p개 점 $a_1 , a_2 , \cdots , a_p$ 간 거리를 정의로 한다.

*. a_i 와 a_j 사이(제곱)거리는 다음과 같다.

$$d^2(a_i, a_j) = (a_i - a_j)' D_c^{-1} (a_i - a_j)$$

여기서 D_c 는 행 평균 c를 대각으로 하는 대각행렬이다.
즉, D_c = diag (c)
= diag (f_{+1}/n, f_{+2}/n, ⋯ , f_{+q}/n)

분할표에서는 c = (0.426 , 0.075 , 0.083 , 0.213 , 0.168 , 0.035) 이다.

*. a_3 와 a_4 사이(제곱)거리는 다음과 같다. (행 3과 행 4사이의 거리)
$d^2(a_3, a_4)$

$$= \frac{(0.500-0.424)^2}{0.426} + \frac{(0.054-0.148)^2}{0.075} + \frac{(0.074-0.077)^2}{0.083}$$
$$+ \frac{(0.183-0.112)^2}{0.213} + \frac{(0.139-0.219)^2}{0.168} + \frac{(0.05-0.020)^2}{0.035}$$
$$= 0.218956643$$

이와 같이 카이제곱 거리는 열 범주들을 전반적인 상대적 빈도를 고려하여 행간의 거리를 계산할 때마다 각각 다르게 반영한다. 이것이 유클리드 거리와 다른점이다.

이와 같은 기하학적 배경으로 대응분석은 주성분분석과 같이 차원 축소를 통하여 p개 행 표본과 q 개 열 범주를 저차원 공간에 표현해 낸다.

*. S P S S의 모형에서 정규화방법을 선택할 때는 적절하게 선택하여야한다.

①. 대칭적 : 행과 열에 양쪽에 관심이 있고, 행과 열의 관계에도 관심이 있다.
②. 주성분 : 행과 열에 양쪽에 관심이 있고, 행과 열의 관계에는 관심이 없다.
③. 행 주성분 : 행에만 관심이 있다.
④. 열 주성분 : 열에만 관심이 있다.

*. 대응일치분석 실시

1. 자료를 입력한다.

	이름	단어	자료
1	1	1	147
2	1	2	25
3	1	3	32
4	1	4	94
5	1	5	59
6	1	6	18
7	2	1	186

2. 분석 > 차원감소 > 대응일치분석을 클릭한다.

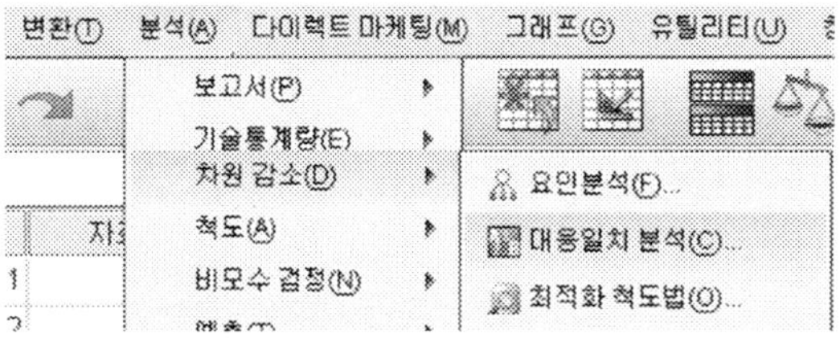

3. 대화상자에서 행에는 이름(1,5)을 입력한다.
열에는 단어(1,6)를 입력한다.

4. 모형을 선택하여 카이제곱, 행과 열 평균 제거, 행 주성분을 클릭한다.
5. 통계량을 선택하여 대응일치표, 행점개요, 열점개요를 클릭한다.
6. 도표를 선택하여 Bi – 플롯, 행 점, 열 점, 변환된 행 범주, 변환된 열 범주를 클릭한다.

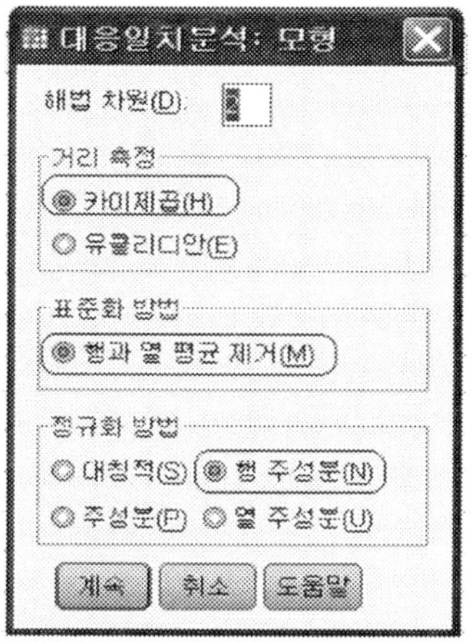

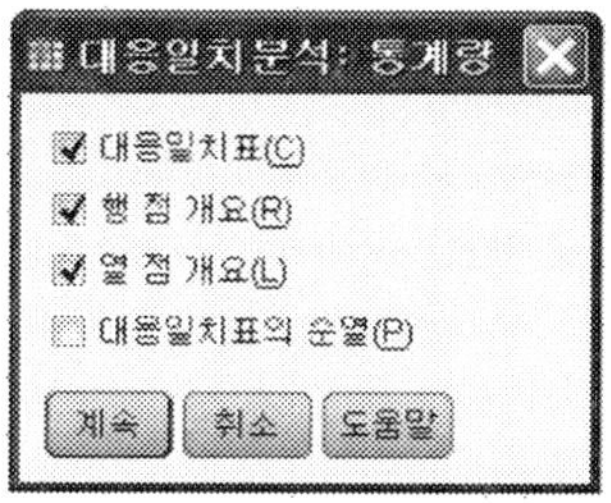

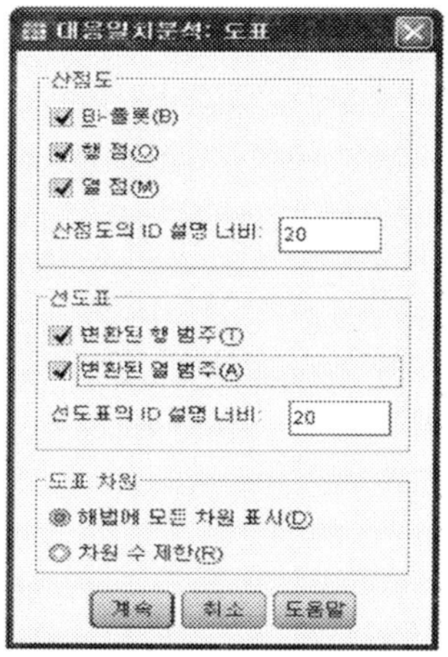

S P S S 결과

대응

정규화 방법으로 행주좌표를 선택했다는 것은 행 범주는 주좌표로 열 범주는 표준좌표로 계산하도록 의미한다.

대응일치표

이름	단어						
	아	안	이것	그것	같이	없이	액티브 주변
김	147	25	32	94	59	18	375
이	186	26	39	105	74	10	440
박	101	11	15	37	28	10	202
최	83	29	15	22	43	4	196
액티브 주변	517	91	101	258	204	42	1213

(1) [문제 7-1]의 도표와 일치한다.

요약

차원					관성비율		신뢰 비정칙값	
								상관계수
	비정칙값	요약 관성	카이제곱	유의확률	설명됨	누적	표준편차	2
1	.165	.027			.727	.727	.030	.018
2	.082	.007			.178	.905	.029	
3	.060	.004			.095	1.000		
전체		.038	45.578	.000[a]	1.000	1.000		

a. 자유도 15

(2) 비정칙값 ($\sqrt{\lambda}$). 고유값 (요약관성 λ), 카이제곱 χ^2 (= $n\lambda$)등을 얻는다.

(3) 일반적으로 # (고유값) = min (p − 1 , q − 1)이다.

자료에서는 0이 아닌 고유값은 3개이다.

즉, #(고유값) = min (4 − 1 , 6 − 1) = 3

(4) 제 1축이 총 카이제곱 값의 72.7%를 설명하고 추가적으로

제 2축이 17.8%를 설명하므로

2차 공간에서 총 90.5% 를 근사(설명)해 낼 수 있다.

(고유값의 감소 패턴을 봐서는 제 1축만 고려하여도 될 것 같다.)

행 포인트 개요[a]

이름	매스	차원의 점수 1	차원의 점수 2	요약 관성	기여도: 차원의 관성에 대한 포인트 1	기여도: 차원의 관성에 대한 포인트 2	기여도: 포인트의 관성에 대한 차원 1	기여도: 포인트의 관성에 대한 차원 2	기여도: 포인트의 관성에 대한 차원 전체
김	.309	.096	-.026	.005	.105	.032	.566	.042	.608
이	.363	.061	-.056	.004	.050	.171	.340	.286	.627
박	.167	.051	.179	.006	.016	.796	.075	.912	.987
최	.162	-.374	-.008	.023	.829	.002	.998	.000	.999
액티브 전체	1.000			.038	1.000	1.00			

a. 행 주성분 정규화

(5) 행과 열의 좌표값을 정리하여 2차원 공간에 플롯하면 다음과 같다.

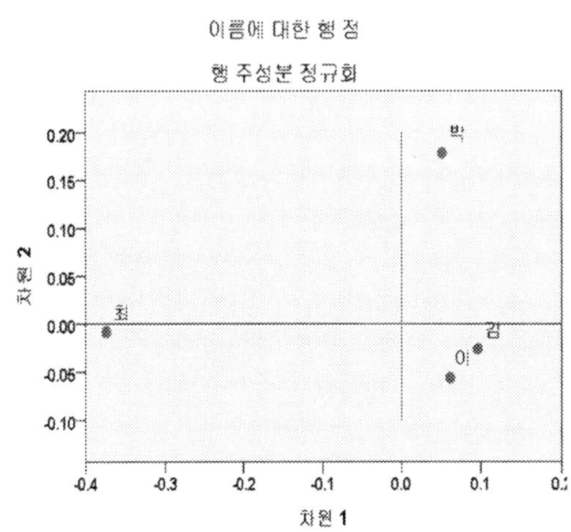

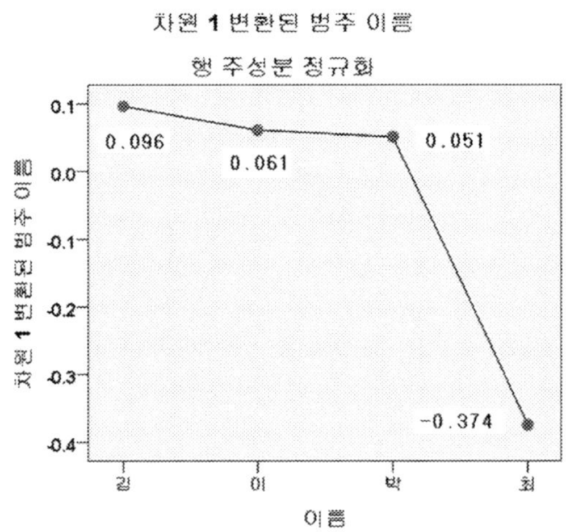

(6) 설명력이 높은 1축을 중심으로 정리하면 다음과 같다.

① "김, 이, 박"이 제 1축의 오른쪽에 밀집해있는 반면 (좌표값 : 0.096, 0.061, 0.051)

② "최"는 왼쪽에 홀로 떨어져있다. (좌표값 : − 0.374)

③ 이것으로부터 김, 이, 박 과 최는 다르다는 것이 구별됨을 알 수 있다.

열 포인트 개요[a]

단어	매스	차원의 점수 1	차원의 점수 2	요약 관성	기여도: 차원의 관성에 대한 포인트 1	기여도: 차원의 관성에 대한 포인트 2	기여도: 포인트의 관성에 대한 차원 1	기여도: 포인트의 관성에 대한 차원 2	기여도: 포인트의 관성에 대한 차원 전체
아	.426	-.026	.893	.003	.000	.340	.003	.762	.764
안	.075	-2.534	-.633	.014	.482	.030	.945	.014	.959
이것	.083	.225	-.692	.000	.004	.040	.294	.680	.974
그것	.213	1.297	-1.110	.012	.358	.262	.842	.151	.994
같이	.168	-.800	-.765	.004	.108	.098	.815	.183	.999
없이	.035	1.186	2.574	.005	.049	.229	.261	.302	.563
액티브 전체	1.000			.038	1.000	1.000			

a. 행 주성분 정규화

(7) 행과 열의 좌표값을 정리하여 2차원 공간에 플롯하면 다음과 같다.

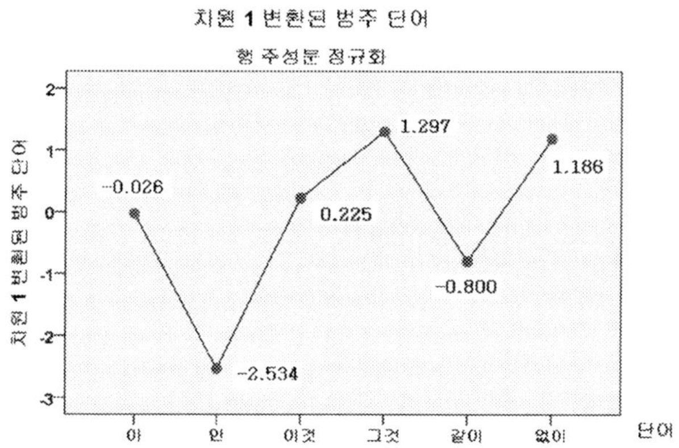

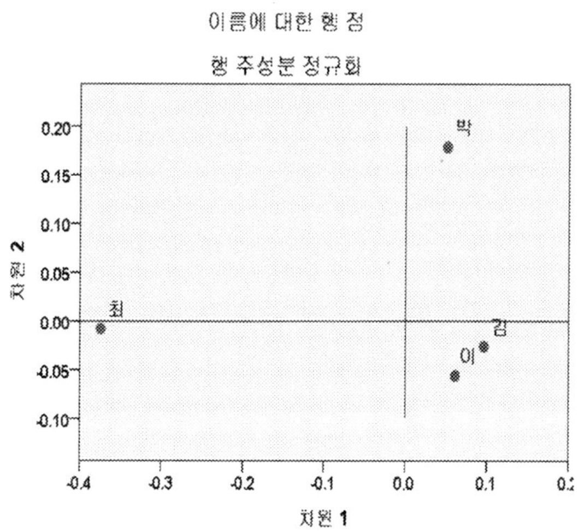

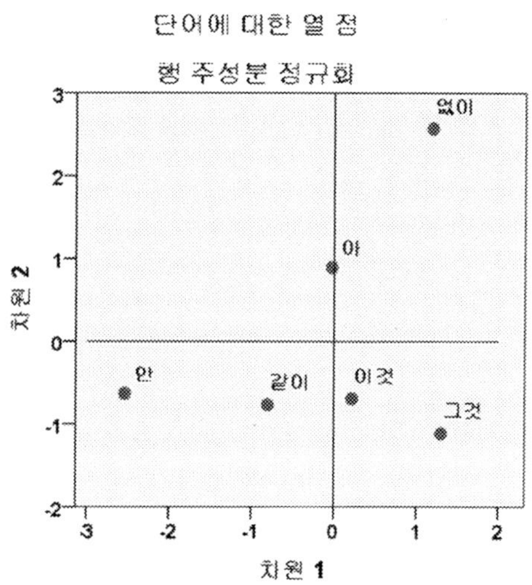

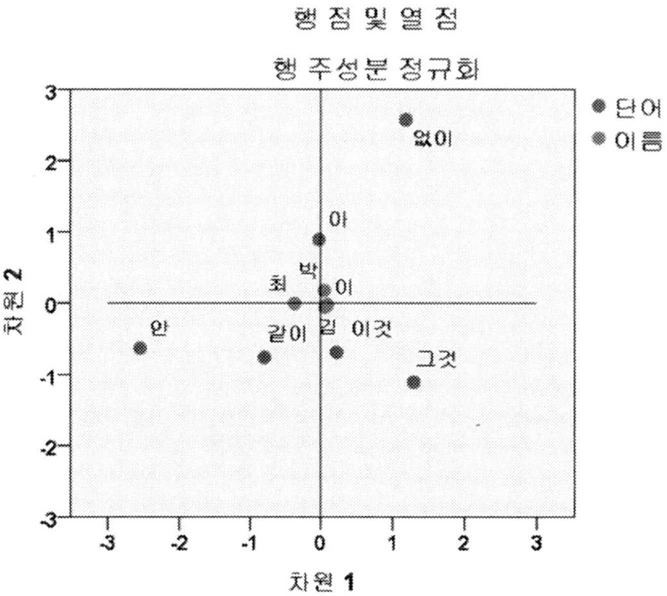

*. 설명력이 높은 1축을 중심으로 정리하면 다음과 같다.

(8) 장애학생은 3그룹 (박), (최), (김, 이)로 나타난다.

(9) 단어의 어휘력은 4그룹 (없이), (아), (안, 같이), (이것, 그것)으로 나타났다.

(10) 이름과 단어를 결합한 결과, 최는 박, 김, 이에 비하여

① "안"과 "같이"의 사용빈도는 높은 반면 (좌표값 : − 2.534 , − 0.800)

② "그것"과 "없이"의 사용빈도는 낮다는 특징이 있다.(좌표값 : 1.297 1.186)

참고 : 열에 대하여 차원2 변환된 범주이름 등을 분석하기바람.

문제 7-2 개인 PC 이미지 관리 (일반적 대응분석)

삼성, 삼보, LG, 현대, 대우, 교동상가 조립품인 6가지 컴퓨터 브랜드에 대하여 32명의 대학생을 대상으로 A/S, 가격, 성능, 확장성, 디자인, 안정성과 다기능성에 대하여 제품의 이미지를 중복으로 허용하여 선택하도록 하여 수집된 자료이다. 분석하라.

이미지 \ 브랜드	삼성	삼보	L,G	현대	대우	조립품
A/S가 좋다.	18	8	4	4	3	3
가격이 저렴하다.	1	2	1	1	0	25
성능이 우수하다.	8	14	3	2	3	8
확장성이 좋다.	7	5	4	3	1	10
디자인이 좋다.	10	5	9	2	1	2
안정성이 높다.	9	9	5	7	1	1
기능이 다양하다.	10	4	4	3	1	7

(풀이)

(1). 브랜드명과 제품이미지를 나타내는 2개의 변수를 준비한다.
그리고 범주형 변수이므로 변수값 설명문을 부여한다.

(2). 대응일치분석의 경우에서는 케이스의 수는 반응의 수이고 변수의 수는 2개이다.
일반적으로 설문지의 데이터 입력에서는 케이스의 수가 설문지의 매수가 되고,
변수의 수는 문항의 수가 된다.

(3). 반응의 수는 가중치로 입력하고 정리한다.

1. 자료를 입력한다.

	브랜드	이미지	가중치
1	1	1	18
2	1	2	1
7	1	7	10
8	2	1	8
9	2	2	2
10	2	3	14

2. ①. 데이터 > 가중케이스를 클릭한다.
②. 가중케이스 상자에서 "가중 케이스 지정"을 선택하고 "가중치"를 입력한다.

3. 분석 > 차원감소 > 대응일치 분석을 클릭한다.
4. 대화상자에서 행에는 브랜드(1,6)를 입력하고, 열에는 이미지(1,7)를 입력한다.

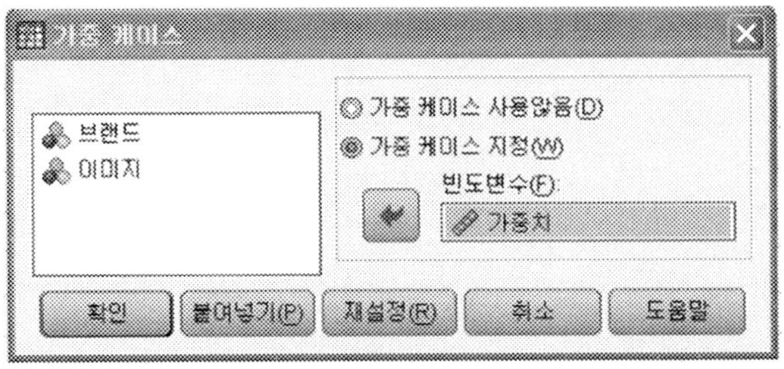

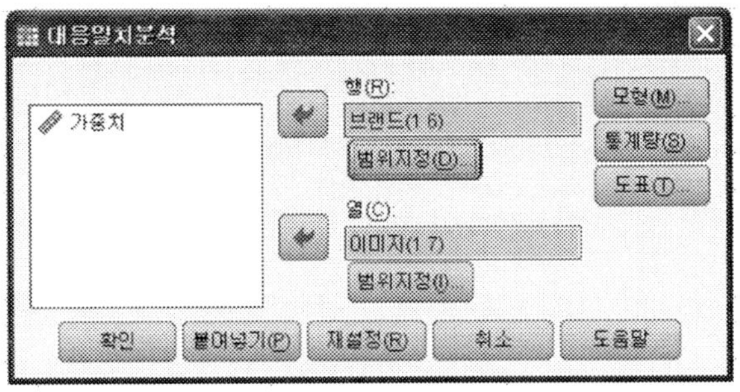

5. 모형을 선택하여 카이제곱, 행과 열 평균제거, 대칭적을 클릭한다.
6. 통계량을 선택하여 대응일치표, 행 점 개요, 열 점 개요를 선택한다.
7. 도표에서는 산점도에서 Bi-플롯, 행 점, 열 점,

선도표에서 변환된 행 범주, 변환된 열 범주를 선택한다.

S P S S 결과

대응일치표

브랜드	이미지							
	A/S가 좋다	가격이 저렴하다	성능이 우수하다	확장성이 좋다	디자인이 좋다	안정성이 높다	기능이 다양하다	액티브 주변
삼성	18	1	8	7	10	9	10	63
삼보	8	2	14	5	5	9	4	47
L,G	4	1	3	4	9	5	4	30
현대	4	1	2	3	2	7	3	22
대우	3	0	3	1	1	1	1	10
조립품	3	25	8	10	2	1	7	56
액티브 주변	40	30	38	30	29	32	29	228

(1) 대응일치표는 원시 자료의 데이터를 나타내었다.

① 가장 많은 반응을 보인 PC제품은 삼성(63), 조립품(56), 삼보(47), LG(30), 현대(22), 대우(10) 순이다. 조립품은 많은 반응을 보이고 가장 적은 반응을 보인 것은 대우인 것으로 나타났다.

일반적으로 말이 많고 탈이 많다고 인정하는 조립품을 대변하는 현상이다. 반면에 대우는 설문의 응답학생들에게는 가장 무미건조한 제품으로 평가된 것이다.

② 제품을 선택하는 학생들은 A/S(40)를 가장 우선적으로 생각하고 기능(29)은 크게 영향을 미치지 않는 것으로 나타났다.

③ 브랜드와 이미지를 연결하여 보면

㉠ 조립품은 가격(25)이 저렴하고 확장성(10)이 좋다.

㉡ 삼성은 A/S(18)가 잘되고 디자인(10)이 세련되고 기능(10)이 다양하고 가격(1)을 제외하면 대부분 지명도가 높은 것으로 나타났다.

㉢ 삼보는 성능(14)이 우수하고 안정성(9)이 좋았다.

㉣ LG는 디자인(9)이 좋은 것으로 나타났다.

요약

차원					관성비율		신뢰 비정칙값	
								상관계수
	비정칙값	요약관성	카이제곱	유의확률	설명됨	누적	표준편차	2
1	.581	.337			.760	.760	.056	.049
2	.230	.053			.119	.879	.070	
3	.169	.029			.064	.944		
4	.158	.025			.056	1.000		
5	.011	.000			.000	1.000		
전체		.444	101.191	.000[a]	1.000	1.000		

a. 자유도 30

(2) 요약 표는 각 차원별로 원래의 데이터가 갖고 있는 정보를 얼마만큼 표현하여 주는가를 알 수 있는 표이다.

① 2차원 평면에서 나타나는 결합도표는 전체 데이터가 갖고 있는 정보의 87.9%(누적 열)를 나타내어 준다고 할 수 있다.

즉, 2차원 공간상에 각 관측점들을 투영하였을 때 약 12.1%의 정보 손실이 발생한다는 것을 의미한다.

② 3차원 공간상에 각 관측점들을 투영 하였다면 원래 데이터가 갖고 있는 정보의 94.4%를 표현할 수 있다.

열 포인트 개요[a]

이미지	매스	차원의 점수		요약 관성	기여도				
					차원의 관성에 대한 포인트		포인트의 관성에 대한 차원		
		1	2		1	2	1	2	전체
A/S가 좋다	.175	-.541	-.069	.045	.088	.004	.659	.004	.663
가격이저렴하다	.132	1.794	.105	.246	.729	.006	.998	.001	.999
성능이 우수하다	.167	-.073	-.881	.036	.002	.563	.014	.820	.834
확장성이 좋다	.132	.265	.142	.006	.016	.012	.848	.096	.944
디자인이 좋다	.127	-.555	.793	.051	.067	.348	.445	.359	.804
안정성이 높다	.140	-.636	-.114	.053	.098	.008	.622	.008	.629
기능이 다양하다	.127	-.032	.327	.005	.000	.059	.014	.580	.594
액티브 전체	1.000			.444	1.000	1.000			

a. 대칭 정규화

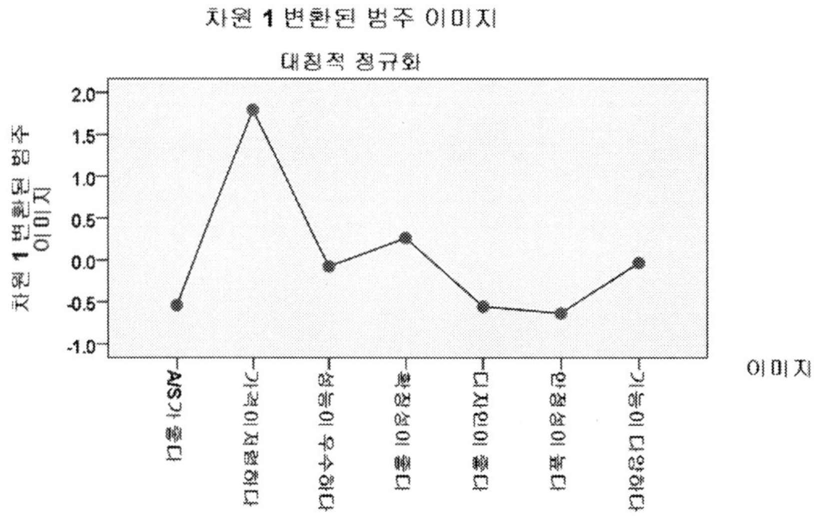

(3) 각 관측점의 공헌도를 검토하기 위해 X축과 Y축을 해석하여야 한다.

제품의 이미지를 분석하기 위해서 정리하면 다음과 같다.

① 제품 이미지에 있어서 X 축에 가장 크게 기여한 것은 가격이다.
가격의 기여도가 72.9%로 나타났다.
그러므로 X축은 가격 축으로 해석하여도 크게 무리가 없다.

② Y 축의 경우에는 성능이 56.3%의 기여도를 나타내었고, 디자인이 34.8%의 기여도를 보이고 있다.
그러므로 Y 축은 성능과 디자인 축으로 해석하면 된다.

행 포인트 개요[a]

브랜드	매스	차원의 점수 1	차원의 점수 2	요약 관성	기여도: 차원의 관성에 대한 포인트 1	기여도: 차원의 관성에 대한 포인트 2	기여도: 포인트의 관성에 대한 차원 1	기여도: 포인트의 관성에 대한 차원 2	기여도: 포인트의 관성에 대한 차원 전체
삼성	.276	-.499	.206	.055	.118	.051	.725	.049	.774
삼보	.206	-.332	-.715	.042	.039	.459	.313	.575	.888
L,G	.132	-.449	.817	.046	.046	.382	.335	.437	.772
현대	.096	-.421	.052	.032	.029	.001	.314	.002	.316
대우	.044	-.482	-.741	.016	.018	.105	.377	.353	.731
조립품	.246	1.332	.043	.253	.750	.002	.999	.000	1.00
액티브 전체	1.000			.444	1.000	1.000			

a. 대칭 정규화

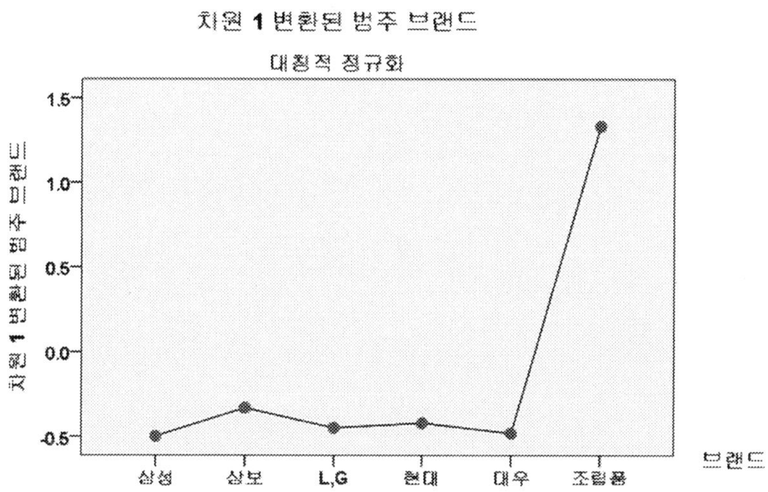

(4) 제품의 브랜드에서 살펴보면 다음과 같다.

① 가격 축인 X 축에 가장 기여한 제품은 교동 조립품으로 약 75.0%의 설명을 보이고 있다.

② 삼보제품은 성능 축에 의하여 약 45.9%정도 설명되어진다.
LG 제품은 디자인 축에 의하여 약 38.2%정도 설명되어진다.

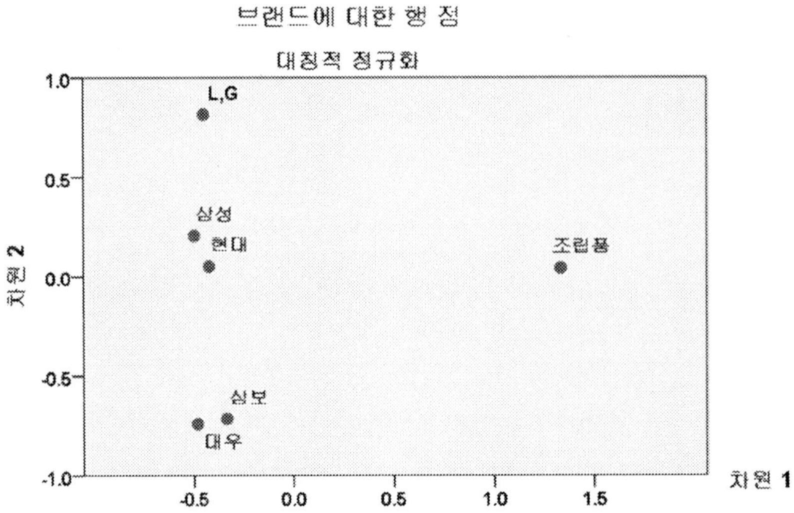

(5) 행 변수인 제품의 브랜드에 따른 각 제품의 위치도이다.

① 삼성과 현대 제품이 매우 근사하게 위치하고 있다.

② 대우와 삼보제품이 역시 근사하게 위치하고 있음을 알 수 있다.

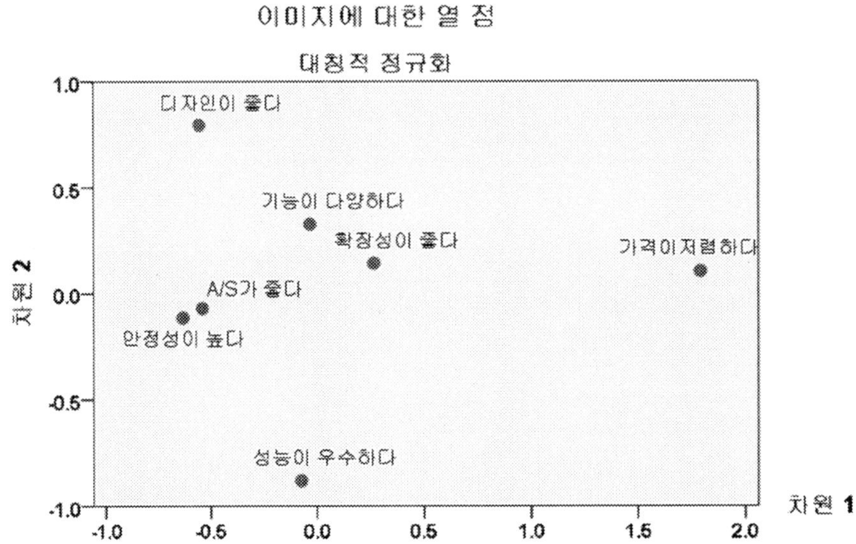

(6) 열변수인 제품의 이미지에 대하여 위치도를 보면 다음과 같다.

① 안정성과 A/S는 매우 근사하게 위치하고 있다.

② 기능과 확장성도 근사하게 위치하고 있다.

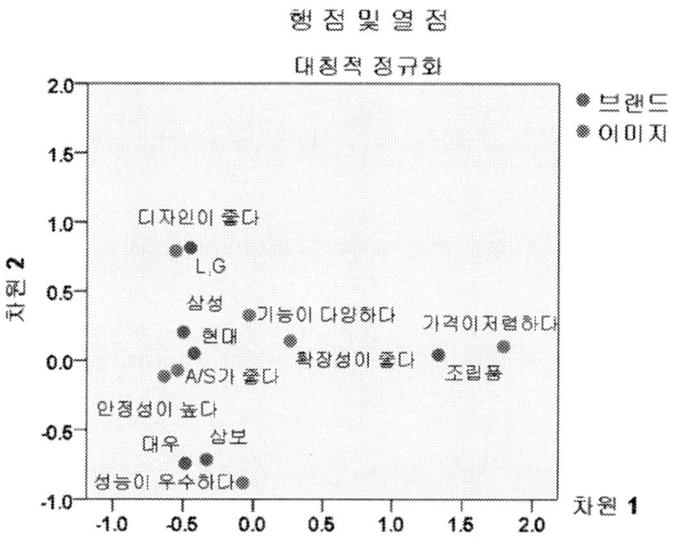

(7) 브랜드와 이미지를 결합한 위치도이다.

① 교동조립품은 가격이 저렴한 것이 가장 특징적인 이미지로 나타났다.

② 삼보와 대우는 성능면에서 가장 부각되는 이미지를 갖고 있다.

③ 삼성과 현대는 안정성과 A/S로 이미지를 갖고 있다.

④ LG는 디자인에서 탁월한 이미지로 부각되었다.

(8) 결론적으로 정리하면 다음과 같다.

① 교동조립품은 저렴한 가격의 이미지가 소비자에게 뚜렷하게 인식되어있다.

② 삼보제품은 우수한 성능의 이미지로 나타났다.

③ LG제품은 세련된 디자인 이미지로 소비자에게 인식되어있다.

④ 회사원, 가정주부, PC와 관련있는 다양한 계층의 사람들에게 적용하여 실시하였다면 계층별로 각 PC제품이 어떠한 이미지로 부각되어 있는지를 분석할 수 있을 것이다.

*. 대응분석은 소비자의 마음속에 인지되고 있는 다양한 이미지와 결합시켜 분석 할 수 있는 방법으로 많이 이용하는 유용한 분석법이다.

문제 7-3 과학예산구성(구성 비율 대응분석)

행은 5개 국가이고, 열은 과학예산의 11개 부분이고, 칸은 국가별 각 부분이 차지하는 비율이다. 따라서 행 합계는 100(%)이다. 자료를 분석하라.

(영국, 독일, 프랑스, 이탈리아, 네델란드)

(탐험, 환경, 건강, 에너지, 농업, 산업, 우주, 대학, 비국방, 국방, 기타)

유럽 5개국의 과학예산 구성

	탐험	환경	건강	에너지	농업	산업	우주	대학	비국방	국방	기타
영국	1.8	1.2	4.4	3.7	4.2	9.0	2.8	16.6	4.8	48.4	3.2
독일	1.9	3.4	3.3	8.8	2.0	15.6	5.0	29.9	12.8	12.7	4.6
프랑스	1.4	0.4	3.6	6.7	3.6	10.7	5.9	12.0	14.7	34.2	6.8
이탈리아	1.4	1.5	5.8	10.1	2.8	22.4	8.8	30.3	6.2	7.0	3.7
네델란드	0.6	3.1	2.5	4.0	4.3	17.6	2.8	40.7	10.3	2.8	11.3

(풀이)

만약 각 나라의 총 과학예산이 금화가 100개라 하면, 표의 칸은 실제 각 부분이 배정 받은 금화의 수이다. 그러므로 각 칸이 정수가 아니라는 것뿐이다. 표는 각 행(나라)의 비중이 동일한 2원 분할표이다. 따라서 대응분석을 그대로 적용할 수 있다.

1. 자료를 입력한다.

	나라	비율	퍼센트
1	1	1	1.8
2	1	2	1.2
9	1	9	4.8
10	1	10	48.4
11	1	11	3.2
12	2	1	1.9
13	2	2	3.4
14	2	3	3.3

2. 분석 > 차원 감소 > 대응일치 분석을 클릭한다.

3. 대화상자에서 행에는 나라(1,5)을 입력하고, 열에는 비율(1,11)을 입력한다.
4. 모형상자에서는 카이제곱, 행과 열 평균 제거, 대칭적을 선택한다.
5. 통계량을 선택하여 대응일치표, 행 점 개요, 열 점 개요를 선택한다.
6. 도표에서는 산점도에서 Bi-플롯, 행 점, 열 점,

선도표에서 변환된 행 범주, 변환된 열 범주를 선택한다.

S P S S 결과

정규화 방법으로 대칭적방법을 선택했다는 것은 행 범주는 대칭(정준)좌표로 열 범주는 대칭(정준)좌표로 계산하도록 의미한다.

대응일치표

나라	배정											
	탐험	환경	건강	에너지	농업	산업	우주	대학	비 국방	국방	기타	액티브 주변
영국	1.800	1.200	4.400	3.700	4.200	9.000	2.800	16.500	4.800	48.40	3.200	100.000
독일	1.900	3.400	3.300	8.800	2.000	15.600	5.000	29.900	12.800	12.70	4.600	100.000
프랑스	1.400	.400	3.600	6.700	3.600	10.700	5.900	12.000	14.700	34.20	6.800	100.000
이탈리아	1.400	1.500	5.800	10.100	2.800	22.400	8.800	30.300	6.200	7.000	3.700	100.000
네델란드	.600	3.100	2.500	4.000	4.300	17.600	2.800	40.700	10.300	2.800	11.300	100.000
액티브 주변	7.100	9.600	19.60	33.300	16.90	75.300	25.30	129.40	48.800	105.1	29.600	500.000

(1) 원 문제의 데이터와 일치한다.

요약

차원					관성비율		신뢰 비정칙값	
								상관계수
	비정칙값	요약관성	카이제곱	유의확률	설명됨	누적	표준편차	2
1	.449	.201			.762	.762	.038	.054
2	.185	.034			.129	.891	.045	
3	.145	.021			.079	.970		
4	.089	.008			.030	1.000		
전체		.264	132.155	.000[a]	1.000	1.000		

a. 자유도 40

(2) 비정칙값, 고유값, 점유비율, 누적비율 등이 나타났다.

① 1축 기여율이 전체 카이제곱 변동의 76.2%를 차지한다.

② 그리고 2축이 12.9%를 차지한다.

③ 첫 두축이 전체의 89.1%를 점유하므로 축소차원수를 2로 설명할 수 있다.

행 포인트 개요[a]

나라	매스	차원의 점수 1	차원의 점수 2	요약 관성	기여도: 차원의 관성에 대한 포인트 1	기여도: 차원의 관성에 대한 포인트 2	기여도: 포인트의 관성에 대한 차원 1	기여도: 포인트의 관성에 대한 차원 2	기여도: 포인트의 관성에 대한 차원 전체
영국	.200	-.995	.131	.096	.441	.019	.921	.007	.927
독일	.200	.312	-.094	.016	.043	.009	.556	.021	.577
프랑스	.200	-.578	-.019	.042	.149	.000	.713	.000	.713
이탈리아	.200	.511	-.679	.043	.116	.499	.547	.396	.943
네델란드	.200	.750	.661	.067	.250	.473	.749	.239	.988
액티브 전체	1.000			.264	1.000	1.000			

a. 대칭 정규화

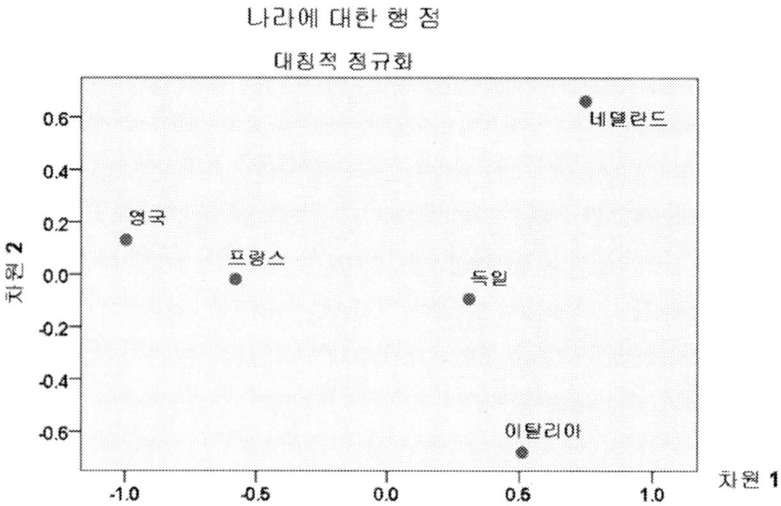

(3) 행(국가)의 주 좌표를 플롯하였다.

① 제 1축에서 왼편부터 영국(−0.995), 프랑스(−0.578), 독일(0.312), 이탈리아(0.511), 네델란드(0.750) 순이다.

② 제 2축은 위에서부터 네델란드(0.661), 영국(0.131), 프랑스(−0.019), 독일(−0.094), 이탈리아(−0.679) 순이다.

열 포인트 개요[a]

배정	매스	차원의 점수 1	차원의 점수 2	요약 관성	기여도: 차원의 관성에 대한 포인트 1	기여도: 차원의 관성에 대한 포인트 2	기여도: 포인트의 관성에 대한 차원 1	기여도: 포인트의 관성에 대한 차원 2	기여도: 포인트의 관성에 대한 차원 전체
탐험	.014	-.264	-.399	.001	.002	.012	.301	.283	.584
환경	.019	.633	.486	.007	.017	.025	.502	.122	.624
건강	.039	-.067	-.577	.003	.000	.071	.025	.753	.777
에너지	.067	.224	-.761	.010	.007	.209	.155	.736	.891
농업	.034	-.129	.395	.002	.001	.029	.112	.433	.545
산업	.151	.425	-.292	.015	.061	.070	.791	.154	.945
우주	.051	.173	-.928	.010	.003	.236	.069	.818	.887
대학	.259	.551	.228	.041	.175	.073	.850	.060	.910
비 국방	.098	.074	.194	.015	.001	.020	.016	.046	.063
국방	.210	-1.236	.082	.145	.715	.008	.995	.002	.997
기타	.059	.353	.880	.015	.016	.249	.223	.573	.796
액티브 전체	1.000			.264	1.000	1.000			

a. 대칭 정규화

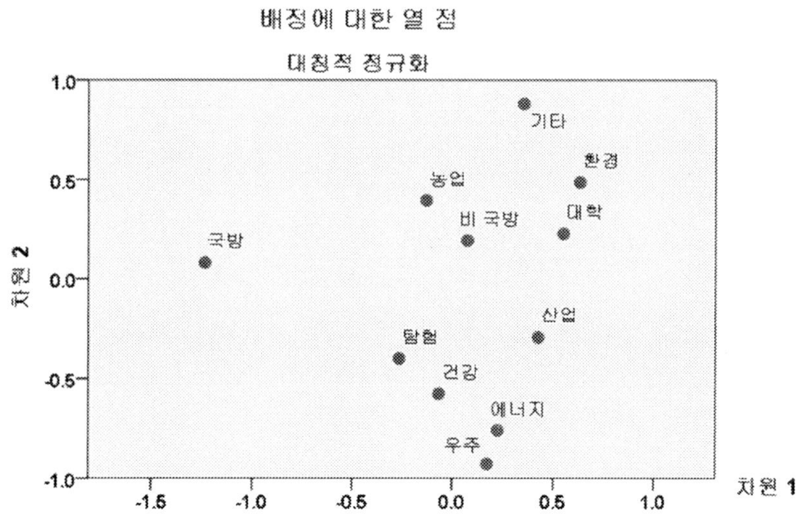

(4) 열(부문)의 표준 좌표를 플롯하였다.

제 1축은 국방과 비 국방이고,

제 2축은 환경, 농업과 에너지, 우주라고 할 수 있다.

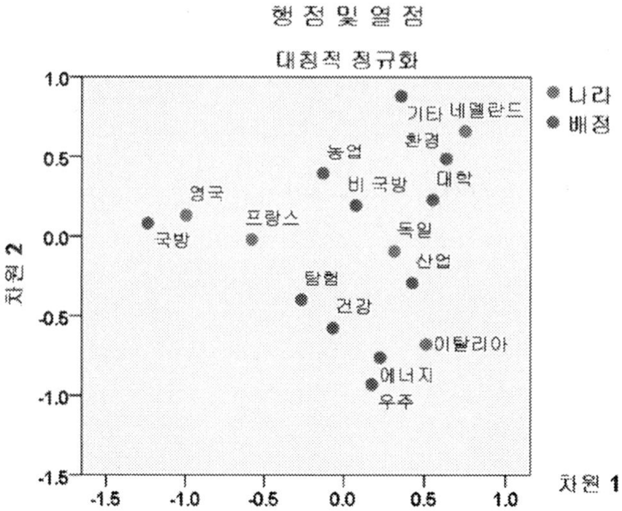

(5) 행(나라)과 열(부문)의 좌표를 동시에 플롯하였다

① 제 1축에 대하여 분석하면 다음과 같다.

㉠ 영국과 프랑스는 국방에 많은 과학예산을 배정하였다.

㉡ 네델란드, 이탈리아, 독일은 대학, 산업, 등 비 국방 부문에 상대적으로 많은 예산을 배정하는 경향이 있다.

ⓐ 이탈리아는 에너지와 우주에 큰 비중을 두고,

ⓑ 네델란드는 환경에 대하여 큰 비중을 두고,

ⓒ 독일은 산업에 대하여 상대적으로 큰 비중을 두었다.

② 제 2축에 대하여 분석은 각자 정리바람.

문제 7-4 음악장르비교(대칭적 대응분석)

총 1416명에게 R&B 음악과 재즈음악과의 관계를 조사한 결과 다음과 같다. 자료를 분석하라.

		재즈음악					
		아주 좋아함	좋아 하는편	보통	싫어 하는편	아주 싫어함	합계
R&B 음악	아주좋아함	105	64	18	8	7	202
	좋아하는편	104	306	141	59	5	615
	보통	17	92	158	62	11	340
	싫어하는편	5	21	39	122	15	202
	아주싫어함	3	7	6	17	24	57
	합계	234	490	362	268	62	1416

(풀이)

1. 자료를 입력한다.

	RB음악	재즈음악	도수
1	1	1	105
4	1	4	8
5	1	5	7
6	2	1	104
7	2	2	306
8	2	3	141

2. 분석 > 차원 감소 > 대응일치 분석을 클릭한다.
3. 대화상자에서 행에는 R&B 음악(1,5)을 입력한다.
   열에는 재즈음악(1,5)을 입력한다.
4. 모형에서 "카이제곱", "행과 열 평균제거", "대칭적"을 선택한다.
   정규화 방법으로 대칭적방법을 선택했다는 것은
   행 범주와 열 범주는 대칭(정준)좌표로 계산하도록 의미한다.
5. 통계량에서 "대응일치표", "행점개요", "열점개요"를 선택한다.
6. 도표에서 "산점도", "선도표" 안의 모든 항목을 선택한다.

S P S S 결과

대응일치표

RB음악	재즈음악					
	아주좋아함	좋아하는 편	보통	싫어하는 편	아주싫어함	액티브 주변
아주좋아함	105	64	18	8	7	202
좋아하는편	104	306	141	59	5	615
보통	17	92	158	62	11	340
싫어하는편	5	21	39	122	15	202
아주싫어함	3	7	6	17	24	57
액티브 주변	234	490	362	268	62	1416

(1) [문제 7-4]의 도표와 일치한다.

요약

차원					관성비율		신뢰 비정칙값	
								상관계수
	비정칙값	요약관성	카이제곱	유의확률	설명됨	누적	표준편차	2
1	.565	.319			.539	.539	.022	.247
2	.396	.157			.266	.805	.031	
3	.287	.082			.139	.944		
4	.182	.033			.056	1.000		
전체		.591	836.950	.000[a]	1.000	1.000		

a. 자유도 16

(2) 고유값과 설명비율을 나타낸다.

① 비정칙값 ($\sqrt{\lambda}$). 고유값 (요약관성 λ), 카이제곱 χ^2 (= $n\lambda$)등을 얻는다.

② 자료에서는 0이 아닌 고유값은 4개이다.

일반적으로 # (고유값) = min (p − 1 , q − 1)이다.

③ 제일 큰 비정칙값 0.565는 제 1축의 행 수량화 값과 열 수량화 값 사이 상관이고 그 다음 비정칙값 0.396은 제 2축의 상관이다.

④ 제 1축과 제 2축을 고려하는 경우 설명되는 비율, 즉 근사도는 80.5%이다.

행 포인트 개요a

RB음악	매스	차원의 점수 1	차원의 점수 2	요약 관성	기여도: 차원의 관성에 대한 포인트 1	기여도: 차원의 관성에 대한 포인트 2	기여도: 포인트의 관성에 대한 차원 1	기여도: 포인트의 관성에 대한 차원 2	기여도: 포인트의 관성에 대한 차원 전체	차이
아주좋아함	.143	-.943	.992	.141	.225	.354	.506	.393	.899	.529
좋아하는편	.434	-.414	-.202	.063	.132	.045	.670	.112	.782	.675
보통	.240	.261	-.599	.065	.029	.217	.142	.525	.667	1.072
싫어하는편	.143	1.333	.084	.176	.449	.003	.813	.002	.816	.190
아주싫어함	.040	1.523	1.937	.146	.165	.381	.361	.410	.772	
액티브 전체	1.000			.591	1.000	1.00				

a. 대칭 정규화

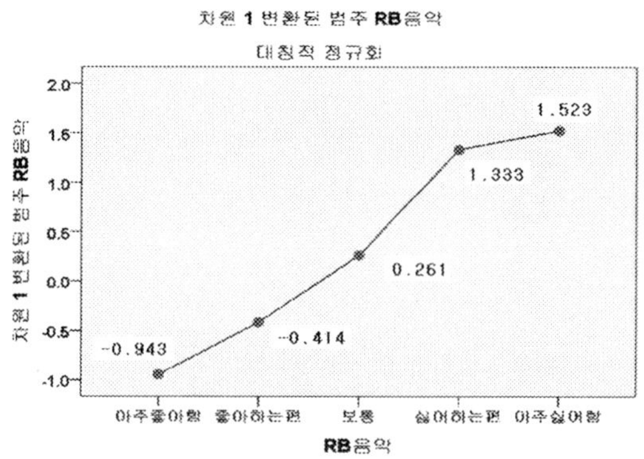

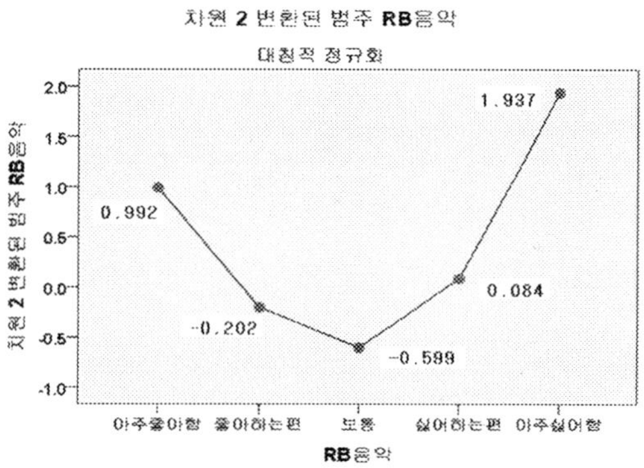

(3) 제 1축 행의 수량화 값은 다음과 같다.

① 1과 2, 2와 3 사이의 차이는 0.529(=0.943－0.414)와 0.675(=0.414＋0.261)이다. 차이는 0.146 정도이다.

② 3과 4 사이의 차이는 1.072로서 0.146보다 훨씬 크다.

③ 4와 5 사이의 차이는 0.190로서 0.146보다 조금 크다.

열 포인트 개요a

재즈음악	매스	차원의 점수 1	차원의 점수 2	요약 관성	기여도: 차원의 관성에 대한 포인트 1	기여도: 차원의 관성에 대한 포인트 2	기여도: 포인트의 관성에 대한 차원 1	기여도: 포인트의 관성에 대한 차원 2	기여도: 포인트의 관성에 대한 차원 전체	차이
아주좋아함	.165	-.957	.854	.148	.268	.304	.577	.323	.900	.508
좋아하는편	.346	-.449	-.196	.063	.124	.034	.625	.083	.709	.582
보통	.256	.133	-.630	.063	.008	.256	.040	.633	.673	1.009
싫어하는편	.189	1.142	.020	.169	.437	.000	.824	.000	.824	.308
아주싫어함	.044	1.450	1.917	.147	.163	.406	.352	.432	.785	
액티브 전체	1.000			.591	1.000	1.000				

a. 대칭 정규화

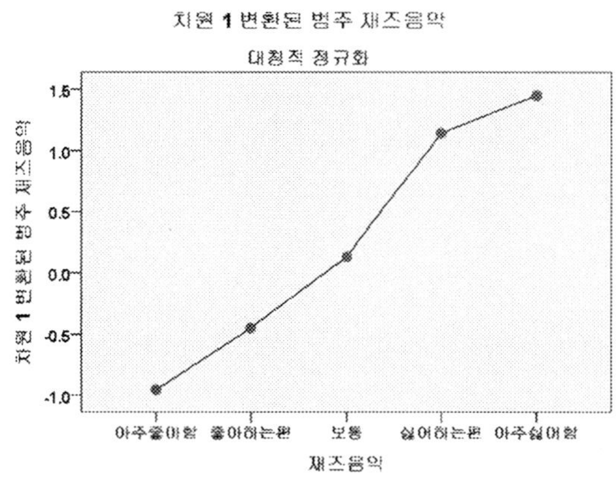

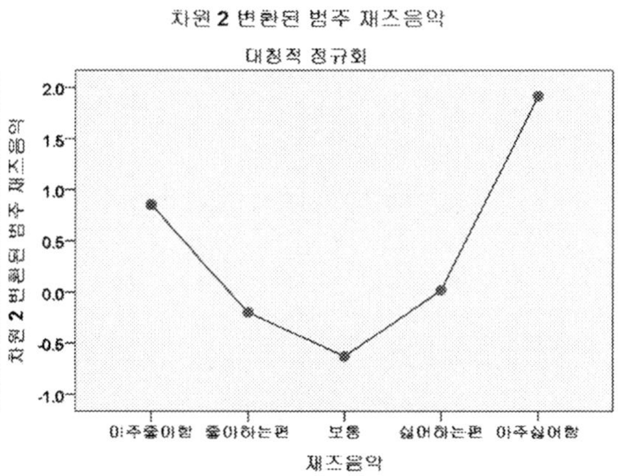

(4) 제 2축 열의 수량화 값은 다음과 같다.

① 1과 2, 2와 3 사이의 차이는 0.508와 0.582이므로 0.5 정도이다.

② 3과 4 사이의 차이는 1.009로서 0.5보다 훨씬 크다.

③ 4와 5 사이의 차이는 0.308로서 0.5보다 훨씬 작다.

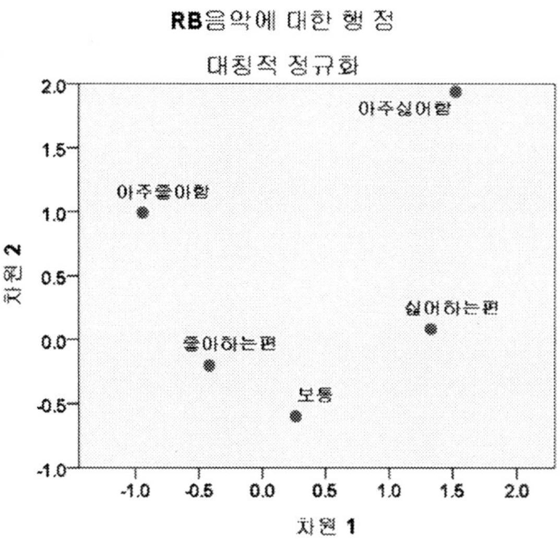

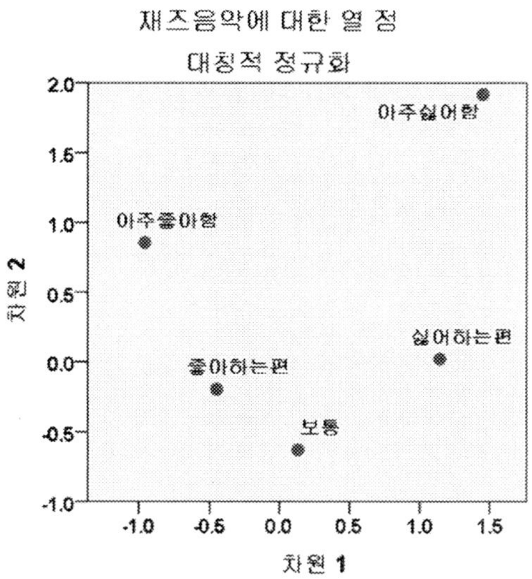

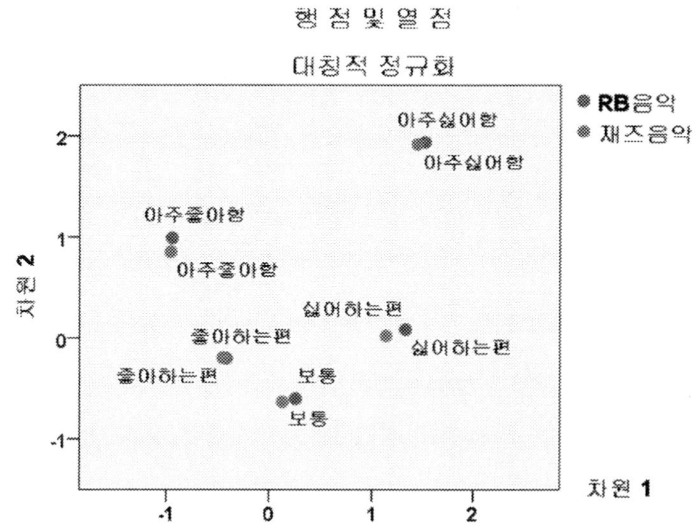

(5) 행 범주와 열 범주의 대응관계이다.

① 모두 비슷한 말 발굽형태를 볼 수 있다.

② 행의 범주 1은 열의 범주 1과,
행의 범주 2는 열의 범주 2와,
행의 범주 3은 열의 범주 3과,
행의 범주 4는 열의 범주 4와,
행의 범주 5는 열의 범주 5와 대응하는 것을 볼 수 있다.

③ R&B 음악의 선호와 재즈음악의 선호가 상호 연관되어 있음을 말해준다.
즉, R&B를 좋아하는 사람은 재즈도 좋아도 좋아하고,
R&B를 좋아하지 않는 사람은 재즈도 좋아 하지 않는 경향이 있음을 보여준다.

< 이 기법의 분석이름이 대응분석임을 말해준다.
대응은 상호, 즉 상호적 관계임을 의미한다. >

문제 7-5 점심식사 종류 (다중 대응일치분석)

직장인 10명에게 다음과 같은 질문을 하였다. 아래 자료를 분석하라.

<질문> 다음 중에서 점심식사로 한 달에 3회 이상 주문하는 것에 0표를 하세요.

1. 카레라이스　2. 라면　3. 자장면
4. 햄버거　5. 샌드위치　6. 한정식

자료수집 결과 다음과 같은 결과를 얻었다.
<질문>에서 0표 한 것을 도표에는 1로 하였다. 즉, 한 달에 3회 이상 주문한 것이다.

< 데이터 표 >

대답자	카레라이스	라면	자장면	햄버거	샌드위치	한정식
1	1	1	1	0	0	0
2	1	1	0	1	0	0
3	1	1	0	0	1	0
4	0	0	1	1	0	0
5	0	1	0	0	1	0
6	0	0	1	1	1	0
7	0	0	0	1	1	1
8	0	0	1	0	1	1
9	0	1	0	1	1	0
10	0	1	0	0	1	1

(풀이) 자료를 정리하면 다음과 같다.

1. 자료를 입력한다.
   ①. "대답자'라고 하는 변수를 추가하여 번호를 입력한다.
   이것은 분석에서 직접영향을 미치지 않지만 그래프를 볼 때 쉽게 볼 수 있다.
   ②. S P S S 에 입력할 때 0은 2로 1은 1로 입력하여 구분한다.

대답자	카레	라면	자장면	햄버거	샌드위치	한정식
1	1	1	1	2	2	2
2	1	1	2	1	2	2
3	1	1	2	2	1	2
4	2	2	1	1	2	2

2. 분석 > 차원 감소 > 최적화 척도법을 클릭한다.
3. 최적화 척도법을 정의한다.

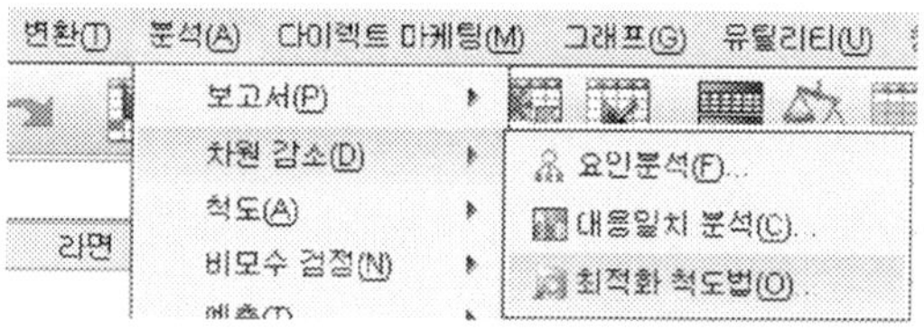

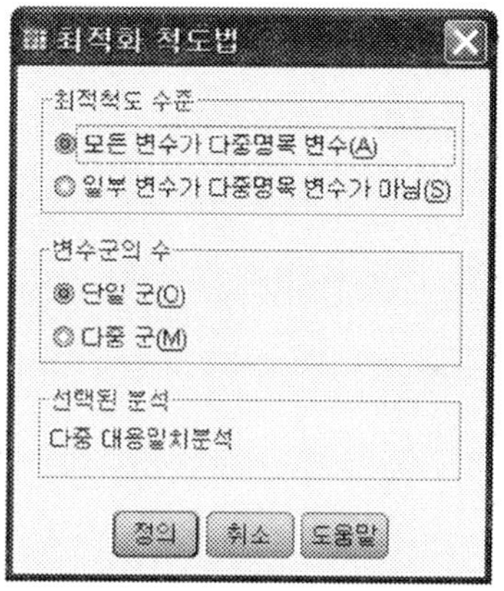

4. 대화상자에서 분석변수에는 카레(2) ~ 한정식(2)을 입력한다.
   변수설명지정에는 대답자를 입력한다.
5. 변수를 선택하여 결합범주도표에 변수를 입력한다.

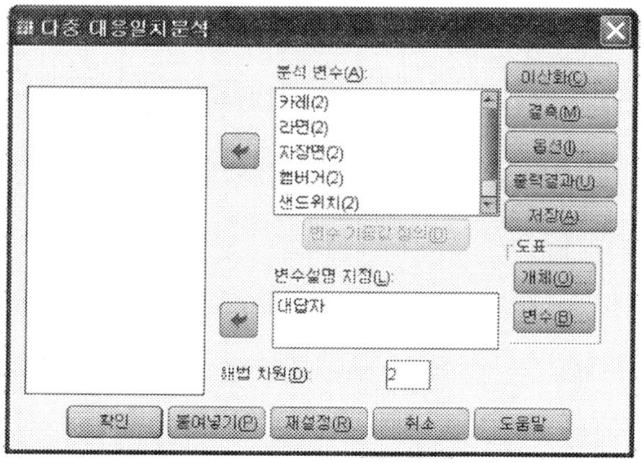

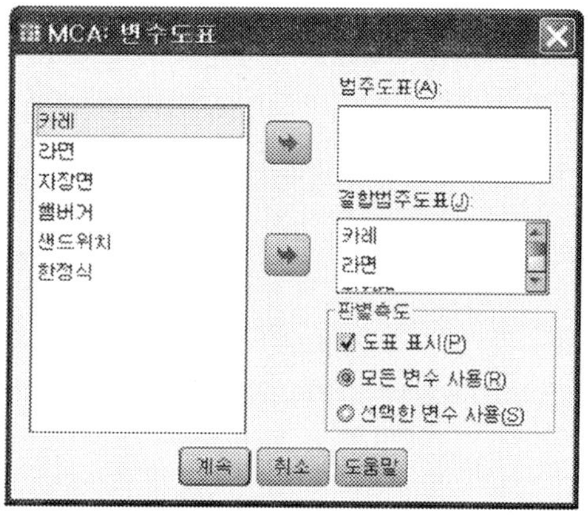

S P S S 결과

개체(O)

대상 포인트 설명 기준변수

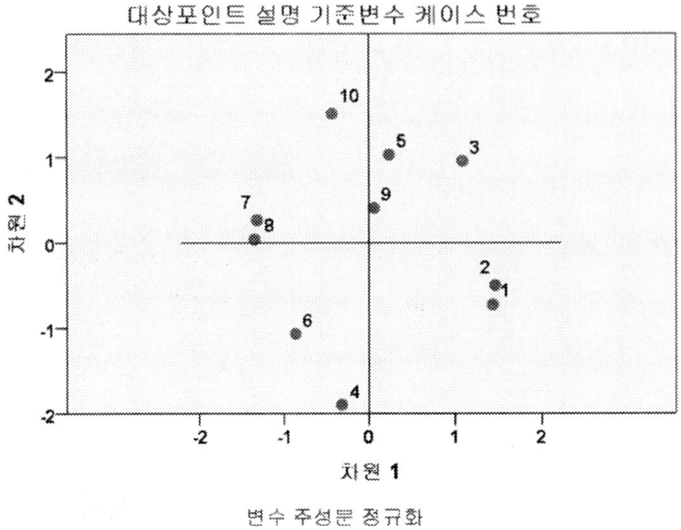

(1) "설명기준이 대답자인 대상점수"에서 보면 (1과 2), (7과 8)번이 가까이 위치하고 있어 대답하는 패턴이 비슷하다고 할 수 있다.

판별측도

	변수 가중값	차원 1	차원 2	평균
카레	2	.753	.004	.378
라면	2	.615	.296	.456
자장면	2	.050	.557	.303
햄버거	2	.038	.314	.176
샌드위치	2	.317	.466	.391
한정식	2	.456	.156	.306
액티브 전체[a]		4.458	3.583	4.021
% 분산		37.150	29.862	33.506

a. 변수 가중값은 액티브 전체 통계량에 포함됩니다.

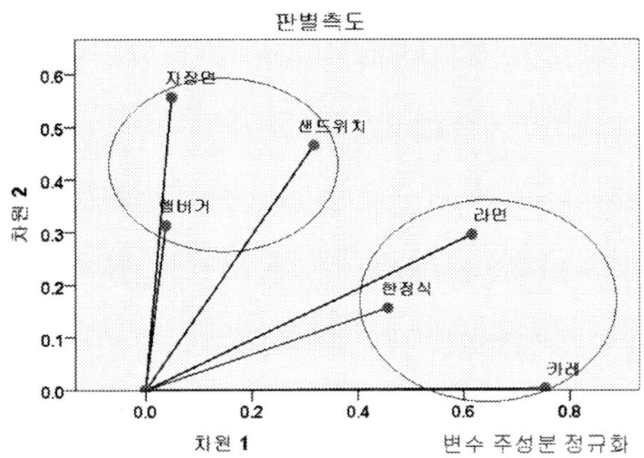

(2) 2차원으로 판별하면 "카레, 라면, 한정식"과 "자장면, 햄버거, 샌드위치"로 판별된다.

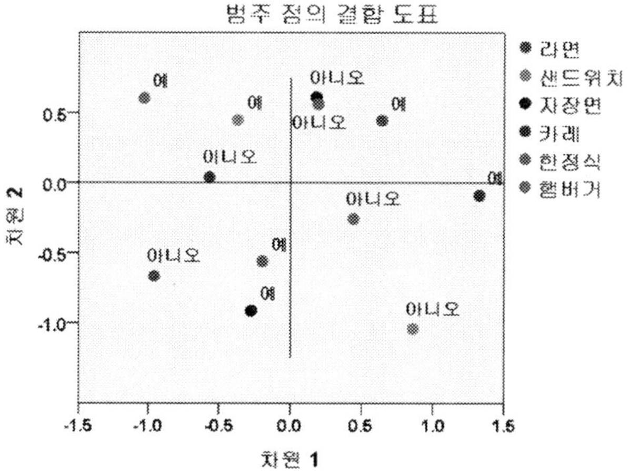

변수 주성분 정규화

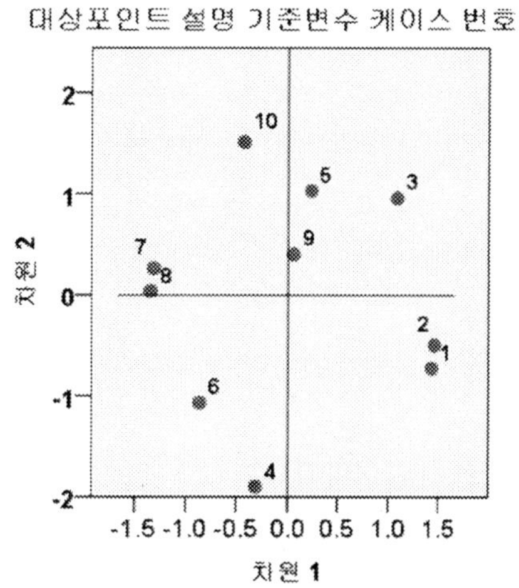

(3) “수량화‘를 보면 (라면과 카레라이스),
(한정식과 샌드위치),
(햄버거와 자장면)이 같은 패턴의 선호도를 보여주고 있다.

문제 7-6 취미생활 (다중 대응일치분석)

5명의 학생(김, 이, 박, 최, 송)에게 다음과 같은 4개의 질문을 하였다.

(질문 1) 스포츠를 좋아합니까? 예 아니오
(질문 2) 영화를 좋아합니까? 예 아니오
(질문 3) 음악을 좋아합니까? 예 아니오
(질문 4) 독서를 좋아합니까? 예 아니오

질문에 대한 답은 다음과 같다.

	스포츠	영화	음악	독서
김	예	아니오	아니오	예
이	아니오	아니오	예	아니오
박	아니오	예	아니오	아니오
최	아니오	아니오	예	예
송	아니오	예	예	아니오

1. 자료에서 5명의 학생 중 비슷한 사람을 찾아내고,
   4개 질문간의 관계를 분석하는 것이 다중대응분석의 목표이다.
2. 질문의 수가 4개이므로 질문을 변수로 취급하면 4개의 변수를 분석하게 된다.
3. 자료에서 예를 1로 아니오를 0으로 대치하면 다음과 같이 구성되는 표를 얻는다.

   이것을 (0, 1)형 데이터표라 한다.

	스포츠	영화	음악	독서
김	1	0	0	1
이	0	0	1	0
박	0	1	0	0
최	0	0	1	1
송	0	1	1	0

*. 데이터를 분석하여 정보를 시각화할 수 있다.

[1]. 먼저 (0, 1)형 데이터표를 대각선에 1이 나타나도록 데이터표를 수정한다.

	스포츠	독서	음악	영화
김	1	1	0	0
최	0	1	1	0
이	0	0	1	0
송	0	0	1	1
박	0	0	0	1

수정된 데이터에서 다음과 같은 것을 알 수 있다.

1. (김과 최)는 독서를 좋아한다는 점에서 비슷하다.
2. (최와 이와 송)은 음악을 좋아한다는 점에서 비슷하다.
3. (송과 박)은 영화를 좋아한다는 점에서 비슷하다.
4. (김과 이와 박)은 전혀 공통점이 없다.

1. SPSS에 자료를 입력한다.

사람	스포츠	독서	음악	영화
김	1	1	2	2
최	2	1	1	2
이	2	2	1	2
송	2	2	1	1
박	2	2	2	1

2. SPSS에 대한 분석은 각자 정리바람.

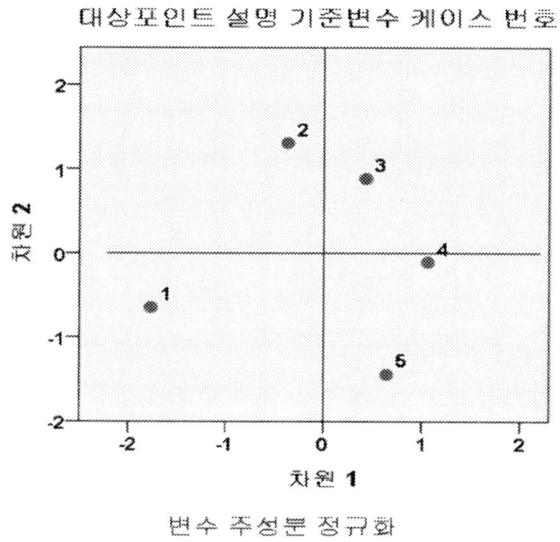

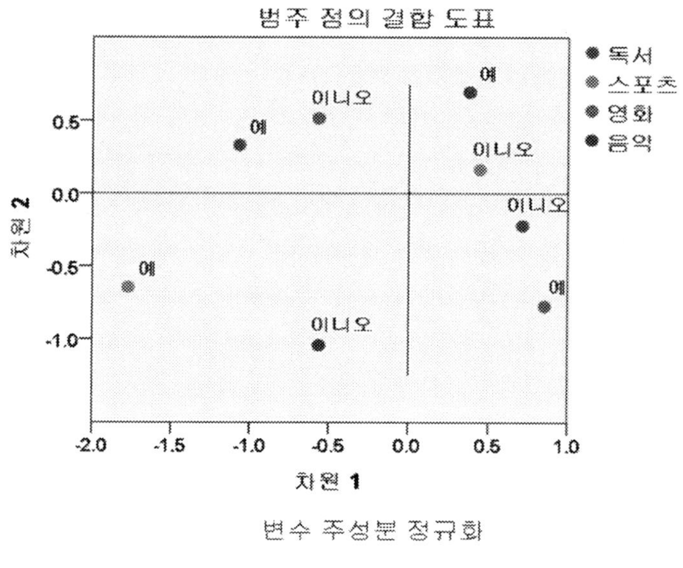

제8장 최적화 척도법

모든 데이터는 언제나 연속형(수치형)으로 수집되는 것은 아니다. 자연과학의 실험에서 데이터를 얻을 때는 연속형으로 관측되는 경우가 많다. 그러나 사회과학의 데이터는 여러 가지 척도유형의 변수가 혼합되어서 나타나는 경우가 많다.

최적화 척도법(optimal scaling)은 변수들 간의 관계를 가능한 적은 수의 차원(2차원 혹은 3차원)에 표시함으로서 변수들 간의 내적구조나 패턴을 설명하는 통계적 기법이다. 이러한 분석기법을 위치도(perceptual mapping)라고 하는 위치도 작성에 활용할 수 있다.

위치도란 사람들이 많은 유사한 제품이나 개체들 중에서 각 제품이나 개체의 이미지를 어떻게 지각하는가를 나타내는 지도이다. 위치도는 통상적으로 지각도, 인지도 또는 포지셔닝 맵이라고도 부른다.

최적척도법을 이용하여 범주형 변수들을 수량화하여 결과적으로 변수 변환된 변수들에 대한 최적 선형회귀모형을 제공한다. 이 경우 변수들에 대한 척도나 분포가정은 별도로 필요하지 않다. 다음으로 차원축소에 포함된 최적척도법으로 분석하면 다음과 같은 것들이 있다.

1. 동질성 분석(*HOMALS*, Homogeneity Analysis)

동질성 분석은 케이스(개체)와 범주에 계량적 수치를 부여함으로서 범주형 데이터를 수량화하는 분석법이다. 다차원 교차표로 나타낼 수 있는 범주형 데이터의 분석.

2. 범주형 주성분분석(*CatPCA*, Categorical Principal Components Analysis)

범주형 주성분분석은 한 종류의 혼합형 변수군의 변동유형을 분석하는 것으로서 차원의 축소에 많이 이용한다.

일련의 변수군 내부에 주요 변동의 축을 해석하여 원래의 데이터를 대체할 적은 수의 성분을 추출하여 낼 수 있다. 그리고 이렇게 추출된 보다 작은 차원의 성분들은 서로 독립이므로 상관관계는 0이 된다.

범주형 주성분분석이 고전적인 주성분분석과 다른 점은 분석에 적용될 데이터의 척도에 있다. 즉, 고전적인 주성분분석은 등간척도나 비율척도의 데이터를 사용한다. 그러나 범주형 주성분분석은 명목척도나 순서척도의 데이터를 사용한다.

3. 비선형 정준상관분석(*OVERALS*, Nonlinear Canonical Correspondence Analysis)

비선형 정준상관분석 두 종류 이상의 혼합형 변수군들의 변동유형을 분석하는 것으로 하나의 범주형 변수군이 다른 범주형 변수군과 얼마나 유사한가를 조사하는 것이다.

비선형 정준상관분석은 모든 척도의 데이터를 적용할 수 있다.

4. 비선형 주성분분석(*PRINCALS*, Nonlinear Principal Components Analysis)

다른 분석방법과 마찬가지로 교대최소제곱법을 이용한 주성분분석방법이다.

문제 8-1 고객관리(범주형 회귀분석)

어떤 고급상가에서 고객관리를 하기 위하여 20명의 고객에게 다음과 같이 조사를 하였다. 데이터를 분석하라. 데이터는 부록에 있다.

1. 고객님의 월 소득수준은 어느 정도입니까?
   ①. 300만 이하 ②. 300만 이상 ~ 500만 이하 ③. 500만 이상

2. 고객님의 직업종류는 어느 것입니까?
   ①. 전문직 ②. 경영직 ③. 관리직 ④. 생산직

3. 고객님의 취향은 어떠하십니까?
   ①. 현대적 ②. 고전적

4. 고객님께서는 광고를 하는 상품과 하지 않는 상품 중에서 어떤 상품을 좋아합니까?
   ①. 광고를 하는 상품 ②. 광고를 하지 않는 상품

5. 고객님께서는 우리상점에서 상품 구매의향은 어떠하십니까?
   ①. 구입할 생각이 전혀 없다.
   ②. 별로 구입할 생각이 없다.
   ③. 보통이다.
   ④. 어느 정도 구입할 생각이 있다.
   ⑤. 지금 구입하겠다.

소득수준은 3점 척도 순서형이고 구매의향은 5점 척도로 구성하고 나머지문항은 명목척도로 하였다.

(풀이)

모든 문항이 범주형인 설문지이다. 자료는 범주형 자료이므로 회귀분석에 적합하여 분석하고자한다. 일반적으로 이와 같은 자료는 일반선형모형에 의하여 분석한다.

1. S P S S에 자료를 입력한다.

번호	수입	직업종류	승진	광고	구매의향
1	1	1	1	2	2
2	1	3	2	1	1
3	2	1	1	1	3
4	3	4	2	2	5
5	1	4	1	1	3
6	2	3	2	2	3
7	2	1	1	1	4

2. 분석 > 회귀분석 > 최적화 척도법을 클릭한다.

<분석방법 1>

3. 종속변수에 구매의향을 입력한 다음 **연속**을 선택한다.
독립변수에는 수입, 직업, 취향, 광고를 입력한 다음 모두 **명목**을 선택한다.

4. 출력결과를 선택하여 분석변수를 범주 수량화로 이동한다.
5. 도표를 선택하여 구매의향을 변환도표로 이동한다.

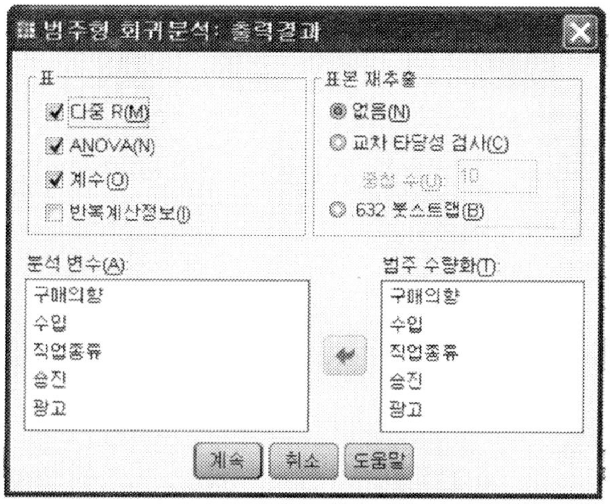

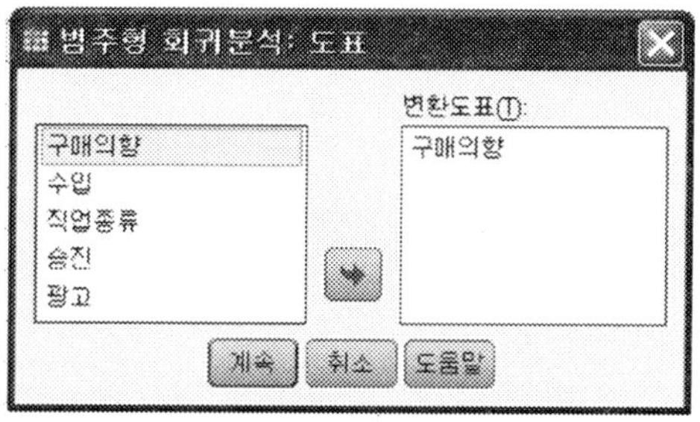

S P S S 결과

모형 요약

	다중 R(M)	R 제곱	수정된 R 제곱	명백한 예측 오차
표준화 데이터	.801	.641	.432	.359

종속변수:
예측자: 수입 직업종류 승진 광고

(1) 변수들의 평균과 분산이 0과 1로 표준화되면서 모형에 대한 설명력이 64.1%임을 알 수 있다.

분산분석

	제곱합	자유도	평균 제곱	F	유의확률
회귀분석(R)	12.823	7	1.832	3.063	.043
잔차	7.177	12	.598		
전체	20.000	19			

종속변수:
예측자: 수입 직업종류 승진 광고

(2) 분산분석 결과 검정통계량 F값이 3.063이고 유의확률이 0.043으로 소득수준, 직업종류, 승진, 광고의 노출여부를 가지고 구매의향을 설명한 모형이 적합함을 알 수 있다. 이것은 최적변환된 값들을 이용하여 선형회귀모형에 적합시킨 결과이다.

계수(C)

	표준화 계수				
	베타	표준 붓스트랩 (1000) 추정값 오류	자유도	F	유의확률
수입	.614	.215	2	8.128	.006
직업종류	.282	.193	3	2.137	.149
승진	.162	.172	1	.890	.364
광고	.097	.158	1	.381	.549

종속변수:

(3) 각 변수별로 산출된 회귀계수를 보면 소득수준, 직업종류, 승진, 광고의 필요성이 양(+)적으로 영향을 미치고 있음을 알 수 있다.

수량화 표

a

범주	빈도	수량화
전혀 구입 안함	4	-1.469
구입 안함	3	-.752
보통	5	-.036
구입 가능	4	.681
지금 구입	4	1.397

a. 최적화 척도법 수준: 연속.

수입[a]

범주	빈도	수량화
300만 이하	7	-1.161
300만~500만	8	.112
500만 이상	5	1.446

a. 최적화 척도법 수준: 명목.

직업종류[a]

범주	빈도	수량화
전문직	8	.196
경영직	4	1.608
사무직	5	-1.318
생산직	3	-.469

a. 최적화 척도법 수준: 명목.

승진[a]

범주	빈도	수량화
현대	11	.905
고전	9	-1.106

a. 최적화 척도법 수준: 명목.

광고[a]

범주	빈도	수량화
광고하다	11	-.905
광고 안하다	9	1.106

a. 최적화 척도법 수준: 명목.

(4) 각 범주별로 추정된 계수이다.

구매의향에 영향을 미치는 것은 소득수준이 500만원이상(1.447), 경영직(1.608), 현대적(0.905), 광고를 하지 않는 상품(1.106)임을 알 수 있다.

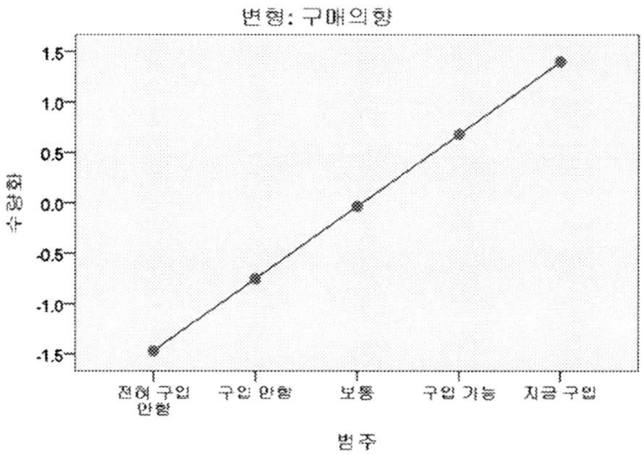

최적화 척도법 수준: 수치.

<분석방법 2>

1. 분석 > 회귀분석 > 최적화 척도법을 클릭한다.
2. 종속변수에 구매의향을 입력한 다음 **순서**를 선택한다.
   독립변수에는 직업은 명목, 수입, 승진, 광고는 순서를 입력한다.
3. 출력결과에서 범주수량화로 분석변수를 이동한다.를 선택하여 정리한다.

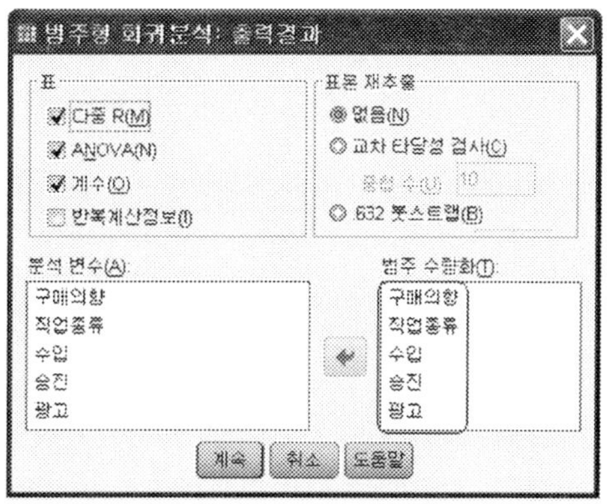

S P S S 결과

모형 요약

다중 R(M)	R 제곱	수정된 R 제곱	명백한 예측 오차
.846	.715	.549	.285

종속변수:
예측자: 수입 직업종류 승진 광고

(1) 변수들이 명목형과 순서형으로 나누어 질 때 설명력이 71.5%로 증가한 것을 알 수 있다. (분석방법 1에서 모든 변수들이 명목형에서는 64.1%의 설명력이다.)

분산분석

	제곱합	자유도	평균 제곱	F	유의확률
회귀분석(R)	14.298	7	2.043	4.299	.013
잔차	5.702	12	.475		
전체	20.000	19			

종속변수:
예측자: 수입 직업종류 승진 광고

(2) 분산분석 결과 검정통계량 F값이 4.299이고 유의확률이 0.013으로 소득수준, 직업종류, 승진, 광고의 노출여부를 가지고 구매의향을 설명한 모형이 적합함을 알 수 있다.

이것은 최적변환된 값들을 이용하여 선형회귀모형에 적합시킨 결과이다.

(분석방법 1의 유의확률 0.043보다 적다)

계수(C)

	표준화 계수				
	베타	표준 붓스트랩 (1000) 추정값 오류	자유도	F	유의확률
수입	.701	.285	2	6.067	.015
직업종류	.267	.272	3	.966	.440
승진	.079	.189	1	.173	.685
광고	.050	.224	1	.050	.827

종속변수:

(3) 각 변수별로 산출된 회귀계수를 보면 소득수준, 직업종류, 승진, 광고 모두는 양(+)적으로 영향을 미치고 있음을 알 수 있다.

(분석방법 1과 비교 바람)

a

범주	빈도	수량화
전혀 구입 안함	4	-1.102
구입 안함	3	-.645
보통	5	-.645
구입 가능	4	.985
지금 구입	4	1.408

a. 최적화 척도법 수준: 순서.

수입[a]

범주	빈도	수량화
300만 이하	7	-1.052
300만~500만	8	-.057
500만 이상	5	1.564

a. 최적화 척도법 수준: 순서.

직업종류[a]

범주	빈도	수량화
전문직	8	.285
경영직	4	1.581
사무직	5	-1.161
생산직	3	-.934

a. 최적화 척도법 수준: 명목.

승진[a]

범주	빈도	수량화
현대	11	.905
고전	9	-1.106

a. 최적화 척도법 수준: 명목.

광고[a]

범주	빈도	수량화
광고하다	11	.905
광고 안하다	9	-1.106

a. 최적화 척도법 수준: 명목.

(4) 구매의향 반응변수에서 범주 2 (= -0.645)와 범주 3 (= -0.645)은 동등하게 취급된 반면 구매의향 범주 3 (= -0.645)은 범주 4 (= 0.985)와 많은 차이가 있음을 알 수 있다.

(5) 각 범주별로 추정된 계수이다.

구매의향에 영향을 미치는 것은 소득수준이 500만원이상(1.564), 경영직(1.581), 현대적(0.905)), 광고를 하는 상품(0.905)임을 알 수 있다.

그리고 추정된 수량화 값을 통하여 구매의향에 크게 영향을 미치는 것은 소득수준(월수입)과 경영직임을 알 수 있다.

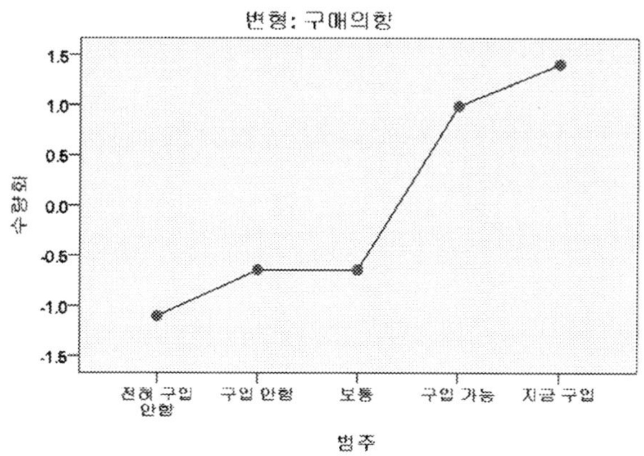

최적화 척도법 수준: 순서.

주의.

범주형의 자료가 명목형과 순서형에 따라서 결과가 다르게 나타남을 확인하기를 바람.

<분석방법 3>

*. 일반선형모형에 의하여 각자 분석하여 비교 분석 바란다.

문제 8-2 음료수와 스낵 관계 (동질성 분석)

25명 대학생들에게 국내에서 판매하고 있는 음료수 4가지 중에서 어떤 것을 가장 선호하는지, 그리고 일주일에 음료수 구입비용으로 얼마를 지출하는지, 음료수와 함께 가장 즐겨먹는 스낵은 어떤 것인지를 질문하였다. 자료를 분석 정리하라. 수집한 자료는 부록에 있다.

*. 다음 음료수 중에서 귀하가 가장 선호하는 음료는 어떤 것입니까?
① 콜라 ② 사이다 ③ 홍차 ④ 주스

*. 1주일 동안 평균적으로 얼마만큼 음료수 구입비로 지출합니까?
① 1000원 미만 ② 1000 ~ 3000원미만 ③ 3000원 이상

*. 1번 문항에서 선택한 음료수와 같이 먹기를 선호하는 스낵은 어떤 것입니까?
① 젤리 ② 땅콩 ③ 쵸코렡 ④ 포테이토칩 ⑤ 과일

(풀이)

(1). 모든 변수가 명목척도이다. 그러므로 동질성 분석을 한다.

	음료수	구입비용	스넥
1	2	1	5
2	4	3	4
3	1	2	1
4	1	2	2
5	3	2	3

2. 분석 > 차원 감소 > 최적화 척도법을 클릭한다.

3. 대화상자에서 동질성분석을 선택하도록 한다.

(1). 모든 변수가 다중명목. (2). 단일군을 선택한다.

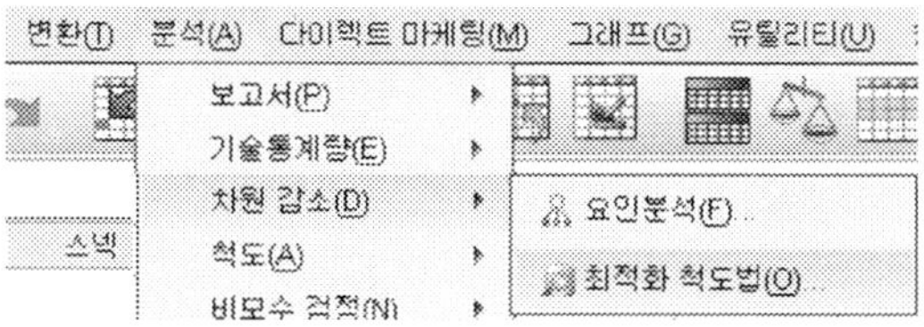

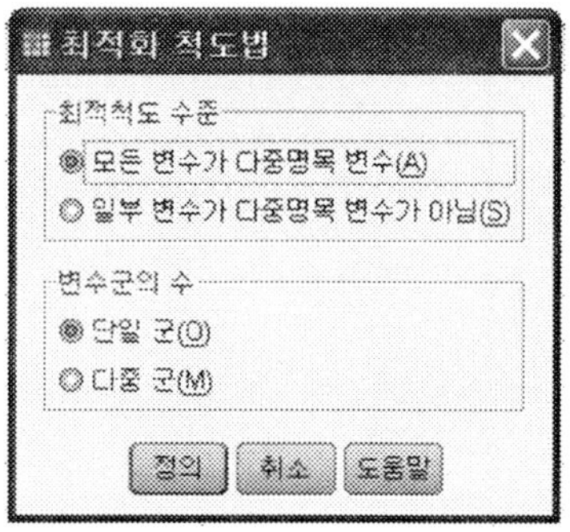

4. 정의를 클릭하면 동질성 분석의 대화상자가 열린다.

(1). 변수 칸에 음료수(4), 구입비용(3), 스낵(5)을 입력한다.

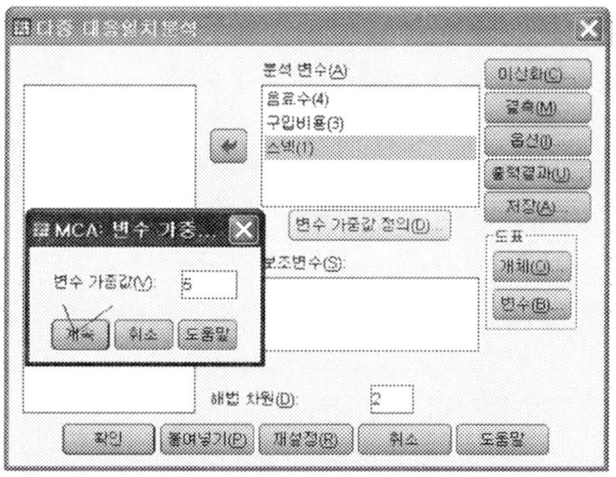

(2). 출력결과를 선택하여 정리한다.

(3). 개체에서 변수를 클릭하여 선택으로 이동한다.

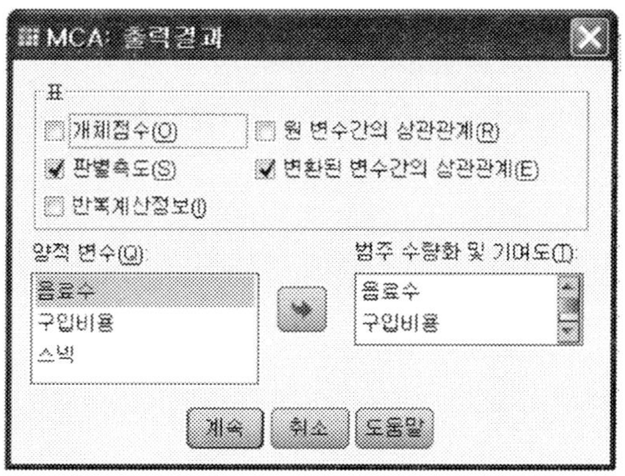

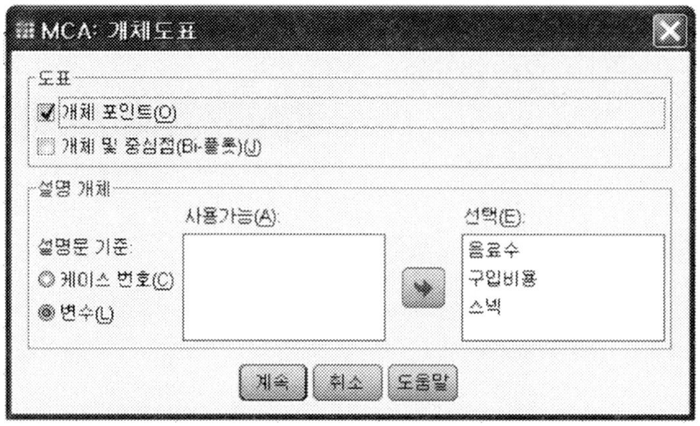

(4). 변수에서 결합범주도표에 문항 3개를 이동한다.

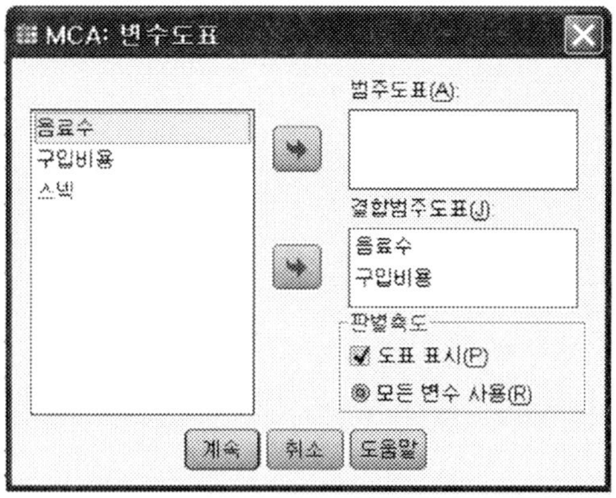

S P S S 결과

가장 선호하는 음료수b

포인트:좌표

범주	빈도	중심점 좌표 차원 1	중심점 좌표 차원 2
콜라	5	-.931	-.265
사이다	8	.950	-.760
홍차	5	-1.250	-.297
주스	7	.473	1.271

변수 주성분 정규화
b. 가중값은 4입니다.

음료수 구입비b

포인트:좌표

범주	빈도	중심점 좌표 차원 1	중심점 좌표 차원 2
1000원 미만	5	1.210	-1.405
1000~3000원 미만	9	-1.241	-.267
3000원 이상	11	.466	.857

변수 주성분 정규화
b. 가중값은 3입니다.

선호하는 스넥[b]

포인트:좌표

범주	빈도	중심점 좌표 차원 1	중심점 좌표 차원 2
젤리	4	-.891	.133
땅콩	3	-1.552	-.512
쵸코	3	-.764	-.388
포테이토칩	8	.423	1.164
과일	7	1.018	-1.021

변수 주성분 정규화
b. 가중값은 5입니다.

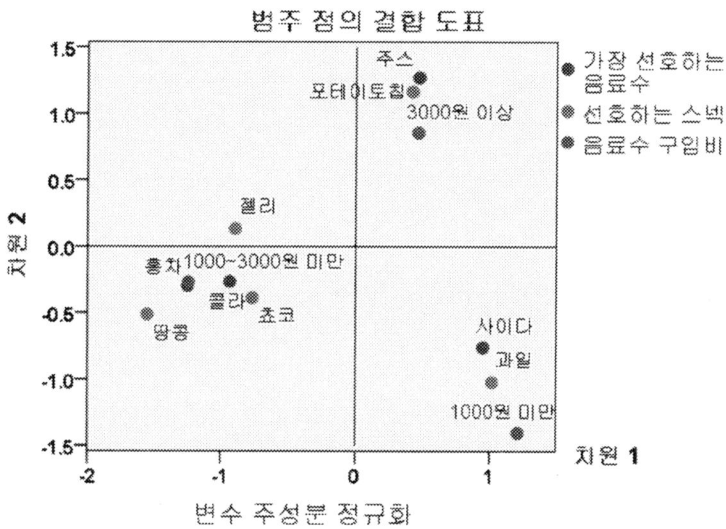

*. 범주형 수량화 도표에서 각 범주에 부여되는 수치인 범주수량화 점수에 따라 위치하게 된다. 이는 한 범주에 속한 모든 대상의 평균대상점수를 뜻한다.

(1) X축의 음 방향에는 콜라와 홍차인 카페인이 있는 음식들이 위치하고 있다.
X축의 양 방향에는 주스나 과일 같은 카페인이 없는 음식들이 위치한다.
그러므로 X축(차원1)은 카페인 축으로 해석할 수 있다.

(2) Y축(차원2)은 소비습성에 따라 분리된다고 할 수 있다.

(3) (ㄱ) 주스를 선호하는 학생이 가장 많은 돈을 지출하였으며 포테이토칩을 선호하는 것으로 나타났다.
(ㄴ) 사이다를 선호하는 학생이 가장 적은 돈을 지출하였으며 과일을 선호하였다.
(ㄷ) 콜라와 홍차를 선호하는 학생은 다소 유사한 소비습성을 가지고 있는것으로 판단된다.

*. 동질성 분석은 각 범주들을 가능한 한 잘 분류해 주는 최적의 수량화 점수를 찾아내는데 목적이 있다. 즉, 같은 범주에 속한 대상들이 도표상에 가까이 위치하고, 다른 범주에 속한 대상들과는 가능한 한 멀리 위치하도록 하는 것이 동질성 분석의 목적이다.

문제 8-3 외모유형 선호도 (범주형 주성분분석)

시청자가 선호하는 남성 뉴스캐스터의 호의적인 외모유형을 알아보기 위하여 30명 대학생을 대상으로 얼굴형, 머리모양, 연령, 의상색조, 얼굴표정에 대하여 선호하는 범주를 선택하도록 설문지를 조사하였다. (TV 뉴스캐스터의 외적이미지에 대한 위치화.)

설문지

다음 각 문항에 대하여 귀하께서 가장 호감이 가는 남성 뉴스캐스터가 갖추어야 할 특징을 하나씩만 선택하여 주십시오.

*. 얼굴형
① 둥근형 ② 갸름한 세 모형 ③ 각진 네 모형

*. 머리모양(헤어스타일)
① 짧은 머리 ② 뒤로 넘긴 머리 ③ 긴 머리

*. 연령
① 30대 ② 40대 ③ 50대

*. 의상색조
① 밝은 계통 ② 짙은 계통

*. 얼굴표정
① 부드럽고 밝은 표정 ② 진지하고 굳은 표정

수집한 자료는 부록에 있다. 자료를 분석하라.

(풀이) 자료를 입력한다.

고전적 주성분분석은 등간척도나 비율척도의 데이터를 사용한다.

범주형 주성분분석은 명목척도나 순서척도 등의 데이터에도 적용할 수 있다.

1. 자료를 입력한다.

	일련번호	얼굴형	머리모양	연령	의상색	얼굴표정
1	1	3	3	1	1	1
2	2	3	1	2	2	1
3	3	3	3	1	2	2
4	4	3	1	2	2	2
5	5	3	3	1	2	2
6	6	3	3	1	2	2

2. 분석 > 차원 감소 > 최적화 척도법을 클릭한다.

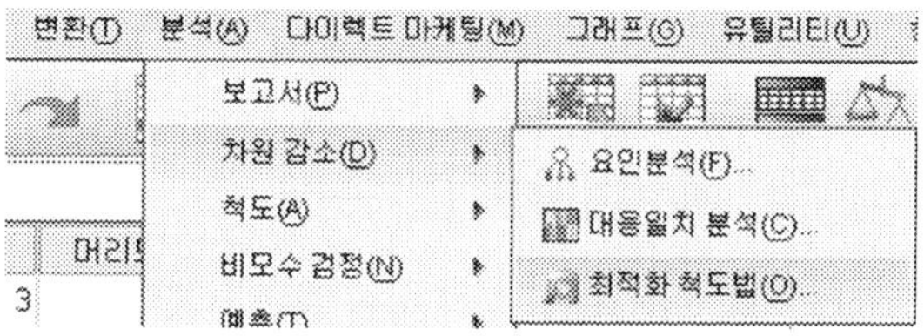

3. 대화상자에서 동질성분석을 선택하도록 한다.
   (1). 일부변수는 다중 명목 아님
   (2). 단일군을 선택한다.

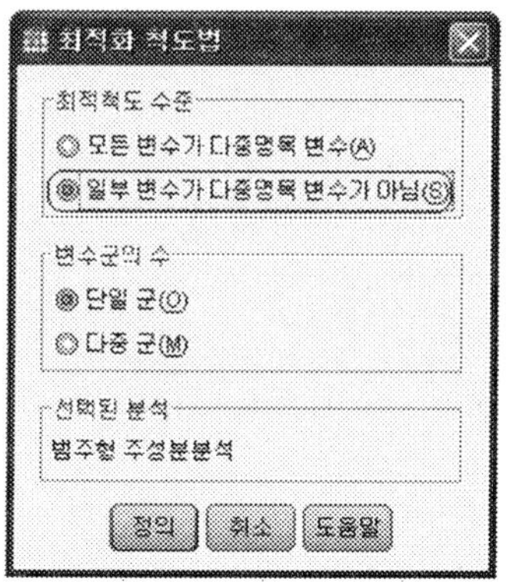

4. 정의를 클릭하면 범주형 주성분분석의 대화상자가 열린다.
   (1). 변수 칸에 얼굴형(3 명목), 머리모양(3 명목), 연령(3 순서), 의상색소(2 순서), 얼굴표정(2 순서)을 입력한다.

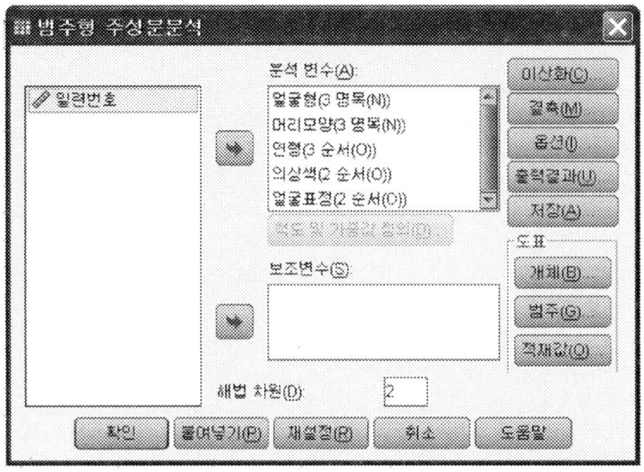

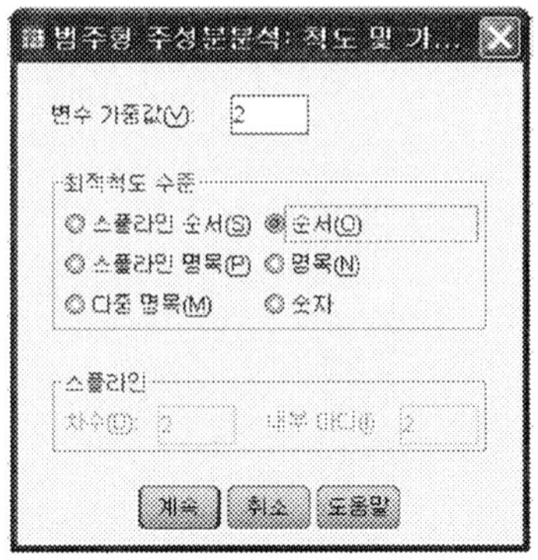

(2). 개체에서 개체및 변수(Bi플롯)을 클릭하고 중심값을 선택한다.

(3). 범주에서 결합범주도표에 변수를 이동한다.

(4). 적재값에서 중심점 포함을 선택하여 정리한다.

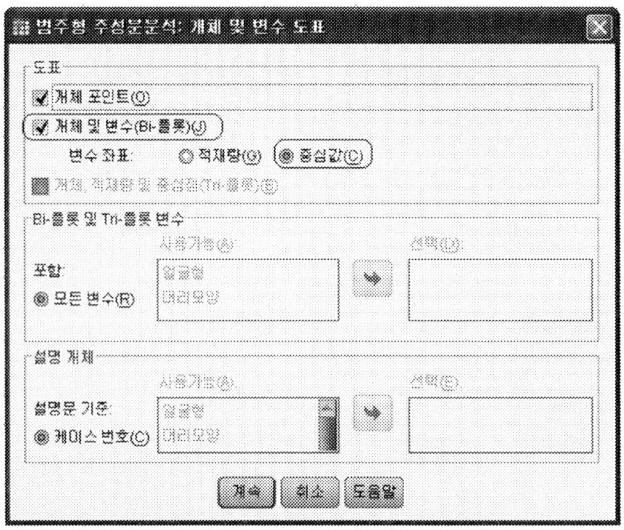

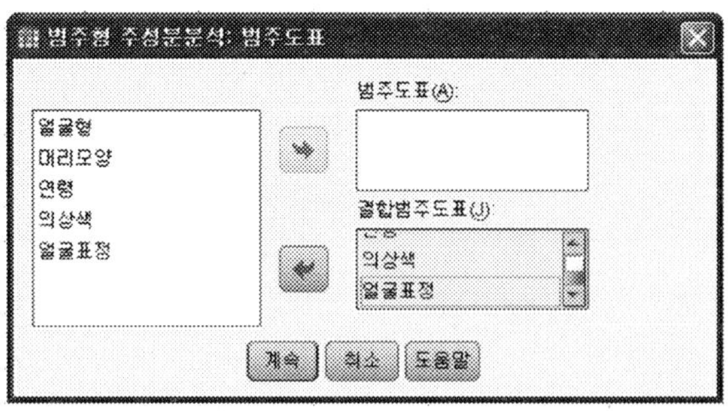

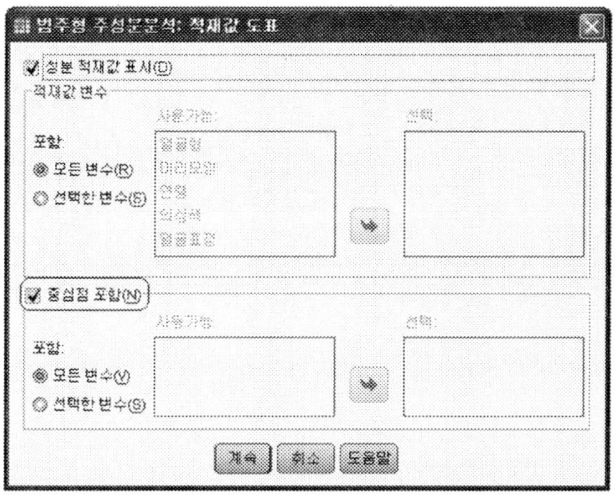

S P S S 결과

수량화, 도표 대상 포인트 설명 기준변수

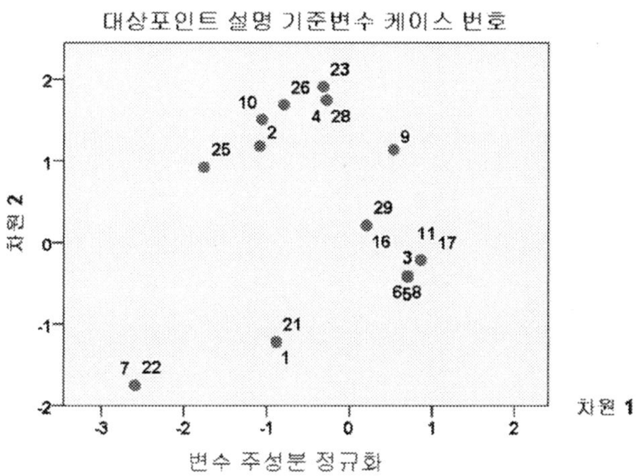

(1) 대상 포인트 도표로서 30명의 대학생들을 2차원 도표상에 위치시킨 것이다.

① 각 점 위의 번호는 케이스번호이다. 번호들이 많이 겹쳐 있을수록 같은 위치에 많은 관측점들이 존재함을 나타낸다.

② 각각의 관측점들은 각 케이스에 부여되는 대상점수에 따라 위치한다.

범주 포인트

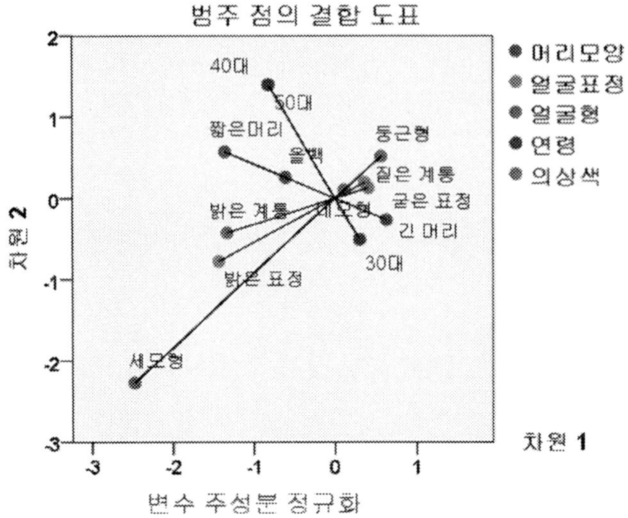

(2) 결합 범주형 도표이다. 대상 포인트 도표에 겹쳐서 생각한다.

두 장의 도표를 원점을 기준으로 겹쳐서 그린 도표를 연상하여 대상이 가장 많이 겹쳐있는 위치를 중심으로 해석한다.

① 30대는 긴머리, 네모형 얼굴, 짙은 계통 의상, 진지하고 굳은 표정을 하는 남성 뉴스 개스트를 가장 많이 좋아한다고 할 수 있다.

성분 적재

성분적재

	차원	
	1	2
얼굴형	-.693	-.494
머리모양	.735	-.515
연령	-.387	.889
의상색	.831	.144
얼굴표정	.815	.319

변수 주성분 정규화

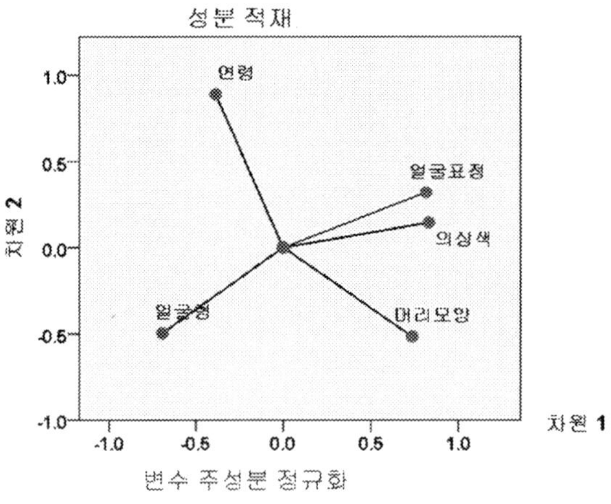

(3) 각 축을 해석하기 위하여 각 변수들이 X축, Y축에 걸리는 적재량의 각도를 살펴본다.

① 의상색, 얼굴표정, 얼굴형은 같은 성향을 띠는 것으로 나타났다.
(성분적재량에서 1차원과 2차원의 부호가 같은 양 혹은 음이다.
즉, 제 1, 3사항에 있다.)

② 머리모양과 연령은 서로 같은 성향을 띄는 것으로 나타났다.
(성분적재량에서 1차원과 2차원의 부호가 다르다.
즉, 제 2, 4사항에 있다.)

Bi-플롯 중심점 및 대상

대상 설명 기준변수

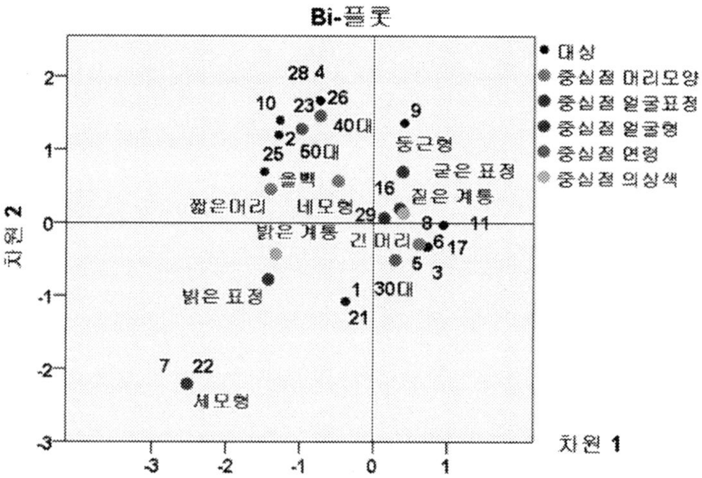

(4) 대상 포인트와 범주들의 위치도를 작성한 도표이다.(Bi -플롯)

① 차원1의 양수방향을 분석하면 다음과 같다.
30대는 긴머리, 네모형 얼굴에 짙은 계통의 의상을 입고 진지하게 굳은 표정을 짓는 남성 뉴스개스터를 선호하는 것으로 나타났다고 판단 할 수 있다.

② 제 2사항을 분석한다.
40대와 50대는 짧은 머리와 뒤로 넘긴 머리(올백)를 대체로 선호한다.

③ 가름한 세모형(각진 네모형), 밝은 계통 의상, 부드럽고 밝은 표정은 일반적으로 선호하지 않는 것으로 나타났다.

문제 8-4 음료수 선호도 (비선형 정준 상관분석)

30명의 소비자를 대상으로 음료수에 대하여 식습빈도를 조사하였다. 설문지를 다음과 같다. (음료수의 식습빈도 조사관리)

설문지

*. 해당되는 빈칸에 0표하시기 바랍니다.

문항		(1).전혀 마시지 않는다.	(2). 가끔 마신다.	(3). 자주 마신다.
1	주스			
2	콜라			
3	섬유음료			
4	이온음료			
5	커피			
6	홍차			

*. 기초적 질문입니다.

해당되는 칸에 0표하시기 바랍니다.

7. 연령	①. 10-20대	②. 30대	③. 40대 이상
8. 성별	①. 남자	②. 여자	
9. 운동빈도	①. 전혀 안 한다.	②. 가끔한다.	③. 자주한다.

수집한 자료는 부록에 있다. 자료를 분석하라.

(풀이) 자료를 입력한다.

일련번호	주스	콜라	섬유이온	이온음료	커피	홍차	연령	성별	운동빈도
1	2	1	2	2	2	3	3	1	2
2	1	2	1	2	1	1	1	1	2
3	3	3	3	3	1	2	1	2	3
4	3	1	2	1	3	2	3	1	1
5	2	2	3	2	1	3	1	2	1

2. 분석 > 차원 감소 > 최적화 척도법을 클릭한다.

3. 대화상자에서 비선형 정준상관분석을 선택하도록 한다.

   (1). 일부변수는 다중 명목 아님.

   (2). 다중 군을 선택한다.

4. 정의를 클릭하면 비선형 정준상관분석의 대화상자가 열린다.

   (1). 변수에는 주스, 콜라, … , 홍차를 이동 후 주스(3 순서)… , 홍차(3 순서)가 되도록 입력한다.

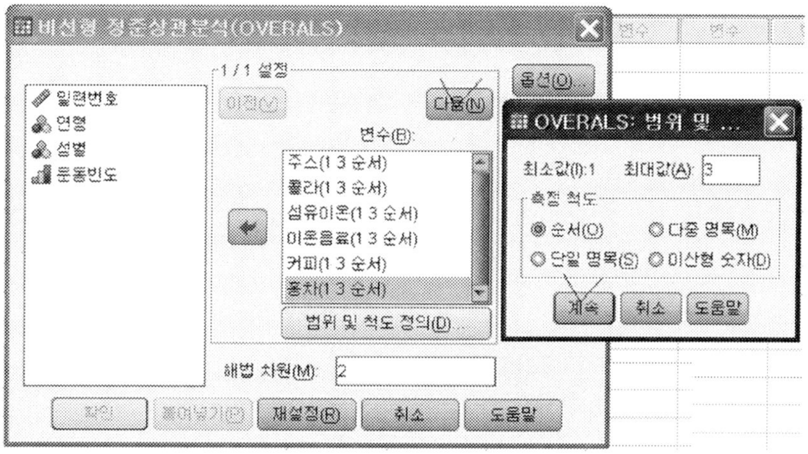

   (2). 다음에서는 연령(순서0), 성별(명목N), 운동빈도(순서0)를 입력한다.

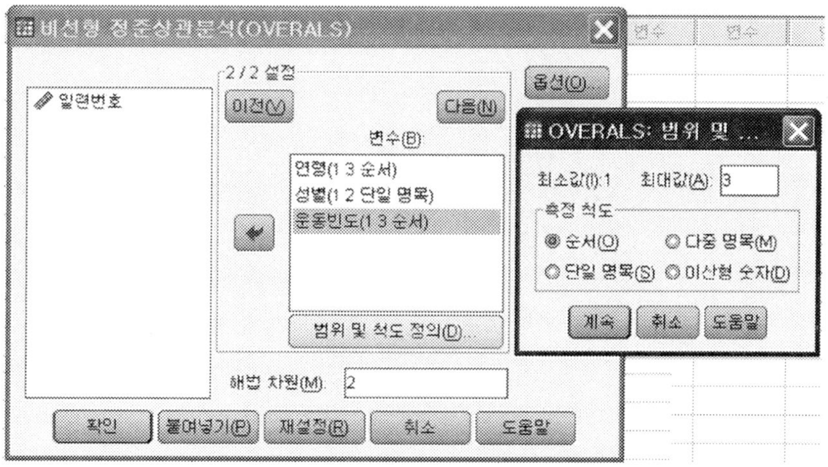

5. 옵션을 선택하여 빈도, 단일적합 및 다중적합, 중심값, 범주 수량화, 범주좌표, 개체점수, 성분 적재량을 선택한다.

SPSS 결과

변수 목록

변수군		범주의 수	최적척도 수준
1	주스	3	순서
	콜라	3	순서
	섬유이온	3	순서
	이온음료	3	순서
	커피	3	순서
	홍차	3	순서
2	연령	3	순서
	성별	2	단일명목
	운동빈도	3	순서

주변 빈도

변수군 1

주스

	주변빈도
전혀	3
가끔	11
자주	16
결측값	0
변수군 내의 결측	0

콜라

	주변빈도
전혀	9
가끔	13
자주	8
결측값	0
변수군 내의 결측	0

섬유이온

	주변빈도
전혀	10
가끔	10
자주	10
결측값	0
변수군 내의 결측	0

이온음료

	주변빈도
전혀	3
가끔	14
자주	13
결측값	0
변수군 내의 결측	0

커피

	주변빈도
전혀	9
가끔	15
자주	6
결측값	0
변수군 내의 결측	0

홍차

	주변빈도
전혀	4
가끔	14
자주	12
결측값	0
변수군 내의 결측	0

변수군 2

연령

	주변빈도
10 ~ 20대	10
30대	10
40대이상	10
결측값	0
변수군 내의 결측	0

성별

	주변빈도
남자	15
여자	15
결측값	0
변수군 내의 결측	0

운동빈도

	주변빈도
전혀	4
가끔	15
자주	11
결측값	0
변수군 내의 결측	0

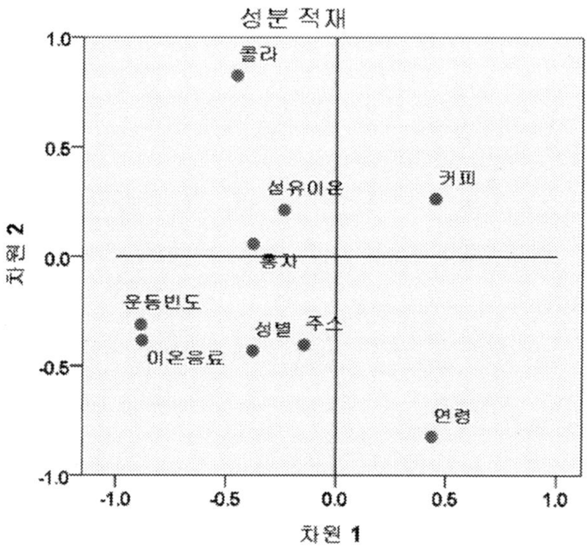

분석요약

		차원 1	차원 2	합계
손실	변수군 1	.026	.074	.100
	변수군 2	.026	.074	.100
	평균	.026	.074	.100
고유값		.974	.926	
적합				1.900

(1) 커피, 운동빈도, 이온음료, 성별, 주스는 양의 상관도로 높게 나타났다.
(2) 콜라, 섬유이온, 홍차, 연령은 음의 상관도가 높게 나타났다.
(3) 그러므로 첫 번째 변수군과 두 번째 변수군 간의 정준상관이 높게 나타났다.

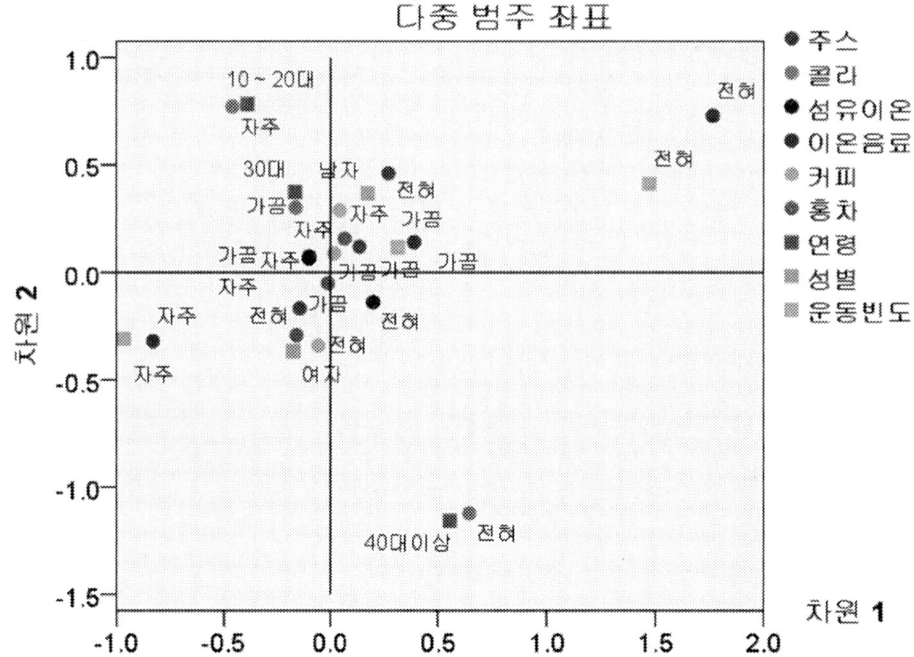

(4) 도표 상단 왼쪽에 모인 점들을 설명한다.

10 ~ 20대는 콜라를 자주마시는 것으로 나타났다.

(5) 오른쪽에 위치한 점들을 해석.

운동을 전혀하지 않는 사람은 이온음료를 전혀 마시지 않는 것으로 나타났다.

(6) 중간 하단은 40대 이상으로 콜라를 전혀 마시지 않는다.

(7) 왼쪽 중앙부분은 운동을 자주하며 이온음료를 자주 마시는 것으로 나타났다

(8) 남자는 주스를 마시지 않는 것으로 나타났다.

제 9 장 복수응답 분석

설문지에서 선택하는 문항의 유형이 복수로 선택하는 경우가 많다. 따라서 응답되는 자료는 설문방식에 따라 복수 이분형과 다중 범주형으로 구분된다.

이때 여러 종류의 복수 응답설문 중 어느 것을 선택할 것인가는 연구자의 연구목적에 따라 선택하게 된다.

다음과 같은 설문지가 있을 때, 설문지를 분석하라.

문제 9-1 TV 프로그램 중에서 해당되는 분야에 답하여 주세요.

(문항 1) 당신의 성별은?

① 남자 ② 여자

(문항 2) 다음에서 당신이 좋아하는 프로그램을 하나만 선택하세요.

① 교양 ② 오락 ③ 뉴스 ④ 연속극

(문항 3) 다음에서 당신이 좋아하는 프로그램을 2개만 선택하세요.

① 교양 ② 오락 ③ 뉴스 ④ 연속극

(문항 4) 당신이 좋아하는 프로그램을 순서로 기록하세요.

① 교양( ) ② 오락( ) ③ 뉴스( ) ④ 연속극( )

(문항 5) 다음에서 당신이 좋아하는 프로그램을 모두 선택하세요.

① 교양( ) ② 오락( ) ③ 뉴스( ) ④ 연속극( )

<설문지에 따라 조사한 자료는 다음과 같다.>

문항1	문항2	문항3	문항4			
일돌이	교양	오락, 뉴스	①교양(1)	②오락(2)	③뉴스(3)	④연속극(4)
일순이	오락	교양, 오락	①교양(1)	②오락(3)	③뉴스(2)	④연속극(4)
이돌이	뉴스	교양, 오락	①교양(2)	②오락(3)	③뉴스(4)	④연속극(1)
이순이	교양	뉴스, 연속극	①교양(3)	②오락(1)	③뉴스(2)	④연속극(4)
삼돌이	연속극	교양, 뉴스	①교양(1)	②오락(4)	③뉴스(2)	④연속극(3)
삼순이	오락	교양, 연속극	①교양(2)	②오락(1)	③뉴스(4)	④연속극(3)

<SPSS에 입력하기 이전에 정리한 자료>

< 자료 정리 >

1. (문항 1과 문항 2)의 자료는 빈도분석, 교차분석으로 각자정리.
2. (문항 1과 문항 3)의 자료분석.

(문항 1과 문항 3)의 자료는 다음과 같다.

일돌이 : 남자 오락 뉴스
일순이 : 여자 교양 오락
이돌이 : 남자 교양 오락
이순이 : 여자 뉴스 연속극
삼돌이 : 남자 교양 뉴스
삼순이 : 여자 교양 연속극

문제 9-1-1 이분형으로 분석하라.

문제 9-1-2 범주형으로 분석하라.

3. (문항 1과 문항 4)의 자료분석.

(문항 1과 문항 4)의 자료는 다음과 같다.

일돌이 : 남자 ① 교양(1) ② 오락(2) ③ 뉴스(3) ④ 연속극(4)
일순이 : 여자 ① 교양(1) ② 오락(3) ③ 뉴스(2) ④ 연속극(4)
이돌이 : 남자 ① 교양(2) ② 오락(3) ③ 뉴스(4) ④ 연속극(1)
이순이 : 여자 ① 교양(3) ② 오락(1) ③ 뉴스(2) ④ 연속극(4)
삼돌이 : 남자 ① 교양(1) ② 오락(4) ③ 뉴스(2) ④ 연속극(3)
삼순이 : 여자 ① 교양(2) ② 오락(1) ③ 뉴스(4) ④ 연속극(3)

문제 9-1-3 순서형으로 분석하라

4. (문항 1과 문항 5)의 자료분석은 (문항 1과 문항 3)의 자료분석을 확대하여 정리한다.

(풀이) [문제 9-1-1] 이분형으로 응답처리

성별	① 교양	② 오락	③ 뉴스	④ 연속극
1	0	1	1	0
2	1	1	0	0
1	1	1	0	0
2	0	0	1	1
1	1	0	1	0
2	1	0	0	1

[문제 9-1-2] 범주형으로 응답처리

처음 응답한 보기를 '문항1'로 다음 응답한 보기를 '문항3'으로 한다.

123 212 112 234 113 214

(문항 1과 문항 4)의 자료는 다음과 같다.

[문제 9-1-3] 순서형으로 응답처리.

(문항 4)는 순서 복수응답이다.

분석자는 응답자를 대상으로 선호하는 순서로 질문지를 작성한다.

11234 21324 12341 23124 11423 22143

(문항1와 문항 5)의 자료는 다음과 같다.

(문항 5)는 (문항 3)의 이분형을 확장하여 분석하면 된다.

< 복수응답 분석 절차 >

Ⅰ. (문항 2)는 하나만 선택하므로 (문항 1)과 (문항 2)는 빈도분석, 교차분석을 실시 하는 것이 적절하다.

(풀이) [1] 빈도분석, 교차분석은 각각 실시한다.

Ⅱ (문항 3)은 복수 응답이므로 처리와 분석방법은 2종류이다.

즉, 이분형 응답처리와 범주형 응답처리이다.

[문제 9-1-1] 이분형으로 응답처리

(풀이) [2]. 이분형 응답처리

각 응답자가 선택한 변수에는 “1”을 선택하지 않는 변수에는“0”을 부여한다.

10110 21100

11100 20011

11010 21001

1. S P S S에 자료를 입력한다.

	성별	교양	오락	뉴스	연속극
1	1	0	1	1	0
2	2	1	1	0	0
3	1	1	1	0	0
4	2	0	0	1	1
5	1	1	0	1	0
6	2	1	0	0	1

*. (문항 3)을 빈도분석

2. 복수응답 분석에는 변수군을 정의를 먼저 실시하여야한다.
분석 > 다중응답 > 변수군 정의를 클릭한다.

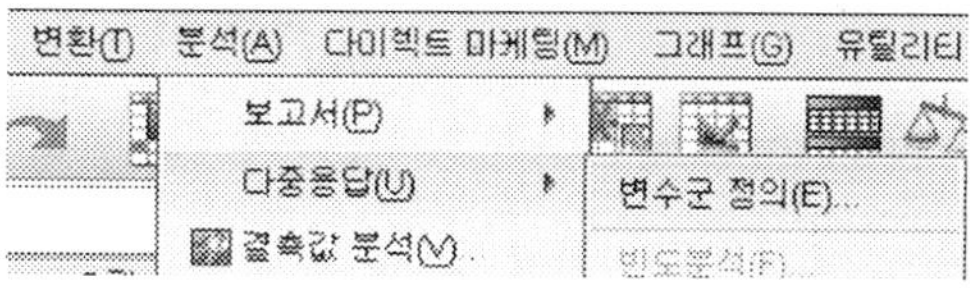

3. 변수군 정의 상자에서 다음과 같이 정리한다.

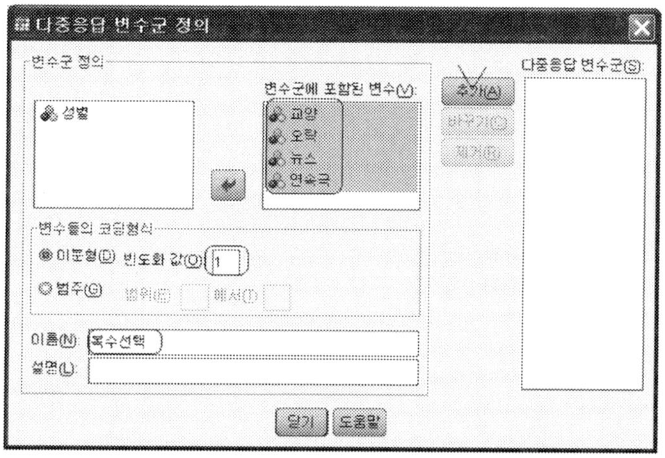

4. 추가를 선택하면 다음과 같다.

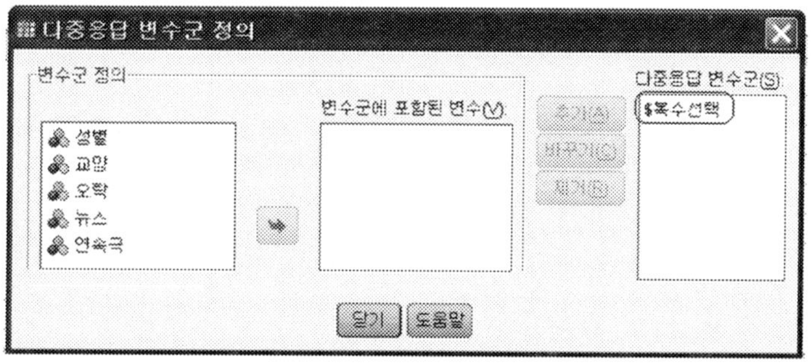

5. 복수응답에 대하여 변수군을 정의하였으므로 빈도분석을 한다.
분석 > 다중응답 >빈도분석을 클릭한다.

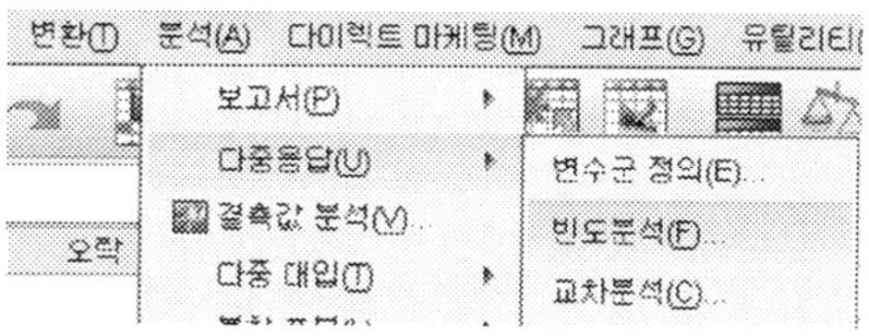

6. 복수선택을 이동한다.

S P S S 결과

다중응답분석

$복수선택 빈도

		응답		
		N	퍼센트	케이스 퍼센트
$복수선택[a]	교양	4	33.3%	66.7%
	오락	3	25.0%	50.0%
	뉴스	3	25.0%	50.0%
	연속극	2	16.7%	33.3%
합계		12	100.0%	200.0%

a. 값 1에서 표로 작성된 이분형 집단입니다.

분석 결과

(1) 교양이 4로서 제일 좋아하는 것으로 나타났다. (33.3%)

(2) 연속극은 2로서 반응이 제일 적다. (16.7%)

*. (문항 1)과 (문항 3)를 교차분석

1. 분석 > 다중응답 > 교차분석을 선택한다.

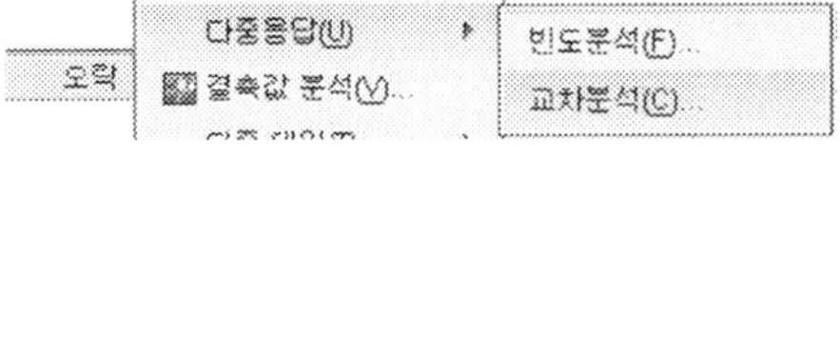

2. 행에는 성별(1,2)를 열에는 복수선택으로 정리한다.

3. 옵션을 행, 열, 전체를 선택한다.

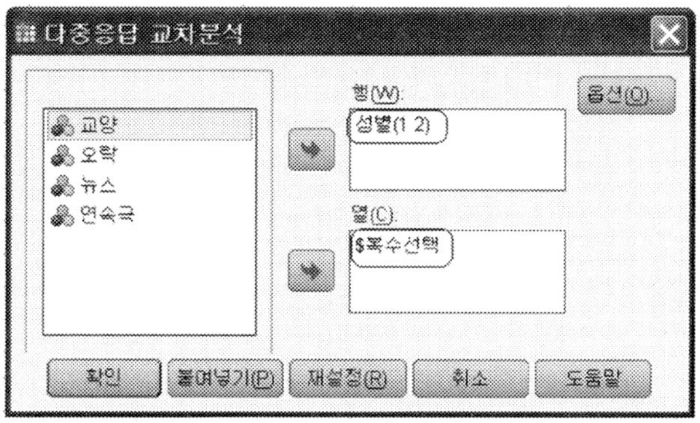

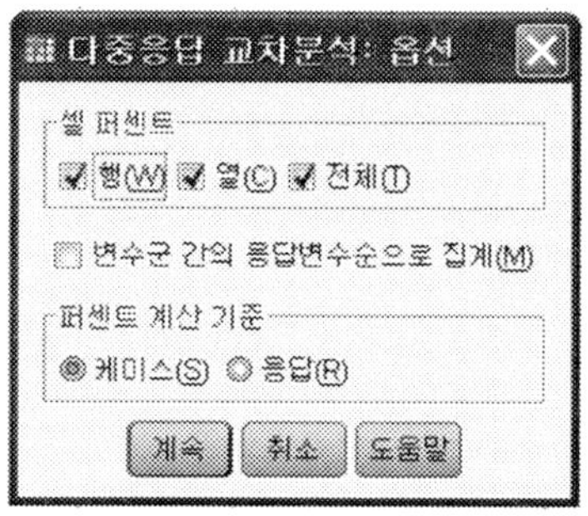

S P S S 결과

다중응답분석

성별*$복수선택 교차표

			$복수선택[a]				합계
			교양	오락	뉴스	연속극	
성별	남자	총계	2	2	2	0	6
		성별 중 %	33.3%	33.3%	33.3%	.0%	
		$복수선택 중 %	50.0%	66.7%	66.7%	.0%	
		전체 중 %	16.7%	16.7%	16.7%	.0%	50.0%
	여자	총계	2	1	1	2	6
		성별 중 %	33.3%	16.7%	16.7%	33.3%	
		$복수선택 중 %	50.0%	33.3%	33.3%	100.0%	
		전체 중 %	16.7%	8.3%	8.3%	16.7%	50.0%
합계		총계	4	3	3	2	12
		전체 중 %	33.3%	25.0%	25.0%	16.7%	100.0%

퍼센트 및 합계는 응답을 기준으로 합니다.

a. 값 1에서 표로 작성된 이분형 집단입니다.

분석 결과

(1) 표의 상단 교양을 정리한다.

① 남자 3명이 복수 응답 2회(총 6회)중에서 33.3%(2회)가 교양을 선호하였다.

② 전체 응답회수 12회 중에서 2회(16.7%)에 해당된다.

(2) 남자는 교양, 오락, 뉴스를 동일하게 좋아하나 연속극에는 흥미가 없다.

(3) 여자는 교양과 연속극을 가장 좋아하며, 오락과 뉴스를 그 다음으로 좋아한다.
(4) 남녀 총합하여 교양(4회), 오락(3회), 뉴스(3회), 연속극(2회) 순으로 좋아한다.

[문제 9-1-2] 범주형으로 응답처리

(풀이) [3]. 범주형 응답처리

처음 응답한 보기를 '문항1'로 다음 응답한 보기를 '문항2'로 한다.

123 212 112 234 113 214

1. S P S S에 자료를 입력한다.

	성별	문항1	문항2
1	1	2	3
2	2	1	2
3	1	1	2
4	2	3	4
5	1	1	3
6	2	1	4

2. 변수군을 정의한다.

분석 > 다중응답 > 변수군 정의를 클릭한다.

3. 변수군 정의 상자를 정리한다.

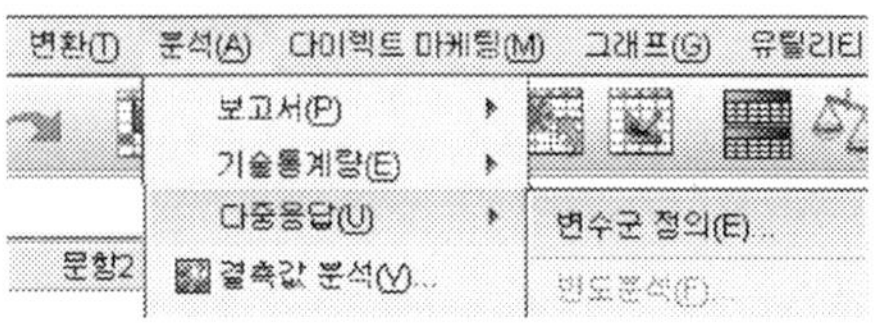

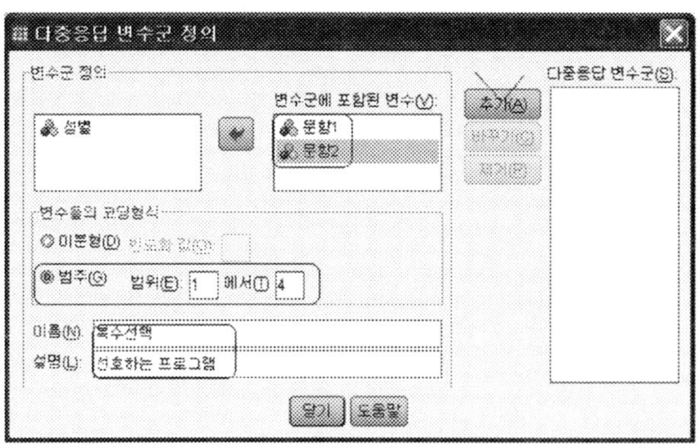

4. 추가를 클릭한다.

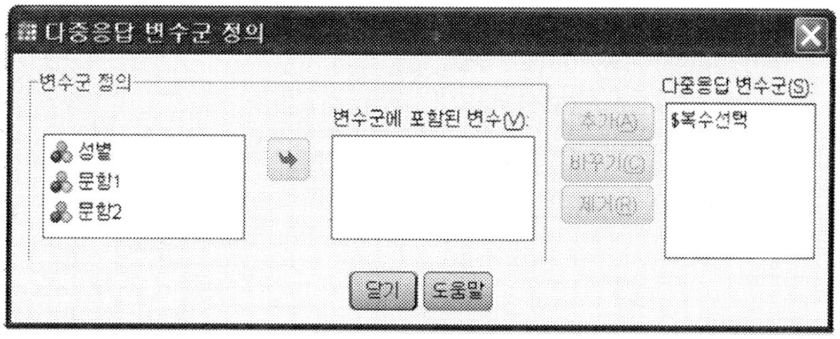

5. 분석 > 다중응답 > 교차분석을 선택한다.

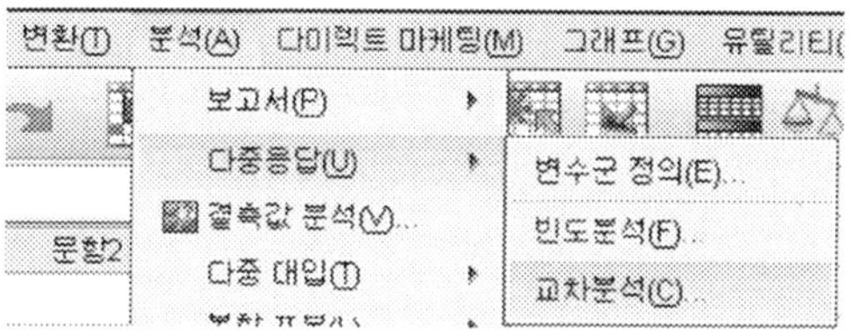

6. 교차분석 상자를 정리한다.

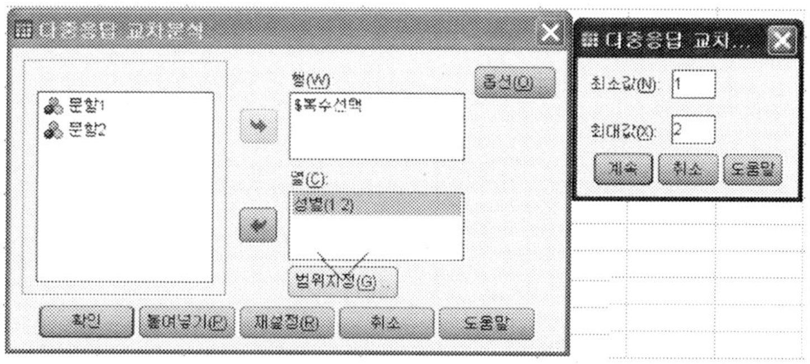

7. 옵션을 선택하여 정리한다.

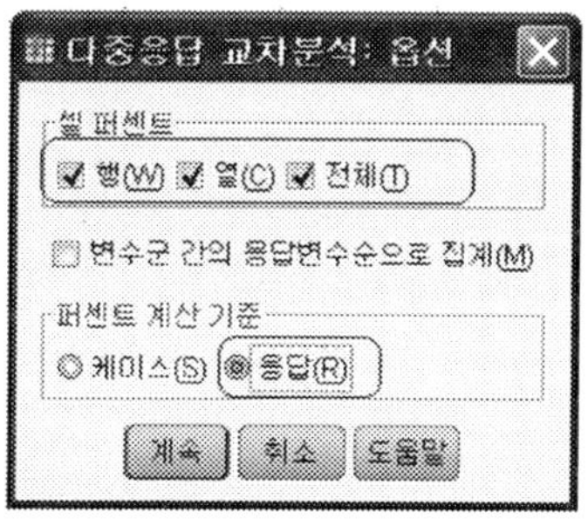

S P S S 결과

다중응답분석

$복수선택*성별 교차표

			성별		합계
			남자	여자	
선호하는 프로그램[a]	교양	총계	2	2	4
		$복수선택 중 %	50.0%	50.0%	
		성별 중 %	33.3%	33.3%	
		전체 중 %	16.7%	16.7%	33.3%
	오락	총계	2	1	3
		$복수선택 중 %	66.7%	33.3%	
		성별 중 %	33.3%	16.7%	
		전체 중 %	16.7%	8.3%	25.0%
	뉴스	총계	2	1	3
		$복수선택 중 %	66.7%	33.3%	
		성별 중 %	33.3%	16.7%	
		전체 중 %	16.7%	8.3%	25.0%
	연속극	총계	0	2	2
		$복수선택 중 %	.0%	100.0%	
		성별 중 %	.0%	33.3%	
		전체 중 %	.0%	16.7%	16.7%
합계		총계	6	6	12
		전체 중 %	50.0%	50.0%	100.0%

퍼센트 및 합계는 응답을 기준으로 합니다.

a. 집단 설정

분석 결과

(1) 표의 왼쪽 상단 셀을 정리한다.

① 남자 3명이 복수선택할 때, 교양을 2회 선호하였다.
즉, 아래쪽 끝에 있는 남자 응답자 6회 중 2회(33.3%)가 교양을 선호한다.

② 이 2회는 오른쪽 끝에 있는 교양을 좋아하고 있는 전체 4회 중에 2회(50%)를 나타내고 있다.

(2) 남자는 교양, 오락, 뉴스를 동일하게 좋아하나 연속극에는 흥미가 없다.

(3) 여자는 교양과 연속극을 가장 좋아하며, 오락과 뉴스를 그 다음으로 좋아한다.

(4) 전체(남녀) 12회 응답기회 중에서 교양(4회)을 가장 좋아한다.

[문제 9-1-3] 순서형으로 응답처리

Ⅲ. (문항 1과 문항 4)의 자료는 다음과 같다.

(문항 4)는 순서 복수응답이다.

분석자는 응답자를 대상으로 선호하는 순서로 질문지를 작성한다.

11234　　21324

12341　　23124

11423　　22143

1. S P S S에 자료를 입력한다.

	성별	교양	오락	뉴스	연속극
1	1	1	2	3	4
2	2	1	3	2	4
3	1	2	3	4	1
4	2	3	1	2	4
5	1	1	4	2	3
6	2	2	1	4	3

2. 파일 > 새 파일 > 명령문을 클릭한다.

3. 명령문 상자에 S P S S프로그램을 입력한다.

프로그램을 선정한 다음 실행 > 모두를 클릭한다.

```
TABLES
/FTOTAL=T1 '합계'
/MDGROUP=T2 '선호 프로그램 종류' 교양 TO 연속극 (1)
/TABLES=T2+ T1 BY 성별 + T1
/STATISTICS=COUNT('응답자수') CPCT('%%':성별)
```

S P S S 결과

표

		남자		여자		합계	
		응답자수	%%	응답자수	%%	응답자수	%%
선호 프로그램 종류	교양	2	66.7%	1	33.3%	3	50.0%
	오락			2	66.7%	2	33.3%
	뉴스						
	연속극	1	33.3%			1	16.7%
합계		3	100.0%	3	100.0%	6	100.0%

분석 결과

(1) 선호하는 프로그램을 분석한 결과
남자(1)들은 교양(1)을 가장 선호하고,
여지(2)들은 오락(2)을 가장 선호한다.

Ⅳ (문항 1)과 (문항 5)의 복수응답분석은 (문항 1)과 (문항 3)의 복수응답분석(이분형)을 확장하여 분석하면 된다.

부록

보조 0-9

대상자 \ 측정회수			1	2	3	4	5	6	7	8	9	10
위팔 두 갈래근	남자 10명	대상자1	47.54	46.55	49.73	47.05	46.57	46.70	49.45	48.44	49.82	47.41
		대상자2	48.86	47.44	48.38	48.85	51.46	48.93	49.34	49.58	49.80	49.12
		대상자3	44.31	50.27	44.76	49.92	48.76	49.98	48.85	49.84	49.51	47.32
		대상자4	49.85	49.26	47.50	48.56	49.19	47.75	49.42	49.32	47.47	47.90
		대상자5	45.63	42.88	44.79	45.85	44.61	43.60	46.60	42.02	43.55	44.79
		대상자6	49.01	49.39	48.95	49.65	48.02	49.08	50.91	49.36	51.70	51.54
		대상자7	46.47	46.24	45.61	51.59	48.09	47.37	48.23	48.14	47.74	48.81
		대상자8	50.67	50.04	50.13	50.14	49.95	51.89	51.51	50.36	50.66	52.08
		대상자9	51.59	81.99	52.04	49.38	49.07	51.30	49.52	49.83	50.19	49.72
		대상자10	49.20	48.62	49.08	48.12	51.87	51.55	51.93	50.65	50.14	50.41
	여자 10명	대상자11	52.79	52.57	51.79	53.17	53.61	49.28	50.78	50.53	51.53	52.61
		대상자12	45.92	48.46	48.45	48.47	49.02	48.32	46.68	50.59	49.14	50.92
		대상자13	53.49	52.02	52.29	53.05	51.74	52.02	52.05	52.35	52.42	51.85
		대상자14	48.93	48.34	49.93	50.55	48.79	49.60	49.10	49.93	49.99	50.72
		대상자15	53.17	52.48	52.15	52.05	50.46	50.33	52.60	38.31	52.67	51.88
		대상자16	50.61	50.59	52.58	48.41	49.51	52.21	52.90	52.71	52.06	48.29
		대상자17	49.31	49.47	49.08	51.03	49.43	53.20	46.70	51.36	51.75	54.97
		대상자18	53.11	52.75	54.77	54.08	52.61	53.41	52.23	51.11	53.28	51.82
		대상자19	48.40	50.45	52.54	50.67	53.33	51.96	51.45	52.24	50.98	51.60
		대상자20	49.26	47.25	50.27	51.94	51.86	52.76	50.32	51.72	50.05	49.64

대상자 \ 측정회수			1	2	3	4	5	6	7	8	9	10
가쪽 넓은근	남자 10명	대상자1	49.49	47.46	46.08	49.50	46.23	49.45	45.95	55.08	50.79	47.78
		대상자2	38.91	52.99	51.14	52.34	52.34	51.84	49.98	52.01	52.02	52.26
		대상자3	46.48	49.50	49.54	51.43	53.14	50.10	50.43	49.39	52.33	50.18
		대상자4	50.18	52.27	50.71	49.25	51.25	51.74	48.39	50.98	49.72	51.35
		대상자5	50.00	47.25	50.77	52.75	48.19	47.96	46.77	49.14	51.99	52.49
		대상자6	51.76	51.83	52.16	50.42	50.55	51.78	50.63	51.38	52.02	51.83
		대상자7	49.34	51.50	52.26	44.20	44.40	47.00	51.59	46.48	49.86	47.30
		대상자8	53.34	52.45	54.22	50.75	50.66	52.85	52.29	50.94	52.26	52.33
		대상자9	51.31	54.17	50.27	50.04	52.86	51.55	50.53	52.24	51.41	52.43
		대상자10	51.60	51.58	52.98	48.93	52.55	54.29	52.80	50.69	53.17	52.03
	여자 10명	대상자11	53.11	49.34	47.27	49.48	54.06	53.87	52.04	52.20	49.39	50.06
		대상자12	54.73	49.70	51.27	54.97	51.10	51.47	53.76	53.48	54.35	53.04
		대상자13	51.81	49.77	50.13	52.90	51.98	52.22	50.34	50.57	49.93	39.04
		대상자14	51.84	51.06	49.53	53.33	51.82	53.67	53.99	53.68	54.42	53.92
		대상자15	51.22	51.61	52.02	51.23	81.45	51.32	51.06	51.67	51.75	51.01
		대상자16	50.98	50.93	37.48	52.07	50.86	51.47	51.37	47.24	48.69	47.93
		대상자17	47.15	49.47	50.70	50.03	54.70	51.05	48.30	49.15	50.60	49.04
		대상자18	51.85	48.69	49.11	52.89	49.97	51.14	52.68	50.39	52.54	52.70
		대상자19	49.51	47.58	49.26	47.34	50.56	52.01	50.35	51.96	52.39	51.40
		대상자20	50.79	54.27	52.06	52.86	52.63	52.87	44.73	51.55	52.90	48.92

보조 0-12 설문지 자료는 다음과 같다

a1=가격, a2=당도, a3=상표이미지, a4=미용, a5=갈증해소, a6=맛, b1=만족도.

3433334	2333423	3431323	2454355	3243223
2342144	3354424	4252233	3453234	2514424
3343334	1151114	4555455	3454424	3432545

3233243 3443344 1553555 3453434 4545555
2433344 3343334 2553455 3442323 2453444
4553255 2443424 4353344 3453334 4452455
2342324 3553234 3352445 3443234 3343233
3243234 3353344 2443434 2434344 4444334
3353333 2353454 3344444 4334444 1242213
1143323 3243344 3333234 4444434 3243224
3444444 3233223 2242424 3453445 1554255
3344434 4353344 2444444 4433434 4553444
3443354 3454455 3452424 2555555 2353354
4355254 5553555 3551555 2443444 3343445
3353433 3343334 3253455 3442424 3555454
3333333 4454455 3233343 3444443 3443234
2221322 3443344 3242243 3535355 4443444
3333423 5354555 2544444

보조 0-14 설문지 자료

A : 현재급여 B : 피교육(년) C : 최초급여 D : 근무월수(개월)
E : 경력(개월) F : 성별 G : 직종 H : 소수민족

A	B	C	D	E	F	G	H
57000	15	27000	98	144	1	3	0
21450	12	12000	98	381	2	1	0
45000	15	21000	98	138	1	1	0
36000	15	18750	98	114	1	1	0
27900	15	12750	98	115	2	1	0
30300	16	16500	98	143	2	1	0
27750	15	14250	98	34	1	1	1
27300	12	13500	97	66	1	1	0
46000	15	14250	97	48	1	1	0
42300	12	14250	97	103	1	1	0
38850	16	15000	97	17	2	1	0
24000	15	11100	97	75	2	1	1
21150	15	9000	97	171	2	1	1
40200	16	18750	98	36	1	1	0
21900	08	13200	98	190	2	1	0
32100	15	13500	98	67	1	1	0
21900	12	9750	98	0	2	1	0
24000	12	13500	98	244	2	1	0
28350	8	12000	98	26	1	1	1
35100	15	16800	98	137	2	1	1
40800	12	15000	97	24	1	1	0
103750	16	27510	97	70	1	3	0
26250	12	11550	97	48	2	1	0
21750	12	12750	97	315	1	1	1
16950	12	9000	97	124	2	1	1
31050	15	12600	96	14	1	1	0

60375	19	27480	96	96	1	3	0
135000	19	79980	96	199	1	3	0
36150	12	14250	96	83	1	1	0
42000	15	15000	96	68	1	1	0
81250	17	30000	96	18	1	3	0
29100	12	13500	96	113	1	1	1
36000	16	15000	96	46	1	1	1
23550	12	11550	96	52	2	1	1
23250	12	14250	95	46	1	1	0
30750	12	13500	95	307	1	2	0
30000	12	16500	95	228	2	1	0
34800	15	16500	94	93	1	1	0
35550	12	15000	94	48	1	1	0
73750	18	26250	94	56	1	3	0
27000	12	15000	94	120	1	1	0
33900	15	15750	94	78	1	1	0
28050	15	14250	94	36	1	1	1
22500	8	9750	94	36	1	1	1
55000	17	26250	93	32	1	3	0
21900	8	14550	93	41	1	1	0
46000	16	21240	93	35	1	3	0
56550	16	25000	93	34	1	3	0
82500	17	34980	93	207	1	3	0
26400	12	10500	93	0	2	1	0
24150	15	11550	93	0	2	1	0
27600	12	11400	93	6	2	1	0
34800	16	14550	93	8	2	1	0
24300	12	10950	93	5	2	1	0
22950	12	11250	93	0	2	1	1
25950	15	17100	92	42	1	1	0
24150	12	14100	92	130	1	1	0
68750	19	27480	92	8	1	3	0
20100	12	11250	92	24	2	1	0
25950	12	10950	92	0	2	1	0

32550	15	14250	96	43	1	1	0
31200	15	14250	96	54	1	1	0
110625	19	45000	96	120	1	3	0
92000	19	39990	96	175	1	3	0
31350	8	11250	96	52	2	1	0
31350	15	15000	96	49	1	1	1
19200	15	9000	96	23	2	1	1
35100	15	16500	95	90	1	1	0
29250	8	14250	95	50	1	1	0
22350	15	12750	95	165	2	1	0
30750	12	14100	94	240	1	2	0
60000	16	23730	94	59	1	3	0
45150	15	15000	94	40	1	1	0
25050	12	13500	94	444	1	1	0
26850	15	13500	94	5	1	1	0
26400	15	13500	94	3	2	1	0
30900	12	15000	94	102	1	1	1
48000	16	21750	93	22	1	3	0
53125	16	21000	93	48	1	3	0
78125	19	30000	93	7	1	3	0
45250	16	21480	93	36	1	3	0
41100	15	20250	93	27	1	1	0
54000	16	18000	93	11	2	1	0
33900	15	19500	93	192	2	1	0
29250	15	11550	93	11	2	1	0
22950	12	10500	93	10	2	1	0
51000	16	18000	93	22	2	1	0
24750	12	14250	93	193	2	1	1
25050	8	10950	93	8	2	1	1
31650	15	15750	92	64	1	1	0
72500	19	28740	92	10	1	3	0
16200	8	9750	92	0	2	1	0
24000	8	10950	92	6	2	1	0
24600	12	10050	92	44	2	1	0

28500	12	10500	92	6	2	1	0
40200	17	19500	92	168	1	1	1
22050	12	10950	92	5	2	1	1
60625	16	22500	91	44	1	3	0
97000	19	35010	91	68	1	3	0
31650	15	13500	91	18	1	1	0
25200	12	14400	91	83	2	1	0
30450	12	15000	91	49	1	1	1
30750	12	9000	91	314	1	2	1
54875	16	27480	90	68	1	3	0
33450	15	14100	90	85	1	1	0
31500	12	18750	90	205	2	1	0
25200	12	14100	90	55	2	1	0
18750	15	10500	90	54	2	1	0
33300	12	15000	90	3	2	1	0
27450	12	15000	90	173	1	1	1
30750	12	15000	90	209	1	2	1
68750	17	27510	89	38	1	3	0
31500	15	15750	89	22	1	1	0
27000	15	15750	89	87	1	1	0
26250	12	10950	89	0	2	1	0
65000	21	37500	88	264	1	3	0
20100	8	13200	88	90	2	1	0
35550	15	13350	88	32	2	1	0
24450	12	13200	88	107	2	1	0
26700	12	13500	88	38	1	1	1
23700	15	13500	88	359	1	1	1
27600	12	15000	87	75	1	1	0
42300	16	26250	87	126	1	3	0
26700	12	12900	87	18	2	1	0
35250	15	15000	87	54	1	1	1
26550	12	13050	87	11	2	1	1
25050	16	12750	87	123	2	1	1
52650	16	19500	86	20	1	1	0
30750	8	15000	92	432	1	2	1
30000	8	15000	92	144	1	2	1
78250	18	27480	91	47	1	3	0
39900	14	15750	91	59	1	1	0
27450	15	15750	91	48	1	1	0
91250	19	29490	91	23	1	3	0
21000	12	11550	91	108	2	1	0
28350	15	18000	91	151	1	1	1
30750	12	15000	91	240	1	2	1
37800	14	16500	90	60	1	1	0
30300	15	16500	90	16	1	1	0
31650	12	14250	90	48	2	1	0
37800	16	15750	90	7	2	3	0
32550	15	13500	90	22	2	1	0
38550	16	16500	90	0	2	1	0
24300	15	15000	90	191	1	2	1
19650	12	9750	90	229	2	1	1
59375	20	30000	89	6	1	3	0
27300	12	17250	89	175	1	1	0
41550	16	24990	89	285	2	3	0
22200	12	15000	88	324	1	1	0
30900	12	15000	88	252	1	1	0
22350	12	13500	88	26	2	1	0
28500	12	13950	88	34	2	1	0
16650	8	9750	88	412	2	1	0
43950	18	23250	88	182	1	1	1
26550	15	14250	88	61	2	1	1
25800	12	15000	87	143	1	1	0
30750	8	15000	87	451	1	2	0
20850	12	12000	87	163	2	1	0
26700	15	15000	87	56	1	1	1
27750	12	12000	87	11	2	1	1
66000	16	47490	86	150	1	3	0
45625	16	23250	86	60	1	3	0

30900 15 15000 86 25 1 1 0
33300 15 13500 86 24 2 1 0
18150 12 9750 86 72 2 1 0
25500 12 14400 86 37 1 1 1
26700 12 13500 86 367 1 1 1
69250 20 42480 85 134 1 3 0
26250 8 15600 85 171 1 1 0
28500 12 16500 85 69 2 1 0
25200 12 13050 85 29 1 1 1
27450 12 10200 85 101 2 1 1
39300 15 15750 84 72 1 1 0
30750 8 15000 84 380 1 2 0
58750 16 21750 84 13 1 3 0
36000 12 19980 84 240 2 1 0
16500 12 10200 84 288 2 1 0
24750 12 12000 84 41 2 1 1
26400 12 12750 84 36 2 1 1
54900 15 25500 83 49 1 3 0
51250 16 27480 83 69 1 3 0
29340 12 19500 83 150 1 1 0
29100 12 15000 83 50 1 1 0
66750 16 52500 83 258 1 3 0
27300 15 17250 83 91 1 1 0
19800 8 10200 83 75 2 1 0
28950 15 15000 83 108 1 1 1
30750 8 15000 83 302 1 2 1
19200 12 11100 83 7 2 1 1
34620 16 27750 82 149 1 1 0
25350 12 15000 82 32 1 1 0
24000 12 13800 82 97 2 1 0
22350 8 10200 82 48 2 1 0
21900 15 12750 82 0 2 1 0
33900 12 12000 82 11 2 1 0
17250 12 10200 82 358 2 1 0
29400 15 16500 86 24 2 1 0
21900 12 9750 86 156 2 1 0
46875 16 17250 86 19 2 3 0
26550 12 15000 86 38 1 1 1
29850 15 15000 86 79 2 1 1
31950 8 15000 85 438 1 2 0
35700 16 17250 85 19 2 1 0
17100 12 10200 85 72 2 1 0
24000 12 12750 85 59 2 1 1
18450 12 10200 85 228 2 1 1
38850 15 15000 84 53 1 1 0
37500 15 20400 84 33 1 1 0
34500 12 18750 84 208 2 1 0
29100 8 16500 84 35 2 1 0
19650 12 12750 84 180 1 1 1
27150 15 15750 84 231 2 1 1
23100 16 12000 84 214 2 1 1
70875 19 43500 83 156 1 3 0
67500 17 34980 83 9 1 3 0
39600 15 16500 83 47 1 1 0
33150 15 16500 83 69 1 1 0
33750 12 15000 83 284 1 2 0
24000 12 11250 83 16 2 1 0
30600 15 16500 83 216 1 1 1
38400 15 16500 83 64 1 1 1
20400 12 10950 83 9 2 1 1
30150 15 15750 82 72 1 1 0
80000 15 15750 82 34 1 1 0
29850 12 15750 82 85 1 1 0
27750 15 19500 82 265 2 1 0
16200 12 10200 82 0 2 1 0
23250 16 15750 82 4 2 1 0
25650 15 14250 82 51 2 1 0
22500 15 15000 82 371 1 1 1

40200 16 21000 81 3 1 3 0
26550 15 15000 81 52 1 1 0
75000 19 31500 81 13 1 3 0
22650 12 11250 81 0 2 1 0
27750 12 11225 81 5 2 1 0
17400 8 10200 81 390 2 1 0
23100 12 10950 81 0 2 1 0
26700 12 11550 81 18 2 1 0
19650 12 10950 81 11 2 1 0
25500 12 12000 81 11 2 1 0
23100 12 11250 81 13 2 1 0
17100 8 10200 81 0 2 1 1
30600 12 15750 80 460 1 2 0
61875 19 36750 80 199 1 3 0
19650 12 11250 80 5 2 1 0
23400 12 11250 80 18 2 1 0
28500 12 11250 80 4 2 1 0
23400 12 11250 80 0 2 1 0
18150 12 10950 80 0 2 1 0
40200 15 17250 79 38 1 1 0
27750 15 16500 79 55 1 1 0
30000 12 15750 79 308 1 2 0
33900 12 16500 79 94 1 1 0
43000 16 17490 79 20 2 3 0
24450 12 12000 79 8 2 1 0
34500 8 15750 79 246 1 2 1
68125 19 32010 78 35 1 3 0
30750 8 15750 78 429 1 2 0
40350 16 19500 78 20 1 1 0
65000 17 30750 78 26 1 3 0
35250 12 15750 78 387 1 2 0
25050 15 14250 78 24 1 1 0
24000 8 15750 78 476 1 1 0
23400 12 15300 78 209 2 1 0
55500 19 33750 81 62 1 3 0
50550 15 19500 81 44 1 1 0
27450 8 12000 81 9 2 1 0
27300 12 11250 81 5 2 1 0
54375 16 18750 81 81 2 3 0
40800 12 18000 81 4 2 1 0
22500 8 10950 81 5 2 1 0
24900 12 11250 81 0 2 1 0
22050 12 10950 81 9 2 1 0
28200 15 12750 81 19 2 1 0
25500 12 11400 81 9 1 1 1
68125 18 32490 80 29 1 3 0
52125 19 27480 80 221 1 3 0
21300 8 11550 80 24 1 1 0
22350 12 11250 80 5 2 1 0
24300 12 10950 80 8 2 1 0
19950 12 11250 80 8 2 1 0
34500 16 17250 80 3 2 1 0
22350 12 15000 80 272 1 1 1
28650 15 18000 79 261 1 1 0
66875 18 31980 79 30 1 1 0
83750 16 21750 79 12 1 3 0
56500 16 21000 79 12 1 3 0
20850 8 12000 79 70 2 1 0
24750 12 10950 79 5 2 1 0
27900 14 15000 79 47 1 1 1
73500 19 33000 78 45 1 3 0
40050 15 25500 78 133 1 3 0
38700 15 23730 78 176 1 3 0
51450 18 36240 78 149 1 3 0
25950 14 15000 78 53 1 1 0
26700 12 12750 78 25 1 1 0
26850 12 15000 78 48 1 1 0
24600 12 13500 78 47 2 1 0

32550 15 18000 78 6 2 1 0
31500 12 13500 78 7 1 1 1
35250 12 15750 78 281 1 2 1
30750 12 15750 77 317 1 2 0
50000 16 32490 77 264 1 3 0
26250 15 15750 77 38 1 1 0
22500 12 12000 77 63 2 1 0
21300 12 11250 77 0 2 1 0
34500 12 12150 77 4 2 1 0
27750 12 11550 77 12 1 1 1
43410 15 15750 76 12 1 1 0
22050 12 12000 76 6 2 1 0
25500 15 12000 76 7 2 1 0
16800 8 10200 76 76 2 1 0
26700 12 15750 76 18 1 1 1
62500 18 34980 75 74 1 3 0
24450 12 12000 75 144 2 1 0
37050 15 18000 75 5 2 1 0
31950 8 15750 74 408 1 2 0
26100 12 11550 74 2 2 1 0
23700 8 10650 74 281 2 1 0
59400 12 33750 74 272 1 3 1
103500 16 60000 73 150 1 3 0
22200 12 16500 73 7 2 1 0
23100 12 12000 73 228 2 1 0
29100 17 12750 73 375 2 1 0
27900 12 13500 73 32 2 1 0
31200 12 15750 73 155 1 2 1
25950 15 17250 72 83 1 1 0
17700 8 10200 72 184 2 1 0
19950 12 10200 72 56 2 1 0
28800 12 13950 72 18 2 1 0
35700 16 18000 72 138 1 1 1
21450 8 10200 72 194 2 1 1
26550 16 15000 78 105 1 1 1
22350 8 15000 78 320 1 1 1
25800 15 13500 78 51 2 1 1
30750 15 16500 77 41 1 1 0
34500 15 18000 77 63 1 1 0
44875 16 21240 77 22 1 1 0
25650 12 14250 77 64 2 1 0
29850 12 13500 77 38 2 1 0
27750 15 15000 77 52 1 1 1
48750 16 21990 76 61 1 3 0
22050 12 15000 76 385 1 1 0
22500 12 14250 76 90 2 1 0
29160 12 15000 76 22 2 1 0
29550 8 15750 76 144 1 2 1
55000 18 32490 75 125 1 3 0
27300 15 17250 75 132 1 1 0
33000 16 18000 75 26 2 1 0
24450 12 10950 75 32 2 1 1
47250 16 21240 74 45 1 3 0
15900 8 10200 74 43 2 1 0
21750 8 12450 74 318 2 1 0
24450 12 14250 74 117 2 1 1
35700 12 16500 73 72 1 1 0
22950 15 13950 73 22 2 1 0
56750 16 30000 73 15 2 3 0
37650 12 15750 73 132 2 1 0
21150 8 12000 73 159 2 1 0
20550 12 11250 73 154 2 1 1
28350 15 15000 72 48 1 1 0
23550 15 13500 72 49 2 1 0
29400 12 15300 72 30 2 1 0
16950 8 10200 72 319 2 1 0
17400 12 10200 72 116 2 1 1
24750 12 12000 72 68 2 1 1

16950 12 10200 72 271 2 1 1
28050 14 15000 71 15 1 1 0
58125 16 18000 71 11 2 3 0
22500 12 16500 70 216 1 1 0
27450 12 14700 70 41 1 1 0
25350 15 15750 70 56 1 1 0
19650 8 13050 70 102 2 1 0
27000 17 18000 70 192 1 1 1
78500 17 28740 70 67 1 3 1
30000 12 15750 69 348 1 2 0
65000 19 31980 69 74 1 3 0
66875 19 32490 69 81 1 3 0
24450 12 12450 69 12 2 1 0
27900 12 12450 69 0 2 1 0
22650 12 11250 69 2 2 1 0
22950 12 12300 69 5 2 1 0
20400 12 11250 69 0 2 1 0
22800 12 11250 69 0 2 1 0
21300 12 11250 69 3 2 1 1
19650 12 13950 69 133 2 1 1
30300 15 15750 68 55 1 1 0
36000 19 19500 68 21 1 1 0
16200 12 10200 68 180 2 1 0
43500 16 19500 68 11 2 3 0
31950 15 15750 68 70 1 1 1
37800 15 15000 67 36 1 1 0
29400 15 16500 67 68 1 1 0
33900 15 15750 67 96 1 1 0
22200 12 13800 67 196 2 1 0
20850 12 13500 67 181 2 1 0
26250 8 16050 67 97 1 1 1
30000 8 15750 67 305 1 2 1
86250 18 45000 66 50 1 3 0
33540 12 15750 66 47 1 1 0

26100 12 13500 72 169 2 1 1
36600 16 18000 71 12 2 1 0
21300 15 15750 70 372 1 1 0
29400 15 15750 70 15 1 1 0
29850 15 15750 70 48 1 1 0
15750 8 10200 70 275 2 1 0
21000 12 13500 70 82 2 1 0
24000 12 15750 70 120 1 1 1
20850 12 13050 70 127 2 1 1
28500 8 15750 69 174 1 2 0
30150 14 16500 69 110 1 1 0
24150 15 13500 69 7 2 1 0
21600 12 12000 69 0 2 1 0
29100 8 12450 69 17 2 1 0
20850 12 11250 69 0 2 1 0
30600 12 12450 69 5 2 1 0
23850 12 12750 69 20 2 1 0
20700 12 11250 69 2 2 1 0
24300 12 15000 69 121 2 1 1
60000 17 32490 68 17 1 3 0
61250 19 33000 68 9 1 3 0
25200 8 18750 68 344 2 1 0
22800 12 11250 68 2 2 1 0
30300 8 15750 68 155 1 2 1
35250 15 13500 67 6 1 1 0
31200 15 15750 67 46 1 1 0
70000 19 35040 67 75 1 3 0
27150 15 16500 67 78 1 1 0
31350 15 11100 67 47 2 1 0
33300 16 17490 67 120 1 1 1
31950 15 15750 67 58 1 1 1
66250 19 34980 67 99 1 3 1
30750 12 15000 66 56 1 1 0
34950 16 20250 66 55 1 1 0

40350 15 16500 66 80 1 1 0
26250 8 16050 66 264 1 1 0
20400 12 11250 66 0 2 1 0
23850 15 13500 66 122 2 1 0
21600 8 13500 66 228 2 1 0
28050 15 16500 66 84 1 1 1
49000 15 20550 66 86 1 1 1
70000 16 21750 65 19 1 3 0
28500 15 14250 65 20 1 1 0
24450 15 15750 65 338 1 1 0
43650 16 19500 65 19 1 3 0
31650 15 14250 65 10 1 1 0
21750 12 11250 65 0 2 1 0
21600 8 13500 65 173 2 1 0
20700 15 14250 65 241 2 1 0
33900 12 16500 64 106 1 1 0
32850 16 19500 64 20 2 1 0
25200 15 13950 64 57 2 1 0
26400 15 15750 64 32 1 1 1
21450 12 12750 63 139 2 1 0
30270 12 15750 66 80 1 1 0
32400 15 15000 66 64 1 1 0
24150 8 12750 66 96 2 1 0
29700 12 13500 66 26 2 1 0
24450 12 15750 66 87 2 1 0
100000 16 44100 66 128 1 3 1
16350 12 10200 66 163 2 1 1
55000 19 34980 65 129 1 3 0
28800 12 18000 65 210 1 1 0
90625 19 31250 65 18 1 3 0
75000 19 42510 65 54 1 3 0
61875 19 28740 65 26 1 3 0
22500 12 12750 65 24 2 1 0
34410 16 19500 65 79 2 3 0
47550 19 33000 64 27 1 3 0
23400 12 13500 64 198 2 1 0
55750 16 19980 64 36 2 3 0
26250 12 15750 64 69 1 1 1
39150 15 15750 63 46 1 1 0
29400 12 14250 63 9 2 1 0

문제 3-5 성적비교 설문지 자료는 다음과 같다

성별	국어	수학	영어
여자	66	56	83
남자	70	81	87
여자	78	50	45
여자	84	76	73
여자	90	90	75
남자	30	30	5
여자	81	67	73
남자	60	63	32
남자	40	22	5
여자	76	71	65
여자	92	87	74
여자	86	52	41
여자	76	91	85
여자	15	33	15
여자	62	88	83
여자	64	55	10
여자	68	45	34
여자	68	5	26

남자	78	62	69
여자	40	53	22
여자	62	61	19
남자	70	45	20
여자	78	53	38
남자	94	87	90
여자	55	38	49
남자	60	50	37
남자	16	18	12
남자	48	20	18
남자	56	82	34
남자	20	40	25
남자	98	70	88
여자	82	92	82
남자	62	84	66
남자	60	88	80
남자	50	60	70
남자	30	20	30
여자	52	26	24
여자	45	22	18
남자	72	52	52
남자	70	18	56
여자	80	80	75
남자	74	100	83
여자	48	40	28
여자	82	82	73
여자	72	40	26
여자	54	26	12
여자	46	24	40
여자	75	70	70
여자	87	85	78
여자	88	78	62
여자	60	50	40
남자	38	9	10
여자	62	47	48
남자	92	75	80
여자	76	46	28
여자	30	30	35
남자	40	85	35
남자	70	67	52
남자	60	76	70
남자	75	24	29
여자	30	26	30
여자	88	87	73
여자	88	100	84
남자	95	80	100
남자	30	40	80
남자	68	50	28
남자	60	80	50
여자	84	87	80
여자	70	50	40
남자	82	70	79
여자	84	90	64
여자	88	59	68
여자	88	96	73
남자	56	80	16
남자	42	38	18
여자	80	66	22
여자	52	40	30
여자	60	32	30
여자	96	84	82
여자	76	76	50
여자	64	36	31
여자	92	89	85

여자	48	12	24	여자	86	96	67
여자	54	28	12	남자	20	32	22
남자	40	12	23	남자	78	63	66
남자	80	96	80	남자	72	96	62
남자	72	58	53	남자	21	24	18
남자	22	24	22	여자	38	8	18
여자	92	83	71	여자	80	50	75
여자	64	88	49	여자	78	24	40
여자	80	78	32	여자	66	80	54

문제 4-1 PC 보유 설문지 자료는 다음과 같다

아래의 자료는 29명의 대학생으로부터 조사한 자료이다.

44332333423 234	43344344433 233	33443344434 434	43343344433 243
11312331412 333	22233343433 333	33333333333 233	33124334333 133
32233342333 232	33321232322 422	55555455555 555	22223243314 232
33444344433 343	32444342223 233	44444355444 144	12223221222 212
34443323433 443	32432242432 222	22223322232 222	34344344434 343
33443324322 223	22224244223 233	34344333433 433	32123243323 233
32132242322 323	32542343433 233	22333243323 133	33223333323 232
33234323333 332			

문제 4-2 성격유형 자료는 다음과 같다

a1(1=학년, 2=학년, 3=학년, 4=학년)
a2(1=남자 , 2=여자)
b1, b2, b3, b4, b5, b6 c1, c2, c3, c4, c5
d1, d2, d3, d4, d5, d6
(1=매우 그렇다, 2=그렇다, 3=보통이다, 4=그렇지 않다, 5=매우 그렇지 않다.)
a1, a2, b1, b2, b3, b4, b5, b6, c1, c2, c3, c4, c5, d1, d2, d3, d4, d5, d6,

32 424244 24452 232223
32 344444 24443 424242
32 252235 34534 442522
32 224342 32433 422422
32 442444 22222 242442
32 243325 45444 232442
32 323232 25422 534442
32 443142 22123 445253
32 232224 34333 344342
32 122131 11311 111121
12 113223 13411 412121
41 314233 21222 233222
41 433332 22242 324422
11 442233 32343 343222
12 424233 32232 333424
12 444244 24332 444532
12 232444 24442 455243
12 232222 22423 424422
12 454444 25342 554451
12 222544 15421 512221
12 224232 12321 433442
12 242342 31235 544551
12 322242 32424 544342
11 324444 34333 522233
12 323232 31323 423323
12 233324 22342 434324
12 444252 11221 544442
12 344445 31444 243232
11 433324 33323 532453
12 532335 21312 133355
12 343334 34323 534432
11 224222 13234 412251

32 233424 44345 321543
32 221111 12121 424231
32 242433 31245 431331
32 344424 22342 343254
32 224244 24322 424342
32 423434 21434 144231
31 211232 21214 535524
32 332223 24332 442233
32 221323 22321 322332
32 214334 33444 332231
12 111322 11312 422221
41 122233 22241 344232
12 413332 32423 211111
11 233224 22244 445444
12 333444 22442 434443
12 234332 22432 324433
11 343443 35424 134211
12 221223 24322 444343
12 444444 23444 444444
12 223334 31223 243423
12 232224 34344 224322
12 124132 24212 312311
11 334122 24221 413421
11 122324 33323 333332
12 432114 35433 244422
12 433223 22322 442323
12 424443 32324 434241
12 353334 32442 545232
11 455444 44244 543344
12 245424 24452 544452
11 123233 21543 531554
11 412222 22221 153423

32 344234 23323 534442
32 324332 24222 33423
31 322232 24342 323412
32 234234 24422 444452
32 232234 14221 523211
32 222343 32443 123251
32 333333 23443 433344
32 435555 32522 444222
32 222241 12221 444242
32 224242 11211 412242
12 231434 21532 243443
31 222232 11312 523432
12 434131 43435 111112
12 344124 34443 344143
12 323222 22221 433223
12 222313 23243 312241
41 123223 23333 333542
12 322342 24223 344241
12 544354 32545 124422
11 234432 22444 322343
12 524332 11352 553311
12 222223 34323 345122
11 333334 41214 222111
11 111111 31111 111111
12 322231 12111 321222
11 334242 22322 533442
12 421212 24212 422111
12 222224 24423 312221
12 333443 21342 543343
11 444242 22322 524534
11 221222 14421 332444
11 333433 32454 242352

11 442444 24242 413444
11 332433 22222 443423
11 424342 32343 524423
11 243444 22332 332433
11 434343 22242 433332
11 344442 42444 222242
11 422233 22232 424442
11 434343 22322 422342
11 414444 32324 255521
11 222212 22323 212542
11 233221 12212 311115
11 243445 33335 533251
41 431221 31421 412322
11 223221 11311 432133
11 432221 12221 432411
12 244333 22244 333221
11 334233 24222 514422
12 222332 12232 424342
11 444244 22442 444442
11 212423 11334 422222
11 423141 11211 322421
11 444141 11211 515111
11 332323 23333 434233
11 334442 11311 412421
11 534444 23322 532241
11 112512 35555 151111
11 554444 22555 145511
41 442444 22343 432441
22 323232 23222 422543
31 122222 22212 514241
41 223333 22332 444242
21 443444 52445 232222

11 434334 32343 333221
11 322433 24343 233343
11 424322 22422 523432
11 443143 12332 511341
11 414232 11211 514222
11 414443 33324 343234
11 223224 32333 313111
11 333242 24332 442533
12 534154 34234 414131
11 233322 22342 324433
11 232434 33344 334342
11 342534 33432 334423
11 224323 24334 234341
11 332232 32333 533341
11 222232 23332 422231
12 443254 31222 444321
11 221223 22222 533142
12 444442 22341 544224
11 233333 22233 533341
11 345343 11321 543454
11 445543 24551 134412
11 323335 12131 553351
11 222222 22411 524342
11 412212 22441 525952
11 432124 24312 511343
11 252544 12322 114251
41 122321 25443 224332
41 333423 34223 434343
22 424242 22422 332444
31 324344 21422 542422
22 111533 55535 355111
41 424332 13312 412241

11 134324 22441 421532
12 434333 11311 542443
11 444343 23422 533341
11 223421 25343 234311
11 313322 21212 415223
11 422322 22212 412422
11 342334 22332 544443
11 343433 34324 344323
21 554545 32333 534151
11 515241 21121 511111
11 111212 45235 211151
11 344423 33424 223323
11 343324 41343 324921
11 424342 24244 542141
12 422242 22412 542523
12 323244 25212 522142
11 333333 22223 432312
12 233423 33344 522332
11 554552 23442 313132
11 222123 22222 433423
11 433344 22222 434432
11 423243 35344 214421
11 324223 24343 332332
11 322422 24432 422231
11 223232 12222 524332
11 545343 32335 533332
22 324444 22443 234442
22 124222 21342 532351
22 112431 11113 511222
21 232233 32433 344451
22 324335 24542 334333
42 355223 45244 312311

31 422232 22423 424224
31 342344 42243 344233
21 323333 32333 433242
11 134545 45555 112311
12 433343 33333 444233
11 224423 34533 124244
12 444545 35443 433242
11 223222 24333 422323
12 332243 24342 524334
12 333221 22222 423332
21 322224 21393 512551
12 323242 21132 222233
11 333332 22322 532241
11 332323 24332 533334
11 224335 11532 425435
11 432241 41114 122122
11 343433 32433 534443
12 524443 32434 334221
12 242445 45554 243344
12 332112 32322 332333
11 442444 32444 324423
11 432244 22312 214251
11 314325 22512 221551
11 221399 23422 232499
11 355444 34444 223323
11 123534 21331 332533
42 444544 21511 342221
42 344214 32332 412422
21 114231 13141 321222
41 212233 24222 411341
32 234499 45544 144499
32 134224 34442 234342
42 412444 34214 221111
31 214422 24442 434255
11 122343 21333 533321
11 224225 35541 524521
11 324242 22222 444422
11 412441 11231 522544
12 321222 14311 531342
12 434442 23342 435413
12 424442 24442 334423
12 551331 12351 523411
12 423433 23322 522433
11 412513 31423 544244
11 122222 12222 422244
11 423331 32244 222221
11 433112 11113 522542
11 445344 33432 444422
11 335443 23321 433242
12 244342 21121 523423
12 222224 25242 522444
11 222332 12221 524523
11 342325 22442 225233
11 222334 34443 232342
11 333444 43354 225332
11 222222 22322 425234
11 433434 24432 432443
11 323232 22422 312432
22 121412 41322 222342
42 323232 22222 433234
42 332133 22211 323323
32 423134 21313 512231
21 244434 29424 232222
32 432342 21442 344432
22 434344 24423 334433
32 423332 22422 444444
11 122232 15222 312323
12 334323 32332 334322
11 331123 22322 223342
11 441333 44344 343233
11 323233 32433 322322
12 325445 32454 312352
12 432444 44444 424242
12 232424 34444 515553
12 433332 22422 422222
11 344435 35342 535432
11 222222 21322 523231
11 122543 34243 223411
11 434442 41234 413323
11 423244 22234 233342
11 433343 32333 433332
12 424232 13233 413341
12 222221 12221 214422
11 424244 24244 444221
11 335333 25351 451131
11 112321 55255 212551
11 334233 33233 424342
11 122323 31244 424332
11 224333 34332 442444
11 111233 11221 513342
41 232332 43334 322232
21 424222 14443 424233
32 322243 22422 422222
32 222424 25344 144242
32 443344 35343 433421
21 513535 51515 511111

22 434244 24242 444344   32 423444 12422 224322   22 423251 11412 422121
32 222222 22223 322233   22 332234 11221 545441   22 454445 43254 455452
32 444224 42435 344241   32 232233 22222 344542   32 121115 15221 515451
32 244142 21422 232341   32 333444 42433 334422   22 334335 45554 424342
22 222222 13322 323431   22 112112 12321 432423   22 342324 34443 334241
22 111111 11111 523421   21 224341 22211 444222   21 444434 34433 323123
21 212441 23423 533342   42 533345 42354 141211   22 343444 44444 244342
22 555455 34554 145411   22 233233 23322 444432   22 531355 34131 553551
22 444244 21414 242451   22 434353 32322 435442   22 323334 22233 344453
22 135223 22412 352342   42 444345 32435 534251   42 211211 24211 514452
22 434444 32233 245513   78 998766 78998 796899

문제 5-2 질적변수 설문지 요인분석 자료는 다음과 같다

*. 아래의 자료는 학생들로부터 설문조사한 결과이다.

101 2442223232 4134352445 142   102 1222235232 4433422252 112
103 2343325444 4234432543 143   104 3553345244 4233421334 142
105 3244435234 4425432244 111   106 4334213444 4244342433 121
107 3442235233 5425541553 113   108 4244445344 5234432443 115
109 4453444344 5542342512 145   110 4242325434 3424512233 115
111 4443352243 5345422243 132   112 3143445143 3435433433 112
113 3243444344 5142431244 112   114 3434555232 3422522425 115
115 1322324222 3314432434 115   116 3423445344 3414531334 115
117 3211325221 1315332515 115   118 3334345443 2224421534 115
119 2243225344 4214452344 115   120 3443435243 4224432454 112
121 3452425234 4425432454 145   122 4342325432 5112432353 111
123 2221435411 5515515354 111   124 2343534344 5433332234 215
125 3442425233 4224241435 211   126 4233245244 2444412222 115
127 4444335344 5534411333 215   128 4453335243 3115533134 215
129 3223445342 3414422245 225   130 3243544243 5324432342 215
131 1453443343 4434433242 215   132 3444434333 4433444453 215

133 3244313342 5444532242 211
134 3452222244 5423222454 211
135 4352535231 5431445253 211
136 3231545234 4423422344 245
137 4354544344 5324432253 215
138 2443225332 4335422343 211
139 3243435334 2444422434 211
140 2442525211 4415544455 235
141 2342234332 4324442245 212
142 4442323433 4444432232 215
143 3423434432 4324432453 215
144 3212334432 1515512423 244
145 2342454222 5324442254 211
146 2254115144 5514244453 211
147 4442444342 5444342432 313
148 1223545432 2334411534 315
149 4543343143 3424412445 311
150 3442344343 5222232243 311
151 4232545254 5224531452 311
152 4343425154 4315331353 315
153 3133445233 4133232332 312
154 4323445343 4224232443 315
155 3432435242 4133432545 313
156 2221222121 4214353433 315
157 2424555442 4414511554 322
158 2443344243 4224452242 311
159 2251443443 5423332242 311
160 3444525555 4445513154 311
161 4443334233 4422444244 311
162 4234425343 3433422255 311
163 2322434443 4424342343 315
164 3443423244 4411432452 311
165 3543344443 5434212244 315
166 3433445443 4314421344 311
167 3432433232 4444442432 411
168 4333444244 3344432334 421
169 1353324243 4224352343 431
170 2343545352 5214352455 412
171 3343444232 2424422234 433
172 3223345243 2233422424 411
173 3442334232 3224522335 431
174 4454335334 5334432252 411
175 2242343234 5232442452 411
176 2242425443 4412231253 425
177 1142535343 4234332444 411
178 3243445442 2424312224 435
179 3122224322 1515411422 415
180 2453423243 5233253332 411
181 2223334132 4434422344 431
182 2242444233 5142443242 411
201 3243555233 5221332252 143
202 2222334232 3425411345 141
203 3242335233 4224432344 142
204 3342224223 4435431252 115
205 4452534444 5444343454 115
206 3442445243 2434412534 113
207 2322112222 2314512323 115
208 2341445232 5414512353 115
209 2331314322 4222343354 113
210 2132445443 4414411245 143
211 2351244333 5343433453 113
212 4252215323 4435432445 112
213 1421344321 4314421242 111
214 4244424234 5432422353 115

215	4354445344	4234312244	112	216	4133245444	2514522514	135
217	2213325344	4534241545	145	218	2543445422	4422342443	112
219	3243235432	5342554442	115	220	3434444522	4425542444	112
221	2322424322	2424412355	111	222	3423445232	2515512535	112
223	3433434223	5434432352	215	224	2452244323	4434433444	212
225	4423235334	3215522253	211	226	2253344344	5444442254	245
227	4333224134	4324422334	215	228	2332333242	4222332343	212
229	2242335343	4234433254	211	230	4242442442	4414444454	215
231	3442555332	5424241452	241	232	4434554344	5324442344	213
233	2343324231	4324422544	211	234	2453545343	4335422454	211
235	3342324232	2414422424	215	236	3222344222	4423342444	211
237	3242344222	4224232444	242	238	2452234322	5434443453	245
239	1231314312	4414512243	215	240	3123545255	2415511324	215
241	4333525443	5443513144	235	242	3423424222	2424424425	211
243	3343244244	4424233444	213	244	2442424222	2435342423	312
245	3222433332	4323421335	315	246	3344444244	4325532344	315
247	3452444233	5244442353	315	248	2323545455	5324452255	311
249	2243435242	4224322445	332	250	4223245232	3434422424	342
251	1532444131	3544433442	315	252	3432334232	3414423425	315
253	3342443232	4224432242	312	254	4442324433	4422522432	311
255	3243444232	4324244443	331	256	2253445244	5114442442	332
257	3452325334	5412313252	321	258	1342235222	4123342343	315
259	2231245222	4322342242	315	260	3454554254	5343452453	315
261	5353452133	5534123515	315	262	4452344243	5545512244	332
263	3443344332	4232232243	415	264	3434344234	4444432443	412
265	2222423322	4212411453	421	266	4354224244	3115511423	415
267	3233435432	3525511354	414	268	2443224443	4224432244	411
269	3221443342	2414244354	412	270	3242445342	5223224453	435
271	1222244232	2424311344	415	272	3243444442	4412411242	435
273	2443443432	4342444243	411	274	4253223232	4544512544	415
275	3121125223	5354434351	411	276	3443225143	4322421421	435
277	2352434232	5442442134	435	278	4332434334	1544514325	435

279 2442333432 2225513224 415   280 2252455154 5144522344 411
281 2342434322 4324432344 422   282 2242444222 4224412243 415

문제 6-2 자동차 자료는 다음과 같다

번호, 생산국, 차량연비, 중량, 가동률, 마력, 엔진 배기량, 실린더 수, 자동차명이다.

1프랑스	3	16.2	3.410	3.580	133.00	163	6	Peugeot694SL
2독일	3	20.3	2.830	3.900	103.00	131	5	Audi 5000
3독일	3	31.5	1.990	3.780	71.00	89	4	VW Scirrocco
4독일	3	30.5	2.190	3.700	78.00	97	4	VW Dasher
5독일	3	21.5	2.600	3.640	110.00	121	4	BMW 320
6독일	3	31.9	1.920	3.780	71.00	89	4	VW Rabbit
7이태리	3	37.3	2.130	3.100	69.00	91	4	Fiat Strada
8일본	2	27.5	2.560	3.050	95.00	134	4	Toyota Corona
9일본	2	27.2	2.300	3.540	97.00	119	4	Datsun 510
10일본	2	34.1	1.970	3.730	65.00	86	4	Mazda GLC
11일본	2	35.1	1.910	2.970	80.00	98	4	Dodge Colt
12일본	2	29.5	2.130	3.050	68.00	98	4	Honda Accord LX
13일본	2	31.8	2.020	3.700	65.00	85	4	Datsun 210
14일본	2	22.0	2.810	3.700	97.00	146	6	Datsun 810
15스웨덴	3	17.0	3.140	3.500	125.00	163	6	Volvo 240 GL
16스웨덴	3	21.6	2.790	3.770	115.00	121	4	Saab 99 GLE
17미국	1	16.9	4.360	2.730	155.00	350	8	Buick Estate Wagen
18미국	1	15.5	4.050	2.260	142.00	351	8	Ford Country Squire Wagon
19미국	1	19.2	3.600	2.560	125.00	267	8	Chevy Malibu Wagon
20미국	1	18.5	3.940	2.450	150.00	360	8	Chrysle
21미국	1	30.0	2.150	3.700	68.00	98	4	Chevett
22미국	1	30.9	2.230	3.370	75.00	105	4	Dodge Omni
23미국	1	20.6	3.380	2.730	105.00	231	6	uick Century Special B
24미국	1	20.8	3.070	3.080	85.00	200	6	Mercury Zephyr
25미국	1	18.6	3.620	2.710	110.00	225	6	Dodge Aspen

26미국　1 18.1　3.410　2.730　120.00　258　6　AMC Concord D/L
27미국　1 17.0　3.840　2.410　130.00　305　8　Chevy Caprice Classic
28미국　1 17.6　3.720　2.260　129.00　302　8　Ford LTD
29미국　1 16.5　3.950　2.260　138.00　351　8　Mercury Grand Marquis

30미국　1 18.2　3.830　2.450　135.00　318　8　Dodge St Regis
31미국　1 26.5　2.580　3.080　88.00　140　4　Ford Mustang 4
32미국　1 21.9　2.910　3.080　109.00　171　6　Ford Mustang Ghia
33미국　1 27.4　2.670　3.080　80.00　121　4　AMC Spirit
34미국　1 28.4　2.670　2.530　90.00　151　4　Buick Skylark
35미국　1 28.8　2.590　2.690　115.00　173　6　Chevy Colt
36미국　1 26.8　2.700　2.840　115.00　173　6　Olds Omega
37미국　1 33.5　2.550　2.690　90.00　151　4　Pontiac Phoenix
38미국　1 34.2　2.200　3.370　70.00　105　4　Plymout Horizon

문제 6-3 은행신용도 자료는 다음과 같다

1.결혼여부(1), 2.신용카드 사용여부(1), 3.주택 소유여부(1), 4.월평균 집세(4), 5.월평균 수입(3), 6.연령(2), 7.현 주택에서 거주한 년수(2), 8.교육 년수(2), 9.은행에 고객이 된 년수(2), 10.현 직장에서 근무한 년수(2), 11.신용도판정(1).
여기서 괄호 안의 숫자는 자리수이다.

110014735328021605050　211000061837051603061　010014635221011907021
110025060050021608090　111033680741412210100　011014434620201603020
110018143646021604040　110018444235011603040　110019446741011604050
110018444336021704080　210083556927011606081　111019747434041605070
111018644742061607040　110014234328031602050　110016339326031605001
210019045840041616051　010017642320052019000　110005346631051618060
110017842927011609061　110128548937041905040　110064329633081608070
110079829226021602000　111013432322081609030　110014852450301605090
210039638624021616032　110026864436361913050　211000040918061611001
111000039927271603070　011021351346261605061　010021050618021706020

110021050641041700110	110013031426261601070	110120543739021617050
111000065144061903070	110192152344021705050	111000035935081611090
111000051542051616130	110011928740021202111	000011840721001601002
110015938324031604030	210026237136361609041	010000031745031605071
010010245122031605030	111020248535071610100	111043140027051603060
210000041120031600021	110011427424031205001	110054322218031211021
210092544227021603070	111015537218031601000	110021952724081602030
110021351334041610100	110018845225021603040	110020749838061606130
110014334437061615030	110000064350021905060	110015336839021607090
111023055325071602070	110000040235351612080	111011126826261204001
110017943041041603110	010174723519021605010	110032878945021901070
111077651843021603060	110059823428021205031	110015336825071604050
210017943038041204051	110064938533031604040	010014134020031604000
110018745136041611041	211000026424241207061	210000027432011211131
210011828418021201001	110026864445041609120	111026267937081922070
111108549843071613090	110018945434011607070	211000031833331602041
000000037519001614002	010133554126011602060	210016539632031603061
010000039320051602000	010122736522051615010	110050921134011613072
110027566036071912110	000017542227001609092	011010224520031208021
210011227130021618101	110099592355032201070	111019747941041606110
111023656820091607000	210000055023071606040	010085122220011204002
111026062626051907000	110032937537371910110	011012229420201203021
010018644720051605000	010008119522011203002	210000042525031610061
110025461041011703070	110012630424051613010	110064427923231209001
210000038019061605011	110029069745021906050	101017642333001607082
101000039627001605032	111028067251311905100	111016740327041604030
110024759344051904080	111037156835071910070	100017141230001600032
110033781032011909060	110000037729071601041	110068418023031212012
111018444328041603090	210008921519031212002	000000016619011207002
210000038033051609081	110148746230031612030	111019446732321607050
111020348827271908040	210070148322031610020	110023456259051903141
111028568453051902100	110000045644031905060	110016038453031613090

1100178429330316100600 0100075180180212120220 1010366476340016040720

1100155372353516020300 1100614455350117020800 1100174418503016071100

1000000643430716011310 1101564425230117040400 0000070169190212060120

2100494264190212060010 1100278668500219060900 1100171412310216010700

1100171378313116040700 2110380423272716060410 1100646448400117010500

0100217523180416060200 1100271302280112020310 1000365877590620070600

2100595254280312020710 1100000643553519150600 1100257401300116090200

1110285481320316040600 1100189454290216120300 1110112269282816050500

2100086208230312070310 0100240576242419020200 2110142343292916060410

2100282679280719110400 1110000442240516050200 1110152367333316020400

0100163392300116060700 1110000392303016040900 1110145349270316020400

1100000355240416080400 1101121405330316070400 0100175420250116090000

1100167401360316030410 2110160586440419030910 1110000490360216110800

0100703421210417010000 0100091220240112070120 1100151194290112090620

1100122295290116040310 0100063152220312050020 1101440587420119041700

1100000633360319080300 1000000403230016100420 1100107258260312010610

1100168405310416100110 1110271651444417030600 2100176424280216240210

0100681277270212030610 2100068164282512060420 1100610397360316061400

1100308329230816000310 1100467674450119040700 1100065158280112120520

1100188453340216071100 1110000459300716261000 1100450337240212140010

2100287691513119070800 0110418528210319080200 1100202485390417060400

1100170409232316060300 0100279670440219020700 1100268644420119060500

1100485481390116110410 1010356491500016080920 1100130312242416010410

0110524199252212000420 1110227546330616090400 1100154370260216010600

1110179473320416040500 1100000360260316100700 0100155374360216060700

1100142341230316030210 0100000650383819050600 1110000498282816100400

1000080194240112140220 1100242582450719020600 2100000651490416121010

1100203489400419100700 2100170409320516070310 1100168405340416140900

0100115277210216060300 2100130313323216020610 1100000358230216110300

0100461296280316050610 0100263633380219030400 0100112269240212030010

2100205492340116160410 0101346471400116131600 1100217521470219060800

1000095230300312100520 1000347834440220081000 1100339814550119040900

1100127306290216040911
1110177426300516020800
2100127307180312050211
1101118454410116070500
1100190456350216030300
0100079191270212060322
0100367161180112110222
0100184443290416120300
2100141339210216040311
1100165396440219001300
1100587378290216040400
1000193465250016040522
2100070147230112070422
1110369887580520070900
0110000409420316080422
0100098237220212010211
0110348338210616040000
2100299387190316010100
1100277276320216040500
2100173417310316040711
0100162390210416100000
1000967421250016110722
0100173417210716150100
1110145349270516030300
1100149358180316020200
0100082198270112090822
1100208500320216000500
1010230553350016020622
1100140336292916100700
0000076184190512040022
2100192461200316050111
1100108261240112030111

1110197474343416151000
2110166399190516120011
1010000475240016010122
1101084469490116060400
0101409378210216050100
1000000660340016070922
1100275660550319040711
0100180433200316000000
1110228549353517061000
1100000599460319011600
0110000138221912070322
1110166399220616120000
1110277665420316050511
1100166400313116080611
1101044435270316020000
0100112269210312120022
1100000337330316031100
1101120888480320051200
0100187450260616070500
1101395464380216060300
1100105254320416140500
0110463351222216040200
1100240578510216141300
0100000327200316060000
1000167401320016061222
1000150362380216020511
1100000749550119000800
1010177426260016060222
0100121292290116180500
1100000211280112070322
1100159383250216020400
1100222535410719010600

1100000554290216040400
1100172413280316030600
1010000472360016100422
1100246591340119040600
0110000211282512030222
1110165397360716070400
1100380912650120011100
2110000413252516030111
0110295321262616070400
0000224538200016240022
1100072174240212060222
1100460601543419111000
2110270650383819070611
1100247593270219050500
0000081195180112070222
1100189454500519061000
1100826617420219040500
0010162444434316041011
0110074178221912090022
1100168404232316100000
1100228549290619061100
1100274658440519020500
1100197473373716090600
1100197473472717050500
1100349838846419020900
1100250602630116041400
1100178429430616120922
1100215518440219121600
1110170410323216080700
1102473827600222040700
0100000160181512070222
1100168405470316120911

110015236727271608040 210017040829011201021 211015637535351604041
111032076963031910170 010000027125221216052 100017040836001606032
100020549433001613012 110017742531051601090 110010625625221214042
210062439719041604000 111056644137011703080 110016539734031604110
110016940841021608050 211011928727031208051 110000058835011906050
011059641420051613011 210019446620051607001 100015236530021604061
110021752132011606080 211044647947051603081 000011026420001603012
111000069745031900130 110134142742061601120 101015537336001605062
001020549228001610042 011017642420201603010 110049338829291608030
010014735325041604030 110012229428041603020 211000044733041603101
010019847626261609060 100037790645022010080 111016239123071605050
111016740231311610060 111032878968041910110 111059550545061617051
211018243734031601051 110019647128031602050 100021251042001601052

문제 7-2 개인 PC 이미지관리 자료는 다음과 같다

삼성	A/S가 좋다	18	삼성	가격이 저렴하다	1
삼성	성능이 우수하다	8	삼성	확장성이 좋다	7
삼성	디자인이 좋다	10	삼성	안정성이 높다	9
삼성	기능이 다양하다	10	삼보	A/S가 좋다	8
삼보	가격이 저렴하다	2	삼보	성능이 우수하다	14
삼보	확장성이 좋다	5	삼보	디자인이 좋다	5
삼보	안정성이 높다	9	삼보	기능이 다양하다	4
L,G	A/S가 좋다	4	L,G	가격이 저렴하다	1
L,G	성능이 우수하다	3	L,G	확장성이 좋다	4
L,G	디자인이 좋다	9	L,G	안정성이 높다	5
L,G	기능이 다양하다	4	현대	A/S가 좋다	4
현대	가격이 저렴하다	1	현대	성능이 우수하다	2
현대	확장성이 좋다	3	현대	디자인이 좋다	2
현대	안정성이 높다	7	현대	기능이 다양하다	3
대우	A/S가 좋다	3	대우	가격이 저렴하다	0

대우	성능이 우수하다	3	대우	확장성이 좋다	1
대우	디자인이 좋다	1	대우	안정성이 높다	1
대우	기능이 다양하다	1	조립품	A/S가 좋다	3
조립품	가격이 저렴하다	25	조립품	성능이 우수하다	8
조립품	확장성이 좋다	10	조립품	디자인이 좋다	2
조립품	안정성이 높다	1	조립품	기능이 다양하다	7

문제 8-1 고객관리(범주형 회귀분석) 자료는 다음과 같다.

수입, 직업종류, 취향, 광고, 구매의향,

11122 13211 21113 34225 14113 23223 21114 13123 32224 11211
31114 23122 21223 13221 32115 24111 12212 21214 31125 22115

문제 8-2 음료수와 스낵 관계(동질성 분석) 자료는 다음과 같다.

음료	구입비용	스낵	음료	구입비용	스낵
1. 사이다	1000원 미만	과일	2. 주스	3000원 이상	포테이토칩
3. 콜라	1000-3000원미만	젤리	4. 콜라	1000-3000원미만	땅콩
5. 홍차	1000-3000원미만	쵸코렐	6. 사이다	1000원 미만	과일
7. 주스	3000원 이상	포테이토칩	8. 콜라	1000-3000원미만	젤리
9. 주스	3000원 이상	포테이토칩	10. 홍차	1000-3000원미만	땅콩
11. 사이다	1000원 미만	과일	12. 홍차	1000-3000원미만	쵸코렐
13. 사이다	1000원 미만	과일	14. 주스	3000원 이상	포테이토칩
15. 주스	3000원 이상	포테이토칩	16. 홍차	1000~3000원미만	땅콩
17. 주스	3000원 이상	과일	18. 사이다	1000원 미만	과일
19. 홍차	1000~3000원미만	쵸코렐	20. 콜라	1000~3000원미만	젤리
21. 사이다	3000원 이상	포테이토칩	22. 콜라	3000원 이상	과일
23. 사이다	3000원 이상	쵸코렐	24. 사이다	3000원 이상	포테이토칩
25. 주스	3000원 이상	젤리			

문제 8-3 외모유형 선호도 자료는 다음과 같다.

번호	얼굴형	머리모양	연령	의상색조	얼굴표정	번호	얼굴형	머리모양	연령	의상색조	얼굴표정
1	네모	긴	30대	밝은	명랑	2	네모	짧은	40대	짙은	명랑
3	네모	긴	30대	짙은	진지	4	네모	짧은	40대	짙은	진지
5	네모	긴	30대	짙은	진지	6	네모	긴	30대	짙은	진지
7	세모	짧은	30대	밝은	명랑	8	네모	긴	30대	짙은	진지
9	둥근	긴	40대	짙은	진지	10	네모	짧은	40대	밝은	진지
11	둥근	긴	30대	짙은	진지	12	네모	긴	30대	짙은	진지
13	네모	긴	30대	짙은	진지	14	네모	긴	30대	짙은	진지
15	네모	긴	30대	짙은	진지	16	네모	올백	30대	짙은	진지
17	둥근	긴	30대	짙은	진지	18	네모	긴	30대	짙은	진지
19	네모	긴	30대	짙은	진지	20	네모	긴	30대	짙은	진지
21	네모	긴	30대	밝은	명랑	22	세모	짧은	30대	밝은	명랑
23	네모	짧은	50대	짙은	진지	24	네모	긴	30대	짙은	진지
25	네모	올백	50대	밝은	명랑	26	둥근	올백	50대	밝은	진지
27	네모	긴	30대	짙은	진지	28	네모	짧은	40대	짙은	진지
29	네모	올백	30대	짙은	진지	30	네모	긴	30대	짙은	진지

문제 8-4 음료수 선호도 자료는 다음과 같다.

1.	쥬스*	콜라-	섬유*	이온*	커피*	홍차+	40대이상	남자	가끔
2.	쥬스-	콜라*	섬유-	이온*	커피-	홍차-	10-20대	남자	가끔
3.	쥬스+	콜라+	섬유+	이온+	커피-	홍차*	10-20대	여자	자주
4.	쥬스+	콜라-	섬유*	이온-	커피+	홍차*	40대이상	남자	전혀
5.	쥬스*	콜라*	섬유+	이온*	커피-	홍차+	10-20대	여자	전혀
6.	쥬스+	콜라-	섬유*	이온+	커피-	홍차+	40대이상	여자	자주
7.	쥬스+	콜라+	섬유-	이온*	커피+	홍차+	10-20대	남자	가끔
8.	쥬스+	콜라-	섬유*	이온+	커피-	홍차*	40대이상	여자	자주
9.	쥬스+	콜라-	섬유-	이온+	커피*	홍차*	40대이상	여자	가끔
10.	쥬스+	콜라-	섬유+	이온+	커피*	홍차+	30대	여자	가끔

11. 쥬스+ 콜라+ 섬유+ 이온+ 커피* 홍차+ 10-20대 여자 자주
12. 쥬스* 콜라+ 섬유* 이온+ 커피* 홍차* 10-20대 남자 자주
13. 쥬스* 콜라* 섬유* 이온- 커피+ 홍차- 30대 남자 전혀
14. 쥬스* 콜라+ 섬유* 이온* 커피* 홍차* 10-20대 남자 가끔
15. 쥬스* 콜라* 섬유* 이온* 커피+ 홍차* 30대 남자 가끔
16. 쥬스* 콜라+ 섬유+ 이온* 커피- 홍차+ 30대 여자 가끔
17. 쥬스* 콜라* 섬유* 이온+ 커피- 홍차+ 30대 여자 자주
18. 쥬스+ 콜라* 섬유* 이온* 커피* 홍차* 30대 남자 가끔
19. 쥬스+ 콜라* 섬유+ 이온* 커피* 홍차+ 30대 여자 가끔
20. 쥬스- 콜라* 섬유- 이온* 커피* 홍차* 30대 남자 가끔
21. 쥬스* 콜라* 섬유+ 이온+ 커피- 홍차+ 30대 남자 자주
22. 쥬스+ 콜라- 섬유- 이온+ 커피* 홍차* 40대이상 여자 자주
23. 쥬스* 콜라* 섬유- 이온+ 커피- 홍차* 40대이상 남자 자주
24. 쥬스+ 콜라* 섬유+ 이온+ 커피* 홍차* 30대 여자 자주
25. 쥬스+ 콜라+ 섬유- 이온+ 커피* 홍차+ 10-20대 남자 자주
26. 쥬스+ 콜라- 섬유- 이온- 커피+ 홍차* 40대이상 남자 전혀
27. 쥬스* 콜라* 섬유+ 이온* 커피* 홍차* 10-20대 여자 가끔
28. 쥬스+ 콜라+ 섬유+ 이온* 커피+ 홍차+ 10-20대 여자 가끔
29. 쥬스- 콜라* 섬유- 이온* 커피* 홍차- 40대이상 남자 가끔
30. 쥬스+ 콜라- 섬유- 이온* 커피* 홍차- 40대이상 여자 가끔

문제 9-1 설문지 요인분석

수집한 자료는 다음과 같다.

736424 132454 627413 454625 122362 636424 536343
647414 342363 262676 647323 231454 726413 464536
132264 646334 536334 737414 243363 353646 132353
545424 221544 464647 654214 354647 447225 372643
463727 232472

참고문헌

[1] 송필준, 데이터 분석방법, 대구대학교출판부, 2005.
[2] 강병서외 1인, 사회과학 통계분석, spss 아카데미, 2003.
[3] 김계수, 구조방정식 모형분석, spss 아카데미, 2001.
[4] 박동권, 분산분석과 반복측정자료, 민영사, 2002.
[5] 박상언, 판별분석 로지스틱회귀분석, 민영사, 2002.
[6] 박성현, 회귀분석, 대영사 1985.
[7] 박성현외 2인, 한글 spss, spss 아카데미, 2002.
[8] 박양규외 1인, spss 통계분석, 21세기사. 1998.
[9] 서의훈, spss 통계분석, 자유아카데미, 2002.
[10] 송필준외 1인, 전산수학 및 통계, 21세기사, 1998.
[11] 송필준외 4인, PC 통계학, 대구대학교 출판부, 2002.
[12] 원태연, 통계조사분석, spss 아카데미, 2002.
[13] 허명회, spss를 활용한 통계적 방법론, spss 아카데미, 2002.
[14] 허명회외 1인, spss 다변량자료분석, spss아카데미, 2001.
[15] 양경숙, spss 최적범주형자료분석, spss아카데미, 2004.
[16] 박태성외 1인, 범주형자료분석개론, 자유아카데미, 1999.
[17] 허명회, spss설문지조사입문, spss아카데미, 2002.